Matthias Thomas

Die Entwicklung eines Performanceindexes für den deutschen Immobilienmarkt

Die Deutsche Bibliothek – CIP-Einheitsaufnahme

Thomas, Matthias:
Die Entwicklung eines Performanceindexes
für den deutschen Immobilienmarkt /
Matthias Thomas. -
Köln : R. Müller, 1997

Zugl.: Diss. 1996

ISBN 3-481-01236-5

ISBN 3-481-01236-5

Umschlaggestaltung: Rainer Geyer, Köln
Druck: SDK Systemdruck Köln GmbH, Köln
Printed in Germany

Das vorliegende Buch wurde auf umweltfreundlichem Papier
aus chlorfrei gebleichtem Zellstoff gedruckt.

Vorwort des Herausgebers

Immobilien kommt im Rahmen der Vermögensanlage sowohl privater als auch institutioneller Anleger eine bedeutende Rolle zu. In Deutschland gibt es jedoch - anders als bei Aktien und Renten - derzeit keinen Index, der die Performance von Immobilien treffend mißt; dagegen existieren für ausländische Immobilienmärkte seit langem solche Indizes. Mit der vorliegenden Arbeit verfolgt der Verfasser, Matthias Thomas, das Ziel, einen deutschen Immobilienperformanceindex zu entwickeln, der auch in die Praxis umgesetzt werden kann.

Die Arbeit ist in sieben Kapitel gegliedert. Im Anschluß an die Einleitung, in der die Bedeutung von Immobilien als Anlageform sowie die vielfältigen Aufgaben von Immobilienperfomanceindizes dargestellt werden, erfolgt im zweiten Kapitel die Herausarbeitung der Charakteristika von Immobilien und des Immobilienmarktes.

Das dritte Kapitel befaßt sich mit den theoretischen Grundlagen der Indexkonstruktion und mit den praktischen Problemen, die durch die Besonderheiten von Immobilien als Investmentmedium sowie des Immobilienmarktes bei einer Übertragung der Konzeption von Aktienindizes auf Immobilienindizes entstehen. Zugleich werden die allgemeinen Anforderungen an einen Index aufgezeigt.

Das vierte Kapitel ist der Darstellung und kritischen Analyse von Immobilienindizes gewidmet, die von verschiedenen Institutionen (u.a. Maklerunternehmen) publiziert werden. Bei der Spiegelung ihrer Merkmale an den zuvor abgeleiteten Anforderungen wird deutlich, daß keiner der derzeit vorhandenen Indizes geeignet ist, die Performance des deutschen Immobilienmarktes abzubilden.

Gegenstand des fünften Kapitels sind die Konstruktionsmöglichkeiten von Immobilienperformanceindizes. Der Verfasser legt überzeugend dar, daß in

Deutschland weder die Form eines hedonischen noch die Form eines NOI/Cap Rate Indexes gangbar ist. Daher kann der Immobilienperformanceindex nur als Bewertungsindex konzipiert werden, wobei die von der britischen Society of Property Researchers abgeleiteten Anforderungen zu beachten sind. Besondere Aufmerksamkeit wird dann der Frage gewidmet, nach welchen Verfahren deutsche Sachverständige den Wert eines Grundstücks ermitteln und zu welchen Konsequenzen die Verwendung von Verkehrswerten anstatt von Transaktionspreisen für den Index führt.

Das sechste Kapitel zeigt die Konstruktion eines Immobilienperformanceindexes auf der Basis publizierter Rechenschaftsberichte offener Immobilienfonds auf. Dazu werden die notwendigen Informationen über offene Immobilienfonds vermittelt und die für die Indexkonstruktion relevanten Rechnungslegungselemente vorgestellt. Durch die Adaption einer bereits im europäischen Ausland verwendeten Indexformel werden für den deutschen Immobilienmarkt die Indexwerte für die Jahre 1989 bis 1994 errechnet. Dabei wird auch die regionale und sektorale Immobilienportfoliostruktur der offenen Fonds in tabellarischer Form dargestellt.

Die vorliegende Arbeit, die von der EUROPEAN BUSINESS SCHOOL als Dissertation angenommen wurde, stellt eine Innovation im Rahmen der Immobilienökonomie dar. Ihr ist nicht nur eine positive Aufnahme in der Wissenschaft zu wünschen, sondern auch und vor allem, daß es zur Etablierung eines deutschen Immobilienindexes auf der Basis des von Matthias Thomas vorgelegten Konzeptes kommt.

Prof. Dr. Karl-Werner Schulte HonAssocRICS
Lehrstuhl für Allgemeine Betriebswirtschaftslehre
insbesondere Immobilienökonomie (Stiftungslehrstuhl),
an der EUROPEAN BUSINESS SCHOOL,
Oestrich-Winkel

Vorwort

Die Performance von Immobilien als Kapitalanlagemöglichkeit wird in vielen Ländern seit langem durch entsprechende Indizes dokumentiert. Bislang fehlt in Deutschland ein derartiger Index, der die Wertänderungen von Immobilien unter gleichzeitiger Berücksichtigung von Mieteinnahmen, Bewirtschaftungskosten, Modernisierungsaufwendungen sowie Transaktionen mißt. Die vorliegende Arbeit verfolgt das Ziel, auf der Basis öffentlich verfügbarer Informationen einen derartigen Index zu konstruieren, wobei dazu auf die regelmäßig veröffentlichten Rechenschaftsberichte der offenen Immobilienfonds zurückgegriffen wird.

Die Arbeit entstand während meiner Zeit als wissenschaftlicher Mitarbeiter, zuerst am Lehrstuhl für Allgemeine Betriebswirtschaftslehre, insbesondere Investition und Finanzierung, dann Immobilienökonomie (Stiftungslehrstuhl) an der EUROPEAN BUSINESS SCHOOL, Schloß Reichartshausen. Die Anfertigung der Arbeit war nur durch die Unterstützung möglich, die ich von vielen Seiten empfangen habe und für die ich mich ausdrücklich bedanken möchte.

Mein besonderer Dank gilt an dieser Stelle meinem akademischen Lehrer, Herrn Prof. Dr. Karl-Werner Schulte, der mir die Behandlung des Themas ermöglichte und die Abfassung der Dissertation in allen Phasen durch konstruktive Diskussion und wertvolle Anregungen begleitete. Frau Prof. Dr. Dr. Ann-Kristin Achleitner (ebs) und Herrn Prof. Dr. Hartmut Dieterich (Universität Dortmund) danke ich für die Bereitschaft, das Korreferat zu übernehmen.

Ein weiterer Dank gilt all denjenigen Vertretern von Unternehmen der Immobilienwirtschaft, die mir in zahlreichen Gesprächen Anregungen und kritische Hinweise gegeben haben, sowie meinen Freunden und Kollegen an der EUROPEAN BUSINESS SCHOOL und an der ebs IMMOBILIENAKADEMIE

GmbH, insbesondere Herrn Dr. Georg Allendorf und Herrn Dipl.-Kfm. Sven-Eric Ropeter, für ihre ständige Bereitschaft zum intensiven Gedankenaustausch sowie die Gewährung tatkräftiger Hilfe bei der Lösung der EDV-Aufgaben, die im Zusammenhang mit der Anfertigung der vorliegenden Arbeit zu bewältigen waren. Ganz besonderen Dank schulde ich Frau Cornelia Siebler für die Unterstützung im persönlichen Bereich sowie für ihr Engagement bei der Überarbeitung des Manuskripts.

Meinen Eltern, die mir stets zur Seite standen, danke ich sehr herzlich für ihr Vertrauen.

Berlin, im Januar 1997 MATTHIAS THOMAS

Inhaltsverzeichnis

Abkürzungsverzeichnis

AK	Anschaffungskosten
AktG	Aktiengesetz
approx.	approximiert
ar.Mit.	arithmetisches Mittel
B	Bürogebäude
BAKred	Bundesaufsichtsamt für das Kreditwesen
BauGB	Baugesetzbuch
BauNVO	Verordnung über die bauliche Nutzung der Grundstücke (Baunutzungsverordnung)
BD2i	Base de Donées des Investissements Immobiliers
BFH	Bundesfinanzhof
BG	Büro- und Geschäftsgebäude
BGF	Bruttogeschoßfläche
BGH	Bundesgerichtshof
BL	Büro- und Lagergebäude
BOMA	Building Owners and Managers Association
BS	Bürogebäude und sonstige Nutzung
bspw.	beispielsweise
BV	Berechnungsverordnung
BVI	Bundesverband Deutscher Investment-Gesellschaf ten e.V.
BW	Büro- und Wohngebäude
c.p.	ceteris paribus
CAPM	Capital Asset Pricing Model
CBD	Central Business District
CREILS	Commercial Real Estate Index Linked Swaps
DAX	Deutscher Aktienindex
Diss.	Dissertation
E&G-DIMAX	Ellwanger & Geiger Immobilienaktienindex
EFH	Einfamilienhaus

Eigengeldverz.	Eigengeldverzinsung
EKZ	Einkaufszentrum
EStG	Einkommensteuergesetz
ETW	Eigentumswohnung
EVIX	Engel & Völkers Trendindex
G	Geschäftsgebäude
GB	Geschäfts- und Bürobegäude
GND	Gesamtnutzungsdauer
GP	Gewerbepark
GW	Geschäfts- und Wohngebäude
H	Hotel
HK	Herstellungskosten
HW	Hotel- und Wohngebäude
i.d.F.	in der Fassung
i.d.R.	in der Regel
i.V.m.	in Verbindung mit
IPD	Investment Property Databank
k.A.	keine Angaben
KAGG	Gesetz über Kapitalanlagegesellschaften
KWG	Gesetz über das Kreditwesen
L	Lagergebäude
MF-B	Richtlinie zur Berechnung der Mietfläche für Büroraum
MLP	Master Limited Partnership
n.v.	nicht vorhanden
Nachl.	Nachlieferung
NAREIT	National Association of Real Estate Investment Trusts
NCREIF	National Council of Real Estate Investment Fiduciaries
NOI/Cap Rate Index	Net Operating Income/Capitalisation Rate Index
o.S.	ohne Seitenangabe
o.V.	ohne Verfasser
OGAW	Organismen für gemeinsame Anlagen in Wertpapieren
PIC	Property Investment Certificate
RCPI	Russel Canadian Property Index

Rdnr.	Randnummer
RechVersV	Verordnung über die Rechnungslegung rungsunternehmen
REIT	Real Estate Investment Trust
REX-P	Renten Performanceindex
RICS	Royal Institution of Chartered Surveyo
RNPI	Russel NCREIF Property Index
S	Seniorenwohnanlage
SB	SB-Warenhaus
SG	Sonstig gewerbliche genutztes Gebäu
St.Abw.	Standardabweichung
SVO	Sachverständigenordnung
UK	United Kingdom
Urt.	Urteil
W	Warenhaus
WertV	Wertermittlungsverordnung
wirtsch.	wirtschaftliche
WO	Wohngebäude
ZVG	Zwangsvollstreckungsgesetz

mbolverzeichnis

beliebig gewählte Konstante

absorbiertes Angebot

Entglättungskonstante mit einem Wert zwischen 0 und 1

Regressionskoeffizient

vK Bewirtschaftungskosten

Bulwien Gesamtmarktindex

Bodenwert

Saldo des Mittelflusses

Bereinigungsfaktor der Aktie i zum Zeitpunkt t

Laufindex für Region/Stadt

Gesamtzahl der Elemente in der Basisperiode

Gesamtzahl der Elemente in der Berichtsperiode

Zahl der sowohl in Basis- als auch in Berichtsperioden vertretenen Elemente

Einwohnerzahl in Region/Stadt d zum Zeitpunkt 1

Ertragswert des Grundstücks

Erbbauzinsen, Leib- und Zeitrenten

Störvariable

Laufindex für Fonds mit Geschäftsjahresende zum 30.9.

Laufindex für Fonds mit Geschäftsjahresende zum 31.3.

Grundkapital der Aktiengesellschaft i zum Basiszeitpunkt

Geldeinheiten

Gesamtrendite (kumulativ)

gutachterlich ermittelter Wert einer Immobilie im Basisjahr

Laufindex für Fonds mit Geschäftsjahresende zum 31.10.

Höchstmietpreis

durchlaufender Index, i = 1, ..., n

I	Mittelfluß auf Grund werterhöhender Investitionen, Umbaumaßnahmen
IW	Wertänderung (kumulativ)
IX_{0t}	Index mit einer Berichtszeit t bezogen auf die Basiszeit 0
j	Laufindex der Mittelzu- bzw. -abflüsse
JLW	Jones Lang Wootton Index Bürospitzenwerte
k	Laufindex für Fonds mit Geschäftsjahresende zum 31.12.
K_τ	Verknüpfungsfaktor zum letzten Verknüpfungstermin τ
KP	Grundstückskaufpreise
L	Leerstand
ln	natürlicher Logarithmus
m	Anzahl der Zahlungsbewegungen zwischen j und j - 1
M	Mietzahlung
M_B	nominale Nettomiete im Basisjahr
MDJI	Müller-Drei-Jahres-Index
MJI	Müller-Jahres-Index
MR	Mietrendite (kumulativ)
MZ	Maßzahl
n	Anzahl der Untersuchungsobjekte
NM	Nettomittelfluß aus Mietzahlungen
NNRG	Nettoveränderung der nicht realisierten Gewinne/Verluste
NRWG	nicht realisierte Wertänderungen der Vorperioden der mit einem Gewinn veräußerten Liegenschaften
NRWV	nicht realisierte Wertänderungen der Vorperioden der mit einem Verlust veräußerten Liegenschaften
$\hat{p}$	Laufindex der erworbenen Grundstücke
$p_0^{(i)}$	Preis des Gutes i zur Basiszeit
$p_1^{(i)}$	Preis des Gutes i zur Berichtszeit
$p_t^{(i)}$	Kurs der Aktie i zum Zeitpunkt t
$p(G)_0^{(d)}$	Preis des Gewerbesektors zum Zeitpunkt 0 in Region/Stadt d

$p(W)_0^{(d)}$	Preis des Wohnungssektors zum Zeitpunkt 0 in Region/Stadt d
P	Mittelfluß aus dem Erwerb von Grundstücken
$\overline{P}$	wahrer Marktwert eines Grundstücks
${}_aP$	Preisindex gebildet als ungewogenes arithmetisches Mittel aus Meßzahlen
${}_bP$	Preisindex gebildet als Meßzahl aus ungewogenen arithmetischen Mitteln
${}_LP$	Preisindex nach Laspeyres
${}_PP$	Preisindex nach Paasche
P	Preisindex
PQ	Veräußerungserlös pro Quadratfuß
$q_0^{(i)}$	Menge des Gutes i zur Basiszeit
$q_1^{(i)}$	Menge des Gutes i zur Berichtszeit
Q	Mengenindex
R	Homogenitätsgrad
r^2	Bestimmtheitsmaß
r	Rendite, Total-Return
r(EG)	Eigengeldverzinsungsrendite
r(NCF)	Netto-Cash-Flow-Rendite
r(R)	Realisationsrendite
r(WÄ)	Wertänderungsrendite
$r(NCF)_{30.9.02}^{agg}$ approx	aggregierte approximierte Netto-Cash-Flow-Rendite zum 30.9.02
$r(NCF)_{30.9.02}^{agg}$	aggregierte Netto-Cash-Flow-Rendite zum 30.9.02
$r(R)_{30.9.02}^{agg}$	aggregierte Realisationsrendite zum 30.9.02
$r(WÄ)_{30.9.02}^{agg}$	aggregierte Wertänderungsrendite zum 30.9.02
$r_{30.9.02}^{agg}$	aggregierter Total-Return zum 30.9.02
$r(NCF)^{approx}$	approximierte Netto-Cash-Flow-Rendite
RE	Reinertrag des Grundstücks

RG	realisierte Gewinne
rm	Rendite, die erzielt worden wäre, wenn Marktpreise vollkommen durch Bewertungen abgebildet würden
rn	Restnutzungsdauer der baulichen Anlagen
RoE	Jahresrohertrag
RV	realisierte Verluste
s	Laufindex der verkauften Grundstücke
S	Mittelfluß aus dem Verkauf von Grundstücken
$\sigma[\ ]$	Standardabweichung von [ ]
$\sigma^2[\ ]$	Varianz von [ ]
t	zum Zeitpunkt t, t = 0,1,2, ...; bzw. Zeit- oder (Teil-) Periodenindex
$\tilde{t}_j$	Länge des j-ten Subintervalls (in Jahren)
T	Länge der Betrachtungsperiode
τ	Verknüpfungstermin
u	Laufindex der Grundstücksmerkmale, u = 1,2, ...U
V	Verkehrswert eines Grundstücks bzw. Portfolios
vA	verfügbares Angebot
vF	vermietete Flächen
VI	Wertindex
VQ	Wert pro Quadratfuß
WÄ	marktinduzierte Wertänderungen von Liegenschaften
$x_{\hat{p}}$	Monat des Grundstückkaufs
x_s	Monat des Grundstückverkaufs
X	preisbeeinflussendes Grundstücksmerkmal
y(G)	Segment 1 bis 4 (Mieten für Ladenflächen in City lagen, ...) des Gewerbesektors
y(W)	Segment 1 bis 5 (Kaufpreise für Eigentumswoh nungen ...) des Wohnungssektors
z	Liegenschaftszinssatz

Abbildungsverzeichnis

Tabellenverzeichnis

1 Einleitung

1.1 Problemstellung und Zielsetzung

Immobilien sind für private Anleger und vor allem auch für institutionelle Investoren eine der bedeutendsten Formen der Kapitalanlage. Als Motive für Immobilienanlagen werden Eigenschaften wie Inflationsschutz und Sicherheit sowie Steuervorteile, Wertsteigerungen und laufende Einnahmen aus der Immobilie bei einer Vermietung oder Verpachtung genannt.[1]

Zur Beurteilung von Anlagemärkten und deren Marktverhältnissen werden im täglichen Leben Indizes verwendet, die - zu einer Zahl aggregiert - eine Vielzahl von Einzeldaten wiedergeben. Im Gegensatz zu den nationalen und internationalen Aktien- und Rentenmärkten, bei denen Indizes eine lange Tradition haben,[2] existieren für Immobilienmärkte lediglich eine geringe Anzahl von Indizes, die zudem erst auf eine kurze Tradition zurückblicken können.

Unter dem Oberbegriff des Immobilienindexes wird im Rahmen dieser Arbeit jede Art von Index verstanden, der Veränderungen immobilienbezogener Sachverhalte beschreibt. So gibt es Immobilienindizes, die die Entwicklung von Mieten oder statischen Nettoanfangsrenditen bestimmter Nutzungsarten oder aber die Entwicklung von Flächenangebot und Flächennachfrage in unterschiedlichen Regionen abbilden. Des weiteren existieren Immobilienindizes, die die Veränderung von Sachverhalten indirekter Immobilienanlagen, wie bspw. Immobilienaktien, beschreiben. In dem in der Wissenschaft erst in Ansätzen

---

1 Vgl. Schmitz-Morkramer, Gerd: „Die Immobilie als Bestandteil der Vermögensanlage", in: Zeitschrift für das gesamte Kreditwesen, 45. Jg., Nr. 6, 1990, S. 270.

2 So wurde der weltweit erste Aktienkursindex, der Dow Jones Index, von Charles Henry Dow im Jahre 1884 entwickelt. Vgl. auch: Dow Jones Educational Service (Hrsg.): „The Dow Jones Averages", Princeton 1986, S. 3.

vorhandenen, interdisziplinären Forschungsgebiet der Immobilienökonomie[3], sowie in den anderen wissenschaftlichen Teildisziplinen dieses Querschnittfaches, fand bisher keine kritische Auseinandersetzung mit den in Deutschland vorhandenen Immobilienindizes statt.

In Deutschland gibt es bislang keinen Immobilienindex, der die Entwicklung der Cash-Flows und die Entwicklung der Verkehrswerte der Immobilien eines real existierenden Portfolios nach Art eines Performanceindexes[4], in einer einzigen Zahlenreihe zusammengefaßt, mißt. Dabei kommt gerade einem solchen Performanceindex erhebliche Bedeutung zu, da dieser besonders von ausländischen institutionellen Investoren[5] im Zusammenhang mit internationalen Immobilieninvestitionen, Wissenschaftlern[6] und Immobilienberatungsgesellschaften[7] sowie anderen Marktteilnehmern[8] zur Schaffung akzeptabler Rahmenbedingungen gefordert wird. Zugleich würde ein solcher Index durch die Dokumentation der Wert- und Renditeentwicklung zu einer höheren Markttransparenz beitragen.

---

3 Vgl. Schulte, Karl-Werner: „Immobilienökonomie als Wissenschaft“, in: Bronner, Oscar (Hrsg.): Immobilien in Europa II, Wien 1992, S. 234 - 235.

4 Ein Performanceindex oder Total-Return-Index bildet die Wertentwicklung des zugrundeliegenden Portfolios vollständig ab, wohingegen reine Preisindizes als Maßzahl für die im Index enthaltenen gewichteten oder ungewichteten Güterpreise dienen. Vgl. Janßen, Birgit; Rudolph, Bernd: „Der Deutsche Aktienindex DAX“, Frankfurt 1992, S. 22. Bei einem Immobilienpreisindex werden Preisveränderungen, bezogen auf eine definierte Flächeneinheit, beschrieben, ohne den Sachverhalt zu berücksichtigen, daß Preisveränderungen auch durch werterhöhende Investitionen induziert werden können.

5 Vgl. Sieracki, Karen: „UK Institutional Requirements for European Property“, in: Estates Gazette, 17.7.1993, S. 118.

6 Vgl. Schulte, Karl-Werner: „Welche volkswirtschaftliche Bedeutung hat der Immobilienmarkt heute und morgen in Deutschland?“, Redemanuskript zum 26. Management Congress für Führungskräfte der Bau-, Immobilien- und Finanzwirtschaft, Frankfurt 20. - 21.2.1992.

7 Vgl. Jenyon, Bruce A. u.a.: „Performance-Index: Wie geht es Ihrer Immobilie“, in: Immobilien Zeitung, 2.11.1995, S. 5 sowie Jenyon, Bruce A. u.a.: „Performance-Index: Die Immobilie als Investment“, in: Immobilien Zeitung, 16.11.1995, S. 4.

8 Friedemann, Jens: „Der Markt braucht einen Immobilien-Index“, in: Frankfurter Allgemeine Zeitung, 24.11.1995, S. 41.

Ziel dieser Arbeit ist es daher, zunächst die in Deutschland bestehenden Immobilienindizes vorzustellen und zu systematisieren sowie deren Konstruktionsweise und Aussagekraft zu überprüfen. In einem weiteren Schritt werden mögliche Konstruktionsformen eines Immobilienperformanceindexes und deren spezifische Probleme aufgezeigt. Anschließend wird erstmalig ein solcher Performanceindex für Deutschland vorgestellt.

1.2 Gang der Untersuchung

Die vorliegende Arbeit ist in sieben Teile aufgegliedert. In dem folgenden Teil der Einleitung wird auf die Bedeutung von Immobilien als Anlagemedium in Deutschland eingegangen. An Hand der Relevanz von Immobilien im Vergleich zu anderen Kapitalanlagemöglichkeiten und den vorgestellten möglichen Verwendungsmöglichkeiten wird die Notwendigkeit der Schaffung eines Immobilienperformanceindexes für den deutschen Immobilienmarkt abgeleitet.

In Kapitel 2 erfolgt eine definitorische Bestimmung des Grundstückbegriffes und eine nach rechtlichem und ökonomischem Verständnis eindeutige Abgrenzung des Erkenntnisobjektes eines Immobilienperformanceindexes. Des weiteren werden die Charakteristika von Immobilien und Eigenschaften des Immobilienmarktes dargestellt, aufgrund dessen sich die Vorgehensweise bei der Entwicklung eines Immobilienperformanceindexes zum Teil erheblich von anderen Indexansätzen unterscheidet. Die Konstruktionsformen, die bei Indizes für andere Investmentmedien, wie bspw. Aktien oder festverzinsliche Wertpapiere, Anwendung finden, lassen sich nicht uneingeschränkt auf den Immobilienbereich übertragen.

Daher werden allgemeine indextheoretische Grundlagen in Kapitel 3 erläutert und neben den allgemeinen auch die mathematischen Anforderungen an eine Indexformel vorgestellt. Dabei werden die Schwierigkeiten aufgezeigt, die bei der Übertragung der Konstruktionsmerkmale eines Wertpapierindexes auf Immobilien auftreten. Die sich bspw. bei der Anzahl und Auswahl der im Index berücksichtigten Werte oder der Gewichtung ergebenden Unterschiede werden ausführlich analysiert.

Im 4. Kapitel der Arbeit werden sämtliche in Deutschland veröffentlichte immobilienbezogene Indizes, die die unterschiedlichsten immobilienbezogenen Sachverhalte messen, dargestellt und deren Aussagekraft an Hand der allgemeinen Anforderungen an einen Index kritisch überprüft. Dadurch wird deutlich, daß die derzeit in Deutschland publizierten Immobilienindizes einerseits auf Grund der Nichterfüllung der allgemeinen Anforderungen an Indizes und andererseits auf Grund von konstruktionsbedingten Mängeln nicht geeignet sind, die Performance des deutschen Immobilienmarktes sachgerecht abzubilden.

In Kapitel 5 werden mögliche Konstruktionsweisen von Immobilienperformanceindizes vorgestellt. Grundsätzlich wird bei Immobilienperformanceindizes zwischen transaktionsbasierten und verkehrswertorientierten Indizes unterschieden, wobei sich der letztgenannte Indextyp international bei der Konstruktion von Immobilienperformanceindizes durchgesetzt hat. Die Ergebnisse einer empirischen Untersuchung, die sich mit den inhaltlichen Anforderungen an auf Bewertungen beruhenden Immobilienperformanceindizes befaßt, werden erläutert. Danach werden unterschiedliche Indexformeln abgeleitet und die Formeln internationaler Immobilienperformanceindizes verglichen. Bei verkehrswertorientierten Indizes wird die bei Immobilien fehlende Preisfeststellung durch regelmäßige Verkehrswertermittlungen ersetzt, weshalb die unterschiedlichen Wertermittlungsverfahren vorgestellt werden, wobei der Schwerpunkt auf dem Ertragswertverfahren liegt. Dieses ist nach der Auffassung des allgemeinen Geschäftsverkehrs und nach der Art der einem Immobilienperformanceindex zugrundeliegenden Grundstücke das üblicherweise anzuwendende Wertermittlungsverfahren. Aufgrund der Substitution der fehlenden Preisfeststellung durch Wertermittlungen sind die Ergebnisse eines derartigen Immobilienperformanceindexes nicht direkt mit den Ergebnissen bspw. eines Aktienindizes vergleichbar. Daher werden Verfahren aufgeführt, die die Auswirkungen dieser Substitution auf den Index bzw. die ermittelte Zeitreihe korrigieren.

Die Entwicklung eines Performanceindexes auf Basis veröffentlichter Rechenschaftsberichte offener Immobilienfonds ist Gegenstand von Kapitel 6. Darin wird einführend der institutionelle Rahmen offener Immobilienfonds dargestellt, um dann die aus dem externen Fondsrechnungswesen zur Konstruktion eines Immobilienindexes benötigte Positionen der Rechenschaftsberichte zu erläutern. Unter Verwendung dieser Daten wird für die Jahre 1990 bis 1994 die rein liegenschaftsbezogene Performance der offenen Immobilienfonds ermittelt und hieraus ein Performanceindex für den deutschen Immobilienmarkt abgeleitet. Eine längere Zeitreihe als von 1990 bis 1994 läßt sich nicht konstruieren, da die dazu erforderlichen Daten erst seit Umsetzung der KAGG-Novelle von 1990 verfügbar sind. Die ermittelten Ergebnisse auf Einzelfondsebene sowie der berechnete Index werden anschließend kritisch an den in den Kapiteln 3 und 5 aufgeführten allgemeinen Anforderungen an einen Index sowie den speziellen Anforderungen an einen auf Bewertungen beruhenden Immobilienperformanceindex überprüft. Eine weitreichendere Zeitreihe wird geschaffen, indem hilfsweise approximierte Netto-Cash-Flow-Renditen ermittelt und deren Eignung als Schätzung der Netto-Cash-Flow-Rendite für den Zeitraum von 1979 bis 1990 analysiert werden. Das Kapitel schließt mit einer Darstellung der den Berechnungen zugrundeliegenden Grundstücksportfoliostruktur, um die Anlagepolitik der offenen Immobilienfonds als Quelle der berechneten Indexwerte transparent zu machen.

Kapitel 7 schließt mit einer Zusammenfassung der gewonnenen Erkenntnisse sowie mit einem Ausblick die Arbeit ab.

1.3 Bedeutung von Immobilien als Anlagemedium in Deutschland

Insgesamt wurden nach Angaben der Gesellschaft für Siedlungs- und Wohnungswesen (Gewos) im Jahr 1993 Immobilien für 238 Milliarden DM in den alten Bundesländern (ohne Berlin) verkauft.[9] Von Januar bis Ende September 1994 wechselten dagegen nach Berechnungen der Aufina-Research in den alten und neuen Bundesländern Immobilien im Wert von 280 Milliarden DM den Eigentümer.[10] Da Immobilien als Anlagemedium mit einer eingeschränkten Fungibilität gelten,[11] ist zur Einschätzung der Bedeutung von Immobilien nicht nur das reine Transaktionsvolumen von Interesse, sondern die Aufteilung des Immobilienbestandvermögens auf die einzelnen Investorenkategorien notwendig - d.h. den privaten Haushalten auf der einen Seite sowie den Unternehmen als Immobilieneigentümern auf der anderen Seite.

1.3.1 Private Haushalte als Immobilieneigentümer

Die große Bedeutung von Immobilieneigentum für die privaten Haushalte wird an Hand der Einkommens- und Verbrauchsstichprobe[12] 1993 deutlich. Im Rahmen dieser Stichprobe wurde ermittelt, daß 50,5% der privaten Haushalte in den alten Bundesländern gegenüber 27,7% der privaten Haushalte in den neuen Bundesländern über Grundvermögen verfügen. Der Verkehrswert des

---

9 Vgl. o.V.: „Gewos: Höhenflug auf dem Immobilienmarkt vorerst zu Ende", in: Der Langfristige Kredit, 46. Jg., Nr. 18, 1995, S. 5.

10 Vgl. o.V.: „Immobilienmarkt", in: Grundstücksmarkt und Grundstückswert, 6. Jg., Nr. 3, 1995, S. III.

11 Vgl. dazu Abschnitt 2.2 auf S. 22.

12 Bei der Einkommens- und Verbrauchsstichprobe wurden lediglich private Haushalte, ohne Haushalte mit einem monatlichen Haushaltsnettoeinkommen von 35.000 DM und mehr, ohne Personen in Anstalten und Gemeinschaftsunterkünften und ohne private Organisationen ohne Erwerbszweck erfaßt. Bei der Interpretation der Zahlen muß beachtet werden, daß die Haushalte mit einem Hauhaltsnettoeinkommen von 35.000 DM und mehr zugleich zu den sehr vermögenden Haushalten zählen.

Grundvermögens der privaten Haushalte in den alten Bundesländern wird auf 6.221 Mrd. DM geschätzt, während der Gesamtverkehrswert des Grundvermögens der privaten Haushalte in den neuen Bundesländer auf 391 Mrd. DM veranschlagt wird (bei der Einkommens- und Verbrauchsstichprobe wurden eigengenutzte Betriebsgebäude und Betriebsgrundstücke nicht erfaßt).[13]

Zum Vergleich beträgt das gesamte Bruttogeldvermögen[14] der privaten Haushalte in den alten Bundesländern 1.827 Mrd. DM gegenüber dem gesamten Bruttogeldvermögen der privaten Haushalte in den neuen Bundesländern in Höhe von 152 Mrd. DM.[15]

Abbildung 1: Grundstücksverkehrswerte und Bruttogeldvermögen der privaten Haushalte 1993

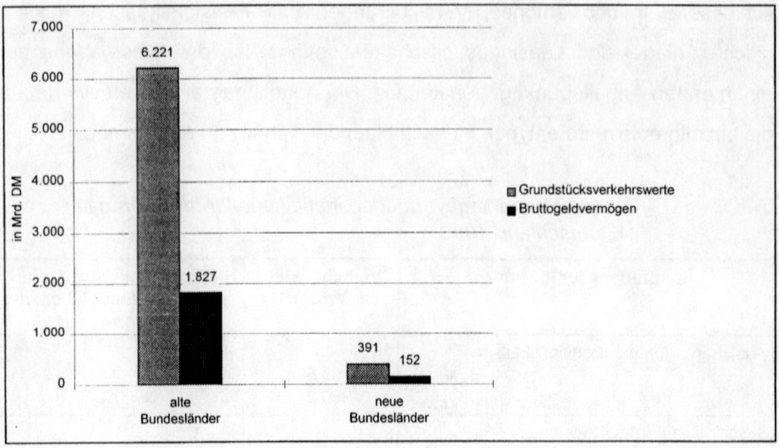

Quelle: Eigene Darstellung

---

13 Vgl. Laue, Evelyn: „Grundvermögen privater Haushalte Ende 1993", in: Wirtschaft und Statistik, Nr. 6, 1995, S. 489 - 492.

14 Bruttogeldvermögen ist definiert als Summe aus Termingeldern, Spareinlagen, Geldanlagen bei Bausparkassen und Versicherungen, festverzinslichen Wertpapieren, Aktien sowie Investmentzertifikaten.

15 Vgl. Guttmann, Edeltraut: „Geldvermögen und Schulden privater Haushalte Ende 1993", in: Wirtschaft und Statistik, Nr. 5, 1995, S. 392 - 393.

Werden diese Zahlen für die alten und neuen Bundesländer aggregiert, so wird die überragende Bedeutung der Immobilie als Mittel der Kapitalanlage für die privaten Haushalte deutlich, denn die geschätzten Gesamtverkehrswerte des Grundvermögens übersteigen das Bruttogeldvermögen um das 3,3fache.

1.3.2 Unternehmen als Immobilieneigentümer

Im Vergleich zu den privaten Haushalten wird der Verkehrswert in Deutschland belegener Immobilien, die sich im Besitz institutioneller Investoren befinden,[16] auf ca. 240 Mrd. DM für das Jahr 1993 geschätzt.[17] Im Rahmen dieser Untersuchung wurden als institutionelle Investoren jedoch lediglich offene und geschlossene Immobilienfonds, Versicherungen und Pensionskassen, ausländische Anleger und Leasinggesellschaften definiert, so daß diese Werte nur einen ersten Anhaltspunkt geben können. Die Aufteilung der Verkehrswerte auf die einzelnen Investorentypen ist nachfolgender Tabelle zu entnehmen:

Tabelle 1: Immobilienanlagevermögen institutioneller Investoren in Deutschland 1993

Institutioneller Investor	Verkehrswert (in Mrd. DM)	Prozentualer Anteil am gesamten Immobilienanlagevermögen
Versicherungen und Pensionskassen		
Buchwert:	53,5	
geschätzter Verkehrswert:	80,0	33,3%
Geschlossene Immobilienfonds		
Investitionswert: (entspricht in etwa Verkehrswert)	70,0	29,2%
Offene Immobilienfonds		
Verkehrswert:	25,0	10,4%

16 Im Rahmen dieser Arbeit werden institutionelle Investoren als Teilgruppe der Unternehmen verstanden.

17 Vgl. Bulwien, Hartmut: „Der Markt für Immobilienanlagen", Redemanuskript des Vortrages im Rahmen des ebs Immobilien Professional Collegs, Schlangenbad 6. - 10.2.1995.

Institutioneller Investor	Verkehrswert (in Mrd. DM)	Prozentualer Anteil am gesamten Immobilienanlagevermögen
Ausländische Investoren geschätzter Verkehrswert:	20,0	8,3%
Leasinggesellschaften Buchwert: (entspricht in etwa Verkehrswert):	45,0	18,8%
geschätzter Verkehrswert gesamt:	**240,0**	**100%**

Quelle: In Anlehnung an Bulwien, Hartmut: „Der Markt für Immobilienanlagen" Manuskript des Vortrages im Rahmen des ebs Immobilien Professional Collegs, Schlangenbad 6. - 10.2.1995.

Mit der Umsetzung der Verordnung über die Rechnungslegung von Versicherungsunternehmen[18] wird die Veröffentlichung des Markt- bzw. Zeitwertes von Grundstücken zumindest für Versicherungsgesellschaften für die Geschäftsjahre, die auf den 31.12.1998 folgen, zur Pflicht, so daß zukünftig genauere Schätzungen möglich sein werden.

Aussagen über den Verkehrswert des Immobilienbesitzes anderer Investorentypen, wie bspw. von Immobilienaktiengesellschaften oder sogenannter Non-Property-Companies (Gesellschaften, die zwar über Immobilienbesitz verfügen, bei denen jedoch der Immobilienbereich kein Kerngeschäftsfeld darstellt), können auf Grund des unzureichend zur Verfügung stehenden Datenmaterials nur in begrenztem Rahmen getroffen werden.

Die Deutsche Bundesbank schätzt die Immobilienbuchwerte von Unternehmen, die im Bereich Produzierendes Gewerbe, Handel und Verkehr tätig sind und ihren Sitz in den alten Bundesländern haben, für das Jahr 1990 auf 268 Mrd. DM bzw. auf ca. 10,45% von deren Bilanzsumme.[19] Aktuellere Angaben zu den

---

18 Verordnung über die Rechnungslegung von Versicherungsunternehmen (RechVersV), BGBl I, 1994, S. 3378 - 3395.

19 Vgl. Deutsche Bundesbank (Hrsg.): „Ertragslage und Finanzierungsverhältnisse der westdeutschen Unternehmen im Jahre 1991", in: Monatsberichte der Deutschen Bundesbank, 44. Jg., Nr. 11, 1992, S. 15 - 31.

Immobilienbuchwerten fehlen seitdem, da diese in den neueren Untersuchungen der Deutschen Bundesbank zur Ertragslage und den Finanzierungsverhältnissen deutscher Unternehmen nicht mehr einzeln ausgewiesen werden.[20] Bei der Interpretation der Buchwerte muß jedoch die Einschränkung gemacht werden, daß die Auswertung nicht nach der Lage des Grundbesitzes (bspw. Inland/Ausland) differenziert und ganze Wirtschaftsbranchen, wie z.B. das Kredit- und Versicherungsgewerbe, der Bereich des Grundstücks- und Wohnungswesens sowie der Dienstleistungsbereich etc., nicht berücksichtigt wurden.

Über den Verkehrswert des Grundvermögens der Unternehmen in Deutschland kann lediglich spekuliert werden,[21] da ein gesichertes Verfahren der Ableitung von Verkehrswerten an Hand von Buchwerten, um so die Bedeutung von Grundbesitz zu schätzen, nicht existiert. Daher können im folgenden lediglich die Buchwerte betrachtet werden. Nach handels-[22] und steuerrechtlichen[23] Bilanzierungsregeln werden Grund und Boden sowie Gebäude in den Jahresabschlüssen deutscher Kapitalgesellschaften auf Basis der historischen Anschaffungs- bzw. Herstellungskosten abzüglich der auf die baulichen Anlagen entfallenden planmäßigen und außerplanmäßigen Abschreibungen angesetzt. Die Spanne zwischen Buch- und Marktwert des Immobilienvermögens wird dadurch im Zeitablauf in der Regel immer größer. Dabei kann diese Spanne durch die Minderung der Anschaffungs- bzw. Herstellungskosten um Investitionszuwendungen, die gelegentlich bei der Beschaffung von Gebäuden gewährt werden,[24]

---

20 Vgl. Deutsche Bundesbank (Hrsg.): „Ertragslage und Finanzierungsverhältnisse der westdeutschen Unternehmen im Jahre 1992“, in: Monatsberichte der Deutschen Bundesbank, 45. Jg., Nr. 11, 1993, S. 19 - 39.

21 Vgl. Schulte, Karl-Werner: „Stille Reserven“, in: Frankfurter Allgemeine Zeitung, 9.6.1995, S. 37.

22 Vgl. §253 Abs. I HGB i.V.m. §279 HGB für Kapitalgesellschaften.

23 Aufgrund des Maßgeblichkeitsprinzips haben nach §5 Abs. I Satz 1 EStG handelsrechtliche Bilanzierungs- und Bewertungsvorschriften unmittelbar auch steuerliche Wirkung.

24 Vgl. Näger, Lorenz: „Ein Entscheidungsmodell zur Bilanzierung und Bewertung von Gebäuden unter bilanzpolitischer Zielsetzung“, Stuttgart 1991, S. 208.

zusätzlich vergrößert werden. Ein weiteres Hindernis bei dem Versuch der Ableitung von Immobilienmarktwerten aus den Buchwerten entsteht durch die Verpflichtung der Zurechnung des Restbuchwertes eines abgebrochenen Gebäudes zu den Herstellungskosten eines Neubaus, wenn ein technisch nicht verbrauchtes Gebäude zum Zwecke des Abbruchs und Errichtung eines Neubaus erworben wurde. In analoger Weise ist auch mit den Abbruchkosten zu verfahren.[25] Daher können zur Bedeutung von Immobilien für Unternehmungen an Hand der Buchwerte nur bedingt Aussagen getroffen werden.

Bei einer Betrachtung der Anlagespiegel, die den Konzernjahresabschlüssen von 16 ausgewählten Immobilienaktiengesellschaften[26] entnommen wurden, ist - wie die nachfolgende Tabelle zeigt - kein Zusammenhang zwischen Buchwerten, historischen Anschaffungs- und Herstellungskosten oder Verkehrswerten, falls auf freiwilliger Basis angegeben, erkennbar. Bei der Interpretation dieser Zahlen kann zudem nicht mit Sicherheit davon ausgegangen werden, daß sämtlicher Grundbesitz in Deutschland belegen ist, da nur wenige Gesellschaften die genaue Lage der einzelnen Grundstücke ihres Immobilienportfolios angeben.

---

25 Vgl. Glanegger, Peter: „Anschaffungs- und Herstellungskosten bei Grundstücken und Gebäuden", in: Der Betrieb, Nr. 42, 16.10.1987, S. 2117.

26 Ausgewählt wurden diejenigen Immobilien-Aktiengesellschaften, die in der 1994 erschienenen Version des Immobilienaktienindexes des Bankhauses Ellwanger & Geiger berücksichtigt worden sind. Dabei verwendete Ellwanger & Geiger folgende unscharfe Definition für Immobilienaktien: "Als Immobilienaktien gelten diejenigen Werte, deren Kursentwicklung entscheidend vom Wert bzw. Management des Immobilienportfolios geprägt wird." Vgl. Ellwanger & Geiger (Hrsg.) „Immobilienaktien in Deutschland", o.S., Stuttgart 1994. Im Gegensatz dazu definiert Schmidt Immobilienaktiengesellschaften als „Gesellschaften, bei denen die Entwicklung, die Vermietung oder der Verkauf ein wesentlicher Bestandteil des Geschäftes ist." Vgl. Schmidt, Andreas: „Immobilienaktien: Besonderheiten des Marktes, der Analyse, der Bewertung", in: Brunner, Marlies (Hrsg.): „Geldanlage mit Immobilien", Wiesbaden 1994, S. 187.

Tabelle 2: Darstellung des Immobilienvermögens ausgewählter Immobilienaktiengesellschaften

Name	Bilanzstichtag	historische AK/HK Grundstücke und Gebäude (in Mio. DM)	Buchwerte Grundstücke und Gebäude (in Mio. DM)	Anteil Buchwerte Grundstücke und Gebäude an Bilanzsumme	Verkehrswert Grundstücke und Gebäude (in Mio. DM)
A.A.A.	31.12.1994	202,7	177,1	78,3%	k.A.
AGROB	31.12.1994	26,7	11,1	38,7%	k.A.
Brau und Brunnen	31.12.1994	989,4	592,9	25,8%	k.A.
Concordia Bau und Boden	31.12.1994	336,1	294,7	19,2%	880,1
Günther & Sohn	31.12.1994	36,8	25,0	9,1%	k.A.
Hamborner	31.12.1994	249,8	205,9	75,7%	k.A.
IVG*	31.12.1994	1.047,5	455,1	49,9%	2.600
W. Jacobsen AG	31.12.1994	36,0	22,2	78,4%	k.A.
Kolb & Schüle	31.12.1994	31,5	16,0	11,0%	k.A.
Monachia	30.09.1994	393,2	123,9	78,2%	k.A.
Schloßgartenbau	31.12.1994	27,3	13,9	59,9%	k.A.
Sinner	30.09.1994	19,5	5,2	76,3%	k.A.
Steucon	30.12.1994	83,1	69,7	19,5%	99
Stuttgarter Hofbräu (Teilkonzern)	30.09.1994	242,5	126,8	39,8%	k.A.
Tempelhofer Feld	31.12.1994	52,2	34,6	75,7%	k.A.
WCM	31.12.1994	1.081,2	1.055,1	64,5%	k.A.
	Summe	4.855,5	3.229,2	-	-

* Die IVG weist lediglich die Verkehrswerte nachhaltig wirtschaftlich nutzbarer Immobilien aus.

Quelle: Geschäftsberichte 1994 der aufgeführten Gesellschaften.

Wird nun der Verkehrswert deutscher Immobilien mit dem Gesamtkurswert der zum amtlichen Handel oder geregelten Markt zugelassenen Stammaktien in Höhe von 718 Mrd. DM bzw. dem Nominalwert der von der öffentlichen Hand emittierten umlaufenden Anleihen in Höhe von 1.251 Mrd. DM per Ende Juni 1995[27] verglichen, so stellt sich - angesichts der enormen Bedeutung von Immobilien als Kapitalanlage sowohl für die privaten Haushalte als auch für Unternehmungen - um so mehr die Frage, welche Indizes zur Beurteilung der Entwicklung von Immobilienmärkten herangezogen werden können.

---

27 Vgl. Deutsche Bundesbank (Hrsg.): „Kapitalmarktstatistik August 1995", Frankfurt 1995, S. 28 und 45.

1.4 Aufgaben von Immobilienperformanceindizes

Die Aufgaben eines Immobilienperformanceindexes sind grundsätzlich vergleichbar mit den Aufgaben eines Indexes für andere Anlagemedien wie Aktien oder festverzinsliche Wertpapiere.

Die Hauptanwendungsgebiete eines Immobilienperformanceindexes sind in den folgenden Bereichen zu sehen:

- Marktindikationsfunktion
  Unter der Marktindikationsfunktion wird verstanden, daß ein Immobilienindex die Entwicklungstendenz des Immobilienmarktes - zu einer einzigen Größe zusammengefaßt - ausdrücken soll. Derzeit können Markteinschätzungen nur über Marktberichte, die von Immobilienmaklern bzw. Immobilienberatungsgesellschaften erstellt wurden oder über anderweitige Veröffentlichungen in umfangreicher Schriftform erfolgen. Mit einem Immobilienperformanceindex kann die Wert- und Renditeentwicklung des Immobilienmarktes dokumentiert und somit die Transparenz des Immobilienmarktes gesteigert werden.[28]

- Immobilienindizes als Grundlage wirtschaftspolitischer Entscheidungen
  Ein Index, der bspw. die Entwicklung der Verkehrswerte unterschiedlicher Nutzungsarten in unterschiedlichen Regionen angibt, kann bei der Anpassung der Einheitswerte, die derzeit per Stichtag 1.1.1964 für Grundbesitz in den alten Bundesländern bzw. per 1.1.1935 für Grundbesitz in den neuen Bundesländern ermittelt werden, an die heute vorherrschenden tatsächlichen Wertverhältnisse als einfach zu handhabendes Instrument dienen.

---

28 Vgl. Schulte, Karl-Werner: „Welche volkswirtschaftliche Bedeutung hat der Immobilienmarkt heute und morgen in Deutschland?", Redemanuskript zum 26. Management Congress für Führungskräfte der Bau-, Immobilien- und Finanzwirtschaft, Frankfurt 20. - 21.2.1992.

- Immobilienindizes als Konjunkturbarometer

  Da der Immobilienmarkt einerseits dem Kapitalmarkt nachgelagert ist, andererseits Preisauftriebe im Immobilienbereich als Zeichen von inflationären Tendenzen interpretiert werden können,[29] besteht die Möglichkeit, Schwankungen des Immobilienbereichs mittels eines Indexes zu messen und somit als Konjunkturbarometer zu nutzen.

- Immobilienindizes als Prognoseinstrument

  Ein Immobilienindex kann als Prognoseinstrument dienen, um Markttrends und deren Veränderungen vorherzusagen. Dabei könnten z.B. Erkenntnisse aus einem Index, der die Wertänderungen von Bürogebäuden beschreibt, verwendet werden, um künftige Wertänderungen zu schätzen.

- Performance Analyse unter expliziter Berücksichtigung von Rendite und Risiko mit Hilfe eines Immobilienindexes

  Mit einem Immobilienindex, der die Performance des Immobilienmarktes mißt, kann die Leistung von Immobilienportfoliomanagern unter Berücksichtigung von Risiko und Rendite analysiert werden. Da alternative Anlagestrategien nicht nur unterschiedliche Ergebnisse erwirtschaften, sondern auch unterschiedlich riskant sind, darf die Performanceanalyse nicht ohne Risikoadjustierung der erzielten Renditen erfolgen.[30]

- Benchmarkingfunktion im Rahmen des Asset-Managements

  Im Rahmen des Benchmarking können die Wertentwicklung einzelner Immobilienportfolios mit einem Performanceindex und gleichzeitig der Immobilienmarkt mit anderen Kapitalanlagemärkten verglichen werden.

---

[29] Vgl. Schulte-Kemper, Hubert: „Private und gewerbliche Bauinvestitionen bei Preis- und Zinsschwankungen", in: Der Langfristige Kredit, 40. Jg., Nr. 10, 1989, S. 322 - 326.

[30] Vgl. Uhlir, Helmut: „Grundsätze ordnungsmäßiger Performancemessung", in: Gebauer, Wolfgang; Rudolph, Bernd (Hrsg.): Erfolgsmessung und Erfolgsanalyse im Portfolio-Management, Schriftenreihe des Instituts für Kapitalmarktforschung an der Johann Wolfgang Goethe-Universität Frankfurt am Main, Nr. 36, Frankfurt 1994, S. 71.

- Asset Allocation im Rahmen des Portfoliomanagements nach Markowitz
  Bei der Entscheidung über die Aufteilung von Anlagekapital auf unterschiedliche Anlagekategorien ist das Vorhandensein eines Indexes, der die Performance der spezifischen Assetkategorie mißt, erforderlich. Da im Rahmen von Trendextrapolationen zur Schätzung erwarteter Renditen und Risikomaße diese oftmals durch historische Rendite- und Risikomaße substituiert werden,[31] ist das Vorhandensein eines Performanceindexes für den deutschen Immobilienmarkt von besonderer Bedeutung.

- Ein Immobilienperformanceindex als Voraussetzung für die Anwendung des Capital Asset Pricing Models (CAPM) im Rahmen der Immobilienbewertung
  Über das CAPM können die geforderten Renditen für Projekte beliebigen Risikos bestimmt werden.[32] Dafür ist jedoch das Vorhandensein eines Indexes erforderlich, der die Performance des Marktes aller risikobehafteter Anlagemöglichkeiten mißt. Für die Einbeziehung von Immobilien in einen solchen Marktindex kann ein Immobilienperformanceindex verwendet werden.

- Immobilienperformanceindizes als Basisobjekt zu entwickelnder neuer Anlagemedien
  Ein Immobilienindex kann die Basis neuer Kassa- oder Termingeschäfte sein.[33] So wurde im Mai 1991 an der Londoner Futures and Options Exchange der Handel mit Futures auf einen Immobilienperformanceindex als

---

31 Vgl. Steiner, Manfred; Bruns, Christoph: „Wertpapiermanagement“, 4. Aufl., Stuttgart 1995, S. 78.

32 Vgl. Drukarczyk, Jochen: „Theorie und Politik der Finanzierung“, 2. Aufl., München 1993, S. 239.

33 Vgl. Case, Karl E.; Shiller, Robert J.; Weiss, Allan N.: „Index-Bases Futures and Options Markets in Real Estate“, in: The Journal of Portfolio Management, 19. Jg., Winter 1993, S. 83 - 92 sowie Roche, Julian: „Property futures and securitisation - the way ahead“, Cambridge 1995, S. 1ff.

Basisinstrument aufgenommen.[34] Aufgrund von Unregelmäßigkeiten in Form von Scheintransaktionen, die zur Vortäuschung eines höheren Transaktionsvolumens vorgenommen wurden, wurde der Handel mit Immobilienfutures im Oktober desselben Jahres wieder eingestellt.[35] Derzeit existieren jedoch von Seiten angelsächsischer Marktteilnehmer Absichten, indexgebundene Termingeschäftsmöglichkeiten wieder ins Leben zu rufen.[36]

1994 wurden in Großbritannien von der Bank Barclays de Zoete Wedd für insgesamt 150 Millionen £ sogenannte „Property Investment Certificates" (PICs) emittiert, deren Performance an den englischen Immobilienperformanceindex „IPD Annual Index"[37] geknüpft ist.[38] Diese PICs gewähren dem Inhaber die vollständige Teilnahme an Veränderungen des zugrundeliegenden Indexes, die auf Grund von Grundstückswertveränderungen induziert worden sind, sowie eine Beteiligung zu 88% an den auf Mieteinnahmen basierenden Veränderungen[39] des IPD Annual Index.[40] Dadurch wurde es den Anlegern ermöglicht, die Performance des angelsächsischen Immobilienmarktes zu erhalten, wobei gleichzeitig niedrige Transaktionskosten sowie eine im Vergleich zu direkten Immobilieninvestitionen höhere Liquidität als Erfolgsfaktoren für dieses neue Kassamarktinstrument genannt werden.

---

34 Vgl. Baum, Andrew: „Property Futures", in: Journal of Property Valuation & Investment, 9. Jg., Nr. 2, 1991, S. 235.

35 Vgl. Goodmann, Trevor: „Property futures idea is still alive - just", in: Chartered Surveyor Weekly, 10.10.1991, S. 11.

36 Vgl. London, Simon: „Investors plan UK property derivatives market", in: Financial Times, 5.2.1996, S. 14.

37 Der „IPD Annual Index" ist ein Immobilienperformanceindex, der jährlich auf Basis der Mieterträge und Verkehrswertschätzungen von mehr als 12.000 Grundstücken ermittelt wird und in Großbritannien von den Marktteilnehmern als der wichtigste Immobilienindex angesehen wird.

38 Vgl. Catalano, Alex: „Property paper chase", in: Estates Gazette, 1.7.1995, S. 52.

39 Es zeigte sich, daß die dadurch bewirkte automatische Unterperformance der PICs gegenüber dem Referenzindex für viele Immobilienportfoliomanager problembehaftet ist, da deren Managementleistung am IPD Index gemessen wird. Vgl. Catalano, Alex: „Property paper chase", in: Estates Gazette, 1.7.1995, S. 52.

40 Vgl. Barber, Colin: „Property index funds: pros and cons", in: Property Week, 2.6.1994, S. 7.

Ein Immobilienperformanceindex kann auch bei sogenannten Commercial Real Estate Index Linked Swaps (CREILS) Einsatz finden. Bei dieser Swapvariante werden die Erträge eines Immobilienperformanceindexes gegen die Erträge bspw. eines Aktien- oder Rentenindexes getauscht.[41]

Aufgrund der Bedeutung und der vielfältigen Einsatzmöglichkeiten eines Immobilienperformanceindizes ist es daher erforderlich, zuerst den Begriff des Grundstücks als Meßgegenstand eines derartigen Indexes eindeutig abzugrenzen.

---

41 Vgl. Buttimer, Richard J.; Kau, James B.; Slawson, V. Carlos: „A Model For Pricing Securities Dependent Upon a Real Estate Index"; Paper presented at the American Real Estate Society Conference, Hilton Head 29.3. - 1.4.1995, S. 3.

2 Charakteristika von Immobilien und des Immobilienmarktes

2.1 Begriffsbestimmung

Aufgrund der vielen unterschiedlichen Interpretationsmöglichkeiten, die mit dem Begriff „Immobilie“ verbunden sind,[42] ist eine Abgrenzung der Terminologie erforderlich. Begriffe wie „Immobilie“, „Grundbesitz“, „Grundeigentum“, „Grundstück“, „Liegenschaft“, „Immobiliarvermögen“, „Realvermögen“ etc. werden oft in einem Zuge genannt und als im wesentlichen deckungsgleich angesehen. Da der Gesetzgeber den Begriff der Immobilie in den einschlägigen Gesetzen nicht verwendet und zudem den Begriff des „Grundstücks“ nicht in einem Gesetz definiert hat,[43] wird der Begriff des Grundstücks im bürgerlichrechtlichen Sinn erläutert und vom Begriff der Immobilie im ökonomischen Sinn abgegrenzt, da die Zielsetzung der Entwicklung eines Immobilienindizes Klarheit über den Begriff des Grundstücks als Basis eines Immobilienindexes erfordert.

2.1.1 Grundstücksbegriff nach bürgerlichem Recht

Ein Grundstück im bürgerlich-rechtlichen Sinne[44] (auch genannt: liegenschaftsrechtlichen, grundbuchrechtlichen oder formellen Sinne) ist jeder räumlich abgegrenzte Teil der Erdoberfläche, der auf einem besonderen Grundbuchblatt für sich allein oder auf einem gemeinschaftlichen Grundbuchblatt unter einer

---

42 Vgl. Bone-Winkel, Stephan: „Das strategische Management von offenen Immobilienfonds“, in: Schulte, Karl-Werner (Hrsg.): Schriften zur Immobilienökonomie, Band 1, Köln 1994, S. 20.

43 Vgl. Fislake, Heribert in: Schlichter, Otto; Stich, Rudolf (Hrsg.): „Berliner Kommentar zum Baugesetzbuch“, 2. Aufl., Köln 1995, S. 2402.

44 Vgl. Battis, Ulrich in: Battis, Ulrich; Krautzberger, Michael; Löhr, Rolf-Peter: „Kommentar zum Baugesetzbuch“, 4. Aufl., München 1994, S. 1543.

besonderen Nummer im Verzeichnis der Grundstücke eingetragen ist.[45] Grundsätzlich ist davon auszugehen, daß der in den Gesetzen verwendete Begriff des Grundstücks sich mit dieser Definition nach der Zivilrechtssprechung deckt.[46] Vom Grundstücksbegriff zu unterscheiden ist das Flurstück, das einen katastermäßig vermessenen und bezeichneten Teil der Erdoberfläche darstellt. Ein Grundstück im bürgerlich-rechtlichen Sinn kann daher aus einem oder mehreren Flurstücken bestehen.[47]

Zu einem Grundstück gehören nach den §§93 - 98 BGB die wesentlichen Bestandteile, das Zubehör und die Rechte, die mit dem Eigentum an einem Grundstück verbunden sind.

Wesentliche Bestandteile einer Sache sind diejenigen Bestandteile, die nicht zerstörungsfrei oder ohne Veränderung ihres Wesens voneinander getrennt werden können. Zu den wesentlichen Bestandteilen eines Grundstücks gehören die mit dem Grund und Boden fest verbundenen Sachen, insbesondere Gebäude, sowie die Erzeugnisse des Grundstücks, solange sie mit dem Boden zusammenhängen.[48] Zu den wesentlichen Bestandteilen eines Gebäudes gehören auch die zur Herstellung des Gebäudes eingefügten Sachen.[49] Darunter

---

45 Vgl. Kalb, Werner in: Ernst, Werner; Zinkahn, Willy; Bielenberg, Walter (Hrsg): „Kommentar zum Baugesetzbuch", München 1994, Loseblattsammlung, Stand 51. Nachl. Januar 1995, §200 Rdnr. 4.

46 Vgl. Battis, Ulrich in: Battis, Ulrich; Krautzberger, Michael; Löhr, Rolf-Peter: „Kommentar zum Baugesetzbuch", 4. Aufl., München 1994, S. 1543.

47 Vgl. Kalb, Werner in: Ernst, Werner; Zinkahn, Willy; Bielenberg, Walter: „Kommentar zum Baugesetzbuch", München 1994, Loseblattsammlung, Stand 51. Nachl. Januar 1995, §200 Rdnr. 6.

48 Gemäß §5 Art. 231 des Einführungsgesetzes zum BGB gehören in den der Bundesrepublik Deutschland beigetretenen Gebieten nicht zu den Bestandteilen Gebäude, Baulichkeiten, Anlagen oder Einrichtungen, die nach dem am Tag vor dem Wirksamwerdens des Beitritts geltendem Recht vom Grundstückseigentum unabhängiges Eigentum sind. Vgl. bspw. dazu Kleiber, Wolfgang; Simon, Jürgen; Weyers, Gustav: „Verkehrswertermittlung von Grundstücken", 2. Aufl., Köln 1994, S. 291 - 292; Simon, Jürgen; Cors, Klaus G.; Troll, Max: „Handbuch der Grundstückswertermittlung", 3. Aufl. München 1993, S. 147 - 149.

49 Vgl. §94 BGB

sind insbesondere Werkstoffe, aus denen Mauern, Fußböden, Decken, Verputz, Treppen, Fenster, Türen etc. hergestellt sind, zu verstehen.[50]

Zubehör ist nach §97 BGB definiert als bewegliche Sachen, die, ohne Bestandteile der Hauptsache zu sein, dem wirtschaftlichen Zweck der Hauptsache zu dienen bestimmt sind und zu ihr in einem dieser Bestimmung entsprechenden räumlichen Verhältnis stehen. Dies können bspw. Beleuchtungskörper, Mülltonnen, Treppenläufer sein.[51]

Die mit einem Grundstück verbundenen Rechte, wie z.B. die Grunddienstbarkeiten nach §1018 BGB, Reallasten nach §1105 BGB, Überbaurente nach §912 BGB sowie die Notwegrente nach §917 BGB, gelten nach §96 BGB ebenfalls als Bestandteile des Grundstücks.[52]

Nicht zugehörig zu einem Grundstück sind die Scheinbestandteile, das heißt Sachen, die nur zu einem vorübergehenden Zweck mit Grund und Boden verbunden sind.[53] Dies könnten beispielsweise Baracken, Wohncontainer, Baugerüste oder zum Verkauf bestimmte Pflanzen einer Gärtnerei sein.[54]

Im weiteren Verlauf werden die Begriffe „Grundstück“ und „Immobilie“, die sowohl bebaut als auch unbebaut sein können, synonym verwendet. Im Falle der Bebauung wird unter diesen Begriffen jeweils die Einheit von Grund und Boden sowie der baulichen Anlagen verstanden. Zur Unterscheidung werden daher der Begriff „Grund und Boden“, der bebaut oder unbebaut sein kann, sowie der

---

50 Vgl. Kleiber, Wolfgang; Simon, Jürgen; Weyers, Gustav: „Verkehrswertermittlung von Grundstücken“, 2. Aufl., Köln 1994, S. 291.

51 Vgl. Kleiber, Wolfgang; Simon, Jürgen; Weyers, Gustav: „Verkehrswertermittlung von Grundstücken“, 2. Aufl., Köln 1994, S. 292.

52 Vgl. Klocke, Wilhelm: „Wertermittlungsverordnung: Praxis“, Wiesbaden 1990, S. 13.

53 Vgl. §95 BGB

54 Vgl. Murfeld, Egon (Hrsg.): „Spezielle Betriebswirtschaftslehre der Grundstücks- und Wohnungswirtschaft“, Hamburg 1995, S. 56.

Begriff des unbebauten Grundstücks verwendet. Sind Grund und Boden bebaut, so wird bei Verwendung des o.a. Begriffes von den baulichen Anlagen abstrahiert.

2.1.2 Grundstücksbegriff im ökonomischen Sinne

Vom juristischen Begriff des Grundstücks als räumlich abgegrenzter Teil der Erdoberfläche ist das Grundstück im ökonomischen Sinn zu differenzieren. Unter dem ökonomischen Begriff der Immobilie ist ein künstlich abgegrenzter dreidimensionaler Raum unter Berücksichtigung einer zusätzlichen Dimension, der Zeit (sogenannte Raum-Zeit-Einheiten, bspw. die Anmietung eines Gebäudes von x qm Fläche für y Jahre), zu verstehen.[55] Diese Raum-Zeit-Einheiten, die die Nutzungsrechte an einem Grundstück darstellen, werden durch die Überlassung der Nutzung in entsprechende Geld-Zeit-Einheiten umgewandelt, wie bspw. Miete je Monat.[56] Daher kann eine Immobilieninvestition als Prozeß der Umwandlung von Raum-Zeit-Einheiten in Geld-Zeit-Einheiten gesehen werden. Obgleich diese Sichtweise erheblich von dem technischen Immobilienkonzept („Anhäufung von Steinen und Mörtel") abweicht, wird deutlich, daß eine Immobilie per se keinen intrinsischen Wert hat, sondern sich der Wert einer Immobilie erst aus Art und Qualität der Nutzbarkeit und der damit erzielbaren Zahlungsströme ergibt.[57]

---

55 Vgl. Graaskamp, James A.: „A Rational Approach to Feasibility Analysis", in: The Appraisal Journal, 40. Jg., Nr. 4, 1972, S. 513 - 521.

56 Vgl. bspw. Pyrrh, Stephen A. u.a.: „Real Estate Investment", 2. Aufl., New York 1989, S. 10; Graaskamp, James A.: „The Role of Investment Real Estate in Portfolio Management", in: Jarchow, Stephen P. (Hrsg.): „Graaskamp on Real Estate", Washington D.C. 1991, S. 314.

57 Vgl. Bone-Winkel, Stephan; Sotelo, Ramon: „Warum werden Büroflächen (nicht) vermietet? - Einige grundlegende Anmerkungen über den Immobilienmarkt am Beispiel der Stadt Berlin", in: Grundstücksmarkt und Grundstückswert, 6. Jg., Nr. 4, 1995, S. 199 - 200. Diese Auffassung über den Wert einer Immobilie ist deckungsgleich zur abzulehnenden Theorie über den objektiven Unternehmenswert, der sich nicht als Resultante einer Beziehung des

Ein Immobilienperformanceindex mißt und dokumentiert demzufolge die Entwicklung des dynamischen Umwandlungsprozeßes der Raum-Zeit-Einheiten in Geld-Zeit-Einheiten im Zeitablauf, wobei sowohl das Grundstück im rechtlichen Sinne als auch der Begriff der Immobilie im ökonomischen Sinne von Bedeutung ist. Denn einerseits muß das im Index zu erfassende Gut rechtlich genau definiert sein, und andererseits müssen die ökonomischen Auswirkungen des Verfügungsrechtes, ausgedrückt in Geldeinheiten pro definierten Zeitraum, Eingang in einen Immobilienperformanceindex finden.

2.2 Charakteristika von Immobilien als Investmentmedium

Die Unterschiede von Immobilien zu anderen Investmentmedien basieren hauptsächlich auf der Bindung der Immobilie an Grund und Boden. Die charakteristischen Eigenschaften von Immobilien sowie des Immobilienmarktes, die die Unterschiede zu anderen Investmentmedien und -märkten ausmachen und/oder Besonderheiten bei der Konstruktion eines Performanceindexes bewirken, werden im folgenden dargestellt.

- Standortgebundenheit

  Immobilien sind standortgebundene unbewegliche Güter, die zugleich im allgemeinen unteilbar sind[58]. Als Folge der Standortgebundenheit entsteht eine Abhängigkeit des Werts des einzelnen Grundstücks von der Nutzung und dem Zustand der umliegenden Grundstücke. Durch die Standortgebun-

---

Bewertungssubjektes zum Bewertungsobjekt ergibt, sondern als unveränderliche inhärente Eigenschaft des Bewertungsobjektes begreift. Vgl. dazu Künnemann, Martin: „Objektivierte Untenehmensbewertung", Frankfurt 1985, S. 11 sowie die dort aufgeführte Literatur.

58 Grundsätzlich besteht sowohl für gewerblich als auch für wohnungswirtschaftlich genutzte Grundstücke die Möglichkeit der Aufteilung in Sondereigentum, Teileigentum und Gemeinschaftliches Eigentum. Eine weitere Aufteilung der vorstehend genannten Eigentumsformen bei einer Direktanlage in Immobilien ist jedoch nicht möglich.

denheit wird der Wert des Grundstücks auch von externen Effekten wie bspw. der Anbindung an den öffentlichen Personennahverkehr, Straßen, Museen oder anderen Einrichtungen, die Dritte errichtet haben, beeinflußt.[59]

- Heterogenität

  Aus der Standortgebundenheit von Immobilien läßt sich in einem weiteren Schritt die Heterogenität von Grundstücken ableiten. Da Grund und Boden nicht duplizierbar sind, trifft dies selbstverständlich auch auf die aufstehenden Gebäude zu. Selbst bei Verwendung identischer Baupläne werden diese sich stets unterscheiden, sei es im Innenausbau, im Zustand der baulichen Anlagen, in der gegenwärtigen Nutzung, in den gesetzlich zulässigen Nutzungsmöglichkeiten oder in den mikroklimatischen Bedingungen. Der Sachverhalt der Heterogenität impliziert zugleich, daß die Anwendbarkeit des Modells der vollständigen Konkurrenz auf den Immobilienmarkt nicht möglich ist;[60] die Heterogenität führt ferner dazu, daß die Bildung von sachlichen und räumlichen Teilmärkten erforderlich ist.[61]

- Knappheit

  Da jedes Grundstück einzigartig ist, können nur bestimmte Grundstückslagen die Anforderungen bestimmter Nutzungsarten erfüllen. Zwar ist nicht von einer absoluten Knappheit von Grund und Boden auszugehen, allerdings ist es aufgrund der Unmöglichkeit der Duplizierung einer Lage sowie der Komplementarität von Grund und Boden mit den darauf errichteten baulichen Anlagen kaum oder nur begrenzt möglich, das Angebot an Flächen in be-

---

59 Vgl. Ferguson, Jerry; Heizer, Jay: „Real Estate Investment Analysis", Boston 1990, S. 7.

60 Vgl. Wurtzebach, Charles H.; Miles, Mike E.; Cannon, Susanne Etheridge: „Modern Real Estate", 5. Aufl., New York 1994, S. 10; Eekhoff, Johann: „Wohnungs- und Bodenmarkt", Tübingen 1987, S. 3.

61 Vgl. Ferguson, Jerry; Heizer, Jay: „Real Estate Investment Analysis", Boston 1990, S. 7.

sonders stark nachgefragten Lagen im Rahmen von Erweiterungen zu vergrößern.[62]

- Höhe der Transaktionskosten

  Im Gegensatz zu anderen Anlagekategorien ist eine Investition in Immobilien nicht nur bei einem Eigentümerwechsel mit Transaktionskosten in Form von Grunderwerbsteuer, Notargebühren und evtl. Kosten für einen Makler verbunden. Transaktionskosten können auch bei einer Neuvermietung bei Fertigstellung eines Objektes bzw. bei einem Mieterwechsel in Form von Maklercourtagen oder sonstigen Such- und Informationskosten entstehen. Die Transaktionskosten für Immobilien sind im allgemeinen höher als die Transaktionskosten im Wertpapierbereich.[63]

- Nicht-monetäre Nutzenstiftung

  Die Bedürfnisbefriedigung durch Immobilieninvestments ist im Gegensatz zu anderen Gütern oft auch nicht-monetären Charakters und wird mit dem Begriff des „Besitzerstolzes" umschrieben. So sind Investoren und Mieter oftmals bereit, einen Aufschlag zu zahlen, um das Eigentum an einer herausragenden Immobilie zu erwerben bzw. um unter einer ganz bestimmten Adresse erreichbar zu sein.[64]

- Unzerstörbarkeit

  Eine weitere Eigenschaft von Grundstücken ist die Unzerstörbarkeit von Grund und Boden.[65] Ein aufstehendes Gebäude kann im Zeitablauf zwar

---

62 Grundsätzlich ist die relative Knappheit eine Eigenschaft aller Wirtschaftsgüter, so daß hier keine Besonderheit vorläge. Andere Wirtschaftsgüter sind jedoch im Gegensatz zu Immobilien vermehrbar, so daß die Knappheitssituation bei Immobilien nicht behoben werden kann.

63 Vgl. Dubben, Nigel; Sayce, Sarah: „Property Portfolio Management", London 1991, S. 7.

64 Vgl. Wurtzebach, Charles H.; Miles, Mike. E.; Cannon, Susanne Etheridge: „Modern Real Estate", 5. Aufl., New York 1994, S. 15 - 16.

65 Vgl. Hoesli, Martin; Thion, Bernard: „Immobilier et Gestion de Patrimoine", Paris 1994, S. 70.

zerstört werden, der Boden kann bergmännisch ausgebeutet, überschwemmt werden, erodieren etc., das Grundstück als vermessener und definierter Teil der Erdoberfläche wird jedoch ewig bestehen.[66]

- Länge der Nutzungsdauer

  Gebäude als wesentliche Bestandteile von Grundstücken zeichnen sich durch die Länge ihrer Nutzungsdauer im Vergleich zu anderen Investitionsobjekten aus. Üblicherweise wird die Nutzungsdauer der baulichen Anlagen in die technische Lebensdauer und in die wirtschaftliche Nutzungsdauer[67] der baulichen Anlagen unterteilt.[68] Die technische Lebensdauer wird bestimmt durch die Haltbarkeitsgrenze der tragenden Bauteile. Solche Bauteile wie Kellermauerwerk, Massivdecken, Umfassungswände, Decken, Massivtreppen etc. sind kaum erneuerungsfähig oder austauschbar[69] und haben eine technische Lebensdauer, die im allgemeinen bei 200 Jahren und mehr liegt.[70]

  Die wirtschaftliche Nutzungsdauer von baulichen Anlagen wird in der immobilienspezifischen Literatur als die Zeit genannt, in der ein Gebäude im Hinblick auf seine Zweckbestimmung in wirtschaftlich vertretbarer Weise genutzt

---

66 Ausnahmen von der Unzerstörbarkeit des Grund und Bodens können in seltenen Fällen auftreten, wie das Beispiel der Nordseeinsel Sylt zeigt.

67 Aus diesem Grund wurde in der WertV88 bei der Anwendung sowohl des Ertragswertverfahrens als auch des Sachwertverfahrens der Begriff der Gesamtnutzungsdauer verwendet. Der Inhalt des Begriffs der Gesamtnutzungsdauer hängt vom gewählten Bewertungsverfahren ab. Vgl. näher zum Begriff der Gesamtnutzungsdauer Abschnitt 5.3.3.2.4.7 auf S. 223 sowie Abschnitt 5.3.3.2.3 auf S. 206.

68 Vgl. Kleiber, Wolfgang; Simon, Jürgen; Weyers, Gustav: „WertV '88", 3. Aufl., Köln 1993, S. 302 - 303.

69 Vgl. Ross, Franz-Wilhelm; Brachmann, Rolf; Holzner, Peter: „Ermittlung des Bauwertes von Gebäuden und des Verkehrswertes von Grundstücken", 27. Aufl., Hannover 1993, S. 258.

70 Vgl. Kleiber, Wolfgang; Simon, Jürgen; Weyers, Gustav: „Verkehrswertermittlung von Grundstücken", 2. Aufl., Köln 1994, S. 844.

werden kann.[71] Die wirtschaftliche Nutzung der baulichen Anlagen ist nur so lange möglich, wie dies die technische Lebensdauer zuläßt.

Dieses unspezifische Kriterium zur Bestimmung der wirtschaftlichen Nutzungsdauer weicht erheblich von den sonst formulierten Kriterien zur Bestimmung der optimalen Nutzungsdauer nach allgemeinem betriebswirtschaftlichem Verständnis ab, die für einmalige Investitionen oder Investitionsketten für den Fall von Folgeinvestitionen aufgestellt werden.[72]

- Länge der Produktionsdauer

  Bauliche Anlagen zeichnen sich durch eine lange Produktionsdauer aus. Dabei ist unter dem Begriff der Produktionsdauer nicht allein der reine Vorgang des Bauens zu verstehen, sondern es sind hierin alle Phasen des Entstehungsprozesses von der Akquisition des Grundstücks über Projekt- und Planungsvorbereitung bis zur Fertigstellung des Objektes und Dokumentation des Gesamtergebnisses einzubeziehen. Aufgrund der in Jahren zu bemessenden Zeitspanne zwischen Konzeption eines Projektes und der Nutzung des Objektes[73] ist eine Anpassung an unterschiedliche Marktlagen erschwert.[74]

- Veränderbarkeit

  Der Begriff der Veränderbarkeit beschreibt die Wirkung von Projektentwicklungsmaßnahmen auf den Gesamtwert des Grundstücks. Bei einer Veränderung des Grundstücks in Form einer Projektentwicklung sollte der Wert

---

[71] Vgl. bspw. Simon, Jürgen; Cors, Klaus G.; Troll, Max: „Handbuch der Grundstückswertermittlung", 3. Aufl. München 1993, S. 101; Kleiber, Wolfgang; Simon, Jürgen; Weyers, Gustav: „Verkehrswertermittlung von Grundstücken", 2. Aufl., Köln 1994, S. 718, die dafür den Begriff der wirtschaftlichen Restnutzungsdauer verwenden.

[72] Vgl. Schulte, Karl-Werner: „Wirtschaftlichkeitsrechnung", 4. Aufl. Würzburg 1986, S. 139 - 160.

[73] Vgl. Bone-Winkel, Stephan; Sotelo, Ramon: „Warum werden Büroflächen (nicht) vermietet? - Einige grundlegende Anmerkungen über den Immobilienmarkt am Beispiel der Stadt Berlin", in: Grundstücksmarkt und Grundstückswert, 6. Jg., Nr. 4, 1995, S. 200.

[74] Vgl. Heuer, Jürgen H.B.: „Die Wohnungsmärkte im gesamtwirtschaftlichen Gefüge", in: Jenkis, Helmut W. (Hrsg.): Kompendium der Wohnungswirtschaft, München 1991, S. 24.

des Grundstücks nach Durchführung der Entwicklung höher als die Summe der aufgewendeten Kosten für Grund und Boden, Arbeit, Material etc. sein.[75] Um die langfristige Nutzung von baulichen Anlagen zu gewährleisten, müssen diese stets den sich verändernden Anforderungen der Nutzer angepaßt werden. Unter dem Begriff der Veränderbarkeit wird auch erfaßt, daß die baulichen Anlagen am Ende ihrer wirtschaftlichen Nutzungsdauer wieder rückgebaut und auf demselben Grund und Boden immer wieder eine Neuentwicklung der baulichen Anlagen vorgenommen werden kann.

- Höhe der Managementkosten

  Im Vergleich zu anderen Investmentmedien bedarf eine direkte Grundstücksinvestition[76] ein stetiges Management[77], welches im Vergleich zu anderen Anlagemöglichkeiten mit hohen Managementkosten verbunden ist.[78] Das Objektmanagement muß fristgerechte Mietzahlungen, das Einhalten von gesetzlichen oder vertraglichen Auflagen, die Durchführung von Instandhaltungsmaßnahmen etc. überwachen, um mit diesen Maßnahmen die Ertragsfähigkeit des Grundstücks zu sichern.[79]

- Höhe des Investitionsvolumens

  Direkte Anlagen[80] in Immobilien zeichnen sich üblicherweise durch eine besondere Höhe des Investitionsvolumens im Verhältnis zu den verfügbaren liquiden Mitteln des Investors aus, weshalb bei der Finanzierung von Immo-

---

75 Vgl. Wurtzebach, Charles H.; Miles, Mike. E.; Cannon, Susanne Etheridge: „Modern Real Estate", 5. Aufl., New York 1994, S. 11.

76 Zu den Formen der Immobilie als Kapitalanlage vgl. Abbildung 2 auf S. 32.

77 Vgl. Fisher, Jeffrey, D.: „Portfolio Construction: Real Estate", in: Maginn, John L.; Tuttle, Donald L. (Hrsg.): Managing Investment Portfolios, Boston 1982, S. 438 - 439.

78 Vgl. Ferguson, Jerry; Heizer, Jay: „Real Estate Investment Analysis", Boston 1990, S. 7.

79 Vgl. Scarrett, Douglas: „Property Valuation - The five Methods", London 1991, S. 22.

80 Zu den Formen der Immobilieninvestition vgl. Abschnitt 2.4 auf S. 30.

bilien überwiegend Fremdkapital eingesetzt wird. Die direkte Immobilieninvestition ist demnach nur wenigen kapitalkräftigen Anlegern vorbehalten.[81]

Die vorstehend genannten Eigenschaften von Immobilien erschweren im Vergleich zu anderen Investmentmedien, wie bspw. Aktien, Optionen oder festverzinsliche Wertpapiere, die Konstruktion von Indizes. Darauf wird im weiteren Verlauf der Arbeit detailliert eingegangen.

2.3 Spezifische Eigenschaften des Immobilienmarktes

Die Unterschiede des Immobilienmarktes im Vergleich zu anderen Märkten für Kapitalanlagemöglichkeiten sind einerseits durch die im vorigen Abschnitt dargestellten spezifischen Eigenschaften von Immobilien andererseits aber auch durch originäre Markteigenschaften determiniert. Der Immobilienmarkt kann als Mechanismus definiert werden, durch welchen immobilienbezogene Güter und Dienstleistungen ausgetauscht werden.[82] Die Eigenschaften dieses Mechanismus sind

- Teilmarktbildung
  Aus der Heterogenität von Immobilien folgt die regionale und sektorale Teilmarktbildung,[83] so daß der Begriff des Immobilienmarktes ein abstrakter Begriff ist. Die Teilmärkte lassen sich unterscheiden nach: [84]
  - Entwicklungsstand (bspw. Rohbauland bzw. baureifes Land)

---

81 Vgl. Abromeit-Kremser, Bernd: „Offene Immobilieninvestmentfonds“, Wien 1986, S. 31.

82 Vgl. Jaffe, Austin, J.; Sirmans, C.F.: „Fundamentals of Real Estate Investment“, 3. Aufl., Englewood Cliffs 1995, S. 68.

83 Vgl. Eekhoff, Johann: „Wohnungs- und Bodenmarkt“, Tübingen 1987, S. 3.

84 Vgl. Murfeld, Egon (Hrsg.): „Spezielle Betriebswirtschaftslehre der Grundstücks- und Wohnungswirtschaft“, Hamburg 1995, S. 43 - 50.

  - Nutzungskriterien (bspw. wohnungswirtschaftliche bzw. gewerbliche Nutzung)
  - Vertragskriterien (bspw. Vermietung bzw. Verkauf)
  - räumliche Kriterien (bspw. regionale bzw. überregionale Märkte).

- Abhängigkeit von vor- und nachgelagerten Märkten
  Der Immobilienmarkt wird nicht nur durch die Verfassung des Marktes für Bauleistungen und des Kapitalmarktes, sondern auch maßgeblich durch die Verfassung der Wirtschaftszweige beeinflußt, die die angebotenen Flächen nachfragen.[85]

- Intransparenz
  Der Immobilienmarkt gilt als intransparent, da über die Mehrzahl der Transaktionen keine Details veröffentlicht werden. Selbst wenn nähere Angaben über Transaktionen wie bspw. Kaufpreis oder Monatsmiete veröffentlicht werden würden, kann eine höhere Transparenz des Immobilienmarktes erst dann eintreten, wenn zusätzlich detaillierte Angaben über die individuelle Immobilie zur Verfügung stehen.[86]

- Niedriger Ausbildungsstand der Marktteilnehmer
  Gut ausgebildete Marktteilnehmer sind in der - von Akademikern als unattraktiv empfundenen - Immobilienbranche selten.[87] Das Image der Immobilienbranche in Deutschland ist schlecht.[88] Als Folge des niedrigen Ausbil-

---

85 Vgl. Bone-Winkel, Stephan; Sotelo, Ramon: „Warum werden Büroflächen (nicht) vermietet? - Einige grundlegende Anmerkungen über den Immobilienmarkt am Beispiel der Stadt Berlin", in: Grundstücksmarkt und Grundstückswert, 6. Jg., Nr. 4, 1995, S. 200.

86 Vgl. Britton, William; Davies, Keith; Johnson, Tony: „Modern Methods of Valuation", 8. Aufl., London 1989, S. 2.

87 Vgl. Schulte, Karl-Werner: „Aus- und Weiterbildung für Immobilienberufe", in: Grundstücksmarkt und Grundstückswert, 3. Jg., Nr. 3, 1992, S. 128 - 136.

88 Vgl. Schulte, Karl-Werner: „Die Branche braucht Akademiker", in: Frankfurter Allgemeine Zeitung, 3.3.1995, S. 31.

dungsstandes der Marktteilnehmer ergeben sich für gut ausgebildete Marktteilnehmer Wettbewerbsvorteile.[89]

- Starke gesetzliche Reglementierung
  Sämtliche Bereiche des Immobilienmarktes werden durch eine Vielzahl rechtlicher Reglementierungen beeinflußt. Der Immobilieneigentümer wird in seiner freien Entscheidung über die Nutzung seiner Eigentumsrechte durch zahlreiche rechtliche Vorschriften eingeschränkt.[90] Miet-, Planungs- und baurechtliche Reglementierungen haben neben den Bestimmungen des Denkmalschutzes, des Naturschutzes oder des Immissionsschutzes zur Folge, daß der Planungsprozeß von Investoren sowie Feasibility-Untersuchungen mit besonderer Sorgfalt durchzuführen sind. Des weiteren haben auch steuerrechtliche Bestimmungen einen erheblichen Einfluß auf bestimmte Teilmärkte.

2.4 Formen der Immobilieninvestition

Es existieren die unterschiedlichsten Möglichkeiten der Investition bzw. Kapitalanlage[91] in Immobilien, die von den individuellen bzw. kollektiven Immobilieninvestments bis hin zu den direkten bzw. indirekten Immobilieninvestments variieren.

---

89 Vgl. Pyrrh, Stephen A. u.a.: „Real Estate Investment", 2. Aufl., New York 1989, S. 10.

90 Vgl. Abromeit-Kremser, Bernd: „Offene Immobilieninvestmentfonds", Wien 1986, S. 30.

91 Der Begriff der Investition ist dem Begriff der Kapitalanlage übergeordnet. Zu einer Investition gehören Geldanlagen (Ausgaben) für Anbieter- und Nachfragerhandlungen auf Güter- und Finanzmärkten. Vgl. Schneider, Dieter: „Investition, Finanzierung und Besteuerung", 7. Aufl., Wiesbaden 1992, S. 9.

Grundsätzlich erfolgt die individuelle Kapitalanlage in Immobilien zumeist in Form der unmittelbaren, direkten Anlage.[92] Daneben ist die Möglichkeit der kollektiven Kapitalanlage in Immobilien vorhanden, worunter sowohl direkte als auch mittelbare, indirekte Kapitalanlagen in Immobilien verstanden werden. Der Kapitalanleger bei der indirekten Kapitalanlage ist entweder Gesellschafter einer Eigentumsgesellschaft oder hat bspw., wie im Falle von offenen Immobilienfonds, schuldrechtliche Ansprüche gegen den Eigentümer des/der Grundstücke.[93] Bei den indirekten Investments partizipieren die Anleger über eine Verbriefung ihrer Rechte an der Performance der zugrundeliegenden Grundstücke.[94]

Primär unterscheiden sich die indirekten von den direkten Immobilieninvestments durch ihre Teilbarkeit. Diese eröffnet dem Investor zum einen die Möglichkeit der Diversifikation durch anteilige Kapitalanlagen in mehrere Immobilien; zum anderen ist die Liquidität der indirekten Immobilienanlagen vergleichsweise höher. Zugleich muß der Investor jedoch eine Einschränkung seiner Kontrollrechte hinnehmen.[95]

Im folgenden Schaubild sind die möglichen Formen der Kapitalanlagen in Immobilien systematisiert.

---

92 Vgl. Wurtzebach, Charles H.: „Assembling an Equity Real Estate Portfolio", in: Bruce, Brian R. (Hrsg.): Real Estate Portfolio Management, Chicago 1991, S. 25.

93 Der Erwerb von Pfandbriefen bzw. die Gewährung von Hypothekarkrediten wird im Rahmen dieser Arbeit nicht als Form des indirekten Immobilieninvestments verstanden.

94 Vgl. Fisher, Jeffrey, D.: „Portfolio Construction: Real Estate", in: Maginn, John L.; Tuttle, Donald L. (Hrsg.): Managing Investment Portfolios, Boston 1983, S. 440.

95 Vgl. Snyderman, Mark P.: „Commercial and Multifamily Real Estate Investment Vehicles", in: Hudson-Wilson, Susan; Wurtzebach, Charles H. (Hrsg.): Managing Real Estate Portfolios, Burr Ridge 1994, S. 89 - 90.

Abbildung 2: Formen der Kapitalanlage in Immobilien

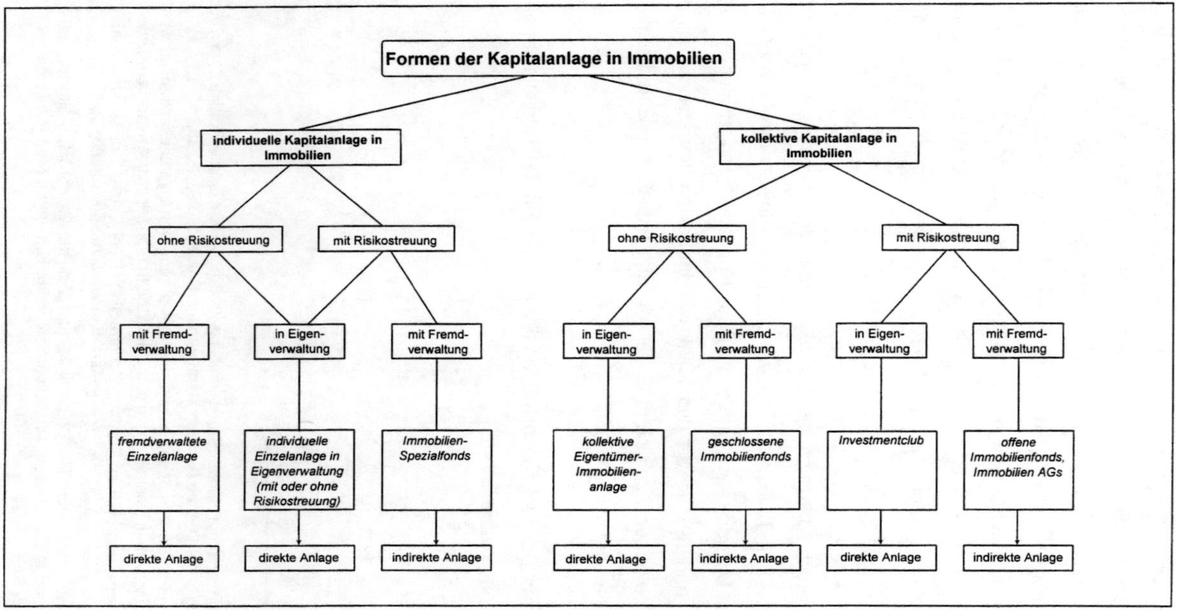

Quelle: In Anlehnung und Erweiterung der Darstellung bei Abromeit-Kremser, Bernd: „Offene Immobilieninvestmentfonds", Wien 1986, S. 33.

Dabei wurden die Immobilienspezialfonds den individuellen Kapitalanlagen zugeordnet. Da die Anteilscheine von Spezialfonds nach §1 Abs. II KAGG jeweils von nicht mehr als zehn Anteilinhabern, die nicht natürliche Personen sind, gehalten werden dürfen, müßte eigentlich eine Einordnung bei den kollektiven Kapitalanlagen erfolgen. Die überwiegende Mehrzahl der Anteilscheine bestehender Spezialfonds wird jedoch von nur einem institutionellen Anleger gehalten,[96] so daß daher eine Einordnung als individuelle Kapitalanlage vorgenommen wurde.

Anhand der Kapitalanlageformen lassen sich die unterschiedlichen Datenquellen zur Konstruktion eines Immobilienperformanceindexes ableiten. Hierdurch könnte die Entwicklung der Grundstückswerte im Zeitablauf gemessen werden, wobei die Entwicklung der Preise für die verbrieften Rechte der indirekten Anlagen als Ausgangspunkt dient. Als weitere Möglichkeit könnte eine Analyse der veröffentlichten Jahresabschlüsse von Gesellschaften mit umfangreichem Immobilienbesitz verwendet werden, um einen Immobilienperformanceindex zu konstruieren.[97]

---

96 Vgl. Kandlbinder, Hans-Karl: „Spezialfonds als Anlageinstrument“, Frankfurt 1991, S. 35.

97 Vgl. zu den einzelnen Konstruktionsmöglichkeiten Abschnitt 5 ab S. 160.

3 Grundlagen der Indextheorie

Das folgende Kapitel befaßt sich mit den theoretischen Grundlagen der Indexkonstruktion illustriert am Beispiel von Aktienindizes. Dabei wird im Verlauf jeweils auf die praktischen Probleme eingegangen, die durch die Besonderheiten von Immobilien als Investmentmedium sowie den Charakteristika des Immobilienmarktes bei einer Übertragung der Konzeption von Aktienindizes auf Immobilienindizes entstehen.

3.1 Verhältniszahlen

Innerhalb der deskriptiven Statistik wird der Begriff der Verhältniszahlen verwendet, um den zeitlichen, räumlichen oder sachlichen Vergleich von Beobachtungswerten zu ermöglichen. Da die Betrachtung einer isolierten, empirisch ermittelten Zahl alleine keinen Sinnzusammenhang vermittelt, sondern eine Beurteilung wirtschaftlicher Tatbestände nur an Hand eines Vergleiches mit anderen empirisch ermittelten Zahlen erfolgen kann, werden derartige Vergleiche über sogenannte Verhältniszahlen durchgeführt.[98] Verhältniszahlen können auf unterschiedliche Art und Weise gebildet werden. Wie der Begriff „Verhältniszahlen" impliziert, handelt es sich dabei um Quotienten aus je zwei Zahlen, die üblicherweise noch mit hundert oder tausend multipliziert werden. Die Gruppe der Verhältniszahlen läßt sich - wie Abbildung 3 zeigt - weiter differenzieren in:

---

98 Vgl. Anderson, Oskar u.a.: „Grundlagen der Statistik", 2. Aufl., Berlin 1988, S. 177.

Abbildung 3: Gliederung von Verhältniszahlen

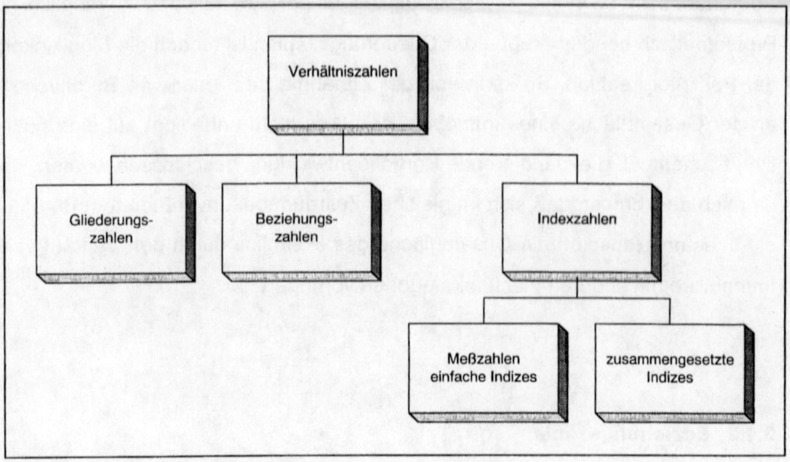

Quelle: in Anlehnung an Hartung, Joachim; Elpelt, Bärbel; Klösener, Karl-Heinz: „Statistik", 7. Aufl., München 1989, S. 55.

3.1.1 Gliederungszahlen

Gliederungszahlen liegen dann vor, wenn eine Teilgröße auf eine ihr übergeordnete Gesamtgröße bezogen wird.[99] Gliederungszahlen können in Prozenten, Promillen oder Anteilen angegeben werden. Ein Beispiel für eine Gliederungszahl ist die relative Häufigkeit, bei der die absoluten Häufigkeiten eines Beobachtungswertes durch die Summe aller absoluten Häufigkeiten dividiert werden. Dies könnte beispielsweise der Anteil der Nutzflächen an den Bruttogeschoßflächen[100] innerhalb eines Immobilienportfolios sein.

---

99 Vgl. Ferschl, Franz: „Deskriptive Statistik", 3. Aufl., Würzburg 1985, S. 143.

100 Zum Begriff der Nutzfläche bzw. Bruttogeschoßfläche siehe Abschnitt 4.1.2.1.

Durch zeitbezogene Analysen von Gliederungszahlen sind Aussagen über das Vorhandensein bzw. die Geschwindigkeit eines Strukturwandels möglich.[101] Problematisch bei der Gruppe der Gliederungszahlen ist jedoch die Möglichkeit der Fehlinterpretation. So kann von der Zunahme des Anteils an Büroflächen an der Gesamtfläche eines Immobilienportfolios nicht unbedingt auf eine positive, flächenmäßig expandierende Portfolioentwicklung geschlossen werden, da es auch denkbar ist, daß sich im gleichen Zeitraum bei unverändertem Büroflächenbestand (absolut) die Gesamtfläche des Portfolios durch den Verkauf von Immobilien mit anderen Flächenkategorien verringert hat.

3.1.2 Beziehungszahlen

Beziehungszahlen liegen dann vor, wenn zwei verschiedenartige Größen sinnvoll zueinander in Beziehung gesetzt werden. Beispielsweise könnte dies die Miete in DM pro qm Bruttogeschoßfläche eines Gebäudes sein. Auch das arithmetische Mittel, der Variationskoeffizient oder die mittlere quadratische Abweichung sind Beziehungszahlen.[102]

Die Aussagefähigkeit von Beziehungszahlen ist insbesondere von der Sinnhaftigkeit der aufgestellten Beziehung abhängig. So ist die Aussage „Verkehrswert eines fertiggestellten Bürogebäudes pro qm Grund und Boden" relativ bedeutungslos, da der Verkehrswert in besonderem Maße von dem Ausmaß der auf dem Grundstück errichteten Büroflächen abhängt, so daß eine sinnvolle Beziehungszahl eher durch den Quotienten aus Verkehrswert des Gebäudes pro qm Bürofläche ermittelt wird.

---

101 Vgl. Pinnekamp, Heinz-Jürgen; Siegmann, Frank: „Deskriptive Statistik", München 1988, S. 227.

102 Vgl. Bamberg, Günter; Baur, Franz: „Statistik", 6. Aufl., München 1989, S. 53.

3.1.3 Indexzahlen

Das Ziel von Indexzahlen ist es, eine Aussage über eine Gruppe verschiedener, jedoch zugleich ähnlicher Merkmalswerte zu machen.[103] Dabei erhält ein Index seine Attraktivität durch die Informationsqualität und -quantität sowie durch eine leichte Handhabung, die durch die Aggregation komplexer Datenkonstellationen erreicht wird.[104] Durch die Aggregation von Daten wird ein Verlust der zugrundeliegenden Einzelinformationen bewußt in Kauf genommen, da es der Vorteil eines Indexes ist, eine Vielzahl von gleichartigen Tatbeständen in einer Zahl auszudrücken.[105] Die Kategorie der Indexzahlen läßt sich tiefer untergliedern in Meßzahlen bzw. einfache Indizes sowie in die Gruppe der zusammengesetzten Indizes.

3.1.3.1 Einfache Indizes - Meßzahlen

Bei einfachen Indexzahlen werden gleichartige Größen, auch Maßzahlen genannt, zueinander in Beziehung gesetzt. Dabei wird der Quotient aus den Zeitreihenwerten eines (kardinalskalierten) Merkmals gebildet. Meßzahlen bzw. einfache Indizes beschreiben die Veränderungen eines Gutes. Dabei wird der laufende Wert MZ_t auf einen festen Basiswert MZ_0 bezogen. Üblicherweise werden Meßzahlen mit dem Faktor 100 multipliziert, um dann einen einfachen Index zu erhalten[106]:

---

103 Vgl. Bleymüller, Josef; Gehler, Günther; Gülicher, Herbert: „Statistik für Wirtschaftswissenschaftler", 9. Auflage, München 1994, S. 179.

104 Vgl. Beckmann, Thomas: „Die Erfassung von Tendenzen des Aktienmarktes - Eine methodisch-statistische Untersuchung", Münster 1988, S. 8.

105 Vgl. Bleymüller, Josef: „Theorie und Technik der Aktienkursindizes", Münster 1966, S. 15.

106 Vgl. Pinnekamp, Heinz-Jürgen; Siegmann, Frank: „Deskriptive Statistik", München 1988, S. 232.

$$IX_{0t} = \frac{MZ_t}{MZ_0} \times 100 \qquad \text{für } t = 0,1,2,\ldots$$

mit

IX_{0t} = Index mit einer Berichtszeit t bezogen auf die Basiszeit 0

MZ = Maßzahl

Durch die Relation $IX_{0,t+1}$ - $IX_{0,t}$ ist leicht erkennbar, wie sich die Mieten in der Beobachtungsperiode verändert haben. Diese Art von Meßzahlen wird besonders häufig in der praktischen Statistik für die Beobachtung der zeitlichen Entwicklung bestimmter Tatbestände, wie z.B. der Umsatzentwicklung des Einzelhandels für eine bestimmte Produktgruppe, verwendet.[107] Im Bereich der Immobilienökonomie könnte durch einen derartig konstruierten einfachen Index die Entwicklung der Mieten für definierte Flächen und definierte Nutzungen an unterschiedlichen Standorten verglichen werden.

3.1.3.2 Zusammengesetzte Indizes

Als zusammengesetzte Indizes werden Indexzahlen genannt, die die Entwicklung mehrerer gleichartiger Größenreihen zusammenfassen.[108] Dabei werden Meßzahlen derselben Berichts- und Basisperiode zu einem Mittelwert aggregiert.

Innerhalb der zusammengesetzten Indexzahlen wird differenziert nach Preisindizes, die den Wert einer Gütermengenkombinationen zu unterschiedlichen Perioden abbilden, nach Wertindizes, die den tatsächlichen Aufwand für sich

---

[107] Vgl. Anderson, Oskar u.a.: „Grundlagen der Statistik", 2. Aufl., Berlin 1988, S. 180.

[108] Vgl. Ferschl, Franz: „Deskriptive Statistik", 3. Aufl., Würzburg 1985, S. 152.

verändernde Gütermengenkombinationen messen, sowie den Mengenindizes, die die Veränderung von Mengen unabhängig von Preisentwicklungen abbilden. Auf Mengenindizes wird im Verlauf der Arbeit nicht näher eingegangen, da die Verwendung dieses Indextyps bei der Konstruktion eines Performanceindexes für den deutschen Immobilienmarkt nicht sinnvoll ist. Die Gruppe der Wertindizes wird kurz vorgestellt.

3.1.3.2.1 Preisindex nach Laspeyres

Ein Preisindex nach Laspeyres ergibt sich durch Aggregation des gewogenen arithmetischen Mittels der einzelnen Preismeßzahlen zu:

$$
{}_{L}P_{01} = \frac{\sum_{i=1}^{n} \frac{p_1^{(i)}}{p_0^{(j)}} \times p_0^{(i)} q_0^{(i)}}{\sum_{i=1}^{n} p_0^{(i)} q_0^{(i)}} \times 100\%
$$

$$
= \frac{\sum_{i=1}^{n} p_1^{(i)} q_0^{(i)}}{\sum_{i=1}^{n} p_0^{(i)} q_0^{(i)}} \times 100\%
$$

mit

${}_{L}P$	=	Preisindex nach Laspeyres
$p_0^{(i)}$	=	Preis des Gutes i zur Basiszeit
$p_1^{(i)}$	=	Preis des Gutes i zur Berichtszeit
$q_0^{(i)}$	=	Menge des Gutes i zur Basiszeit
$q_1^{(i)}$	=	Menge des Gutes i zur Berichtszeit

Dabei wird im Zähler die Summe der Preise - gewichtet mit der Gütermenge zum Basiszeitpunkt - ermittelt, während der Nenner die Ausgabensumme für sämtliche Güter zur Basiszeit ausdrückt.

Der Vorteil eines nach Laspeyres konstruierten Indexes ist die Einfachheit der Handhabung, da sich bei einer laufenden Erhebung des jeweiligen Indexstandes die Neuermittlung der Mengenkomponenten erübrigt und lediglich die aktuellen Preise zu ermitteln sind.[109]

Bei dem Index von Laspeyres handelt es sich sowohl in der Basis- als auch in der Berichtsperiode um die gleichen Güter und Mengen, so daß eine Veränderung der Indexzahl nur auf Veränderungen von Güterpreisen zurückgeführt werden kann. Daher sind aufeinanderfolgende Indexwerte eines Indexes nach Laspeyres direkt miteinander vergleichbar, weshalb dieser Index in der Praxis zur Messung von Preisentwicklungen bevorzugt verwendet wird.[110] So folgen bspw. der Deutsche Aktienindex DAX[111] und der vom Statistischen Bundesamt veröffentlichte Preisindex für die Lebenshaltung[112] der Konstruktionsweise eines Preisindexes nach Laspeyres.

Als Nachteile der Indexkonstruktion ist zu nennen, daß der Laspeyres-Index etwaige Qualitätsveränderungen der Güter außer acht läßt und somit lediglich einen reinen Preisvergleich vornimmt, der dem Markteintritt neuer oder neuartiger Produkte nicht Rechnung trägt.[113]

---

109 Vgl. Pinnekamp, Heinz-Jürgen; Siegmann, Frank: „Deskriptive Statistik", München 1988, S. 248.

110 Vgl. Anderson, Oskar u.a.: „Grundlagen der Statistik", 2. Aufl., Berlin 1988, S. 184 - 185.

111 Vgl. Rühle, Alf-Sibrand: „Aktienindizes in Deutschland", Wiesbaden 1991, S. 192; Gießelbach, Axel: „Strategien mit Aktienkursindex-Instrumenten", Berlin 1989, S. 60.

112 Vgl. Rasch, Hans-Georg: „Preisindex für die Lebenshaltung neu berechnet", in: Die Bank, Nr. 3, 1990, S. 138.

113 Vgl. Pinnekamp, Heinz-Jürgen; Siegmann, Frank: „Deskriptive Statistik", München 1988, S. 248.

Werden die im Laspeyres-Index enthaltenen Güter an den aktuellen Stand angepaßt, ergeben sich Interpretationsprobleme, da nun Indexzahlen unterschiedlicher Güterkombinationen miteinander verglichen werden.[114]

3.1.3.2.2 Preisindex nach Paasche

Der Preisindex nach Paasche läßt sich auch wie der Preisindex nach Laspeyres in Form des gewogenen arithmetischen Mittels von Preismeßzahlen darstellen:

$$ {}_{P}P_{01} = \frac{\sum_{i=1}^{n} \frac{p_1^{(i)}}{p_0^{(i)}} \times p_0^{(i)} q_1^{(i)}}{\sum_{i=1}^{n} p_0^{(i)} q_1^{(i)}} \times 100\% $$

$$ = \frac{\sum_{i=1}^{n} p_1^{(i)} q_1^{(i)}}{\sum_{i=1}^{n} p_0^{(i)} q_1^{(i)}} \times 100\% $$

mit

${}_{P}P$ = Preisindex nach Paasche

Hierbei wird der Wert der Gütermengenkombinationen zur jeweiligen Berichtsperiode zu dem Wert ins Verhältnis gesetzt, den diese Gütermengenkombination zur Basisperiode gehabt hätte. Ein Index nach Paasche drückt ebenso wie ein Index nach Laspeyres nur die Veränderungen der Preise der Berichtsperiode gegenüber der Basisperiode aus. Direkt aufeinanderfolgende Indexwerte eines Preisindexes nach Paasche sind jedoch meist nicht miteinander ver-

---

114 Vgl. zur Verkettung Abschnitt 3.2.7 auf S. 65.

gleichbar, da sich im allgemeinen die Gütermengen von Berichtsperiode zu Berichtsperiode ändern.[115] Des weiteren sind die Berechnungen vergleichsweise aufwendig, da für jede Berichtsperiode die Gütermengen neu ermittelt werden müssen.[116]

Vorteilhaft bei der Indexkonstruktion nach Paasche ist die spontane Reaktion des Indexes auf Strukturveränderungen innerhalb der Gütermengen; dabei sind die Indexwerte bei korrekter Interpretation ohne Verkettung bzw. Umbasierung[117] über lange Perioden vergleichbar.[118]

3.1.3.2.3 Sonstige Indexformen

Eine weitere Indexform ist der Wertindex, auch Umsatzindex genannt:

$$VI_{01} = \frac{\sum_{i=1}^{n} p_1^{(i)} q_1^{(i)}}{\sum_{i=1}^{n} p_0^{(i)} q_0^{(i)}}$$

mit

VI = Wertindex

---

[115] Vgl. Anderson, Oskar u.a.: „Grundlagen der Statistik", 2. Aufl., Berlin 1988, S. 184.

[116] Vgl. Pinnekamp, Heinz-Jürgen; Siegmann, Frank: „Deskriptive Statistik", München 1988, S. 250.

[117] Zum Begriff der Umbasierung vgl. Abschnitt 3.2.7 auf S. 65.

[118] Vgl. Pinnekamp, Heinz-Jürgen; Siegmann, Frank: „Deskriptive Statistik", München 1988, S. 250.

Ein solcher Wertindex beantwortet die Frage nach durchschnittlichen Wertveränderungen direkter als alle anderen Formeln.[119]

Neben diesen Indizes existiert eine Vielzahl Sonderformen wie beispielsweise der Fishersche Idealindex, bei dem die Indizes von Laspeyres und Paasche geometrisch gekreuzt werden[120] oder der Index nach Drobisch, bei dem die Indizes von Laspeyres und Paasche arithmetisch gekreuzt werden.[121] Diese Sonderformen haben jedoch bei der Konstruktion von Aktienkursindizes, die als Muster bei der Konstruktion eines Immobilienperformanceindexes dienen könnten, keine Bedeutung. Da bei Aktienindizes überwiegend die aufgeführten Indexformeln von Laspeyres oder Paasche Anwendung finden,[122] werden derartige Konstruktionsarten wie die Indizes nach Fisher bzw. Drobisch auch für einen Immobilienperformanceindex nicht weiter in Betracht gezogen.

---

119 Vgl. Bleymüller, Josef: „Theorie und Technik der Aktienkursindizes", Münster 1966, S. 44.

120 Vgl. Bomsdorf, Eckart: „Deskriptive Statistik", 8. Aufl., Bergisch-Gladbach 1994, S. 131.

121 Vgl. Hartung, Joachim; Elpelt, Bärbel; Klösener, Karl-Heinz: „Statistik", 7. Aufl., München 1989, S. 63 - 70.

122 Eine kurze Darstellung ausgewählter Aktienmarktindizes findet sich bei Kleeberg, Jochen M.: „Die Eignung von Marktindizes für empirische Aktienmarktuntersuchungen", in: OIKOS, Studien zur Ökonomie, Band 26, Wiesbaden 1991, S. 15 - 18.

3.2 Konstruktion von Indizes

3.2.1 Anforderungen an einen Index

3.2.1.1 Allgemeine Anforderungen

Um die Marktdurchdringung eines Index zu gewährleisten, sollten folgende Grundanforderung an einen Index in möglichst hohem Ausmaß erfüllt sein:[123]

- hochwertige Inputdaten
- gute Indexkonstruktion
- zuverlässiges Servicekonzept.

Die Aussagequalität einer Indexzahl wird im wesentlichen durch Qualität und Quantität der verarbeiteten Inputdaten bestimmt. Die Daten finden Eingang in die Indexformel, deren Konstruktion die Indexzahl determiniert. Ein zuverlässiges Servicekonzept ist für Dateninput, Berechnung des Indexes und dessen Vertrieb erforderlich.[124]

Innerhalb der Wirtschaftswissenschaften wird bei der Auswahl einer Indexformel im allgemeinen Gewicht auf die drei Kriterien

- Einfachheit
- Transparenz
- Nachvollziehbarkeit

---

123 Vgl. Bühler, Alfred; Hies, Michael; Zimmermann, Heinz: „Liquidität für den deutschen Pfandbrief", Frankfurt 1996, S. 23.

124 In den folgenden Abschnitten der Arbeit wird das Kriterium des zuverlässigen Servicekonzeptes nicht zur Überprüfung existierender Immobilienindizes herangezogen, da dazu unternehmensinterne, nicht zugängliche Informationen erforderlich sind.

gelegt.[125]

Unter dem Kriterium der Einfachheit sind zwei unterschiedliche Sachverhalte zusammenzufassen. Zum einen soll die mathematische Konstruktion des Indexes, zum anderen die Ermittlung der Eingangswerte sowie deren Gewichtung möglichst „einfach" sein.[126]

Unter dem Begriff der Transparenz ist zu verstehen, daß klar erkennbar sein soll, wie der aktuelle Indexwert ermittelt wird. Das heißt, daß die Formel, nach der die einzelnen Werte zusammengefaßt werden, ebenso wie die Eingangswerte bekannt sein müssen. Der Index sollte also von den Nutzern unter Verwendung öffentlicher Informationen nachgerechnet werden können,[127] da ein Index, der nach nicht erkennbaren Kriterien ermittelt wird, voraussichtlich auf lediglich geringe Akzeptanz stoßen wird.

Das Merkmal der Nachvollziehbarkeit beinhaltet neben der theoretischen Nachvollziehbarkeit auch die praktische Nachvollziehbarkeit. Der Aspekt der theoretischen Nachvollziehbarkeit bedeutet die Nachvollziehbarkeit des Indexes durch interessierte Dritte bei Erfüllung der vorher genannten Kriterien der Einfachheit und Transparenz. Der Aspekt der praktischen Nachvollziehbarkeit heißt, daß ein Portfolio gebildet werden kann, das in seiner Zusammensetzung genau der Indexkonstruktion entspricht. Diese konkrete Nachbildbarkeit wird jedoch für Immobilienindizes aufgrund der Heterogenität

---

125 Vgl. Richard, Hermann-Josef: „Aktienindizes", Bergisch-Gladbach 1992, S. 27 - 30.

126 Vgl. Richard, Hermann-Josef: „Aktienindizes", Bergisch-Gladbach 1992, S. 27 - 28.

127 Vgl. Bühler, Alfred; Hies, Michael: „Ist ein deutscher Pfandbriefindex möglich?", in: Der Langfristige Kredit, 45. Jg., Nr. 23, 1994, S. 793.

und Unteilbarkeit von Immobilien[128] im Vergleich zu Aktienindizes stets problembehaftet sein.[129]

3.2.1.2 Mathematische Anforderungen

Auf die Erfüllung formal-mathematischer Kriterien wird im Rahmen der Statistik für die Wirtschaftswissenschaften im allgemeinen weniger Wert gelegt, da das System formal-mathematischer Kriterien, denen ein Index genügen müßte, inkonsistent und umstritten ist.[130] Daher werden auch lediglich einige Axiome kurz aufgezählt.[131]

Eine Indexformel kann stets nur zwei der drei zuerst genannten Proben gleichzeitig erfüllen:[132]

- Die Rundprobe, wonach ein Preisindex P die Bedingung erfüllen soll:

$$P_{01} \times P_{12} \times \ldots \times P_{t-1,t} = P_{0t}$$

- bzw. die Zeitumkehrprobe, wonach ein Index die Bedingung erfüllen soll:

$$P_{0t} \times P_{t0} = 1$$

- oder die Faktorenumkehrprobe, wonach ein Index die Bedingung

---

128 Vgl. dazu Abschnitt 2.2 auf S. 22.

129 Vgl. Brown, Gerald R.: „Property Investment and the Capital Markets“, London 1991, S. 185.

130 Vgl. Bleymüller, Josef; Gehler, Günther; Gülicher, Herbert: „Statistik für Wirtschaftswissenschaftler“, 9. Aufl., München 1994, S. 183.

131 Eine Vielzahl weiterer Axiome zur Auswahl von Preisindizes findet sich bei Krtscha, Manfred: „Axiomatic Characterization of Statistical Price Indices“, in: Eichhorn, Wolfgang (Hrsg.): Measurement in Economics, Heidelberg 1987, S. 117 - 133.

132 Vgl. Bleymüller, Josef: „Theorie und Technik der Aktienkursindizes“, Münster 1966, S. 52 - 53.

$$P_{0t} \times Q_{0t} = VI_{0t}$$

mit

Q = Mengenindex

erfüllen soll.

Daneben existieren weitere Proben wie z.B. die

- Probe der Bestimmtheit, nach der eine Indexzahl selbst dann, wenn ein oder mehrere Preise oder Mengen den Wert 0 annehmen, weder einen unendlichen Wert noch 0 ergeben soll.

- Homogenitätsprobe, die Aufschluß über den Homogenitätsgrad der Elemente eines Indexes gibt. An Hand des Ergebnisses dieser Probe kann bei einem vorgegebenen Homogenitätsgrad der Zeitpunkt einer Umbasierung bzw. Verkettung des Indexes ermittelt werden.[133] Dabei kann der Homogenitätsgrad zwischen 0 (vollständige Homogenität) und 1 (vollständige Heterogenität) schwanken. Der Homogenitätsgrad R wird dabei wie folgt gemessen:

$$R = \frac{e_t + e_0 - 2e_{0t}}{e_t + e_0 - e_{0t}}$$

mit

R = Homogenitätsgrad

e_0 = Gesamtzahl der Elemente in der Basisperiode

e_t = Gesamtzahl der Elemente in der Berichtsperiode

---

133 Vgl. Zingg, Walter: „Indizes, Kenn- und Messziffern für kotierte Schweizeraktien", Bern 1976, S. 31 - 32.

e_{0t} = Zahl der sowohl in Basis- als auch in Berichtsperioden vertretenen Elemente

- Proportionalitätsprobe, wonach gelten soll

$$\frac{\sum a\, p_0\, q}{\sum p_0\, q} = a,$$

wobei a eine beliebig gewählte Konstante darstellt.

3.2.2 Anzahl und Auswahl der im Index berücksichtigten Werte

Bei der Konstruktion von Aktienindizes, die in diesem Abschnitt als Muster für die Konstruktion eines Immobilienperformanceindexes dienen, fällt im allgemeinen die Entscheidung über die Anzahl der zu berücksichtigenden Titel vor der Entscheidung über die Auswahl der einzelnen Aktien.[134]

Bei den bekannten Aktienindizes schwankt die Zahl der berücksichtigten Gesellschaften zwischen 16 Gesellschaften beim SX 16, der für die Stockholm Stock Exchange ermittelt wird, und 5.000 Gesellschaften, die im Wilshire Index berücksichtigt werden.[135] Gegen einen Index, der nur aus sehr wenigen Werten besteht, spricht die Tatsache, daß ein solcher Index manipulierbarer und weniger stabil als ein breit angelegter Index sein kann, wenn die Börsenkapitalisierung und -streuung der im Index enthaltenen Titel nicht ausreichend hoch ist.[136]

---

134 Vgl. Rühle, Alf-Sibrand: „Aktienindizes in Deutschland", Wiesbaden 1991, S. 62.

135 Vgl. Richard, Hermann-Josef: „Aktienindizes", Bergisch-Gladbach 1992, S. 45.

136 Vgl. Janßen, Birgit; Rudolph, Bernd: „Der Deutsche Aktienindex DAX", Frankfurt 1992, S. 5.

Grundsätzlich ist es beim heutigen Stand der Informations- und Nachrichtentechnik möglich, sämtliche an einer Börse oder an mehreren Börsen notierten Aktien in einem Aktienindex zu erfassen. Somit wird nicht eine Stichprobe, sondern mittels einer Vollerhebung die Grundgesamtheit im Index abgebildet, wobei diese Vorgehensweise der Erfassung einer Grundgesamtheit nicht nur bei Aktienindizes problembehaftet ist.[137]

Gegen die Erfassung sämtlicher Aktien in einem Index spricht die Tatsache, daß an inländischen Börsen auch ausländische Aktien notiert werden, deren Kursentwicklung eng mit deren Heimatbörse verbunden ist. Grundsätzlich sollten daher nur inländische Gesellschaften in einem Aktienindex, der die Entwicklung des deutschen Aktienmarktes beschreiben soll, enthalten sein, da sonst Verzerrungen durch die ausländischen Gesellschaften die Folge wären.[138] Übertragen auf die Konstruktion eines deutschen Immobilienperformanceindexes, sollten daher in Analogie auch nur im Inland belegene Grundstücke berücksichtigt werden.

Würden in einem Aktienindex sämtliche Aktien inländischer Gesellschaften berücksichtigt werden, so käme das weitere Problem hinzu, daß für viele Aktiengesellschaften auf Grund der Marktenge der emittierten Aktien überhaupt kein Kurs festgestellt werden kann, da nur Geld-, Brief- oder Taxkurse gestellt werden. Daher unterbleibt im allgemeinen bei Aktienindizes die Aufnahme von Papieren, die nur unregelmäßig gehandelt werden,[139] da deren Einbeziehung die eigentliche Börsentendenz verfälschen würde.[140] Es konnte gezeigt werden, daß ein Portfolio, welches aus Aktien 15 verschiedener Emittenten konstruiert

---

137 Vgl. Richard, Hermann-Josef: „Aktienindizes“, Bergisch-Gladbach 1992, S. 44.

138 Vgl. Ploch, Hans-Uwe: „Konstruktion und Anwendung von Aktienkursindizes“, Wien 1971, S. 22.

139 Vgl. Bleymüller, Josef: „Theorie und Technik der Aktienkursindizes“, Münster 1966, S. 52 - 116.

140 Vgl. Ploch, Hans-Uwe: „Konstruktion und Anwendung von Aktienkursindizes“, Wien 1971, S. 24.

wurde, bereits statistisch signifikant mit dem gesamten Aktienmarkt korreliert.[141] Daher kann bei Aktienindizes auf die Einbeziehung weiterer Aktien, die die Korrelation zwischen dem Index und der definierten Grundgesamtheit nur marginal erhöhen würden, verzichtet werden.[142]

Bei einem Immobilienindex ist aufgrund der geringen Fungibilität und der gleichzeitigen Heterogenität von Immobilien sowie des Fehlens eines zentralen Marktes[143] fraglich, ob überhaupt ein Index auf Basis von Transaktionen konstruiert werden kann. Da es eine tägliche börsenmäßige Preisfeststellung nicht gibt und ein und dieselbe Immobilie nur selten mehrmals innerhalb eines kurzen Intervalles bei gleichzeitiger Offenlegung aller Vertragsdetails verkauft werden wird,[144] treten bei der Konstruktion eines Immobilienperformanceindexes besondere Probleme auf.[145] Würde ein Immobilienperformanceindex auf Basis von Verkehrswerten ermittelt werden, wäre es aus wirtschaftlichen, zeitlichen und organisatorischen Gründen unmöglich, hinsichtlich der Anzahl der zu berücksichtigenden Immobilien sämtliche in Deutschland belegenen Immobilien durch eine Vollerhebung in einem solchen Index abzubilden.[146] Eine Untersuchung des englischen Immobilienmarktes von Brown zeigt, daß die Veränderung der Performance eines Portfolios, welches aus 200 gleichgewichteten Immobilien besteht, zu über 95% (das Bestimmtheitsmaß r^2 beträgt 0,958) durch den Markt erklärt werden kann.[147] Als Konsequenz sollten daher in einem

---

141 Vgl. Weiner, Neil S.: „Stock Index Futures", New York 1984, S. 36.

142 Vgl. Richard, Hermann-Josef: „Aktienindizes", Bergisch-Gladbach 1992, S. 46.

143 Zur Darstellung der spezifischer Eigenschaften von Immobilien siehe Abschnitt 2.2.

144 Vgl. Miles, Mike u.a.: „A transaction-based real estate index: is it possible?", in: Journal of Property Research, 8. Jg., Nr. 3, 1991, S. 203 - 217.

145 Zur Darstellung alternativer Konstruktionsmöglichkeiten für einen Immobilienperformanceindex siehe Abschnitt 5 ab S. 160.

146 Vgl. Altenseuer, Thomas: „Die Preisentwicklung von Wohnimmobilien", Münster 1995, S. 7.

147 Vgl. Brown, Gerald R.: „Property Investment and the Capital Markets", London 1991, S. 180 - 186.

Immobilienperformanceindex mehr als 200 Grundstücke erfaßt werden, damit eine hohe Repräsentativität erzielt wird. Bei einem wertgewichteten Immobilienperformanceindex wird die Zahl der notwendigen Grundstücke weit höher liegen. Hinsichtlich der Korrelation zwischen einzelnen Grundstücken wird vermutet, daß durch die Tatsache, daß es sich bei Immobilien um sehr standortabhängige Güter mit einem festen Einkommensstrom über lange Perioden handelt, die Erträge unterschiedlicher Grundstücke nur schwach miteinander korrelieren.[148] Als Konsequenz ergibt sich bei der Konstruktion eines Immobilienperformanceindexes für den deutschen Immobilienmarkt, daß die Anzahl der aufzunehmenden Immobilien vorerst nicht beschränkt werden sollte, da sich mit zunehmender Anzahl der berücksichtigten Immobilien die Repräsentativität des Indexes erhöht.

Nachdem die Anzahl der in einem Aktienindex zu berücksichtigenden Werte/Titel festgelegt wurde, muß in einem darauffolgenden Schritt die Auswahl der einzelnen Titel erfolgen. Dabei hängt die Aussagefähigkeit eines Indexes weitgehend von der Auswahl der einzelnen Werte ab, die die Grundgesamtheit Aktien repräsentieren sollen.[149] Die Auswahl der einzelnen Werte kann aufgrund einer Zufallsstichprobe sowie auf Basis von nicht auf dem Zufallsprinzip beruhenden Auswahlverfahren erfolgen. Bei den bewußten Auswahlverfahren eignen sich besonders die typische Auswahl sowie die Auswahl nach dem Konzentrationsprinzip.[150]

Die Auswahl nach dem Konzentrationsprinzip ist das bei Aktienindizes am häufigsten vorkommende Verfahren.[151] Dabei werden die Aktien nach quantitativen

---

148 Vgl. Brown, Gerald R.; Matysiak, George A.: „Using commercial property indices for measuring portfolio performance", in: Journal of Property Finance, 6. Jg., Nr. 3, 1995, S. 32.

149 Vgl. Lerbinger, Paul: „Das große Buch der Aktie", Zürich 1987, S. 49.

150 Vgl. Bleymüller, Josef: „Theorie und Technik der Aktienkursindizes", Münster 1966, S. 116 - 117.

151 Vgl. Zingg, Walter: „Indizes, Kenn- und Messziffern für kotierte Schweizeraktien", Bern 1976, S. 58 - 59.

Merkmalen - meist der Börsenkapitalisierung, dem Grundkapital oder dem Börsenumsatz - der Größe nach geordnet. Je nach gewünschter Anzahl der aufzunehmenden Aktien bzw. dem gewünschten Repräsentationsgrad werden nur so viele Aktien in den Index aufgenommen, bis der vorgegebene Wert erreicht ist. Daher wird dieses Verfahren auch als „Cut-Off-Verfahren" bezeichnet.

Aufgrund der fehlenden Bereitschaft von Immobilieneigentümern, detaillierte Daten zur Verfügung zu stellen, sowie oftmals auch aus der Unkenntnis der Eigentümer über das relevante Datengerüst ist das Aufstellen einer Konzentrationskurve für einzelne Immobilien nicht möglich. Somit scheidet diese Vorgehensweise bei der Konstruktion eines Immobilienperformanceindexes aus.

Bei der typischen Auswahl als alternatives Auswahlverfahren werden diejenigen Werte in einen Index aufgenommen, die von Experten als „typisch" bzw. „geeignet" angesehen werden, um den relevanten Markt angemessen zu repräsentieren.[152] Kritisiert wird an dieser Vorgehensweise vor allem die Tatsache, daß hierfür umfangreiche Marktkenntnisse erforderlich sind sowie gleichzeitig bei der Auswahl der Werte keine Zugeständnisse aufgrund des evtl. Fehlens von festen Entscheidungsregeln gemacht werden dürfen. Die Kriterien, nach denen die „typische" Auswahl erfolgt, müssen daher klar erkennbar und für die Anwender des Indexes plausibel und nachvollziehbar sein.[153]

Bei einem Immobilienperformanceindex sollten daher nur diejenigen Immobilien berücksichtigt werden, die dem Anlageverhalten der potentiellen Indexnutzer entsprechen, das heißt, die sich im Eigentum institutioneller Investoren befinden. Die Betrachtung der Immobilien in Form von „typischen" Portfolios bringt

---

152 Vgl. Bleymüller, Josef: „Theorie und Technik der Aktienkursindizes", Münster 1966, S. 116 - 117.

153 Vgl. Zingg, Walter: „Indizes, Kenn- und Messziffern für kotierte Schweizeraktien", Bern 1976, S. 56.

den Nachteil mit sich, daß sich die Zusammensetzung des Portfolios ständig ändert und zudem nicht klar erkennbar ist, ob Wertveränderungen auf eine aktive Anlagepolitik bzw. auf Veränderungen der Tendenzen am Immobilienmarkt zurückzuführen sind.[154] Aus diesem Grunde sollte durch eine Korrektur des Immobilienperformanceindexes um Käufe und Verkäufe versucht werden, den Einfluß dieser Managementkomponente jeweils zwischen den einzelnen Indexberechnungsintervallen zu eliminieren. Da Immobilien jedoch gleichzeitig einen hohen Managementbedarf aufweisen,[155] läßt sich dieser generelle Einfluß des Managements bspw. in bezug auf Mieterauswahl, Mietvertragsgestaltung, Instandhaltungsmanagement etc. bei der Bildung eines Immobilienperformanceindexes nicht eliminieren. Der Einfluß des Eigentümers einer Immobilie auf deren zukünftige Performance ist zumeist wesentlich höher als der Einfluß eines Aktionärs einer Publikumsaktiengesellschaft auf deren zukünftige Performance.

Zugleich muß bei neuen Indizes der Aspekt der Verfügbarkeit einer historischen Zeitreihe zur Sicherstellung der notwendigen Akzeptanz berücksichtigt werden. Das bedeutet, daß auch für neue Indizes eine in der Vergangenheit zurückliegende Zeitreihe ermittelt werden muß.[156] Diese historischen Indexwerte können auf unterschiedliche Art und Weise bestimmt werden. Wird ein vorhandener alter Index durch einen neuen Index ersetzt, so werden die Werte des neuen Indexes mit den Werten des alten Indexes verknüpft.[157] Diese Möglichkeit scheidet jedoch bei einem deutschen Immobilienperformanceindex aus, da kein Index zur Verknüpfung zur Verfügung steht. Daher bleibt nur die Alternative, den Index aus historischen Daten für ausgewählte Grundstücke zurückzurechnen.

---

154 Vgl. Bleymüller, Josef: „Theorie und Technik der Aktienkursindizes“, Münster 1966, S. 41.

155 Vgl. dazu Abschnitt 2.3. auf S. 28

156 Vgl. Richard, Hermann-Josef: „Aktienindizes“, Bergisch-Gladbach 1992, S. 54.

157 Vgl. Bleymüller, Josef: „Theorie und Technik der Aktienkursindizes“, Münster 1966, S. 53. Vgl. zur Verknüpfung auch Abschnitt 3.2.7 auf S. 65.

3.2.3 Gewichtung der Indexwerte

Die Wahl der geeigneten Gewichte innerhalb eines Indexes stellt das zentrale Problem bei der Indexkonstruktion dar.[158] Es besteht die Möglichkeit, die einzelnen Titel innerhalb eines Indexes nicht zu gewichten oder eine explizite Gewichtung vorzunehmen. Wenn eine Gewichtung der Indextitel vorgenommen wird, so soll diese nach der Bedeutung des Indextitels erfolgen.[159]

Ein nach der Formel des ungewogenen arithmetischen Mittels berechneter Preisindex kann einerseits als ungewogenes arithmetisches Mittel aus Meßzahlen (${}_aP_{0t}$) und andererseits als Meßzahl aus ungewogenen arithmetischen Mitteln (${}_bP_{0t}$) konstruiert werden.

Dabei ist

$${}_aP_{0t} = \frac{\sum_{i=1}^{n} \frac{p_t^{(i)}}{p_0^{(i)}}}{n} \qquad \text{und}$$

$${}_bP_{0t} = \frac{\frac{\sum_{i=1}^{n} p_t^{(i)}}{n}}{\frac{\sum_{i=1}^{n} p_0^{(i)}}{n}} = \frac{\sum_{i=1}^{n} p_t^{(i)}}{\sum_{i=1}^{n} p_0^{(i)}}$$

Im allgemeinen gilt ${}_aP_{01} \neq {}_bP_{01}$.

---

158 Vgl. Bleymüller, Josef; Gehler, Günther; Gülicher, Herbert: „Statistik für Wirtschaftswissenschaftler“, 9. Aufl., München 1994, S. 181.

159 Vgl. Ploch, Hans-Uwe: „Konstruktion und Anwendung von Aktienkursindizes“, Wien 1971, S. 34.

Obgleich die Indexformel für ${}_{b}P_{0t}$ die eines ungewogenen Durchschnitts darstellt, ist eine implizite Gewichtung mit der Preishöhe des einzelnen Gutes gegeben. Dies wird am nachfolgenden Beispiel, das auf den Immobilienmarkt übertragen wurde, deutlich:

In einem Immobilienindex, der Preisveränderungen mißt[160], sind zwei unbebaute Grundstücke A und B enthalten. Zum Basiszeitpunkt beträgt der Preis des Grundstücks A 100.000 Geldeinheiten, der des Grundstücks B 1.000.000 Geldeinheiten. Zum nächsten Berechnungszeitpunkt des Indexes haben sich die Grundstückspreise um 0%, +5% bzw. um -5% verändert. Der entsprechende Indexstand ergibt sich dann gemäß der nachfolgenden Tabelle:

Tabelle 3: Prozentuale Veränderungen des Indexes ${}_{b}P_{0t}$ bei unterschiedlichen Kombinationen der einzelnen Grundstückspreise A und B

Veränderung von A	**Veränderung von B**		
	0 %	**+ 5 %**	**- 5 %**
0 %	**0 %**	+ 4,5 %	- 4,5%
+ 5 %	+ 0,45 %	**+ 5 %**	- 4,0 %
- 5 %	- 0,45 %	+ 4,0 %	**- 5 %**

Quelle: In Anlehnung an Bleymüller, Josef: „Theorie und Technik der Aktienkursindizes", Münster 1966, S. 52 - 53.

Wie der Tabelle entnehmbar ist, werden bei unterschiedlichen Grundstückspreisen die prozentualen Veränderungen der einzelnen Grundstückspreise nur dann unverzerrt wiedergegeben, wenn sie das gleiche Ausmaß und die gleiche Richtung aufweisen (diese Felder sind in der Tabelle schattiert wiedergegeben). In den anderen Fällen wurde der Index durch die Preisveränderung des Grundstücks mit dem höheren Preis dominiert. Implizit wurde der Index dem-

160 In diesem Beispiel wird unterstellt, daß beide Grundstücke jeweils zum gleichen Stichtag zu jeweils identischen Vertragsbedingungen veräußert werden und daß keine qualitativen Änderungen vorgenommen wurden.

nach mit den Grundstückspreisen gewichtet, mit der Folge, daß Grundstückspreisveränderungen von hochpreisigen Grundstücken im Index stärker berücksichtigt werden, als Grundstückspreisveränderungen von niedrigpreisigen Grundstücken.

Im Bereich der Aktienindizes spricht für eine explizite Gewichtung in Form von Gewichtungsfaktoren die Tatsache, daß nicht alle Aktiengesellschaften die gleiche Bedeutung am Kapitalmarkt haben.[161] Die verschiedenen Gewichtungskriterien, die im Bereich der Aktienindizes Anwendung finden, lassen sich durch die Tatsache erklären, daß der ermittelte Index nicht durch Aktien mit einem hohen Kurs dominiert werden soll, da die Höhe des Aktienkurses alleine kein Kriterium für die Bedeutung einer Unternehmung ist.[162]

Für Aktienindizes existiert eine Vielzahl von Gewichtungsmöglichkeiten[163] wie unter anderem:

- mit dem Grundkapital bzw. Marktkapitalisierung
- mit dem bereinigten Grundkapital
- mit dem bilanziellen Eigenkapital
- mit dem gesamten Eigenkapital
- mit der Bilanzsumme
- mit dem free floating capital
- mit dem Börsenumsatz

---

161 Vgl. Beckmann, Thomas: „Die Erfassung von Tendenzen des Aktienmarktes - Eine methodisch-statistische Untersuchung", Münster 1988, S. 21.

162 Vgl. Bleymüller, Josef: „Theorie und Technik der Aktienkursindizes", Münster 1966, S. 59.

163 Vgl. Bleymüller, Josef: „Theorie und Technik der Aktienkursindizes", Münster 1966, S. 61 sowie Richard, Hermann-Josef: „Aktienindizes", Bergisch-Gladbach 1992, S. 55 - 68.

Die Gewichtung mit dem Grundkapital bzw. der Marktkapitalisierung[164] ist die bei Aktienindizes am häufigsten verwendete Gewichtungskonzeption.[165] Da die Marktkapitalisierung sich aus dem Produkt der emittierten Aktien, bereinigt um unterschiedliche Aktiennennwerte der im Index berücksichtigten Gesellschaften, und dem Aktienkurs ergibt, stellt dieses Gewichtungsverfahren eine Gewichtung der jeweiligen Aktiengesellschaft innerhalb des Aktienindexes mit dem am Markt erzielbaren Preis für die Gesellschaft dar. Unter der Prämisse, daß die volkswirtschaftliche Bedeutung einer Unternehmung sich in ihrem am Markt erzielbaren Preis ausdrückt, stellt dieses Gewichtungsverfahren sicher, daß die relative Bedeutung einer Unternehmung in der Gesellschaft und im Index gleich ist.[166] Die Gewichtung mit der Marktkapitalisierung spiegelt eine informationsneutrale „buy and hold"-Strategie wider, weshalb sich nur Indizes, die kapitalisierungsgewichtet sind, als mögliche Benchmark im Rahmen von weiteren Untersuchungen eignen.[167]

Immobilien stellen unteilbare und heterogene Güter dar,[168] so daß eine explizite Gewichtung der einzelnen Immobilien innerhalb eines Indexes nicht sinnvoll ist, sondern die Wahl eines Gewichtungsfaktors stets willkürlich wäre. Daher wird im Rahmen der Konstruktion von Immobilienperformanceindizes eine implizite Gewichtung der Immobilien über deren Wert bzw. Preis als einzig sinnvolle Variante angesehen. Hierdurch wird einer hochpreisigen Immobilie eine größere Bedeutung innerhalb eines Indexes zugemessen als einer niedrigpreisigen, was aufgrund der erwähnten Unteilbarkeit angemessen erscheint

---

164 Bleymüller zeigt die Äquivalenz der beiden Gewichtungsverfahren in: Bleymüller, Josef: „Theorie und Technik der Aktienkursindizes", Münster 1966, S. 57.

165 Vgl. Bleymüller, Josef: „Theorie und Technik der Aktienkursindizes", Münster 1966, S. 61.

166 Vgl. Richard, Hermann-Josef: „Aktienindizes", Bergisch-Gladbach 1992, S. 70.

167 Vgl. Kleeberg, Jochen: „Der Anlageerfolg des Minimum-Varianz-Portfolios", 2. Aufl., Bad Soden 1995, S. 106.

168 Vgl. zu den Eigenschaften von Immobilien Abschnitt 2.2. auf S. 22.

und damit einem zur Gewichtung über die Börsenkapitalisierung äquivalenten Konzept gefolgt wird. Als Generalisierung kann die aus dem Wertpapierbereich stammende Feststellung auf den Immobilienbereich übertragen werden, daß Indizes, die nicht mit der Börsenkapitalisierung gewichtet sind, als Benchmark ungeeignet sind.[169] Dies hat zur Folge, daß es beim heutigen Informationsstand keine Alternative zur impliziten Gewichtung der einzelnen Liegenschaftswerte mit deren Wert bzw. Preis innerhalb eines Immobilienperformanceindexes gibt.

3.2.4 Wahl der Basis

Als Basis wird derjenige Wert bezeichnet, auf den sich die Glieder einer Reihe beziehen.[170] Dieser Wert kann sich dabei auf einen Zeitpunkt oder einen Zeitraum beziehen. Grundsätzlich muß dabei die Anforderung der „Normalität" erfüllt werden, d.h. daß der Zeitpunkt oder die Periode, die die Basis darstellt, nicht durch außergewöhnliche Ereignisse verzerrt sein soll,[171] so daß als Basiszeitpunkt der Hochpunkt einer Hausse oder Tiefpunkt einer Baisse ungeeignet ist.[172] Längerfristig jedoch relativiert sich die Bedeutung des Basiszeitpunktes bzw. der Basisperiode.[173]

---

169 Vgl. Tomlinson, Lindsay: „Indices", in: Bishop, Elizabeth (Hrsg.): Indexation, London 1990, S. 36.

170 Vgl. Ploch, Hans Uwe: „Konstruktion und Anwendung von Aktienkursindizes", Wien 1971, S. 42.

171 Vgl. Bamberg, Günter; Baur, Franz: „Statistik", 6. Aufl., München 1989, S. 53 sowie Beckmann, Thomas: „Die Erfassung von Tendenzen des Aktienmarktes - Eine methodisch-statistische Untersuchung", Münster 1988, S. 14.

172 Vgl. Richard, Hermann-Josef: „Aktienindizes", Bergisch-Gladbach 1992, S. 70.

173 Vgl. Janßen, Birgit; Rudolph, Bernd: „Der Deutsche Aktienindex DAX", Frankfurt 1992, S. 21.

Bei der Wahl eines Zeitraumes als Basisperiode werden atypische Ausschläge durch die Bildung von Durchschnitten eliminiert. Durch die Berechnung von Medianen können Werte ausgelassen werden, was dem Zweck entgegen kommt, eine Basis frei von Zufallsausschlägen zu finden.[174] Jedoch ist die Wahl eines Zeitraumes bei Aktienindizes unüblich, weshalb analog für die Konstruktion eines Immobilienperformanceindex auch die Wahl eines Stichtages favorisiert wird.

Für die Wahl eines Stichtages spricht die Tatsache, daß damit bei einem Aktienindex ein am Stichtag tatsächlich beobachtbares Kursniveau zugrunde gelegt wird, und hierdurch einwandfrei erkennbar ist, wie sich das Geschehen von diesem konkreten Stichtag an entwickelt hat.[175] Als Konvention wird bei einer Vielzahl von Aktienindizes der 30. bzw. 31. Dezember, der letzte Börsentag eines Kalenderjahres, als Stichtag verwendet. Das Konzept eines Stichtages sollte daher auch bei der Konstruktion von Immobilienperformanceindizes übernommen werden.

Als Basiswert kommen überwiegend die Werte 100 oder 1.000 in Betracht. Bei einem Basisniveau von 100 können Schwankungen prozentual leicht nachempfunden werden, wohingegen ein Niveau von 1.000 einen „Lupeneffekt" mit sich bringt, bei dem Schwankungen deutlicher zum Ausdruck kommen.[176] Dieser Lupeneffekt birgt aber gleichzeitig für den Fall, daß nicht die prozentualen, sondern die absoluten Veränderungen betrachtet werden, die Gefahr, daß bereits geringen Schwankungen eine zu große Bedeutung beigemessen wird.[177]

---

174 Vgl. Zingg, Walter: „Indizes, Kenn- und Messziffern für kotierte Schweizeraktien", Bern 1976, S. 63 - 64.

175 Vgl. Bleymüller, Josef: „Theorie und Technik der Aktienkursindizes", Münster 1966, S. 126.

176 Vgl. Mella, Frank: „Dem Trend auf der Spur", Frankfurt 1988, S. 8.

177 Vgl. Janßen, Birgit; Rudolph, Bernd: „Der Deutsche Aktienindex DAX", Frankfurt 1992, S. 21.

3.2.5 Wahl des Berechnungsintervalles

Für die Wahl des Berechnungsintervalles ist in entscheidendem Maße die Häufigkeit der Preisfeststellung der im Index abgebildeten Güter ausschlaggebend. So kann bei Aktien, die beinahe kontinuierlich gehandelt werden, auch entsprechend häufig ein korrespondierender Index berechnet werden. Für den als Laufindex konzipierten DAX werden bspw. alle 60 Sekunden neue Indexwerte ermittelt.[178]

Bei einem Index, der die Performance von Immobilien mißt, ist aufgrund der geringen Fungibilität und Unteilbarkeit des Basisgutes die Feststellung eines neuen Indexstandes im Vergleich zu Aktienindizes nur in sehr viel größeren Zeitabständen möglich. Daher gibt es bei einem Immobilienindex einen direkten Zusammenhang zwischen der Berechnungshäufigkeit und der Anzahl der im Index berücksichtigten Grundstücke.

Die folgende Tabelle zeigt internationale Immobilienindizes und deren Berechnungsintervalle:

---

[178] Vgl. Janßen, Birgit; Rudolph, Bernd: „Der Deutsche Aktienindex DAX", Frankfurt 1992, S. 6.

Tabelle 4: Berechnungsintervalle internationaler Immobilienperformance-indizes[179]

Land	Indexname*	Veröffentlichungsintervall
Australien	BOMA-Russel	halbjährlich
England	IPD Monthly Index+	monatlich
England	IPD Quarterly Index	vierteljährlich
England	IPD Annual Index	jährlich
England	Jones Lang Wotton	vierteljährlich
England	Richard Ellis	monatlich
England	Weatherall Green & Smith	vierteljährlich
Frankreich	BD2i	jährlich
Kanada	Russel Canadian Property Index	vierteljährlich
USA	Russel-NCREIF	vierteljährlich

* Sämtliche Performanceindizes beruhen auf regelmäßigen Verkehrswertermittlungen existierender Immobilienportfolios und nicht auf Transaktionen.

\+ Die Datenbasis der einzelnen IPD Indizes ist unterschiedlich und nimmt mit der Verkürzung des Berechnungsintervalls ab.

Quelle: Eigene Darstellung

Für nicht täglich, sondern wöchentlich oder monatlich ermittelte Aktienindizes wird die Bildung eines Durchschnitts aus den Kursen des entsprechenden Zeitintervalls empfohlen.[180] Für die Entwicklung eines Immobilienperformanceindexes auf Basis von Verkehrswerten erscheint diese Vorgehensweise der

---

179 Vgl. Morrell, Guy D.: „Property performance analysis and performance indices: a review", in: Journal of Property Research, 8. Jg., Nr. 1, 1991, S. 38; Frampton, Rachel: „French institutions create first investment database", in: Estates Gazette, 1.7.1995, S. 47; Adams, A.T.; Matysiak, George A.: „Constructing UK Property Market Barometers", Discussion Papers in Property Research No. 5, City University Business School, London 1991, S. 16 - 20; Brennan, Leonard: „Techniques and Challenges in Developing Property Indices", in: Journal of Property Valuation & Investment, 10. Jg., Nr. 1, 1991, S. 391; Gyourko, Joseph; Keim, Donald: „What Does the Stock Market Tell Us About Real Estate Returns?", in: Journal of the American Real Estate and Urban Economics Association, 20. Jg., Nr. 3, 1992, S. 460, Nanthakumaran, Nanda; Newell, Graeme: „An Empirical Evaluation of UK property Performance Indices", Paper presented at the Cutting Edge Conference, Aberdeen, 1. - 2.9.1995, S. 2

180 Vgl. Rühle, Alf-Sibrand: „Aktienindizes in Deutschland"; Wiesbaden 1991, S. 69.

Durchschnittsbildung als zwangsweises Ergebnis, da bei einem auf regelmäßigen Verkehrswertermittlungen basierenden Index nicht davon ausgegangen werden kann, daß sämtliche Bewertungen zum gleichen Stichtag erfolgt sind.[181] Für den Fall, daß jedoch bei einem Bewertungsindex die Wertermittlungen jeweils zu einem Stichtag durchgeführt wurden, ist die Ermittlung eines stichtagsgenauen Indexwertes vorzuziehen.

Als Berechnungsintervall sollte bei der Neueinführung eines Immobilienperformanceindexes zuerst eine jährliche Ermittlung erfolgen, die dann mit zunehmender Etablierung des Indexes verkürzt werden kann.

3.2.6 Technische Korrekturen

Sachverhalte, die die technische Korrektur bei Aktienindizes bedingen, können vielfältige Ursachen haben, wie bspw.:

- Dividendenzahlungen
- Kapitalveränderungen
- Fluktuationen.

Übertragen auf einen Immobilienperformanceindex würden äquivalente immobilienbezogene Sachverhalte lauten:

- Mietzahlungen
- Investitionen, Modernisierungen, Umbaumaßnahmen, Projektentwicklungen
- Fluktuationen.

---

[181] Vgl. dazu auch Abschnitt 5.3.5 auf S. 233.

Die Zahlung von Dividenden wird bei Aktienindizes entweder überhaupt nicht berücksichtigt (d.h. Dividendenabschläge werden wie Kursverluste behandelt), oder es wird eine Wiederanlage der Dividenden unterstellt.[182] Die Wiederanlage der Dividendenzahlung kann dabei auf unterschiedliche Art und Weise erfolgen, sei es, daß die Dividendenzahlung zu einem exogen vorgegebenen Zinssatz angelegt wird, oder daß nach der Methode der Operation Blanche[183] in ein Portfolio, das den Index repräsentiert, oder in die dividendenzahlende Aktie reinvestiert wird. Ein Unterlassen der Korrektur würde zu flacheren Indexverläufen und zu einer Auseinanderbewegung in bezug auf korrigierte Indizes führen. Beim als Performanceindex konstruierten DAX wird unterstellt, daß Dividendenzahlungen in die dividendenzahlende Aktie am Tag der Ausschüttung reinvestiert werden.[184]

In Analogie zum DAX müssen daher bei einem Immobilienperformanceindex ebenfalls nicht nur die reinen Wertänderungen der Immobilien im Zeitablauf Gegenstand der Betrachtung sein, sondern zusätzlich die Mietzahlungen und anfallende Auszahlungen bei der Ermittlung der Indexstände berücksichtigt werden. Da aber in Deutschland die Mieten üblicherweise monatlich im voraus bezahlt werden, sollte zur Vereinfachung bei der Ermittlung der Indexwerte unterstellt werden, daß die Zahlung der Mieten und der Bewirtschaftungskosten jeweils in einer Summe direkt vor dem Berechnungsstichtag des Indexes erfolgen. Ansonsten müßte der Index an jedem Tag, an dem Zahlungen fließen, korrigiert werden, was bei einem Index, der zumindest aus 200 Immobilien besteht, zu der Konsequenz von wahrscheinlich täglichen Korrekturen allein

---

182 Vgl. Gießelbach, Axel: „Strategien mit Aktienkursindex-Instrumenten", Berlin 1989, S. 65 - 66.

183 Bei einer Korrektur nach der Methode der Operation Blanche wird dem Portfolio weder Geld entnommen noch zugeführt. Zuflüsse werden in die Aktien reinvestiert, aus der sie stammen.

184 Vgl. Janßen, Birgit; Rudolph, Bernd: „Der Deutsche Aktienindex DAX", Frankfurt 1992, S. 22 - 26.

aufgrund der Mietzahlungen führen würde.[185] Es empfiehlt sich daher bei der Behandlung von Mietzahlungen die Konvention, daß diese so behandelt werden, als ob sie jeweils in einer Summe unmittelbar vor der Berechnung eines neuen Indexstandes erfolgen würden. Da Immobilien ihrem Wesen nach unteilbare Güter sind,[186] kann keine Reinvestition in die einzelne Immobilie erfolgen. Somit kann realistischerweise nur unterstellt werden, daß die Mietzahlungen in einer Summe in das gesamte Portfolio jeweils zum Ende des betrachteten Zeitintervalls reinvestiert werden.

Kapitalmaßnahmen können bei Aktienindizes die unterschiedlichsten Formen annehmen; diese können sich von Kapitalerhöhungen gegen Bareinlagen und der damit verbundenen Gewährung von Bezugsrechten bis hin zu bedingten Kapitalerhöhungen in Form von bspw. der Emission von Wandelschuldverschreibungen erstrecken. Diese Kapitalveränderungen werden beim DAX in ähnlicher Weise wie bei der Adjustierung um Dividenden vorgenommen, d.h. es wird unterstellt, daß der rechnerische Wert des Bezugsrechtes in die entsprechende Aktie reinvestiert wird.[187] Bei Immobilien können als eine Form der Kapitalveränderung Investitionsmaßnahmen, Umbauten, Modernisierungen, Projektentwicklungen etc. interpretiert werden. Diese Maßnahmen, bei denen sich der Wert der betrachteten Immobilien ändert, stellen nicht zwangsweise originäre marktbedingte Wertveränderungen dar, sondern können allein durch die erhöhte Kapitalbindung des Eigentümers induziert worden sein.[188] Selbstverständlich muß dies bei der Entwicklung eines Immobilienperformanceindexes durch geeignete Korrekturen berücksichtigt werden.[189]

---

185 Vgl. auch Abschnitt 5.3.2.2 auf S. 181.

186 Vgl. zu den Eigenschaften von Immobilien Abschnitt 2.2 auf S. 22.

187 Vgl. Richard, Hermann-Josef: „Aktienindizes“, Bergisch-Gladbach 1992, S. 130.

188 Vgl. Thomas, Matthias: „Die Performance des deutschen Immobilienmarktes im Spiegel offener Immobilienfonds“, in: Der Langfristige Kredit, 46. Jg., Nr. 13, 1995, S. 443.

189 Vgl. dazu Abschnitt 5.3.2 auf S. 179.

Hinsichtlich der Einflüsse durch Fluktuation können bei Aktienindizes die Fälle der Fusion von Gesellschaften, der Aufnahme neuer Gesellschaften in einen Index sowie der Elimination vorhandener Gesellschaften unterschieden werden. Werden bei der Auswahl der in einen Aktienindex einbezogenen Gesellschaften große Veränderungen vorgenommen, so wird an Stelle umfangreicher Korrekturen die Konstruktion eines neuen Indexes empfohlen, der mit dem alten verknüpft wird.[190] Anderenfalls erfolgt eine Korrektur bei Neuaufnahme einer Aktie vergleichbar zu den Maßnahmen bei Kapitalerhöhungen. Durch Multiplikation mit einem Korrekturfaktor kann die gewünschte Neutralität solcher Veränderungen sichergestellt werden.[191] Bei Übertragung dieser Erkenntnisse von Aktienindizes auf Immobilienperformanceindizes wird deutlich, daß bei einem Wechsel der Datenbasis streng genommen die Konstruktion eines neuen Indexes erforderlich wäre. Dies hätte zur Folge, daß das Ende jedes Berechnungsintervalles zugleich der Basiszeitpunkt eines neuen Indexes wäre. Daher müssen selbstverständlich Grundstückskäufe und -verkäufe, die innerhalb eines Berechnungsintervalls erfolgen, im Index berücksichtigt werden. Andererseits müssen die einzelnen Indexwerte somit immer wieder miteinander verknüpft werden, da sich die Datenbasis aufgrund der typischen Auswahl der im Index erfaßten Grundstücke kontinuierlich verändert.

3.2.7 Umbasierung, Verkettung und Verknüpfung

Ein Vergleich der zeitlichen Entwicklung verschiedener Indexreihen ist nur bei Indizes möglich, die die gleiche Basis besitzen.[192] Als Umbasierung wird die

---

190 Vgl. Bleymüller, Josef: „Theorie und Technik der Aktienkursindizes", Münster 1966, S. 97.

191 Vgl. Beckmann, Thomas: „Die Erfassung von Tendenzen des Aktienmarktes - Eine methodisch-statistische Untersuchung", Münster 1988, S. 51.

192 Vgl. Pinnekamp, Heinz-Jürgen; Siegmann, Frank: „Deskriptive Statistik", München 1988, S. 236.

Umstellung der ursprünglichen Basiszeit auf eine neue Basiszeit bezeichnet.[193] Im allgemeinen wird bei nach Laspeyeres konstruierten Indizes dabei die Rundprobe verletzt,[194] da die Preise aus der neuen Basiszeit Verwendung finden, wohingegen die Mengen aus der ursprünglichen Basiszeit stammen.

Bei den Preisindizes, die nach dem Schema von Laspeyres berechnet werden, ergeben sich durch die konstant gehaltenen Gewichtungsfaktoren der Gütermengen Probleme mit der Vergrößerung des Zeitabstandes zwischen Berichts- und Basisperiode, da die Gütermengen an Aktualität verlieren. Dabei wird zur fortlaufenden Anpassung an die aktuellen Gegebenheiten die Verkettung vorgeschlagen, bei der die Indizes jeweils aktualisierte und damit unterschiedliche Warenkörbe haben. Aufgrund der Berücksichtigung sowohl von Preisen verschiedener Perioden als auch von Mengen verschiedener Perioden ergeben sich jedoch bei der Interpretation verketteter Indizes Schwierigkeiten, die nur bei Verwendung eines Indexschemas nach Lowe gelöst wären.[195]

Zur Aufrechterhaltung der Aussagefähigkeit von Preisindizes werden die Güterauswahl und die Gewichtungsfaktoren von Zeit zu Zeit überprüft und den veränderten Gegebenheiten angepaßt,[196] so daß ein neuer Index mit einem neuen Basisjahr und einem aktuellen Warenkorb ermittelt wird. Soll die Entwicklung eines Sachverhaltes über eine längere Zeitspanne hinweg unter Zuhilfenahme von zwei zur Verfügung stehenden Indexreihen mit unterschiedlichen Basiszeiträumen beschrieben werden, muß die Zeitreihe des alten Indexes mit der Zeitreihe des neuen Indexes zu einer langen Zeitreihe verknüpft werden.[197] Dabei wird unterstellt, daß sich der neue Index in der Vergangenheit

---

193 Vgl. Bomsdorf, Eckart: „Deskriptive Statistik“, 8. Aufl., Bergisch Gladbach 1994, S. 139.

194 Vgl. Bamberg, Günter; Baur, Franz: „Statistik“, 6. Aufl., München 1989, S. 60.

195 Vgl. Anderson, Oskar u.a.: „Grundlagen der Statistik“, 2. Aufl., Berlin 1988, S. 193.

196 Vgl. Statistisches Bundesamt (Hrsg.): „Preise - Informationen über die Preisstatistik der Bundesrepublik Deutschland“, Wiesbaden 1994, S. 2.

197 Vgl. Bamberg, Günter; Baur, Franz: „Statistik“, 6. Aufl., München 1989, S. 60.

proportional zum alten Index entwickelt hat bzw. daß sich der alte Index in der Zukunft proportional zum neuen Index entwickelt.[198]

3.2.8 Bildung von Gruppen- bzw. Subindizes

Bei Indizes, die Aussagen über relativ inhomogene Güter treffen sollen, bietet es sich an, Gruppen- bzw. Subindizes für in sich homogene Teilbereiche zu ermitteln.[199] Da Immobilien heterogene Güter sind und sachliche und räumliche Teilmärkte bilden,[200] bietet sich gerade im Bereich von Immobilienindizes die Bildung von Subindizes an. Als Kriterien der Subindexbildung kommen für einen Performanceindex daher vor allem die Kriterien

- Regionale Lage
- Nutzungsart (sektorale Differenzierung)

in Betracht.

Bei der Ermittlung regionaler Subindizes bspw. nach Ballungsräumen, Bundesländern oder Großstädten besteht die Möglichkeit, die Abgrenzung nach politischen Grenzen oder nach Wirtschaftsräumen vorzunehmen.[201] Nachteilig bei der Abgrenzung nach Wirtschaftsräumen ist die Tatsache, daß sich die Definition von Wirtschaftsraumgrenzen im Zeitablauf verändert, so daß die Ab-

---

198 Vgl. Bleymüller, Josef; Gehler, Günther; Gülicher, Herbert: „Statistik für Wirtschaftswissenschaftler", 9. Aufl., München 1994, S. 185.

199 Vgl. Bleymüller, Josef; Gehler, Günther; Gülicher, Herbert: „Statistik für Wirtschaftswissenschaftler", 9. Auflage, München 1994, S. 183.

200 Vgl. dazu Abschnitt 2.2 auf S. 22.

201 So wird bspw. von der Immobilienberatungsfirma Jones Lang Wotton der Markt für Büroimmobilien der Städte Mainz und Wiesbaden als zusammengehörende Einheit gesehen, obgleich diese Städte jeweils Hauptstädte unterschiedlicher Länder sind. Vgl. dazu Jones Lang Wootton GmbH (Hrsg.): „City Report Wiesbaden/Mainz - Update Mai 1995", o.O., 1995, S. 1 - 5.

grenzung nach politischen Grenzen im Vergleich operationaler und für außenstehende Indexanwender nachvollziehbarer ist.

Die Gliederung nach Nutzungsarten könnte nicht nur nach der generellen Unterscheidung in Wohn- und Gewerbeimmobilien erfolgen, sondern anhand einer differenzierten Untergliederung. Prinzipiell lassen sich Immobilien nach der in Abbildung 4 dargestellten Systematik unterscheiden:

Eine Überschneidung zwischen den einzelnen Nutzungsarten ist oftmals gegeben, da beispielsweise planungsrechtliche Auflagen eine Kombination aus Büro- und Wohngebäuden fordern können. Eine gemischt genutzte Immobilie kann auch in der Form vorliegen, daß Einzelhandels- und Büronutzung kombiniert worden sind.

Abbildung 4: Systematisierung der Immobilientypen nach ihrer Nutzung

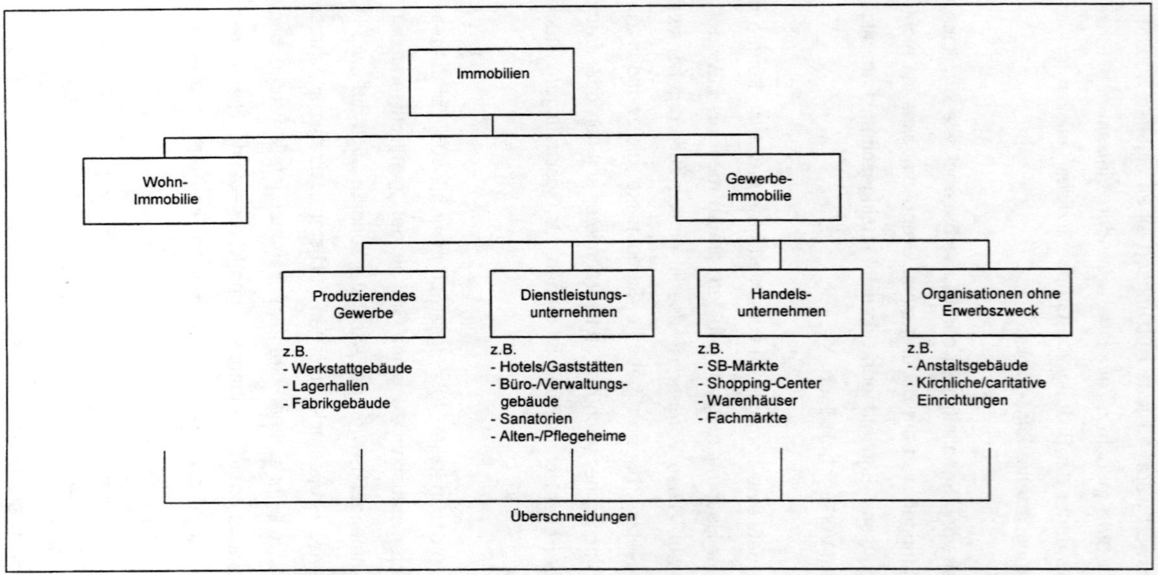

Quelle: In Anlehnung und Erweiterung der Darstellung von Schmitz-Morkramer, Gerd: „Die Beurteilung von Gewerbeimmobilien an ausgewählten Beispielen aus Sicht eines Kreditinstitutes", in: Falk, Bernd (Hrsg.): Gewerbe-Immobilien, 6. Aufl., Landsberg/Lech 1994, S. 440.

Grundsätzlich ist die Bildung von Gruppenindizes abhängig von dem zur Verfügung stehenden Datenmaterial, so daß es bei der Heterogenität von Immobilien erstrebenswert wäre, für jede Nutzungsart einen eigenen Subindex zu ermitteln. Dies würde jedoch zu einer verwirrenden Vielzahl von Einzelindizes führen, so daß daher die Bildung von Gruppenindizes lediglich für die bedeutendsten Nutzungsarten erfolgen sollte.

Für Immobilien von Organisationen ohne Erwerbszweck wie kirchliche und karitative Einrichtungen wird die Bildung eines Gruppenindexes als nicht sinnvoll angesehen, da diese Einrichtungen sich nicht uneingeschränkt am allgemeinen wirtschaftlichen Verkehr beteiligen.

Für den Fall, daß eine Immobilie unterschiedlich genutzt ist, könnte eine Zuordnung zu der Hauptnutzungsart erfolgen, die zu mehr als 80% der Jahresrohmiete beiträgt. Diese Vorgehensweise ist analog zur Vorgehensweise des Bewertungsgesetzes, bei dem bebaute Grundstücke, die zu mehr als achtzig vom Hundert, berechnet nach der Jahresrohmiete, eigenen oder fremden gewerblichen oder öffentlichen Zwecken dienen, als Geschäftsgrundstücke qualifiziert werden.[202]

Immobilien, bei denen keine Nutzungsart zu mehr als 80% der Jahresrohmiete beiträgt, könnten pauschal zu einer Gruppe der „gemischtgenutzten Grundstücke" zusammengefaßt werden. Alternativ könnten auch die zwei Hauptnutzungsarten eines Grundstücks, die den höchsten Beitrag zur Jahresrohmiete leisten, jeweils zu einer eigenen Gruppe zusammengefaßt werden, bspw. Büro- und Wohngebäude oder Einzelhandels- und Bürogebäude. Hierbei muß jedoch der Aspekt der Bildung zu vieler Gruppenindizes im Auge behalten werden, da

---

202 Vgl. §75 Bewertungsgesetz, BGBl I S. 231.

die Datenbasis der Gruppenindizes immer noch hinreichend umfangreich dimensioniert sein muß.

Eine weitere Alternative bestünde darin, sämtliche Grundstücke zu einer Gruppe zusammenzufassen, bei denen die Büronutzung überwiegt und zwar bspw. Büro- und Wohngebäude, Büro- und Lagergebäude, Büro- und Geschäftsgebäude etc.

In einem weiteren Schritt könnten Subindizes für die einzelnen Sektoren innerhalb der definierten Regionen ermittelt werden, um so einen detaillierten und aussagefähigen Vergleich zu ermöglichen.

3.3 Zusammenfassung

Die Ausführungen in diesem Abschnitt haben gezeigt, daß bei der Konstruktion eines Immobilienindexes Probleme auftreten, die bei der Konstruktion von Indizes für andere Märkte in dieser Art und Weise nicht auftreten. Diese Schwierigkeiten haben ihren Ursprung in der unterschiedlichen Struktur des Immobilienmarktes und den Besonderheiten von Immobilien in der Form der direkten Kapitalanlage. Eine zusammenfassende Übersicht der erwähnten Hauptunterschiede eines Immobilienindexes im Vergleich zu einem Aktienindex und deren Ursachen finden sich in der folgenden Tabelle:

Tabelle 5: Charakteristika des Aktienmarktes und des Immobilienmarktes im Vergleich und deren Auswirkungen auf die Konstruktion von Immobilienindizes

Aktienmarkt	Immobilienmarkt	Auswirkungen auf die Konstruktion von Immobilienindizes
Der Aktienmarkt gilt als liquide, grundsätzliche Teilbarkeit von Aktienanlagen.	Der Immobilienmarkt gilt als illiquide, grundsätzliche Unteilbarkeit von direkten Immobilienanlagen.	Schwierigkeiten bei der Bildung einer im Index abgebildeten repräsentativen Stichprobe aufgrund der Einzigartigkeit, Unteilbarkeit und Heterogenität von Immobilien.
Aktienindizes basieren auf täglich feststellbaren Transaktionspreisen und Dividendenzahlungen.	Keine tägliche Preisfeststellung für Immobilien, i.d.R. monatliche Mietzahlungen.	Fehlende regelmäßige Preisfeststellungen durch Transaktionen ein und derselben Immobilie müssen durch geeignete Annahmen ersetzt werden. Es müssen Annahmen hinsichtlich des zeitlichen Anfalls von Zahlungen innerhalb der betrachteten Periode getroffen werden.
I.d.R. können Aktienindizes durch Investoren in der Art und Weise nachgebildet werden, daß ein Portfolio, bestehend aus den im Index aufgenommenen Aktien, entsprechend ihrer Indexgewichtung erworben wird.	Regionale und sektorale Teilmarktbildung, verbunden mit einem hohen Investitionsvolumen, wirken als Markteintrittsbarrieren. Teilmarktbereiche sind für einzelne Investoren nicht erwerbbar.	Grundsätzlich führt die Unteilbarkeit sowie die regionale und sektorale Teilmarktbildung dazu, daß ein Immobilienindex im Gegensatz zu einem Aktienindex nicht direkt nachgebildet werden kann. Die Berücksichtigung unterschiedlicher Teilmärkte führt zu Unterschieden in der Indexkomposition. Dies muß bei der Auswahl eines Immobilienindexes als Benchmark berücksichtigt werden muß.
Informationen über Kurse einzelner Aktien, Dividenden, Kapitalerhöhungen sind öffentlich zugänglich; Aktienmarkt gilt als transparent.	Informationen über Mietverträge, Bewirtschaftungskosten, Transaktionen einzelner Grundstücke sind in der Regel nicht öffentlich zugänglich. Grundstücksmarkt gilt als intransparent.	Zeitaufwendige und kostenintensive Verfahren der Datenerhebung, die zum Teil auch nicht auf grundstücksindividueller Ebene, sondern nur aggregiert auf Portfolioebene erhoben werden können.
Aktionäre beeinflussen im allgemeinen auf individueller Ebene nicht den wirtschaftlichen Erfolg der Aktiengesellschaft, es sei denn allenfalls indirekt durch Beeinflussung des Aktienkurses.	Der direkte Immobilienanleger hat im Rahmen des Immobilienmanagements die Möglichkeit, durch Mietvertragsgestaltungen, Modernisierungen, Projektentwicklungen etc. den Wert der Immobilie zu beeinflussen.	Erfordert Differenzierung von Immobilienindizes in einen Index, der die Auswirkungen von Projektentwicklungen, Modernisierungen, etc. berücksichtigt, und in einen Index, der nur aus Immobilien besteht, bei denen in der Berichtsperiode keine Veränderungen vorgenommen wurden.

Aktienmarkt	Immobilienmarkt	Auswirkungen auf die Konstruktion von Immobilienindizes
Aktienindizes werden durch anerkannte, unabhängige Institutionen veröffentlicht.	Immobilienindizes werden überwiegend von Maklern veröffentlicht, die eigene Partikularinteressen verfolgen.	Aufgrund der Interessenslage von Maklern und der fehlenden Einbindung einer unabhängigen Institution fehlt den Immobilienindizes die allgemeine öffentliche Anerkennung.
Zeitnahe, schnelle Veröffentlichung von Indexwerten	Verzögerungen bei der Indexveröffentlichung entstehen durch die Problematik der Datenbeschaffung.	Die Ermittlung von Indexwerten wird durch Zielkonflikte wie Repräsentativität und Häufigkeit der Indexveröffentlichung beeinträchtigt.

Quelle: In Anlehnung und Erweiterung der Darstellung von Morrell, Guy: „Property indices: a coming of age", in: Journal of Property Valuation & Investment, 13. Jg., Nr. 3, 1995, S. 13 - 14.

4 Darstellung und kritische Analyse deutscher Immobilienindizes

Der folgende Abschnitt stellt die nationalen Immobilienindizes kritisch dar. Dazu werden jeweils die einen Index veröffentlichenden Institutionen vorgestellt, die Konstruktionsweise der Indizes mit den jeweiligen Vor- und Nachteilen in bezug auf die Zielsetzung der Indizes erläutert und kritisch an Hand der Kriterien Einfachheit, Transparenz und Nachvollziehbarkeit überprüft. Dadurch wird ein Überblick über die gegenwärtig in Deutschland veröffentlichten Immobilienindizes gegeben und zugleich erkennbar, daß es bislang keinen Index gibt, der die Performance des deutschen Immobilienmarktes dokumentiert.

4.1 Aengevelt Indizes

4.1.1 Grundlagen

Die Firma Aengevelt ist eine 1910 gegründete Immobilienmaklergesellschaft mit Stammsitz in Düsseldorf. Im Jahre 1993 wurden von der Firma Aengevelt Verkäufe von Gewerbeimmobilien in Höhe von 1,49 Milliarden DM vermittelt, während die Summe an Neuvermietungen gewerblicher Flächen (gemessen als vermietete Fläche in qm laut Mietvertrag multipliziert mit dem vereinbarten monatlichen Mietpreis je qm) 4,9 Millionen DM betrug. Damit nimmt dieses Unternehmen jeweils nach der Firma Müller International den Rang als zweitgrößter Immobilienmakler in der entsprechenden Maklerklassifikation „Verkäufe Gewerbeimmobilien" und „Vermietung Gewerbefläche" ein.[203] Nach Angaben der Aengevelt Immobilien KG wird im Raum Düsseldorf eine marktführende Position eingenommen mit einem Marktanteil beim Absatz von Büroflächen im

---

[203] Vgl. Gop, Rebecca: „Makler Rangliste ´93", in: Immobilien Manager, Nr. 6, 1994, S. 20 - 22.

Raum Düsseldorf in Höhe von 41 % im Jahre 1992 und bei Abschlüssen für kombinierte Büro- und Gewerbeflächen in Höhe von ca. 58 % lag.[204]

Insgesamt werden von der Firma Aengevelt sechs verschiedene Indizes für unterschiedliche immobilienbezogene Sachverhalte in der Region Düsseldorf ermittelt. Diese werden durch das Institut für Wohnungsrecht und Wohnungswirtschaft an der Universität zu Köln unter Überlassung von anonymisierten, aus der Maklertätigkeit von Aengevelt stammenden Datenmaterial regelmäßig jährlich fortgeschrieben.

4.1.2 Gewerbeimmobilienindizes

4.1.2.1 Aengevelt Büromietenindizes für Düsseldorf

Die Aengevelt Büromietenindizes beschreiben die Entwicklung der Büromieten in und um Düsseldorf. Die Indizes werden seit 1970 jährlich neu ermittelt, wobei im Jahre 1985 eine Umbasierung auf den Wert 100 erfolgte.[205] Grundlage der Indexbildung und dessen Fortschreibung sind Marktdaten aus durch die Firma Aengevelt vermittelte Vermietungen von Büroflächen an durchschnittlich 40 bis 60 verschiedenen typischen Düsseldorfer Bürostandorten. Nach Aussagen der Firma Aengevelt entspricht dies ungefähr 40 bis 60% aller vergleichbaren Vermietungsvorgänge für Büroflächen in Düsseldorf, wodurch eine hohe Repräsentativität der Stichprobe sichergestellt sein soll.[206] Insgesamt existieren neben dem Index für die Gesamtregion Düsseldorf vier weitere Indizes, die die

---

204 Vgl. Aengevelt Immobilien KG (Hrsg.): „Marktbericht Gewerbeobjekte No. IX", Düsseldorf 1993, o.S.

205 Vgl. Aengevelt Immobilien KG (Hrsg.): „Marktbericht Gewerbeobjekte No. IX", Düsseldorf 1993, o.S.

206 Vgl. Aengevelt, Lutz: „Indizes für Büromieten und Marktbericht über die Situation gewerblicher Immobilien in Düsseldorf", in: Grundstücksmarkt und Grundstückswert, 1. Jg., Nr. 1, 1990, S. 23.

Mietpreisentwicklung in unterschiedlichen Preiskategorien beschreiben. Diese Kategorien sind wie folgt aufgeteilt:[207]

- untere Preiskategorie: < 16 DM/qm
- mittlere Preiskategorie: 16 DM/qm und höher[208]
- gehobene Preiskategorie: zwischen 22 und 24 DM/qm
- obere Preiskategorie: über 24 DM/qm

Die historische Entwicklung der Indexreihen ist der folgenden Abbildung entnehmbar.

Abbildung 5: Aengevelt Indizes für Büromieten im Raum Düsseldorf

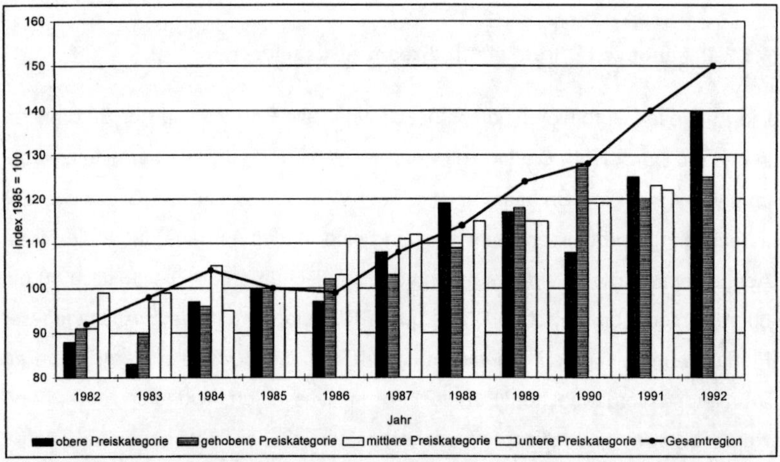

Quelle: Aengevelt Research (Hrsg.): „Marktbericht Gewerbeobjekte No. IX", Düsseldorf 1993, o.S.

---

[207] Vgl. Aengevelt Immobilien KG (Hrsg.): „Marktbericht Gewerbeobjekte No. IX", Düsseldorf 1993, o.S. sowie die dem Marktbericht beiliegende Landkarte.

[208] Die mittlere Preiskategorie ist in Aengevelt Immobilien KG (Hrsg.): „Marktbericht Gewerbeobjekte No. IX", Düsseldorf 1993, o.S. explizit als 16 DM/qm und höher aufgeführt und nicht als Kategorie zwischen 16 und 22 DM/qm.

Diese weitgehende Differenzierung - bei der im Vergleich zu den von anderen Marktteilnehmern veröffentlichten Marktberichten erfolgten Loslösung von Spitzenmieten - ist positiv zu beurteilen. Die Mehrzahl von Marktberichten und Immobilienindizes befaßt sich vorwiegend nur mit der Entwicklung der Spitzenmieten an ausgewählten Standorten, obgleich die dabei zitierten Spitzenmieten häufig aufgrund völlig unrepräsentativer Abschlüsse zustandegekommen sind[209] und nur eine geringe Bedeutung im Vergleich zu den anderen Vermietungsleistungen haben.

Vorteilhaft ist zudem die farbliche Kennzeichnung der einzelnen Kategorien in einer dem entsprechenden Marktbericht beiliegenden Landkarte von Düsseldorf und Umgebung, so daß Nutzer des Indexes erkennen können, welche Mietpreise in definierten Vierteln bzw. Straßenzügen bei einer Neuvermietung als durchsetzbar erscheinen. Dadurch können die lokalen Marktverhältnisse wesentlich präziser wiedergegeben werden als in einem aggregierten Durchschnittsergebnis.

Bei den Büromietenindizes handelt es sich nicht um einen zusammengesetzten Index im statistischen Sinne, sondern um einfache Indizes bzw. Meßzahlen. Eine Überprüfung der Aengevelt Büromietenindizes an Hand der allgemeinen Anforderungen an eine Indexformel führt zu folgenden Ergebnissen:

- Einfachheit

  Die Einfachheit der Konstruktion des Indexes steht zweifelsfrei fest, da es sich um Meßzahlen handelt, bei denen das Problem der Gewichtung entfällt. Grundsätzlich erfüllt der Ansatz von Vertragsmieten das Kriterium der Einfachheit. Mietverträge sind jedoch nicht standardisiert, wodurch eine Vergleichbarkeit der vertraglich vereinbarten Mieten erschwert ist. Durch die

---

209 Vgl. Einem, Eberhard von: „Auf dem Königsweg ohne abzustürzen - Immobilien Research in Deutschland", Manuskript anläßlich eines Vortrages an der ebs Immobilienakademie Berlin am 29.4.1995.

Vielzahl der Gestaltungsvarianten bei gewerblichen Mietverträgen sind die nominellen, vertraglich vereinbarten Mieten nur durch Umrechnungsverfahren auf die tatsächlichen Effektivmiete miteinander vergleichbar zu machen.[210] Der Ansatz dieser nominellen Vertragsmieten ist zu kritisieren, da der vereinbarte Mietpreis durch mietvertragliche Vereinbarungen und Zugeständnisse an den Mieter, wie bspw. die Vereinbarung einer mietfreien Zeit, Gewährung von Einrichtungszuschüssen, unterschiedliche Ausgestaltung von Wertsicherungsklauseln, Indexierung der Miete an den Preisindex für die Lebenshaltung, unterschiedliche Ausgestaltung von Spannungsklauseln, regelmäßige Anpassung der Mieten an das Marktmietniveau oder auch die Teilübernahme von Umzugskosten etc., nicht mit der effektiven Miete übereinstimmt. Daher kann die alleinige Betrachtung der nominellen Vertragsmieten in einem sich abschwächenden Markt, bei dem Vermieter zu weitgehenden Zugeständnissen bereit sind, ein zu positives Bild zeichnen. Da aber ansonsten die Daten durch Auswertung der von Aengevelt vermittelten Vermietungsvorgänge erhoben werden, ist das Kriterium der Einfachheit der Ermittlung der einfließenden Daten erfüllt, nicht jedoch die Forderung nach hochwertigen Inputdaten.

- Transparenz

  Zwar ist bekannt, nach welcher Formel die Indexwerte ermittelt werden (als Meßzahl); die einzelnen von Aengevelt vermittelten Geschäftsvorfälle, die zur Ermittlung des Indexes geführt haben, werden jedoch nicht publiziert. Diese Praxis ist allerdings für den intransparenten Immobilienmarkt üblich.

---

210 Zur Umrechnung von Vertragsmieten in effektive Mieten vgl. bspw. Kroll, Cynthia A.; Taff, Sam: „The Measurement of Effective Rent“, in: DeLisle, James R.; Sa-Aadu, J. (Hrsg.): Appraisal, Market Analysis, and Public Policy in Real Estate, Boston 1994, S. 463 - 481; French, Nick; Ward, Charles: „Allowing for Rental Incentives: Capital Value Implications“, Paper Presented at the International Real Estate Society Conference, Stockholm, 28.6 - 1.7.1995, S. 4 - 7, Jefferies, Rodney L.: „Lease Incentives and Effective Rents: A Decapitalization Model“, in: Journal of Property Valuation & Investment, 12. Jg., Nr. 1, 1994, S. 21 - 42, sowie Bond, Sandy: „Rental Valuations with Inducements - An Update“, in: Journal of Property Valuation & Investment, 12. Jg., Nr. 1, 1994, S. 7 - 18.

Da anzunehmen ist, daß das dem Index zugrundeliegende Transaktionsvolumen intertemporalen Schwankungen unterliegt, ändert sich zugleich die Validität des Indexes. Diese Änderungen der Aussagekraft des Indexes sind jedoch für die Nutzer des Indexes nicht ersichtlich und nachzuvollziehen. Da die Daten dem Institut für Wohnungsrecht und Wohnungswirtschaft an der Universität zu Köln zur Auswertung in anonymisierter Form zur Verfügung gestellt werden, wird die Anforderung der Transparenz noch bedingt erfüllt.

- Nachvollziehbarkeit

  Die theoretische Nachvollziehbarkeit des Indexes ist aufgrund des vorhin beschriebenen nur bedingt erfüllten Kriteriums der Transparenz nicht möglich. Die praktische Nachbildbarkeit ließe sich nur durch mehrere konkrete Vermietungsvorgänge in einer der entsprechenden Mietpreiszonen überprüfen. Grundsätzlich positiv ist zwar die Aufteilung des Büromietenindexes in fünf Preiskategorien, jedoch wird der Sachverhalt der Heterogenität der Büroimmobilien auch innerhalb der Kategorie und der daraus resultierende Einfluß auf die Mietpreisbildung durch die Aggregation der einzelnen vereinbarten Mietpreise zu Meßzahlen einer bestimmten Kategorie vernachlässigt. Die Zusammensetzung der dem Index zugrundeliegenden Transaktionsgrundstücke und deren jeweiligen Charakteristika bzw. preisbeeinflussende Merkmale verändert sich von Periode zu Periode. Die Messung und Interpretation von Indexzahlen zweier aufeinanderfolgender Perioden, die allein die durchschnittliche Veränderung der im Index erfaßten Grundstückskaufpreise bzw. Mietpreise beschreiben, ist daher nicht eindeutig.[211]

  Ein weiteres Problem hinsichtlich der Nachvollziehbarkeit erwächst aus der fehlenden Definition für die vermietete Fläche, für die tatsächlich Miete gezahlt wird. Die in Deutschland existierenden Flächendefinitionen wie Brutto-

---

211 Vgl. Bailey, Martin J.; Muth, Richard F.; Nourse, Hugh O.: „A Regression Method for Real Estate Price Index Construction“, in: American Statistical Association Journal, 58. Jg., Dezember 1963, S. 933 - 942.

grundfläche, Nutz-, Funktions- und Verkehrsfläche kommen aus dem Bereich der Baukostenkalkulation und dienen originär als Mengenmaßstab für die Kostenermittlung.[212] Der Begriff der „vermietbaren Fläche" ist gesetzlich nicht definiert,[213] woraus neben dem Problem der grundsätzlichen Abgrenzung, welche Flächen eines Gebäudes nun vermietet worden sind und welche nicht, die Schwierigkeit entsteht, einen sachlichen Vergleich unterschiedlicher regionaler Märkte und Gebäude vorzunehmen. Diese Uneinheitlichkeit der „Mietflächenbestimmung"[214] hat zur Folge, daß Angaben über vermietete Flächen und Leerstände in den Marktberichten der Makler- und Beratungsfirmen und Mietpreise zwischen konkurrierenden Bürogebäuden nicht vergleichbar sind. Somit ist zu erwarten, daß die Indexwerte aufgrund unterschiedlicher Bezugsgrößen verzerrt sein können.[215]

Ein weitere von Aengevelt jährlich veröffentlichte Indexreihe befaßt sich mit der Entwicklung der Büro-Durchschnittsmiete pro qm nach Größenklassen differenziert. Üblicherweise wird für die Anmietung kleinerer Flächen ein höherer Mietpreis gezahlt als für die Anmietung größerer Flächen, so daß diese Differenzierung sinnvoll ist. Da dieser Index auf dem Zahlenmaterial des Büromieten-Indexes aufbaut, dieser jedoch anstatt nach Preiskategorien nach Größenklassen ausgewertet wird, erfolgt bis auf die grafische Darstellung der Indexentwicklung in der folgenden Abbildung keine gesonderte Untersuchung des

---

212 Vgl. Winkler, Walter: „Hochbaukosten, Flächen, Rauminhalte", 8. Aufl., Braunschweig 1994, S. 115.

213 Vgl. Holland, Heinrich: „Internationaler Vergleich von Mietkosten und Kosten pro Arbeitsplatz", in: Zadelmarkt, 7. Jg., Mai 1995, S. 11 - 13.

214 Die Gesellschaft für Immobilienwirtschaftliche Forschung e.V. hat im September 1995 eine Richtlinie zur Berechnung der Mietfläche für Büroraum veröffentlicht, mit der die Berechnung der Mietfläche für Büroraum eindeutig, einheitlich und reproduzierbar durchgeführt werden kann. Erst mit der Akzeptanz einer solchen transparenten Mietflächenberechnung wäre die Grundlage für vergleichende Analysen geschaffen. Vgl. Gesellschaft für Immobilienwirtschaftliche Forschung e.V. (Hrsg.): „Richtlinie zur Berechnung der Mietfläche für Büroraum (MF-B)", Oestrich-Winkel September 1995, S. 2.

215 Vgl. Schulte, Karl-Werner: „Flächen-Wirrwarr", in: Frankfurter Allgemeine Zeitung, 4.8.1995, S. 37.

Indexes mehr. Hierbei handelt es sich ebenfalls wieder um einfache Indizes bzw. Preismeßzahlen, bei denen die Kritikpunkte identisch sind.

Abbildung 6: Aengevelt Indizes für Büro-Durchschnittsmieten nach Größenklassen im Raum Düsseldorf

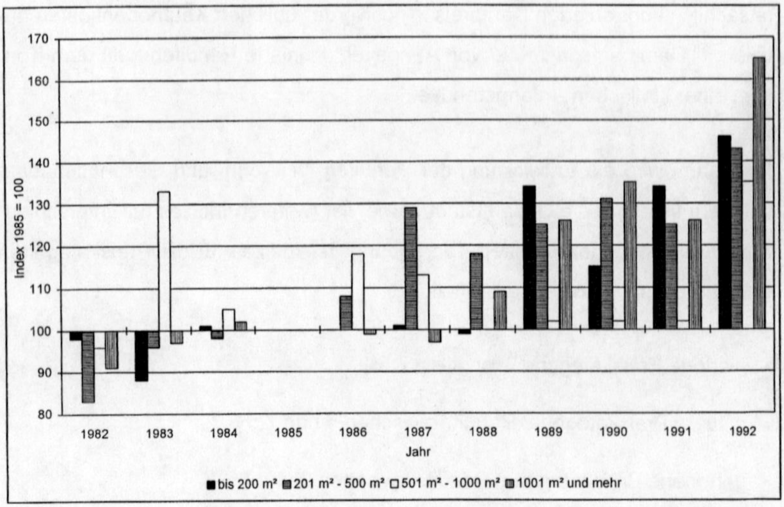

Quelle: Aengevelt Research (Hrsg.): „Marktbericht Gewerbeobjekte No. IX", Düsseldorf 1993, o.S.

4.1.2.2 Aengevelt Renditeindizes für den Raum Düsseldorf

Insgesamt werden zwei Renditeindizes von der Firma Aengevelt veröffentlicht, die die Entwicklung der Renditen für Wohn- und Geschäftshäuser und für Büro- und Geschäftshäuser in der Stadt Düsseldorf beschreiben. Die Indizes sollen die aktuelle Marktsituation vereinfacht veranschaulichen und dabei gleichzeitig einen Überblick über die Entwicklung dieser Marktsegmente liefern.[216] Die Renditeindizes werden seit 1984 veröffentlicht und jährlich fortgeschrieben.[217]

Als Rendite wird das Verhältnis des Nettoüberschusses (Jahreskaltmiete abzüglich nicht umlegbarer Betriebskosten und der Instandhaltungsrücklage) zum tatsächlich kontrahierten Kaufpreis inklusive der üblichen Kaufnebenkosten definiert.[218] Damit entspricht der von Aengevelt definierte Renditebegriff dem Konzept einer statischen Anfangsrendite.

Insgesamt wird die Entwicklung der Renditen für Wohn- und Geschäftshäuser in einem Index für die Gesamtstadt sowie vier weiteren Indizes für unterschiedliche Preiskategorien ermittelt. Die Bildung der Indizes für die Preiskategorien erfolgt dabei nach folgender Aufteilung:[219]

- niedrige Preiskategorie: Rendite > 7,5%
- mittlere Preiskategorie: Rendite zwischen 5 und 7,5%
- gehobene Preiskategorie: Rendite zwischen 3 und 5%
- hohe Preiskategorie: Rendite < 3%

Die historische Entwicklung der Renditeindizes für Wohn- und Geschäftshäuser wird in der folgenden Abbildung dargestellt.

216 Vgl. Aengevelt Immobilien KG (Hrsg.): „Investment No. X", Düsseldorf 1995, S. 40.

217 Vgl. Aengevelt Immobilien KG (Hrsg.): „Investment No. X", Düsseldorf 1995, S. 2 und S. 40

218 Vgl. Aengevelt Immobilien KG (Hrsg.): „Investment No. X", Düsseldorf 1995, S. 40.

219 Vgl. Aengevelt Immobilien KG (Hrsg.): „Investment No. X", Düsseldorf 1995, S. 10 - 11 sowie die dem Marktbericht beiliegende Landkarte.

Abbildung 7: Aengevelt Renditeindizes für Wohn- und Geschäftshäuser im Raum Düsseldorf

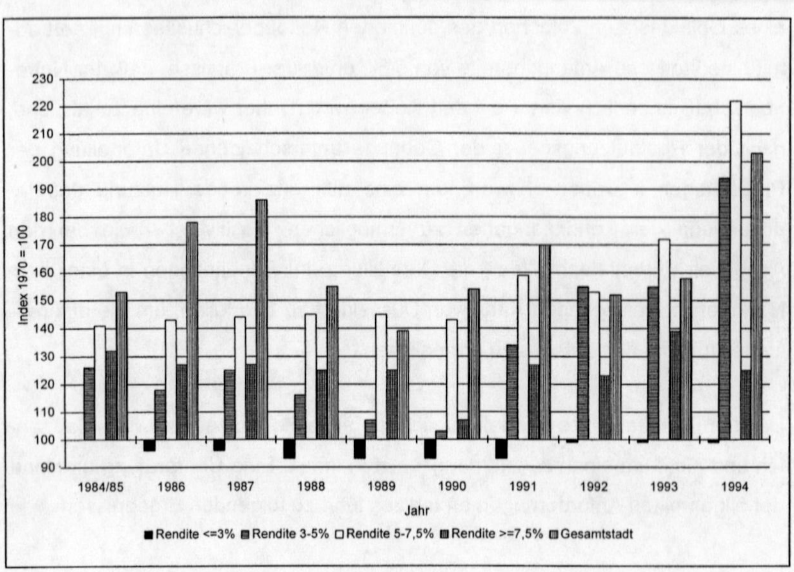

Quelle: Aengevelt Research (Hrsg.): „Investment No. X", Düsseldorf 1995, o.S.

Anhand der Aufteilung unter dem Begriff der „Preiskategorien" wird deutlich, daß nicht die statische Anfangsrendite im Mittelpunkt der Betrachtung steht, die auf der unrealistischen Annahme beruht, daß die Nettomieteinnahmen über den Investitionszeitraum konstant bleiben,[220] sondern der Kehrwert der statischen Anfangsrendite. Dieser Kehrwert findet bei der Bewertung von Liegenschaften nach dem vereinfachten Ertragswertverfahren Anwendung.[221] Dabei wird der Reinertrag bzw. Nettoüberschuß mit dem Vervielfältiger multipliziert,

---

220 Vgl. Schulte, Karl-Werner: „Die richtige Rendite", in: Frankfurter Allgemeine Zeitung, 22.9.1995, S. 49.

221 Zu einer Darstellung der Bewertungsverfahren vgl. Abschnitt 5.3.3.2 dieser Arbeit. Das vereinfachte Ertragswertverfahren kann bei Objekten mit einer langen Restnutzungsdauer Anwendung finden, wobei der Bodenwert dann gänzlich außer Betracht bleibt. Vgl. Kleiber, Wolfgang; Simon, Jürgen; Weyers, Gustav: „Verkehrswertermittlung von Grundstücken", 2. Aufl., Köln 1994, S. 999 - 1000.

der sich als Kehrwert der aus vergleichbaren Markttransaktionen angelehnten Rendite ergibt, um so den Ertragswert des Objektes zu ermitteln.[222] Der Erwerb eines Objektes zum 20fachen des definierten Nettoüberschusses impliziert somit eine statische Anfangsrendite von 5 %, unter der Prämisse, daß der Nettoüberschuß unendlich viele Perioden fließen wird. Daher wäre eine zusätzliche, nach der Restnutzungsdauer der Gebäude unterscheidende Unterteilung der Preiskategorien wünschenswert, um eine differenzierende Nutzung des Indexes und der Renditeangaben zu ermöglichen. Positiv ist - wie bei den Aengevelt Büromietenindizes - die Darstellung der Renditezonen in einer dem Marktbericht beiliegenden Karte von Düsseldorf zu beurteilen, um die differenzierte Nutzung des Indexes zu ermöglichen.

Bei den Renditeindizes handelt es sich um einfache Indizes bzw. um Meßzahlen und nicht um einen zusammengesetzten Index. Eine Überprüfung an Hand der allgemeinen Anforderungen an Indizes führt zu folgenden Ergebnissen:

- Einfachheit

  Das Kriterium der Einfachheit der Indexformel ist zweifelsfrei erfüllt, da es sich um eine Meßzahl handelt, bei der die Problematik der Gewichtung der einzelnen Güter im Index entfällt. Da die einfließenden Daten aus von Aengevelt vermittelten Geschäftsvorfällen stammen, die für Indexzwecke ausgewertet werden, ist das Kriterium der Einfachheit hinsichtlich der Datenerhebung auch erfüllt. Die Hochwertigkeit der Inputdaten ist für die Kaufpreiskomponente gewährleistet, bei der Bestimmung des Nettoüberschusses kann es auf Grund der Wahl unterschiedlicher Höhen der Instandhaltungsrücklagen zu Unschärfen kommen.

---

222 Vgl. Morgan, John F.W.; Harrop, Martyn; Brühl, Martin J.: „Internationale Bewertungsmethoden", in: Falk, Bernd (Hrsg.): „Gewerbe-Immobilien", 6. Aufl., Landsberg/Lech 1994, S. 501.

- Transparenz

  Die Anforderung der Transparenz ist in gleicher Weise wie beim Aengevelt Büromietenindex aufgrund des intransparenten Immobilienmarktes nur bedingt erfüllt, so daß auf die Wiederholung identischer Kritikpunkte verzichtet wird.

- Nachvollziehbarkeit

  Die theoretische Nachvollziehbarkeit ist durch die bedingte Erfüllung der Transparenz nicht möglich, die praktische Nachbildbarkeit ließe sich nur bei konkreten Kauf- bzw. Verkaufsfällen in einer der definierten Renditezonen überprüfen.

Die Aengevelt Renditeindizes für Büro- und Geschäftshäuser differenzieren zwischen einem Index für die Gesamtstadt und zwei Indizes für unterschiedliche Preiskategorien, der niedrigen und der mittleren Preiskategorie:[223]

- niedrige Preiskategorie: Rendite > 7,5%
- mittlere Preiskategorie: Rendite zwischen 3 und 7,5%

Aussagegehalt und Konstruktion der Indizes sind identisch mit denen der Renditeindizes für Wohn- und Geschäftshäuser, so daß auf deren Wiederholung und Erörterung verzichtet wird.

Der Verlauf der Aengevelt Renditeindizes für Büro- und Geschäftshäuser läßt sich der folgenden Abbildung entnehmen:

---

223 Vgl. Aengevelt Immobilien KG (Hrsg.): „Investment No. X", Düsseldorf 1995, S.10 - 11 sowie die dem Marktbericht beiliegende Landkarte.

Abbildung 8: Aengevelt Renditeindizes für Büro- und Geschäftshäuser im Raum Düsseldorf

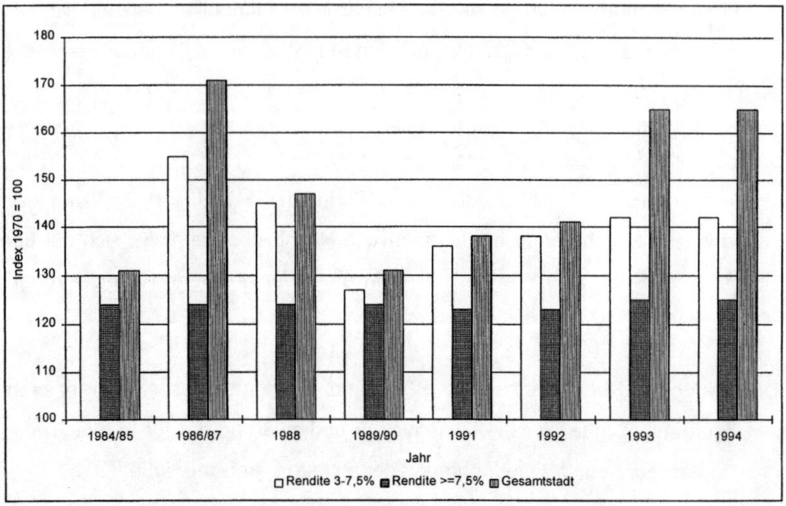

Quelle: Aengevelt Research (Hrsg.): „Investment No. X", Düsseldorf 1995, o.S.

4.1.3 Wohnimmobilienindizes

4.1.3.1 Aengevelt Kaufpreisindizes für Ein- bis Dreifamilienhäuser im Raum Düsseldorf

Der Kaufpreisindex für Ein- bis Dreifamilienhäuser bildet die tatsächliche Preisentwicklung in diesem Sektor seit dem Basisjahr 1970 ab und wird jährlich aktualisiert. Mit diesem Index soll ein vereinfachter Überblick über die aktuelle Preissituation dieses Marktsegmentes gegeben sowie dessen historische Entwicklung dokumentiert werden.[224]

Neben dem Index für die Gesamtstadt werden folgende Indizes für nachstehende Preiskategorien veröffentlicht:[225]

- untere Preiskategorie: bis DM 500.000
- mittlere Preiskategorie: zwischen DM 500.000 und DM 900.000
- gehobene Preiskategorie: DM 900.000 bis DM 1.600.000
- obere Preiskategorie: über DM 1.600.000

Die Entwicklung des Indexverlaufes ist der folgenden Abbildung entnehmbar:

---

224 Vgl. Aengevelt Immobilien KG (Hrsg.): „Private Immobilien No. X", Düsseldorf 1995, S. 28 - 29.

225 Vgl. Aengevelt Immobilien KG (Hrsg.): „Private Immobilien No. X", Düsseldorf 1995, S. 28 - 29 sowie die dem Marktbericht beiliegende Landkarte.

Abbildung 9: Aengevelt Kaufpreisindizes für Ein- bis Dreifamilienhäuser im Raum Düsseldorf

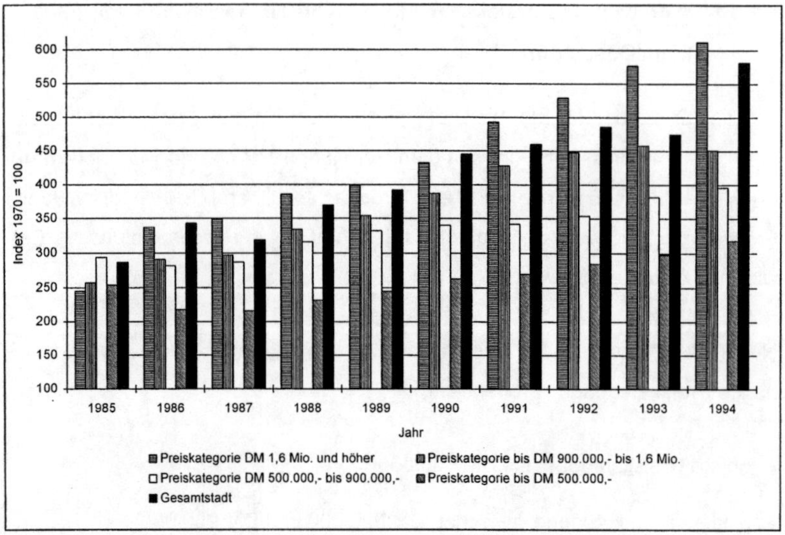

Quelle: Aengevelt Research (Hrsg.): „Private Immobilien No. X", Düsseldorf 1995, S. 6 - 7.

Durch die Differenzierung der Indizes in Preiskategorien und durch die kartographische Darstellung der lagetypischen Verteilung von Kaufpreiszonen, die sich als Zonen mit signifikant unterschiedlichen Durchschnittspreisen beschreiben lassen, wird der Nutzen des Indexes für die Anwender erhöht.

Im statistischen Sinne handelt es sich bei den Indizes ebenfalls wieder um einfache Indizes bzw. Meßzahlen. Damit folgt die Überprüfung des Indexes an Hand der Kriterien der Einfachheit und Transparenz den bereits bei den vorher dargestellten Aengevelt Indizes aufgeführten Argumenten.[226] Jedoch ergeben sich hinsichtlich des Aspekts der Nachvollziehbarkeit folgende Kritikpunkte:

---

226 Vgl. dazu Abschnitt 4.1.2.1 auf S. 75 dieser Arbeit.

- Nachvollziehbarkeit

  Als problematisch ist die Differenzierung der Kaufpreise in die vier Indizes hinsichtlich des Abgrenzungskriteriums „Preiskategorie" zu würdigen. Die Preiskategorien weisen hohe Streuungsbreiten auf. So kann sowohl in der mittleren als auch in der gehobenen Preiskategorie der Preis um jeweils ca. ± 28% um den Mittelwert der entsprechenden Kategorie streuen, bevor die Immobilie einer anderen Preiskategorie zugeordnet wird. Ebenfalls wäre eine genauere Differenzierung in jeweils Ein-, Zwei- und Dreifamilienhäuser sinnvoll. Da davon auszugehen ist, daß in der jeweiligen Preiskategorie mit zunehmender Anzahl an Wohneinheiten die gesamte Wohnfläche ansteigt, wäre eine weitergehende Unterscheidung zusammen mit einer Abgrenzung des Untersuchungsgegenstandes nach Wohnflächengrößenklassen und Größenklassen von Grund und Boden sinnvoll. Der Einfluß unterschiedlicher Wohnungsgrößen wurde im Index nach Angaben des Instituts für Wohnungsrecht und Wohnungswirtschaft an der Universität zu Köln deshalb nicht berücksichtigt, weil dies vor allem bei Objekten mit einem hohen Bodenwertanteil im Kaufpreis wenig Sinn machen würde.[227] Grundsätzlich ist dieser Argumentation zuzustimmen, jedoch kann gerade dann die Aussagekraft des Indexes beträchtlich erhöht werden, wenn gleichzeitig nach der Fläche des Grund und Bodens und der Wohnfläche unterschieden wird, um diese Einflußfaktoren simultan zu analysieren.

---

[227] Vgl. Aengevelt Immobilien KG (Hrsg.): „Private Immobilien No. X", Düsseldorf 1995, S. 29.

4.1.3.2 Aengevelt Indizes für Marktpreise von Eigentumswohnungen im Raum Düsseldorf

Diese jährlich veröffentlichten Indizes mit der Basis 1977 = 100 beschreiben die Preisentwicklung für Eigentumswohnungen für die gesamte Stadt Düsseldorf sowie differenziert nach vier Preiskategorien:

- untere Preiskategorie bis 4.000 DM/qm
- mittlere Preiskategorie bis 5.000 DM/qm
- gehobene Preiskategorie bis 6.000 DM/qm
- obere Preiskategorie ab 6.000 DM/qm.

Der Indexverlauf ist nachstehender Abbildung zu entnehmen:

Abbildung 10: Aengevelt Indizes für Marktpreise von Eigentumswohnungen im Raum Düsseldorf

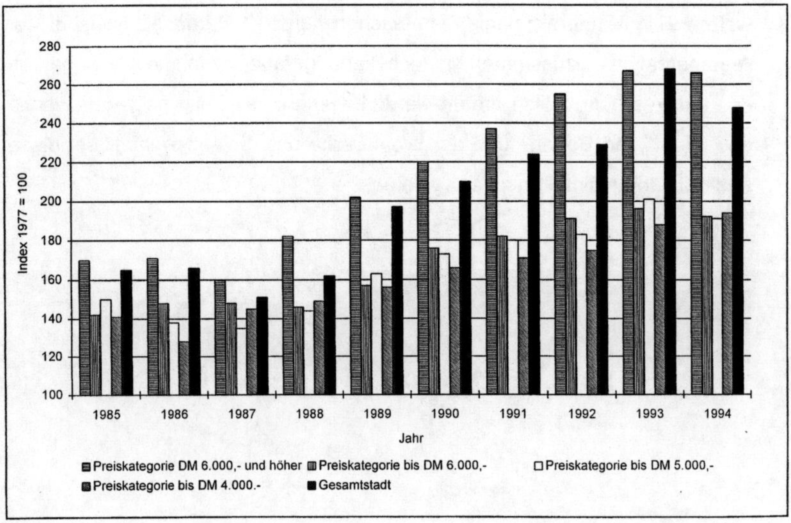

Quelle: Aengevelt Research (Hrsg.): „Private Immobilien No. X“, Düsseldorf 1995, S. 6 - 7.

Auch hier erfolgt eine kartographische Darstellung unterschiedlicher Kaufpreiszonen, um eine räumlich undifferenzierte Wiedergabe von Durchschnittspreisen zu verhindern.[228]

Wie bei den vorhergehenden Indizes handelt es sich bei diesen Indizes um Meßzahlen und nicht um einen zusammengesetzten Index im statistischen Sinne. Auf die Wiederholung identischer Kritikpunkte hinsichtlich der Kriterien Einfachheit und Transparenz wird verzichtet. Hinsichtlich des Kriteriums der Nachvollziehbarkeit sind bei diesem Index jedoch Unterschiede im Vergleich zu den vorherigen Indizes der Firma Aengevelt zu erkennen.

- Nachvollziehbarkeit

  Ähnlich wie bei Büroimmobilien existiert für den nicht öffentlich geförderten Wohnraum keine verbindliche Norm für die Berechnung der Wohn- bzw. Nutzflächen.[229] Es wird zwischen der Geschoßfläche nach §20 Abs. III der Baunutzungsverordnung[230], der Wohn- bzw. Nutzfläche nach der DIN 283 in der Fassung von 1951[231] sowie der Wohnfläche nach den §§42 - 44 der 2. Berechnungsverordnung[232] unterschieden. Während die Geschoßfläche nach den Außenmaßen der Gebäude in allen Vollgeschossen ermittelt wird, richtet sich die Flächenbestimmung der DIN 283 sowie II. BV nach den

228 Vgl. Aengevelt Immobilien KG (Hrsg.): „Private Immobilien No. X", Düsseldorf 1995, S. 28 - 29

229 Vgl. Sommer, Goetz; Piehler, Jürgen (Hrsg.): „Grundstücks- und Gebäudewertermittlung für die Praxis", Freiburg 1995, Gruppe 3.4 Seite 10.

230 Vgl. Verordnung über die bauliche Nutzung der Grundstücke (Baunutzungsverordnung - BauNVO), BGBl I S. 132.

231 Der Normungsausschuß des Deutschen Instituts für Normung zog die DIN 283 in der Fassung von 1951 mit Teil 1 am 8.3.1983 und mit Teil 2 am 1.6.1989 ersatzlos zurück. Gleichwohl wird bei der Ermittlung des Mietwertes von Sachverständigen darauf zurückgegriffen. Vgl. Ross, Franz-Wilhelm; Brachmann, Rolf; Holzner, Peter: „Ermittlung des Bauwertes von Gebäuden und des Verkehrswertes von Grundstücken", 27. Aufl., Hannover 1993, S. 290 - 291.

232 Vgl. Verordnung über wohnungswirtschaftliche Berechnungen (Zweite Berechnungsverordnung - II. BV), BGBl I S. 2178. Die Flächenberechnung nach der II. Berechnungsverordnung ist zwar nur für den öffentlich geförderten Wohnraum vorzunehmen, jedoch erfolgt die Flächenberechnung von frei finanziertem Wohnraum oftmals dieser Verordnung.

Grundflächen der einzelnen Räume. Der wesentliche Unterschied zwischen der Wohnflächenermittlung nach DIN 283 und der II. BV liegt bei der Bestimmung der Flächen für Balkone, Loggien, Dachgärten etc., die nach DIN 283 zu einem Viertel der Wohnfläche zuzurechnen sind, während sie nach §44 Abs. II der II. BV bis zur Hälfte der Wohnfläche zugeordnet werden können.[233] Da nicht nachvollziehbar ist, auf welche Flächendefinition sich der von Aengevelt publizierte Index bezieht und ob nicht aus unterschiedlichen Flächendefinitionen stammende qm-Preise in die Ermittlung der Indexwerte Eingang gefunden haben, ist das Kriterium der theoretischen Nachvollziehbarkeit verletzt.

4.2 Aufina Immobilienindex

Die Aufina Gruppe ist ein Immobilienmakler-Franchise-Verbundsystem, das auf die Vermittlung des Erwerbs von Wohnimmobilien spezialisiert ist. Die Aufina Gruppe vermittelte im Jahr 1993 Wohnimmobilienverkäufe im Wert von 1,33 Milliarden DM und ist damit nach den Immobilien-Vermittlungsgesellschaften der Landesbausparkassen zweitumsatzstärkster Makler Deutschlands innerhalb des Maklersegmentes „Wohnobjekte, Verbünde und Systeme".[234]

Der Aufina-Index wird jährlich ermittelt[235] und bildet die Preisentwicklung eines Kubikmeters umbauten Raumes[236] eines drei Jahre alten freistehenden Einfa-

---

233 Vgl. Kleiber, Wolfgang; Simon, Jürgen; Weyers, Gustav: „Verkehrswertermittlung von Grundstücken", 2. Aufl., Köln 1994, S. 734.

234 Vgl. Gop, Rebecca: „Makler Rangliste ´93", in: „Immobilien Manager", Nr. 6, 1994 S. 18

235 Vgl. Naumann, H.E.: „Entwicklungstendenzen am deutschen Immobilienmarkt im internationalen Vergleich", in: Engels, Wolfram (Hrsg.): Immobilienanlage und Immobilienfinanzierung, Frankfurt 1993, S. 19.

236 Zur Ermittlung des umbauten Raums vgl. DIN 277 und dessen Kommentierung in: Winkler, Walter: „Hochbaukosten, Flächen, Rauminhalte", 8. Aufl. Braunschweig 1994, S. 107 - 165.

milienhauses guter Ausstattung mit 150 qm Wohnfläche auf einem Grundstück von 600 qm Größe ab.[237]

Die Entwicklung des Aufina-Indexes im Zeitablauf ist der folgenden Abbildung zu entnehmen.

Abbildung 11: Aufina-Index

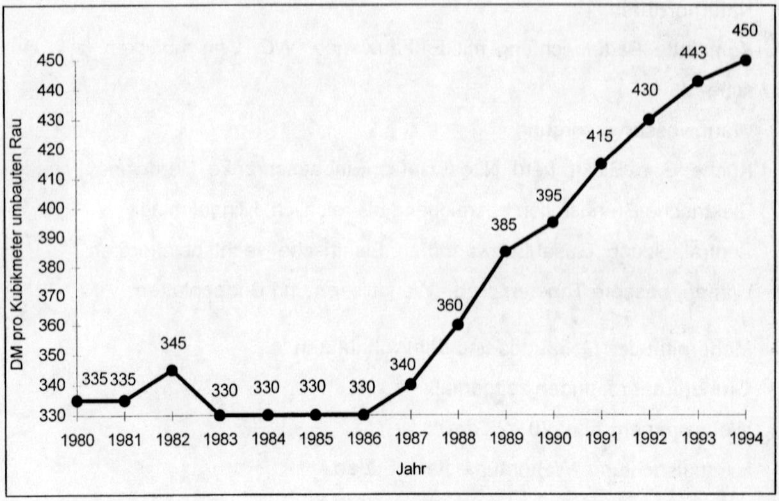

Quelle: o.V.: „Immobilienmarkt“, in: Grundstücksmarkt und Grundstückswert, Nr. 3, 1995, S. III.

Bei der Klassifikation der Ausstattung folgt der Aufina-Index der Wohnwertdefinition nach Ross-Brachmann.[238] Der gute Wohnwert läßt sich nach den Oberpunkten Qualität der Wohnungsausstattung, Modernität des Gebäudes und der Wohnungen sowie der Wohnlage/Ortslage differenzieren. Ein guter Wohnwert

---

[237] Vgl. o.V.: „Immobilienmarkt“, in: Grundstücksmarkt und Grundstückswert, Nr. 3, 1995, S. III.

[238] Vgl. Sommer, Goetz; Piehler, Jürgen (Hrsg.): „Grundstücks- und Gebäudewertermittlung für die Praxis“, Freiburg 1995, Gruppe 5 Seite 301.

liegt demnach vor, wenn bei einem Wohngebäude die folgenden Kriterien erfüllt sind:[239]

- Qualität der Wohnungsausstattung

  Fußboden: gute Kunststoffe, Linoleum, Nadelfilz, Kleinparkett, Bodenplatten

  Fenster: Doppelfenster, Verbundfenster, Isolierglasfenster, Kunststeinfensterbänke

  Naturholztüren

  Komplette Badeinrichtung mit Einbauwanne, WC, Waschbecken, z.T. Dusche

  Warmwasserversorgung

  Küche: Gas-/Elektroherd, Nirostaspüle, Einbauschränke, Herdwand, Fliesen

  Elektrische Brennstellen ausreichend bis reichlich, Klingelanlage

  Zentralheizung, Gasaußenwandöfen, Elektrische Nachtspeicheröfen

  Wände: bessere Tapeten, Bad - Wandfliesen und Bodenplatten

- Modernität des Gebäudes und der Wohnungen

  Grundrißanordnungen zeitgemäß

  Wohnzimmergröße: 20 - 22 qm

  Himmelsrichtung: Wohnräume nach Süden

  Zugänglichkeit der Räume: von Diele und Flur

  Balkon oder Loggia

  Zeittypische Bauweise: 1955 - 1985

  Äußerer Eindruck des Grundstücks: gut (Einfriedung, Hof, usw.)

  Zustand der Fassade, Treppenhaus und Hausflur: gut unterhalten

  Geschoßzahl: 2 - 6 Geschosse, z.T. Hochhäuser

  Gebäudegröße: Gruppenhäuser

  Garage am Haus

---

239 Vgl. Ross, Franz-Wilhelm; Brachmann, Rolf; Holzner, Peter: „Ermittlung des Bauwertes von Gebäuden und des Verkehrswertes von Grundstücken", 27. Aufl., Hannover 1993, S. 289 - 290.

- Wohnlage - Ortslage

  Aufgelockerte Bauweise, Hausgruppen

  Reihenhausbebauung, wenig Geschosse, ausreichend Grünflächen

  Einkaufszentrum, Bahn, Schule, Sportanlagen in der Nähe, zu Fuß oder mit Verkehrsmitteln erreichbar

  Erholungsgebiete in mittlerer Entfernung

  Lage: ruhige Wohnlage in guten Stadtteilen

  Verkehrsverbindungen, Haltestellen zu Fuß erreichbar

  Straße: Wohnstraße mit geringem Durchgangsverkehr

Die Ermittlung der Indexwerte erfolgt in einer zweistufigen Vorgehensweise. In der ersten Stufe sammeln lokale Aufina Franchisenehmer Daten aus konkreten Kaufvertragsabschlüssen; diese Daten werden mit regionalen Neubaupreisen von Architekten, Bauingenieuren, Bauträgern sowie Handwerkern verglichen, ins Verhältnis zum Baukostenindex gesetzt und auf Plausibilität überprüft. Gleichzeitig erfolgt eine Konkurrenzbeobachtung von anderen Maklern, Banken, Sparkassen Gutachtern etc., um die Validität der selbsterhobenen Daten sicherzustellen. Die Werte des örtlichen Aufina Büros werden anschließend mit den Werten der Aufina Nachbarbüros abgestimmt.[240]

In einem zweiten Schritt ermittelt die Aufina-Zentrale aus diesen lokalen Werten für einen Kubikmeter umbauten Raum den Aufina-Index, der als ungewichteter Durchschnitt der gemeldeten lokalen Werte berechnet wird. Dieses Verfahren der Aggregation führt zu einer Verzerrung der tatsächlichen Verhältnisse. Durch die gewählte Art der Durchschnittsbildung wird unterschiedlichen regionalen Märkten jeweils die gleiche Bedeutung zugemessen. Eine explizite Gewichtung der einzelnen Werte erfolgt nicht. Da der Schwerpunkt der Aufina Aktivitäten in Nordrhein-Westfalen sowie im Rhein-Main Gebiet liegt, werden

---

240 Vgl. Sommer, Goetz; Piehler, Jürgen (Hrsg.): „Grundstücks- und Gebäudewertermittlung für die Praxis", Freiburg 1995, Gruppe 5 Seite 301.

die ermittelten Indexwerte von diesen Regionen dominiert. Es kann angenommen werden, daß die lokalen Aufina-Büros nicht überall die gleiche Marktübersicht haben, so daß die Werte, die von Aufina Büros mit einem hohen lokalen Marktanteil an die Zentrale geliefert werden, qualitativ den Werten von Aufina Büros mit niedrigem lokalen Marktanteil überlegen sind.

Beim Aufina-Index handelt es sich nicht um eine Indexzahl im statistischen Sinne, sondern um eine Preisangabe. Erst wenn ein beliebiges Jahr als Basisperiode gewählt und die darauffolgenden Preise jeweils zum Preis der Basisperiode in Beziehung gesetzt werden würden, entstünde ein einfacher Index. Trotzdem erfolgt eine Überprüfung des Aufina-Indexes an Hand der Kriterien Einfachheit, Transparenz und Nachvollziehbarkeit mit den folgenden Ergebnissen:

- Einfachheit

  Hinter der mathematischen Konstruktion des Aufina-Indexes steht das ungewichtete arithmetische Mittel, welches aus den Preisen pro Kubikmeter umbauten Raumes gebildet wurde. Eine Lösung der zentralen Problematik eines Indexes, nämlich die Gewichtung der einzelnen von den Franchisenehmern gelieferten Daten, findet nicht statt. Die Erhebung der einfließenden Daten zusammen mit dem Abstimmungsprozeß des regionalen Aufina Büros gegenüber den umliegenden Aufina Büros sowie die Überprüfung der Plausibilität durch Vergleich mit dem Baukostenindex ist ein aufwendiger Prozeß mit einer nicht genau dokumentierten Vorgehensweise, so daß hinsichtlich dieses Aspekts das Kriterium der Einfachheit nicht erfüllt wird. Ob dieser Abstimmungsprozeß zu hochwertigen Inputdaten führt, kann nicht abschließend beurteilt werden.

- Transparenz

  Das Kriterium der Transparenz ist nur bedingt erfüllt. Positiv ist die genaue Definition der Datenbasis auf der Grundlage des umbauten Raumes sowie der genau beschriebenen Qualität des Wohngebäudes.

Während sich die Definition des Wohnwertes von Ross/Brachmann auf Wohngebäude in zeittypischer Bauweise von 1955 bis 1985 bezieht, erfolgt die Abgrenzung des Meßgegenstandes nach einer drei Jahre alten Immobilie. Daher ist fraglich, nach welchen Kriterien das einfließende Datenmaterial zukünftig ausgewählt werden wird; denn es kann angenommen werden, daß das einfließende Datenmaterial immer spärlicher werden wird, da heute keine Wohnimmobilien mehr im Standard von 1985 errichtet werden. Daher werden die von Aufina vermittelten Wohnimmobilien seit 1988 vermutlich nicht mehr der gewählten Wohnwertdefinition entsprechen. Dadurch wird die Aussagefähigkeit des Indexes zukünftig eingeschränkt und ein Wechsel des Meßgegenstandes erforderlich.

Die theoretische Konstruktion des Indexes ist zwar bekannt, nicht jedoch das in die Berechnung eingehende Datenmaterial. Die Ermittlung der Eingangswerte ist infolge des Abstimmungsprozesses des örtlichen Aufina-Büros mit den Nachbarbüros für Außenstehende nicht zu durchschauen und kann dazu führen, daß möglicherweise ein von den an der Ermittlung des Indexes Beteiligten gewünschter Wert auf dem Verhandlungswege und nicht durch tatsächliche Transaktionen bestimmt wird.

- Nachvollziehbarkeit

  Die Nachvollziehbarkeit des Aufina-Indexes ist ebenfalls negativ zu beurteilen. Durch die eingeschränkte Transparenz ist die theoretische Nachvollziehbarkeit nicht gegeben. Eine praktische Nachbildbarkeit des Indexes ist ebenfalls nicht erreicht, da dem Index eine fiktive Durchschnittsimmobilie zugrundegelegt wird. Ein Nutzer des Indexes kann bei einem konkreten Kauf- oder Verkaufsvorgang lediglich feststellen, ob der vereinbarte Preis oberhalb oder unterhalb des Aufina-Durchschnitts für die fiktive Immobilie liegt. Hier würde eine regionale Differenzierung des Indexes einen weiteren Nutzen für die Anwender bedeuten.

4.3 Blumenauer-Indizes

Die Immobilienmaklergesellschaft Blumenauer, an der die Aachener und Münchener Beteiligungs AG 50% der Anteile hält, wurde im Jahre 1949 mit Stammsitz in Bad Soden gegründet. Blumenauer gilt für das Jahr 1993 als größter Universalmakler, der Verkäufe von Wohn- und Gewerbeimmobilien in Höhe von 1,3 Milliarden DM vermittelte.[241] Blumenauer publiziert drei verschiedene Indizes, die das Nachfrageverhalten nach Immobilien allgemein (Kauf und Vermietung über alle Nutzungsarten), nach Wohnimmobilien sowie nach zu vermietenden Gewerbeflächen abbilden. Sämtliche Indizes werden seit 1991 vierteljährlich veröffentlicht und bilden die Anzahl an Interessenten je Objekt ab, das von Blumenauer vermittelt wird. Der Indexverlauf für die drei Indizes ist den nachfolgenden Schaubildern zu entnehmen.

Abbildung 12: Blumenauer-Index Nachfrageklima in Deutschland (Kauf und Vermietung sämtlicher Nutzungsarten)

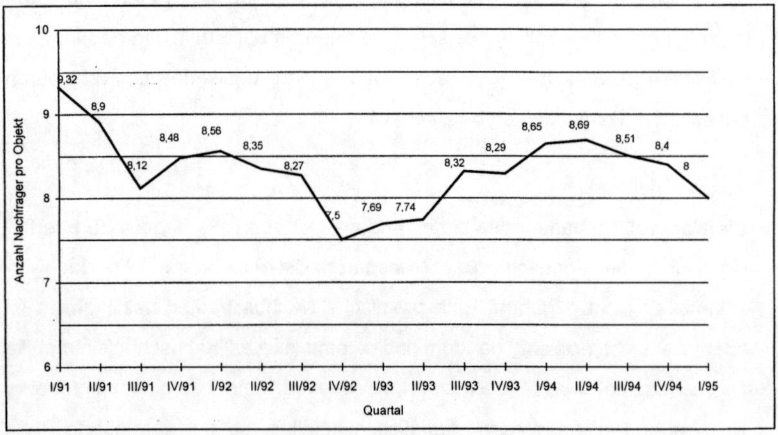

Quelle: o.V.: „Anlage-Objekte weniger gefragt", in: Grundstücksmarkt und Grundstückswert, 6. Jg., Nr. 4, 1995, S. IV.

---

241 Vgl. Gop, Rebecca: Makler Rangliste ´93, in: Immobilien Manager, Nr. 6, 1994, S. 16.

Abbildung 13: Blumenauer-Index Wohnimmobiliennachfrage

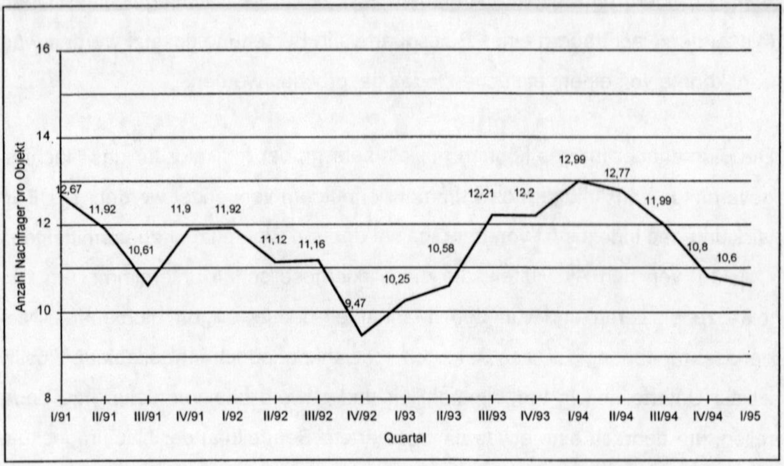

Quelle: o.V.: „Anlage-Objekte weniger gefragt", in: Grundstücksmarkt und Grundstückswert, 6. Jg., Nr. 4, 1995, S. IV.

Abbildung 14: Blumenauer-Index Gewerbliche Vermietung

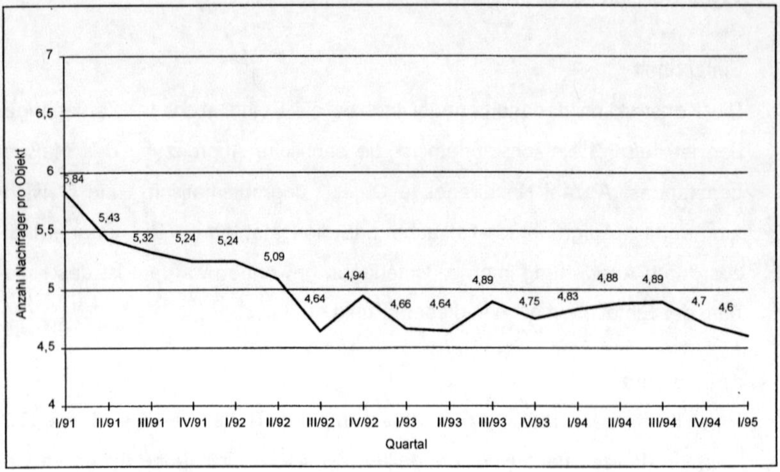

Quelle: o.V.: „Anlage-Objekte weniger gefragt", in: Grundstücksmarkt und Grundstückswert, 6. Jg., Nr. 4, 1995, S. IV.

Bei den Blumenauer-Indizes handelt es sich nicht um Indizes im statistischen Sinne, sondern um absolute Angaben. Erst wenn die Nachfrager eines Quartals zu den Nachfragern eines Basisquartals in Beziehung gesetzt werden würden, könnte von einem einfachen Index gesprochen werden.

Die Blumenauer-Indizes können nur als sehr grober Indikator für das Nachfrageverhalten von Anlegern bzw. Immobiliennutzern verwendet werden. Die Entwicklung des Indexes ist von der Qualität der von Blumenauer zu vermittelnden Objekte, von den Aktivitäten, die die Maklergesellschaft unternimmt, um Objekte zu plazieren und von dem Marktanteil der jeweiligen Blumenauer-Niederlassung abhängig. Diese Faktoren schwanken jedoch im Zeitablauf. Positiv ist die Unterteilung in Wohnimmobilien und gewerbliche Vermietung zu beurteilen, um dadurch eine etwas differenziertere Beurteilung der Nachfragesituation zu ermöglichen.

Sämtliche Blumenauer-Indizes beruhen auf der gleichen Konstruktionsweise, daher kann deren Beurteilung an Hand der Kriterien Einfachheit, Transparenz und Nachvollziehbarkeit in einem Schritt erfolgen.

- Einfachheit
  Die Konstruktion der Blumenauer-Indizes als Reihe absoluter Zahlenangaben ist äußerst einfach; zudem ist die sachliche Abgrenzung des Meßgegenstandes „Anzahl Nachfrager je Objekt“ unproblematisch. Eine Gewichtung entfällt. Aufgrund der Tatsache, daß die Daten für die Blumenauer-Indizes durch Auswertung interner Unterlagen gewonnen werden, ist das Kriterium der Einfachheit auch in diesem Punkt erfüllt.

- Transparenz
  Hinsichtlich der Erfüllung des Kriteriums der Transparenz sind die Blumenauer-Indizes negativ zu beurteilen. Zwar wird eine grobe sachliche Unterteilung in die erwähnten Indexkategorien vorgenommen; über die Qualität der von Blumenauer zu vermittelten Objekte und deren Vermarktungsdauer

können aufgrund fehlender Angaben jedoch keine Aussagen getroffen werden. Obwohl die Firma Blumenauer mit insgesamt 28 Niederlassungen in Deutschland[242] als größter Universalmakler gilt, kann jeweils nur ein Teil des Gesamtmarktes mit dem Index abgebildet werden. Unklar ist zudem die Berücksichtigung von Gemeinschaftsgeschäften, bei denen mehrere Immobilienmakler gleichzeitig damit beauftragt worden sind, ein Objekt zu vermarkten. Daher ist es nicht möglich, die Qualität der Inputdaten einer Beurteilung zu unterziehen.

- Nachvollziehbarkeit
  Die theoretische Nachvollziehbarkeit des Indexes ist trotz der einfachen Konstruktionsweise nicht gegeben, da die erfaßten Grundstücke von Quartal zu Quartal wechseln, so daß eine Vergleichbarkeit der Indexstände nicht gegeben ist. Eine praktische Nachbildbarkeit kann nur an Hand von konkreten Verkaufs- oder Vermietungssituationen erfolgen.

4.4 Engel & Völkers Immobilien-Trendindex

Die aus Hamburg stammende Immobilienmaklergesellschaft Engel & Völkers gilt als Immobilien-Universalmakler. 1993 vermittelte Engel & Völkers Immobilienkäufe im Gegenwert von 456 Millionen DM und gilt somit als viertgrößter Makler dieser Kategorie. Der Schwerpunkt der Tätigkeiten liegt auf der Vermittlung von Wohnimmobilien, deren Vermittlungsanteil 70% betrug.[243]

Die Maklergesellschaft veröffentlicht seit Ende 1992 zumeist quartalsweise den Engel & Völkers Trendindex (EVIX), der ein Oberbegriff für weitere Subindizes darstellt. Es werden jeweils vier Subindizes für Nachfrageentwicklung, Ange-

---

242 Vgl. Blumenauer Immobilien (Hrsg.): „Frequenz-Bericht Deutschland '95", o.O., o.J., o.S.

243 Vgl. Gop, Rebecca: „Makler Rangliste ´93", in: Immobilien Manager, Nr. 6, 1994, S. 16.

botsentwicklung, Vermarktungsdauer sowie Abschlag auf die Preisforderung für die Segmente „Verkauf von Gewerbeimmobilien", „Bürovermietung", „Verkauf von Einfamilienhäusern" sowie „Verkauf von Eigentumswohnungen" ermittelt.[244]

Der Subindex zur Nachfrageentwicklung beschreibt, wie sich die Anzahl der Interessenten je inseriertem Objekt im Zeitablauf verändert. Grundsätzlich entspricht damit der Engel & Völkers Nachfrageentwicklungsindex hinsichtlich Aussagekraft und Konstruktionsweise dem von der Firma Blumenauer veröffentlichten Nachfrageindex. Ein Unterschied ist lediglich dadurch gegeben, daß der Engel & Völkers Index statistisch gesehen ein einfacher Index bzw. eine Meßzahl ist, während es sich bei dem von Blumenauer veröffentlichten Index nicht um einen Index im statistischen Sinne handelt, da absolute Werte veröffentlicht werden. Aus diesem Grund wird auf die Wiederholung der im Vergleich identischen Kritikpunkte verzichtet. Der historische Verlauf des Engel & Völkers Nachfrageentwicklungsindexes ist dem folgenden Schaubild zu entnehmen.

---

[244] Vgl. Engel & Völkers (Hrsg.): „Geschäftsbericht 1994", o.O., o.J., S. 26 - 27.

Abbildung 15: EVIX Nachfrageentwicklung

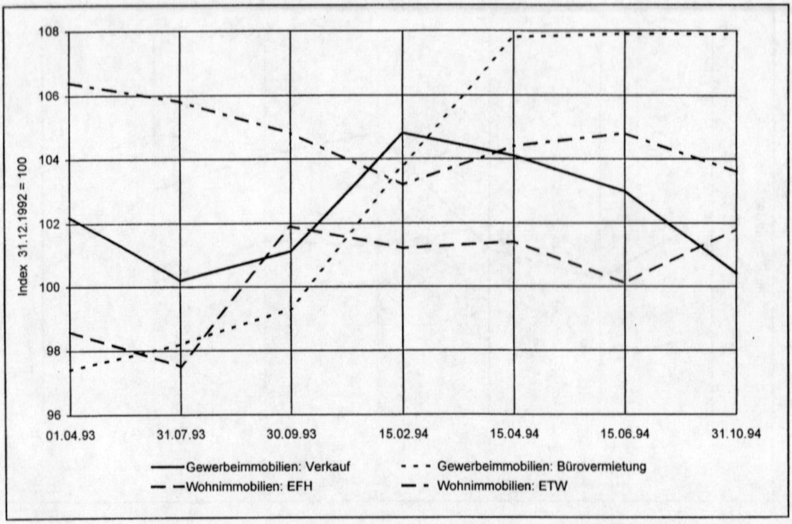

Quelle: Interne Unterlagen der Firma Engel & Völkers

Der Subindex zur Angebotsentwicklung beschreibt die Entwicklung des von Engel & Völkers zu vermakelnden Immobilienbestandes. Durch die Gegenüberstellung der Nachfrageentwicklung zur Angebotsentwicklung können grobe Tendenzaussagen wie „Die Nachfrage steigt stärker als das Angebot" für den jeweiligen Sektor getroffen werden. Die Aussagekraft wird jedoch durch die Tatsache eingeschränkt, daß erwartungsgemäß die Marktanteile und damit auch die Repräsentativität der Engel & Völkers Indizes im Zeitablauf variieren. Der Verlauf des Indexes zur Angebotsentwicklung ist dem folgenden Schaubild zu entnehmen:

Abbildung 16: EVIX Angebotsentwicklung

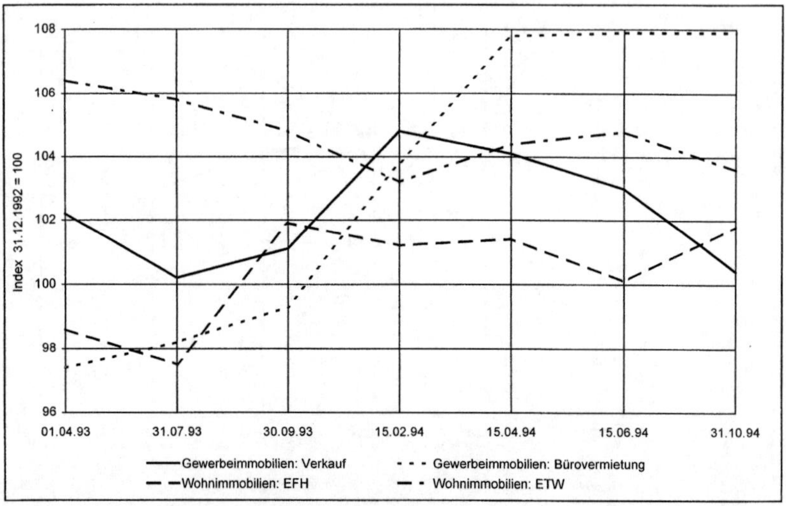

Quelle: Interne Unterlagen der Firma Engel & Völkers

Der Index zur Vermarktungsdauer beschreibt die Entwicklung der Vermarktungsdauer der von Engel & Völkers zu vermittelnden Immobilien im Zeitablauf. Die Entwicklung des Indexes unterliegt einerseits dem Einfluß der allgemeinen Marktverfassung, andererseits wird die Vermarktungsdauer auch entscheidend von den Vermarktungsbemühungen der Mitarbeiter von Engel & Völkers sowie von der Qualität der zu vermittelnden Immobilie beeinflußt. Da nicht erwartet werden kann, daß diese Faktoren im Zeitablauf konstant bleiben, ist nur eine grobe Interpretation des Indexes im Sinne von „Die Vermarktungsdauer von wechselnden Immobilien eines bestimmten Sektors hat sich im Vergleich zur Vorperiode positiv oder negativ verändert“ möglich. Durch die Angabe „Vermarktungsdauer in Tagen“ in absoluten Werten neben der Angabe des Indexstandes würde der Nutzen eines Indexanwenders erhöht. Der historische Verlauf des Indexes für die Vermarktungsdauer kann dem folgenden Schaubild entnommen werden.

Abbildung 17: EVIX Vermarktungsdauer

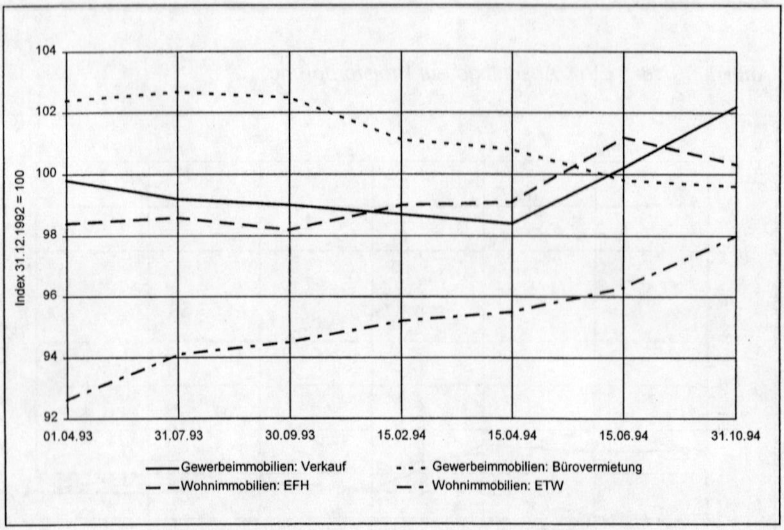

Quelle: Interne Unterlagen der Firma Engel & Völkers

Der Subindex, der die Abschläge auf die Preisforderung im Zeitablauf beschreibt, ist nur schwer durch die Aussage „Im Vergleich zum Basisjahr haben sich die Abschläge auf die ursprüngliche Preisforderung des Vermieters/Verkäufers bis zum Vertragsabschluß für wechselnde Immobilien in identischen Sektoren erhöht/vermindert" interpretierbar. Aufgrund der Tatsache, daß der Index relative Veränderungen beschreibt, könnte die Aussagekraft des Indexes, in Analogie zum Subindex für die Vermarktungsdauer, durch die gleichzeitige Veröffentlichung der Angabe wieviel Prozentpunkte der Abschlag zum Berichtszeitpunkt tatsächlich betrug, erhöht werden. Die Entwicklung dieses Subindexes ist in höchstem Maße abhängig von der Einschätzung des Objektes durch den Verkäufer/Vermieter und den Makler, da nicht marktgerechte Preisvorstellungen den Abschlag auf die Preisforderung stark beeinflussen können. Es kann angenommen werden, daß der Grad der Marktkenntnis im Zeitablauf nicht konstant ist, wodurch die Aussagekraft dieses

Indexes, dessen Verlauf der folgenden Abbildung entnommen werden kann, eingeschränkt ist.

Abbildung 18: EVIX Abschläge auf Preisforderung

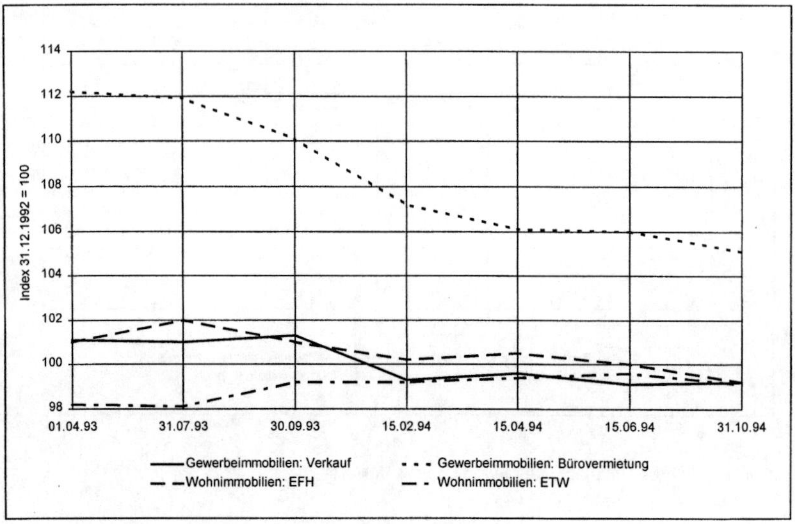

Quelle: Interne Unterlagen der Firma Engel & Völkers

Eine Beurteilung sämtlicher Indizes an Hand der Kriterien Einfachheit, Transparenz und Nachvollziehbarkeit führt zu folgenden Ergebnissen:

- Einfachheit

  Das Kriterium der Einfachheit wird für sämtliche Indizes erfüllt, da es sich um einfache Indizes bzw. Meßzahlen handelt. Auch die Ermittlung der eingehenden Daten ist als einfach zu bezeichnen, die durch Auswertung interner Unterlagen gewonnen werden.

- Transparenz

  Das Kriterium der Transparenz wird nur eingeschränkt erfüllt. Zwar ist die Formel bekannt, nach der die Indexstände berechnet werden, die einfließenden Daten sind jedoch für Außenstehende nicht erhältlich und hängen in starkem Maße vom geschäftlichen Erfolg der den Index veröffentlichenden Firma ab. Aufgrund dieser Intransparenz entzieht sich die Datenqualität zudem einer Beurteilung.

- Nachvollziehbarkeit

  Aufgrund der nur bedingt erfüllten Transparenz wird das Kriterium der theoretischen Nachvollziehbarkeit nur eingeschränkt erfüllt. Die praktische Nachbildbarkeit hinsichtlich der Angebots- und Nachfrageentwicklung könnte nur an Hand konkreter Geschäftsvorfälle überprüft werden, ebenso wie die Vermarktungsdauer und der Abschlag auf die Preisforderung. Da sich die ermittelten Indexwerte jeweils auf unterschiedliche Geschäftsvorfälle beziehen, bei denen der Heterogenität von Immobilien lediglich durch Zuweisung zu einer Marktkategorie Rechnung getragen wurde, ist eine Interpretation aufeinanderfolgender Indexwerte nicht möglich.

4.5 Jones Lang Wootton Index

Die englische Immobilienberatungsgesellschaft Jones Lang Wootton GmbH, deren Marktbedeutung aufgrund der fehlenden Bekanntgabe von Provisions- bzw. Vermittlungsumsätzen nicht eingeschätzt werden kann,[245] veröffentlicht verschiedene immobilienbezogene Indizes. Dabei handelt es sich zum einen um den Europäischen Büroimmobilienindex, der die Entwicklung der Gebäude- und der Mietwerte aggregiert aus 14 europäischen Städten mißt.[246] Auf den Europäischen Büroimmobilienindex wird im weiteren Verlauf der Arbeit jedoch nicht weiter eingegangen, da Betrachtungsgegenstand dieser Arbeit lediglich

---

245 Vgl. Gop, Rebecca: „Makler Rangliste ´93", in: Immobilien Manager, Nr. 6, 1994, S. 12.

246 Vgl. Friedemann, Jens: „Europäische Büromärkte erholen sich nur langsam", in: Frankfurter Allgemeine Zeitung, 26.8.1994, S. 39.

nationale Immobilienindizes sind. Zum anderen werden für die in dem Europäischen Büroimmobilienindex erfaßten Städte Berlin, Düsseldorf, Hamburg, Frankfurt und München eigene Indizes veröffentlicht, die die dortige Entwicklung der Werte für Bürogebäude beschreiben.[247] Auf diesen Indextyp wird nun im weiteren Verlauf dieses Abschnitts der Arbeit eingegangen.

Der Index der Gebäudewerte wird ermittelt, indem die Bürospitzenmieten der betrachteten Periode durch die Spitzenrendite (definiert als Nettoanfangsrendite) dividiert werden. Damit entspricht dieser Index grundsätzlich dem Typ des angelsächsischen Net Operating Income/Capitalisation Rate Index (NOI/Cap Index),[248] abweichend davon wird der Index von Jones Lang Wootton auch als Spot-Check-Index bezeichnet.[249]

Der historische Verlauf der Bürospitzenmieten sowie der Spitzenrenditen, aus denen die Bürospitzenwerte ermittelt werden, können den nachfolgenden Abbildungen entnommen werden, die sich auf den beispielhaft ausgewählten Büromarkt der Stadt Frankfurt am Main beziehen.

---

247 Vgl. Jones Lang Wootton GmbH (Hrsg.): „Der Immobilien-Anlagemarkt Deutschland 1995", Frankfurt 1995, S. 11.

248 Vgl. Fisher, Jeffrey D.; Geltner, David M.; Webb, Brian R.: „Value Indices of Commercial Real Estate: a Comparison of Index Construction Methods", in: Journal of Real Estate Finance and Economics, 9. Jg., Nr. 2, 1994, S. 147.

249 Vgl. Jenyon, Bruce A. u.a.: „Performance-Index: Wie geht es Ihrer Immobilie?", in: Immobilien Zeitung, 2.11.1995, S. 5.

Abbildung 19: Jones Lang Wootton Spitzenmieten Büromarkt Frankfurt

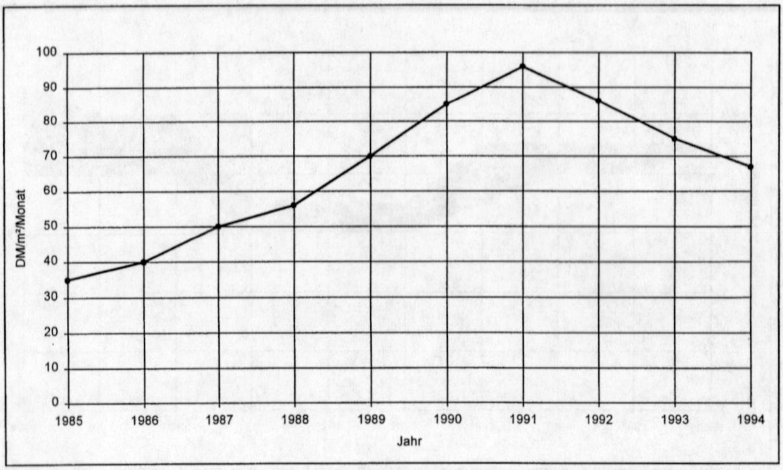

Quelle: Jones Lang Wootton GmbH: „City Report Frankfurt - Update Januar 1995“, o.O., 1995, S. 3.

Bei der von Jones Lang Wootton gewählten Darstellung der Entwicklung von Bürospitzenmieten handelt es sich nicht um einen einfachen Index im statistischen Sinne, sondern um die Darstellung der Mietentwicklung in absoluter Form „Miete in DM pro qm pro Monat“. Die Problematik der Datenermittlung bei der Bestimmung der Mietpreisentwicklung in absoluten Beträgen ist jedoch identisch mit der Problematik der Datenermittlung bei einem Mietpreisindexes. Daher wird auf die Ausführungen zu den Aengevelt Büromietenindizes für Düsseldorf in Abschnitt 4.1.2.1 der Arbeit verwiesen. Dabei unterscheiden sich die Aengevelt Indizes zusätzlich durch die Ermittlung der Indexwerte und die Betreuung durch das Institut für Wohnungswirtschaft an der Universität zu Köln von den durch Jones Lang Wootton veröffentlichten Zahlenreihen.

Der Verlauf der Spitzenrenditen für den Büromarkt Frankfurt kann der folgenden Abbildung entnommen werden:

Abbildung 20: Jones Lang Wootton Spitzenrenditen Büromarkt Frankfurt

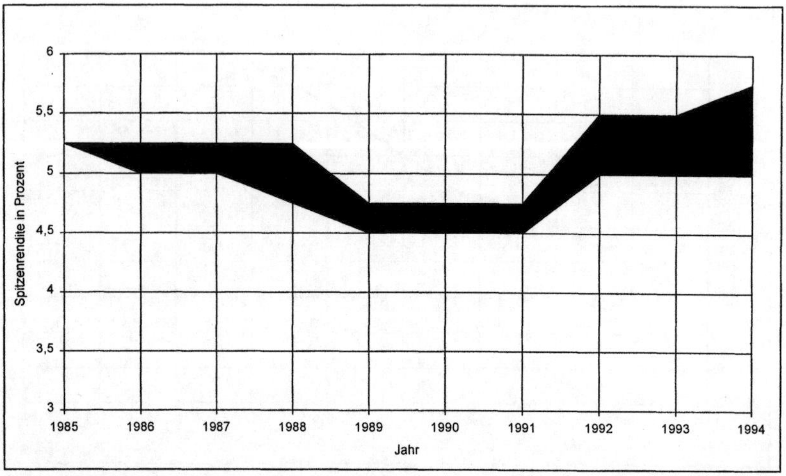

Quelle: Jones Lang Wootton GmbH: „City Report Frankfurt - Update Januar 1995", o.O., 1995, S. 4.

Der Begriff der Spitzenrendite wird von Jones Lang Wootton als statische Nettoanfangsrendite, d.h. als das Verhältnis der Jahresnettomieteinnahmen zum Bruttokaufpreis zuzüglich Erwerbsnebenkosten definiert.[250] Unter dem Begriff der Nettomieteinnahmen werden von Jones Lang Wootton die Bruttomieten abzüglich der nicht umlagefähigen Bewirtschaftungskosten verstanden.[251] Bei der grafischen Darstellung der Spitzenrenditen wird nicht jedem Zeitpunkt eine eindeutige Spitzenrendite zugewiesen; vielmehr existieren teilweise Rendite-

---

[250] Vgl. Jones Lang Wootton GmbH (Hrsg.): „Der Immobilien-Anlagemarkt Deutschland 1995", Frankfurt 1995, S. 9.

[251] Vgl. Jones Lang Wootton GmbH (Hrsg.): „Der Immobilien-Anlagemarkt Deutschland 1995", Frankfurt 1995, S. 9. Diese Definition der Nettomieteinnahmen weicht ab von dem Begriff der Nettokaltmiete, der sich aus dem Grundstücksreinertrag abzüglich der umlagefähigen Bewirtschaftungskosten ergibt. Daraus ergibt sich, daß der von Jones Lang Wootton verwendete Begriff der Nettomieteinnahmen dem in der deutschen Bewertungsliteratur verwendeten Begriff des Grundstückreinertrages entspricht. Vgl. Kleiber, Wolfgang; Simon, Jürgen; Weyers, Gustav: „Verkehrswertermittlung von Grundstücken", 2. Aufl., Köln 1994, S. 704.

spannen. Die Renditespanne bezieht sich auf erstklassige Büroobjekte in Spitzenlagen, die zu Marktmieten und marktüblichen Konditionen voll vermietet sind. Bei der Ermittlung des Bürospitzenwertindexes wird dann auf die jeweils niedrigste Rendite zurückgegriffen. Hinsichtlich der Problematik eines Indexes, der die Entwicklung von Nettoanfangsrenditen beschreibt, wird auf die von der Firma Aengevelt veröffentlichten Renditeindizes in Abschnitt 4.1.2.2 verwiesen. Grundsätzlich unterliegen sie der gleichen Problematik der Datenerhebung wie die von Jones Lang Wootton gewählte Darstellung von Renditespannen.

Aus den zuvor beschriebenen Komponenten ermittelt sich der Index für Bürospitzenwerte für eine fiktive Immobilie, dessen historischer Verlauf der folgenden Abbildung entnommen werden kann.

Abbildung 21: Jones Lang Wootton Index Bürospitzenwerte Frankfurt

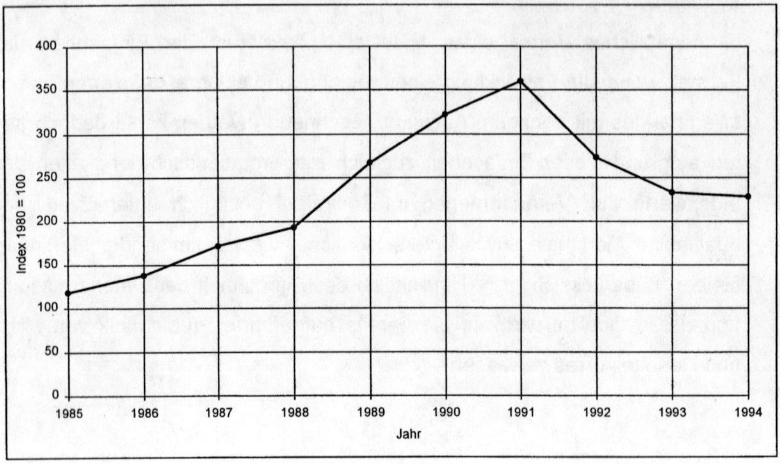

Quelle: Jones Lang Wootton GmbH: „City Report Frankfurt - Update Januar 1995", o.O., 1995, S. 4.

Die Indexstände werden nach folgender Formel ermittelt: der aus den Bürospitzenmieten der Berichtsperiode ermittelte und als ewige Rente mit dem Kehrwert der Spitzenrendite kapitalisierte Ertragswert pro qm Bürofläche wird ins Verhältnis gesetzt zum Ertragswert eines Quadratmeters Bürofläche der Basisperiode.[252]

$$JLW_{0t} = \frac{\text{Bürospitzenmiete}_t \times \frac{1}{\text{Bürospitzenrendite}_t}}{\text{Bürospitzenmiete}_0 \times \frac{1}{\text{Bürospitzenrendite}_0}}$$

mit

JLW = Jones Lang Wootton Index Bürospitzenwerte

Eine Analyse des Jones Lang Wootton Indexes führt zu folgenden Ergebnissen:

- Einfachheit

  Grundsätzlicher Vorteil eines NOI/Cap Indexes ist die Einfachheit der Formel, wobei die Entwicklung eines regional und sektoral definierten Immobilienmarktes mit geringem Aufwand beschrieben werden kann. Jedoch treten aufgrund dieser Einfachheit zugleich Interpretationsschwierigkeiten der Indexwerte auf. Veränderungen im Zeitablauf bezüglich unterschiedlicher qualitativer Merkmale sowie unterschiedlicher wertbestimmender Merkmale bleiben unberücksichtigt.[253] Hinsichtlich der Einfachheit der Datenermittlung und deren Qualität wird auf die bereits aufgeführte Problematik von Miet- und Renditeindizes verwiesen.

---

252 Vgl. Jenyon, Bruce A. u.a.: „Performance-Index: Wie geht es Ihrer Immobilie?", in: Immobilien Zeitung, 2.11.1995, S. 5. Siehe jedoch zur Ermittlung des Ertragswertes nach dem vereinfachten Ertragswertverfahren Kleiber, Wolfgang; Simon, Jürgen; Weyers, Gustav: „Verkehrswertermittlung von Grundstücken", 2. Aufl., Köln 1994, S. 999 - 1000.

253 Vgl. Fisher, Jeffrey D.; Geltner, David M.; Webb, Brian R.: „Value Indices of Commercial Real Estate: a Comparison of Index Construction Methods", in: Journal of Real Estate Finance and Economics, 9. Jg., Nr. 2, 1994, S. 147.

- Transparenz

  Das Kriterium der Transparenz wird hinreichend erfüllt, denn die Formel, nach der die Indexwerte ermittelt werden, sowie die Eingangsparameter sind durch die Veröffentlichung in den entsprechenden Marktberichten von Jones Lang Wootton bekannt. Die einzelnen Geschäftsvorfälle, auf denen die Angaben der Marktberichte beruhen, sind Außenstehenden als typische Marktusancen jedoch nicht zugänglich.

- Nachvollziehbarkeit

  Das Kriterium der theoretischen Nachvollziehbarkeit wird erfüllt, die praktische Nachbildbarkeit des Indexes ist aus mehreren Gründen jedoch unmöglich. Zum einen handelt es sich bei dem Marktsegment der Spitzenmieten um ein Segment, das durch unrepräsentative Vertragsabschlüsse zustande kommt[254] und von allenfalls zwei bis vier Prozent der Nachfrager getragen wird,[255] so daß nicht von einer Repräsentativität des Indexes ausgegangen werden kann. Zum anderen wird der Index durch die Kapitalisierung der Mieten, die nicht um eventuelle Bewirtschaftungskosten vermindert werden, mit einem Vervielfältiger verzerrt, der unter Berücksichtigung von Bewirtschaftungskosten ermittelt wurde. Theoretisch fundiert wäre das Konzept des Jones Lang Wootton Bürospitzenwerte Indexes nur dann, wenn die Spitzenmieten, wie sie als Eingangsparameter Verwendung finden, um die nichtumlagefähigen Bewirtschaftungskosten vermindert würden, bzw. wenn der Vervielfältiger ohne Berücksichtigung von Bewirtschaftungskosten ermittelt würde. Erst dann würden sich der verwendete Vervielfältiger und der verwendete Ertrag aus einer analytisch identischen Vorgehensweise ergeben und der Ertragswert der Objekte nach dem korrekt angewendeten Kon-

---

254 Vgl. Einem, Eberhard von: „Entscheidungen aus dem Lehnstuhl“, in: Immobilien Manager, Nr. 3, 1993, S. 22.

255 Vgl. Volger, Gernot: „Vertrauen verspielt“, in: Immobilien Manager, Nr. 12, 1995, S. 22.

zept des vereinfachten Ertragswertverfahrens[256] bestimmt werden können. Zudem wird auch von Jones Lang Wootton darauf hingewiesen, daß es sich bei dem zugrundeliegenden Objekt um eine fiktive Büroimmobilie handelt, so daß auch aus diesem Grund die praktische Nachbildbarkeit nicht gegeben ist.[257]

4.6 Kemper´s Index

4.6.1 Grundlagen

Die in Düsseldorf ansässige Maklerfirma Kemper´s ist spezialisiert auf die Vermittlung von Einzelhandelsimmobilien in sogenannten 1a-Lagen. Nach eigenen Angaben ist diese Firma der führende City-Makler Deutschlands. Über das Volumen vermittelter Verkäufe bzw. vermittelter Vermietungen waren - zur Einordnung der Bedeutung der Firma Kemper´s - jedoch keine Angaben zu erhalten.[258]

Die Untersuchungen des Kemper´s Index beziehen sich auf 1a-Einzelhandelslagen in 103 Städten in den alten Bundesländern sowie die 18 wichtigsten Städte in den neuen Bundesländern.[259] Für die ausgewählten Städte werden jeweils drei unterschiedliche Indizes veröffentlicht. Diese sind:

- Index der Mietrendite (kumulativ)
- Wertentwicklung in der „1a-Lage“ (kumulativ)

---

256 Vgl. zum vereinfachten Ertragswertverfahren Kleiber, Wolfgang; Simon, Jürgen; Weyers, Gustav: „Verkehrswertermittlung von Grundstücken“, 2. Aufl., Köln 1994, S. 999 - 1000.

257 Vgl. Jenyon, Bruce A. u.a.: „Performance-Index: Wie geht es Ihrer Immobilie?“, in: Immobilien Zeitung, 2.11.1995, S. 5.

258 Vgl. Gop, Rebecca: „Makler Rangliste ´93“, in: Immobilien Manager, Nr. 6, 1994 S. 12.

259 Vgl. Kemper´s (Hrsg.): „Kemper´s Index 93/94“, Düsseldorf 1993, S. 27.

- Entwicklung der Gesamtrendite in der „1a-Lage“ (kumulativ)

Die Indizes für Städte in den alten Bundesländern haben das Jahr 1983 als Basisjahr, während das Jahr 1990 als Basisjahr für Städte, die in den fünf neuen Länder liegen, ausgewählt wurde.

Zielsetzung des Kemper´s Index ist es, die Standortgüte von Immobilienlagen zu beurteilen, da der Standort das wichtigste Kriterium bei der Auswahl einer Immobilie darstellt und maßgeblich die laufende Cash-Flow Rendite wie auch zukünftige Wertentwicklungen beeinflußt.

Zur näheren Abgrenzung des Erkenntnisobjektes wird die 1a-Lage im Rahmen des Kemper´s Index wie folgt kategorisiert:[260]

- 1a-Lagen befinden sich zumeist in den Fußgängerzonen und sind durch eine besonders starke Passantenfrequenz und hohe Umsätze gekennzeichnet.
- 1a-Lagen haben eine zentrale Versorgungsfunktion für die gesamte Stadt und ein großes Umland.
- Neben den Gütern des täglichen Bedarfs werden vorwiegend hochwertige Konsumgüter wie Textilien, Schuhe, Lederwaren, Porzellan, Schmuck etc. angeboten.
- In der Regel lassen sich 1a-Lagen nur in Gemeinden mit mehr als 50.000 Einwohnern finden.

Tatsächlich jedoch ist eine allgemeingültige Abgrenzung des Begriffes der 1a-Lagen nicht möglich, da Marktteilnehmer Lagequalitäten unterschiedlich beurteilen und demnach auch unterschiedlich kategorisieren würden.

---

260 Vgl. Kemper´s (Hrsg.): „Kemper´s Index 93/94“, Düsseldorf 1993, S. 13.

Die jeweiligen Indizes werden auf Basis folgender Prämissen ermittelt:[261]

- Es handelt sich um eine fiktive idealtypische Einzelhandelsimmobilie in absoluter 1a-Lage.
- Die Verkaufsfläche beträgt 100 qm bei gleichbleibendem Flächenniveau.
- Es liegt ein ebenerdiger, stufenfreier Zugang vor.
- Die Schaufensterfront hat eine Mindestbreite von 7m.
- Der Bauzustand des Objektes genügt gehobenen Ansprüchen.
- Vertragliche Vereinbarungen wie bspw. Wertsicherungsklauseln, Vertragslaufzeit und Optionsrechte sind nach üblicher Art getroffen.

Um unterschiedliche Flächeneinheiten real existierender Immobilien mit dieser fiktiven idealtypischen Immobilie vergleichbar zu machen, kann man sich der in Großbritannien entwickelten „Zoning-Methode“ bedienen. Dabei wird die Ladenfläche entsprechend der Tiefe in unterschiedliche Zonen mit unterschiedlichen Mietwerten aufgeteilt, da mit zunehmender Entfernung der Ladenfläche von der Straßenfront die erzielbaren Umsätze und somit auch der Mietwert sinken.[262]

---

261 Vgl. Kemper's (Hrsg.): „Kemper's Index 93/94“, Düsseldorf 1993, S. 50 - 51.

262 Vgl. Kleiber, Wolfgang; Simon, Jürgen; Weyers, Gustav: „Verkehrswertermittlung von Grundstücken“, 2. Aufl., Köln 1994, S. 649 - 650 sowie Ross, Franz Wilhelm; Brachmann, Rolf; Holzner, Peter: „Ermittlung des Bauwertes von Gebäuden und des Verkehrswertes von Grundstücken“, 27. Aufl., Hannover 1993, S. 283 - 284.

4.6.2 Index der Mietrendite (kumulativ)

Der Index der Mietrendite (kumulativ) wird von der Firma Kemper´s folgendermaßen ermittelt:

$$MR_t = 100 + \frac{M_B + M_{B+1} + \ldots + M_t}{GW_B}$$

mit

MR = Mietrendite (kumulativ)

GW_B = gutachterlich ermittelter Wert einer Immobilie im Basisjahr

M_B = nominale Nettomiete im Basisjahr

Die Nettomiete wird von der Firma Kemper´s definiert als nominale Miete nach Abzug aller Nebenkosten, jedoch vor Abzug der Kosten für Instandhaltung, Verwaltung und Abschreibung, die jeweils bei einer Neuvermietung des Objektes erzielt werden könnte.[263]

Als beispielhafte Grafik für die Entwicklung des Indexes der kumulativen Mietrendite wurde aus dem von Kemper´s veröffentlichten Datenmaterial ebenfalls der Standort Frankfurt ausgewählt.

263 Vgl. Kemper´s (Hrsg.): „Kemper´s Index 93/94“, Düsseldorf 1993, S. 53

Abbildung 22: Kemper's Index Entwicklung der Mietrendite in der „1a Lage" (kumulativ) für die Stadt Frankfurt

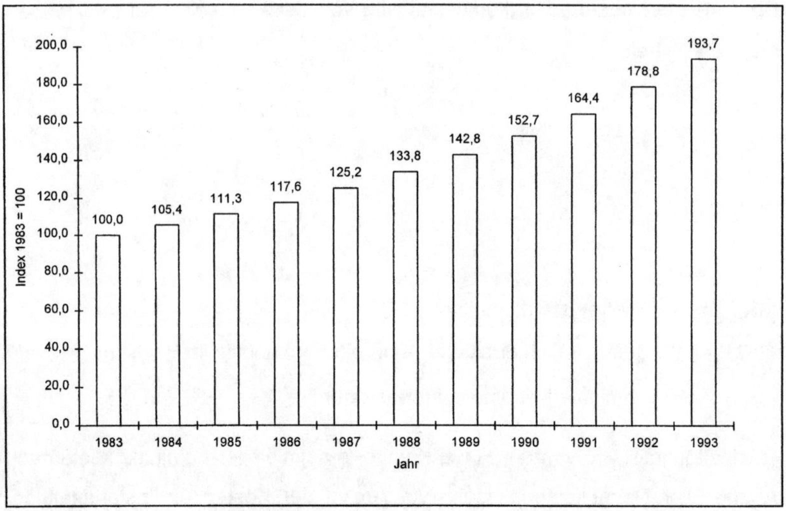

Quelle: Kemper's (Hrsg.): „Kemper's Index", Düsseldorf 1993, S. 115.

Eine detaillierte Analyse der der Formel zur Ermittlung der kumulierten Mietrendite zugrundeliegenden Prämissen führt zu folgenden Erkenntnissen:

Vorteilhaft erscheint der Index hinsichtlich der allgemeinen Anforderungen an einen Index. Die mathematische Konstruktion erfüllt das Kriterium der Einfachheit, allerdings ist die Ermittlung der Eingangswerte für Außenstehende unklar.

Das Kriterium der Transparenz wird vom Kemper´s Index aus mehreren Gründen nur eingeschränkt erfüllt:

- Problembehaftet ist die Auswahl einer fiktiven, idealtypischen Immobilie, da die Bemessung von deren fiktivem Mietniveau stets Diskussionen von Seiten der Indexanwender ausgesetzt ist. Dies muß auch im Zusammenhang mit der Tatsache gesehen werden, daß Kemper´s als Makler potentiellen Kunden für die Vermarktung von Einzelhandelsflächen die Erzielung einer absoluten Spitzenmiete in Aussicht stellen möchte, um so die eigene Kompetenz zu unterstreichen. Daher könnte es vorkommen, daß die entsprechend angegebenen Mietniveaus nur im Einzelfall realisiert werden. Zur Beurteilung der Datenqualität ist darauf hinzuweisen, daß von verschiedenen Marktteilnehmern bereits die Mietniveauangaben der Firma Kemper´s für einzelne Städte kritisch auf deren Realitätsnähe hinterfragt wurden. Jedoch schränkt Kemper´s die Aussagekraft des eigenen Indexes durch die Feststellung ein, daß Mietpreise auch innerhalb von 1a-Lagen stark variieren.[264]

- Die Abgrenzung des Begriffes der absoluten 1a-Lage ist unscharf. Marktteilnehmer nehmen unterschiedliche Abgrenzungen dieser Lagekategorien vor: Was für den einen noch eine 1a-Lage ist, kann für den anderen bereits eine 1b-Lage sein.
- Die Miete bezieht sich auf einen Quadratmeter Verkaufsfläche bei Zugrundelegung eines Ladengeschäftes mit einer Verkaufsfläche von 100qm mit gleichbleibendem Flächenniveau. Der Begriff der Verkaufsfläche unterliegt keiner Normung, woraus sich die Problematik ergibt, wie bspw. die Grundfläche von Säulen innerhalb der Verkaufsräume behandelt werden, ob diese zur Verkaufsfläche gehört oder nicht, so daß auch hier keine Exaktheit vorliegt. Dadurch kann der Vergleich von Mietpreisen und Mietrenditen für den Fall, daß sich Unterschiede in bezug auf die tatsächlich zur Verfügung stehenden Fläche ergeben, erheblich erschwert werden.
- Da der Bauzustand des Objektes gehobenen Ansprüchen genügen soll, ist auch hier der Index aufgrund des unbestimmten Begriffes „gehobene Ansprüche“ für divergierende Interpretationen anfällig.
- Aufgrund nicht standardisierter Mietverträge für Gewerbeflächen bietet auch die Annahme „Vertragliche Vereinbarungen sollen nach üblicher Art getrof-

---

264 Vgl. Kemper´s (Hrsg.): „Kemper´s Index 93/94“, Düsseldorf 1993, S. 40.

fen sein" Raum für eine Vielzahl unterschiedlicher Interpretationsmöglichkeiten. Die einzelnen Mietvereinbarungen können ganz erheblichen Einfluß auf die effektiv zu zahlende Miete haben. So bestehen allein im Bereich der Wertsicherungsklauseln, wie der Koppelung der Mieten an den Lebenshaltungskostenindex, unterschiedliche Gestaltungsmöglichkeiten. So ist es durchaus üblich, daß die zu zahlende Miete quartalsweise oder jährlich angepaßt wird oder Anpassungen erst dann vorgenommen werden, wenn sich der Lebenshaltungskostenindex um eine vorab definierte Indexpunktzahl verändert hat. Zudem bleiben mögliche Umsatzmieten in der Betrachtung vollkommen unberücksichtigt.

Das zu überprüfende Kriterium der theoretischen Nachvollziehbarkeit und praktischen Nachbildbarkeit wird vom Kemper´s Index ebenfalls - aufgrund der nachfolgenden Argumente - nur eingeschränkt erfüllt:

- Der Ansatz nominaler Nettomieten, die bei einer Neuvermietung jeweils zu erzielen wären, muß kritisch überprüft werden. Durch den Ansatz von jeweils bei einer Neuvermietung zu erzielenden Mieterträgen bleibt unberücksichtigt, daß Mietverträge im allgemeinen langfristig abgeschlossen werden. Zudem werden Leerstandszeiten im Rahmen der Mietrenditen überhaupt nicht berücksichtigt. Durch die Anwendung des jeweils aktuellen Mietpreisniveaus werden demzufolge Mietrenditen suggeriert, die in der beschriebenen Lagequalität in der Realität von einem Investor in Einzelhandelsimmobilien nicht zu erzielen sind.
- Da die in Ansatz gebrachten Nettomieten vor Abzug der Kosten für Instandhaltung, Verwaltung und Abschreibung definiert sind, ist ebenfalls ersichtlich, daß die ermittelten Mietrenditen in der Realität selten erreicht werden können. Die Kosten für Instandhaltung und Verwaltung können zwar im Gewerberaummietvertrag grundsätzlich auf den Mieter umgelegt werden, was jedoch besonders im Bereich der Instandhaltungskosten und Verwaltungskosten als problematisch und nur schwer durchsetzbar ist.

- Wird nun die mathematische Konstruktion der Formel zur Ermittlung der kumulierten Mietrendite analysiert, so fällt bei einer Betrachtung des Zählers auf, daß im Rahmen der Indexermittlung von der Zeitpräferenz der Mietzahlungen abstrahiert wurde. Die einzelnen Mietpreisniveaus werden lediglich aufsummiert, mit der Folge, daß das im Basisjahr vorherrschende Mietpreisniveau den gleichen Wert hat wie das bspw. fünf Perioden später vorherrschende Mietpreisniveau. Dadurch wird ein Zins- und Zinseszinseffekt bereits erhaltener Mietzahlungen im Rahmen dieser Formel vollkommen vernachlässigt. Bei der Betrachtung des Zählers der Indexformel stellt sich die Frage, wie der gutachterliche Wert einer fiktiven Immobilie ermittelt werden soll und welche Verfahren zur Ermittlung dieses Wertes herangezogen werden. Zudem bleibt offen, ob mit dem Begriff des „gutachterlichen Wertes“ der Begriff des „Verkehrswertes“ oder ein anderer Immobilienwertbegriff gemeint ist und ob sämtliche Rechnungselemente bei einer Wertermittlung Berücksichtigung fanden.

Eine mathematisch korrekte Ermittlung der kumulierten Mietrendite müßte unter Anwendung einer geometrischen Verknüpfung nach folgender Formel geschehen:[265]

$$MR_t = \left(\frac{M_{B+1}}{GW_B} + 1\right) \times \left(\frac{M_{B+2}}{GW_{B+1}} + 1\right) \times \ldots \times \left(\frac{M_t}{GW_{t-1}} + 1\right) - 1$$

Dabei werden die Mietpreisniveaus der jeweils betrachteten Periode in Beziehung zu dem Wert der Immobilie in der Vorperiode gesetzt, um so die Verzinsung des gebundenen Kapitals abzubilden. Eine geometrische Verknüpfung

265 Vgl. dazu auch Abschnitt 5.3.2.2.2 auf S. 183.

erfolgt aufgrund der Tatsache, daß bei relativen Änderungen die Gesamtänderung nicht durch eine Summe, sondern durch ein Produkt beschrieben wird.[266]

4.6.3 Index der Wertentwicklung in der „1a-Lage“ (kumulativ)

Eine eigene Formel für die Ermittlung des Indexes der Wertermittlung wird in den Unterlagen der Firma Kemper's nicht veröffentlicht. Da jedoch die Indexformeln zur Ermittlung der Gesamtrendite und zur vorhergehend beschriebenen Mietrendite angegeben sind, läßt sich die Formel zur Ermittlung des Wertänderungsindexes ableiten, indem von der kumulativen Gesamtrendite die kumulative Mietrendite subtrahiert wird.

$$GR_t = 100 + \frac{M_B + M_{B+1} + \ldots + M_t + GW_t - GW_B}{GW_B}$$

$$MR_t = 100 + \frac{M_B + M_{B+1} + \ldots + M_t}{GW_B}$$

$$\begin{aligned} IW_t &= GR_t - MR_t \\ &= 100 + \frac{M_B + M_{B+1} + \ldots + M_t + GW_t - GW_B}{GW_B} \\ &\quad - 100 - \frac{M_B + M_{B+1} + \ldots + M_t}{GW_B} \\ &= \frac{GW_t - GW_B}{GW_B} \end{aligned}$$

mit

IW = Wertänderung (kumulativ)

GR = Gesamtrendite (kumulativ)

---

266 Vgl. Hartung, Joachim; Elpelt, Bärbel; Klösener, Karl-Heinz: „Statistik“, 7. Aufl., München 1989, S. 35.

Beispielhaft findet sich in der nachfolgenden Grafik die Darstellung des Indexes der Wertentwicklung in 1a-Lagen für die Stadt Frankfurt:

Abbildung 23: Kemper's Index der Wertentwicklung in der „1a-Lage" (kumulativ) für die Stadt Frankfurt

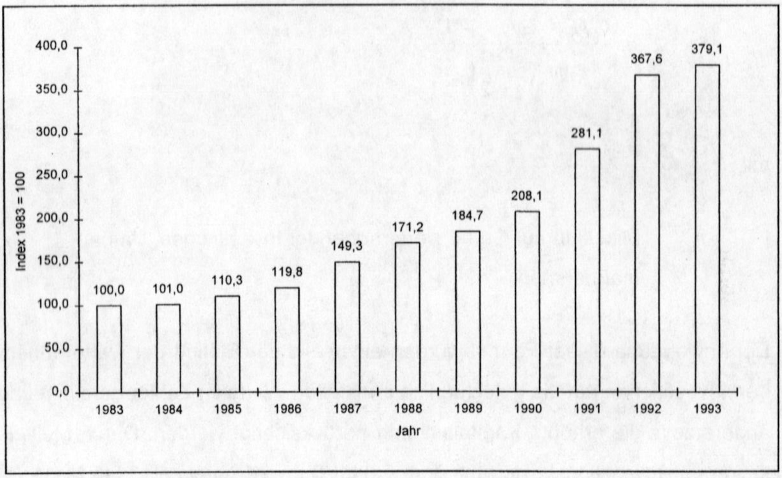

Quelle: Kemper's (Hrsg.): „Kemper's Index", Düsseldorf 1993, S. 115.

Dieser Index folgt dem Konzept einer Meßzahl bzw. eines einfachen Indexes, indem jeweils der Wert des Betrachtungsjahres in Beziehung gesetzt wird zum Wert des Basisjahres. Eine kritische Analyse der Formel zur Ermittlung des Indexes der Wertänderung führt - in Analogie zum Index der Mietrendite - zur Problematik der Ermittlung des gutachterlichen Wertes zu unterschiedlichen Betrachtungszeitpunkten.

Zusätzlich wird jedoch außer acht gelassen, daß Wertsteigerungen bei Immobilien nicht nur marktmäßig induziert auftreten, sondern daß dies auch aufgrund von werterhöhenden Investitionen geschehen kann. Dieser Aspekt wird in der von Kemper´s verwendeten Beziehung vollkommen vernachlässigt. Eine geeignetere Formel zur Ermittlung der kumulierten Wertänderungsrendite lautet:[267]

$$IW_t = \frac{GW_{B+1} - GW_B - I_B}{GW_B + \frac{1}{2} I_B} \times \frac{GW_{B+2} - GW_{B+1} - I_{B+1}}{GW_{B+1} + \frac{1}{2} I_{B+1}} \times \ldots \times \frac{GW_t - GW_{t-1} - I_{t-1}}{GW_{t-1} + \frac{1}{2} I_{t-1}}$$

mit

I = Mittelfluß auf Grund werterhöhender Investitionen, Umbaumaßnahmen

Bei Anwendung dieser Formel würden einerseits der Einfluß der werterhöhenden Investitionen auf die gutachterlich ermittelten Werte im Zähler bereinigt und andererseits die erhöhte Kapitalbindung berücksichtigt werden. Durch Multiplikation der Investitionskosten mit dem Faktor 0,5 wird unterstellt, daß diese Investitionen gleichmäßig über das Jahr verteilt stattfinden und zur Ausgangsgröße, d.h. den gutachterlichen Werten der Basisperiode, hinzuaddiert werden.

4.6.4 Index der Entwicklung der Gesamtrendite in der „1a-Lage" (kumulativ)

Der Index der kumulativen Gesamtrendite wird von der Firma Kemper´s nach folgender Formel ermittelt:

---

[267] Vgl dazu auch Abschnitt 5.3.2.2.2 auf S. 183.

$$GR_t = 100 + \frac{M_B + M_{B+1} + \ldots + M_t + GW_t - GW_B}{GW_B}$$

Nachfolgende Grafik zeigt - wieder für den Standort Frankfurt - die Entwicklung der Gesamtrenditen im Zeitablauf:

Abbildung 24: Kemper's Index Entwicklung der Gesamtrendite in der „1a-Lage" (kumulativ) für die Stadt Frankfurt

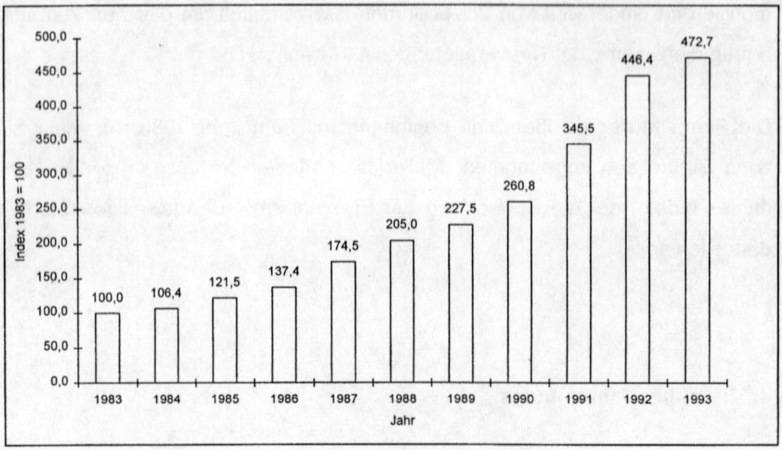

Quelle: Kemper's (Hrsg.): „Kemper's Index", Düsseldorf 1993, S. 115.

Dieser Index ist aus den zwei vorhergehend besprochenen Indizes zusammengesetzt, weshalb sich keine neuen Erkenntnisse ergeben und auf eine ausführliche Analyse verzichtet wird. Jedoch sei noch einmal nachdrücklich darauf hingewiesen, daß die kumulative Gesamtrendite von keinem Investor erzielt werden kann. Einerseits wurde keine multiplikative Verknüpfung der einzelnen Jahresrenditen vorgenommen, andererseits wurden wichtige Renditeeinflußfaktoren (wie werterhöhende Investitionen oder Verwaltungskosten) außer acht gelassen. Zudem ist die unterstellte Erzielung des aktuellen, in der einzelnen Periode jeweils vorherrschenden Mietpreisniveaus - aufgrund der Langfristigkeit von Mietverträgen - realitätsfern.

4.7 Müller Büromarktindex

4.7.1 Grundlagen

Die Immobilienberatungsgesellschaft Müller International mit Stammsitz in Düsseldorf, eine Minderheitsbeteiligung der Commerzbank AG, gilt im Gewerbeimmobilienbereich als führender Makler sowohl im Bereich Verkauf als auch Vermietung. So wurden 1993 im Bereich Verkauf von Müller International Immobilien im Gegenwert von 2,1 Milliarden DM vermittelt; im gleichen Zeitraum betrug die Summe der Neuvermietungen 14 Millionen DM.[268]

Die Firma Müller veröffentlicht, beginnend mit dem Jahr 1986, für mehr als zehn Städte den sogenannten „Müller-Jahres-Index" sowie den „Müller-Drei-Jahres-Index", der die Entwicklung der Büromärkte in den jeweiligen Städten darstellen soll.

4.7.2 Müller-Jahres-Index

Der Müller-Jahres-Index ist eine Kennziffer, die einen zeitlichen Vergleich der regional unterschiedlichen Märkte für die Vermietung von Büroflächen ermöglichen soll. Derzeit wird der Müller-Jahres-Index für die Städte Berlin, Dortmund, Dresden, Düsseldorf, Essen, Frankfurt, Hannover, Köln, Leipzig, München und Stuttgart in jährlichem Abstand veröffentlicht.[269] Dabei werden die Faktoren Nachfrage, Preis und Angebot an Büromietflächen zu einer einzigen Zahl zusammengefaßt.

---

[268] Vgl. Gop, Rebecca: „Makler Rangliste ´93", in: Immobilien Manager, Nr. 6, 1994 S. 20 - 22.

[269] Vgl. Müller International (Hrsg.): „Büromarkt-Bericht 1995", Düsseldorf 1995, S. 21.

Exemplarisch wird in dem folgenden Schaubild die Entwicklung des Indexes für die Stadt Frankfurt aufgeführt.

Abbildung 25: Müller-Jahres-Index für die Stadt Frankfurt

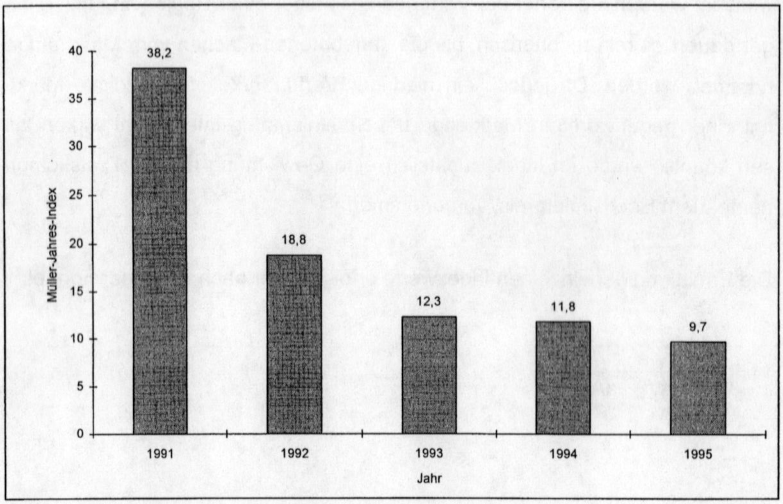

Quelle: Interne Unterlagen der Firma Müller Consult GmbH

Bei dem Müller-Büromarkt-Index wird in einem ersten Schritt der sogenannte Verfügbarkeitsfaktor

$$\text{Verfügbarkeitsfaktor}_t = \frac{vF_t}{vA_t + aA_t}$$

mit:

vF = vermietete Flächen

vA = verfügbares Angebot

aA = absorbiertes Angebot

ermittelt. Der Verfügbarkeitsfaktor wird dann zur Ermittlung der Indexwerte mit dem Höchstmietpreis multipliziert. Der Verfügbarkeitsfaktor soll berücksichtigen, daß nicht nur Flächen, die von Eigennutzern aufgenommen werden, sondern auch ein Großteil anderer Mietflächen auf dem Vermietungsmarkt nicht wirksam werden. Je höher der Verfügbarkeitsfaktor einer Region ist, um so länger dauert es rein rechnerisch, bis die angebotenen Flächen vom Markt aufgenommen werden. Da jedoch ein niedriger Verfügbarkeitsfaktor lokale Märkte mit einer gegenwärtigen Marktenge unverhältnismäßig interessant wirken lassen könnte, wurde im Index zusätzlich eine Gewichtung mit der Preiskomponente, dem Höchstmietpreis, vorgenommen.[270]

Die Ermittlung der einzelnen Indexwerte erfolgt daher nach folgender Formel:[271]

$$MJI_t = \frac{vF_t \times HM_t}{vA_t + aA_t}$$

mit:

MJI = Müller-Jahres-Index

HM = Höchstmietpreis

Die Eingangswerte der Variablen wurden beim Müller-Index folgendermaßen abgegrenzt:

„Vermietete Flächen" werden als die wesentlichen, der Firma Müller bekannt gewordenen Vermietungen im entsprechenden Jahr (unabhängig vom verein-

---

270 Vgl. Muncke, Günter: „Standort- und Marktanalyse in der Immobilienwirtschaft - Ziele, Gegenstand, methodische Grundlagen, Datenbasis und Informationslücken", in: Schulte, Karl-Werner (Hrsg.): Handbuch Immobilien-Projektentwicklung, Köln 1996, S. 150.

271 Vgl. Müller International (Hrsg.): „Büromarkt-Bericht 1995", Düsseldorf 1995, S. 119

barten Bezugszeitpunkt der angemieteten Flächen) definiert. In den „vermieteten Flächen“ sind Neuvermietungen in neu erstellten oder renovierten Gebäuden, sowie Nachvermietungen in leerfallenden Gebäuden erfaßt. Kleinflächige Vermietungen und Untervermietungen, die ohne Einschaltung eines Maklers stattgefunden haben, werden innerhalb des Begriffs der vermieteten Flächen nicht erfaßt.[272]

Unter dem Begriff des „Höchstmietpreises“ wird der marktübliche Höchstmietpreis verstanden.[273]

„Verfügbares Angebot“ wird definiert als:[274]

	Leerstand
+	in Bau befindliche Flächen
-	eigengenutzter Anteil
-	Flächen, die bereits vermietet sind
=	verfügbares Angebot

Dabei werden unter dem Begriff des Leerstands nur effektiv leerstehende Gebäude erfaßt, die bspw. in der Form von Altbauten oder als noch nicht übernommene Neubauten auftreten können.[275]

„Absorbiertes Angebot“ wird in den Unterlagen von Müller nicht näher definiert. Eine Nachkalkulation der Indexwerte ergab jedoch, daß sich der Begriff des „absorbierten Angebots“ mit dem Begriff „vermietete Fläche“ deckt, was sprachlich verwirrend ist.

---

272 Vgl. Müller International (Hrsg.): „Büromarkt-Bericht 1995“, Düsseldorf 1995, S. 119.

273 Vgl. Müller International (Hrsg.): „Büromarkt-Bericht 1995“, Düsseldorf 1995, S. 18.

274 Vgl. Müller International (Hrsg.): „Büromarkt-Bericht 1995“, Düsseldorf 1995, S. 119.

275 Vgl. Muncke, Günter: „Standort- und Marktanalyse in der Immobilienwirtschaft - Ziele, Gegenstand, methodische Grundlagen, Datenbasis und Informationslücken“, in: Schulte, Karl-Werner (Hrsg.): Handbuch Immobilien-Projektentwicklung, Köln 1996, S. 144.

Eine Grenzwertanalyse der Faktoren, die die Ergebnisse der Indexformel beeinflussen, führt zu folgenden Erkenntnissen (es wurde c.p. jeweils der Grenzwert gesucht, der sich bei einer Veränderung der Einflußfaktoren gegen „plus unendlich" sowie gegen Null ergibt, da die einzelnen Faktoren nie negative Werte annehmen können):

$$\lim_{VM \to 0} MJI = 0$$

$$\lim_{VM \to \infty} MJI = HM$$

$$\lim_{HM \to 0} MJI = 0$$

$$\lim_{HM \to \infty} MJI = \infty$$

$$\lim_{vA \to 0} MJI = HM$$

$$\lim_{vA \to \infty} MJI = 0$$

Die vorstehenden Ergebnisse zeigen, daß c.p. in den Fällen sinkender vermieteter Flächen, sinkender Höchstmieten sowie steigender verfügbarer Flächen der Müller-Index gegen Null strebt. Steigende vermietete Flächen, steigende Höchstmietpreise sowie sinkende verfügbare Flächen haben einen Anstieg des Indexes zur Folge.

Eine kritische Analyse des Müller-Jahres-Indexes führt zu einer Diskussion der Messung der einzelnen Faktoren, die in der Indexformel Eingang finden.

Problematisch ist allein schon für einen regional abgegrenzten und definierten Büromarkt die Erfassung der innerhalb einer Periode erfolgten wesentlichen Vermietungen von Büroflächen. Positiv wäre hier eine detaillierte Abgrenzung, unterhalb welchen Flächenumsatzes Vermietungsleistungen nicht erfaßt werden, bzw. was Müller International unter dem Begriff „wesentliche Vermietungen" versteht. Da sich in Frankfurt eine Vielzahl von Maklern mit der Vermittlung von Büroflächen befaßt, ist es zudem möglich, daß Vermietungsleistungen Dritter entweder gar nicht oder nur verzerrt erfaßt werden. Weitere Verzerrungen treten durch die per Definition nicht berücksichtigten Eigenvermietungen ohne Einschalten von Maklergesellschaften auf. Dies wiegt um so schwerer, da Bauträger, Developer und Fondsgesellschaften in letzter Zeit ihre eigenen Vermietungsabteilungen ausgebaut haben.[276]

Die Konstruktion des Indexzählers impliziert, daß sämtliche Flächen zur Höchstmiete vermietet worden sind, so daß der Ansatz von Höchstmietpreisen ebenfalls problembehaftet erscheint. Üblicherweise wird nur ein Bruchteil von ca. 2 - 5% der vermieteten Flächen tatsächlich zur Spitzenmiete vermietet (zumeist handelt es sich dabei um kleinteilige Büroflächen bis ca. 500 qm), daher wäre es von der Systematik der Berechnung her sinnvoller, die vermieteten Flächen mit dem jeweils erzielten Mietpreis zu gewichten. Zudem herrscht auch unter den Verfassern von Marktberichten die Erkenntnis vor, daß Spitzenmieten den Gesamteindruck eher verwirren,[277] so daß diese Ausrichtung der Gewichtung auf einen wenig repräsentativen Bereich des Vermietungsmarktes negativ beurteilt wird.

Eine Beurteilung des Indexes an Hand der Kriterien Einfachheit, Transparenz und Nachvollziehbarkeit führt zu folgenden Erkenntnissen:

- Einfachheit
  Der Index ist von der Formel als einfach zu klassifizieren, jedoch kann eine hinreichend genaue Erhebung der einfließenden Daten, die auch von nicht näher benannten Dritten stammen können, aufgrund der Intransparenz der Immobilienmärkte nicht als einfach klassifiziert werden.

- Transparenz
  Das Kriterium der Transparenz wird erfüllt, da sowohl die Formel als auch die Eingangswerte, nach denen der Index berechnet wird, veröffentlicht

---

276 Vgl. Gop, Rebecca: „Neue Spielregeln", in: Immobilien Manager, Nr. 6, 1993, S. 16.

277 Vgl. o.V.: „Immobilienmarktberichte: Ab Januar einheitlich?", in: Immobilien Zeitung, 24.8.1995, Seite 1 - 2.

werden. Die einzelnen Transaktionsdaten, die bspw. zur Ermittlung der vermittelten Fläche geführt haben, sind jedoch für Dritte nicht erhältlich, so daß die Würdigung ihrer Qualität nicht möglich ist.

- Nachvollziehbarkeit

  Der Aspekt der theoretischen Nachvollziehbarkeit ist beim Müller-Büromarkt-Index gegeben. Der Müller-Index hat als Dimension DM pro qm, obgleich er von Müller als dimensionslose Zahl verwendet wird. Die theoretische Nachvollziehbarkeit des Indexes, der mathematisch als ein Bruchteil der Spitzenmiete zu interpretieren ist, erscheint in diesem Falle als nur eingeschränkt erfüllt. Dabei bleibt jedoch die Indikatorfunktion des Indexes für die Attraktivität von regionalen Märkten unangetastet.

  Der Index ist abweichend von anderen Indizes gemäß seiner Zielsetzung als Indikator für die Attraktivität angelegt, somit ist der Aspekt der praktischen Nachbildbarkeit bei diesem Index nicht erfüllt.

4.7.3 Müller-Drei-Jahres-Index

Die grundsätzliche Konstruktion des Müller-Drei-Jahres-Indexes stimmt mit dem Jahres-Index überein. Einzige Ausnahme ist die Tatsache, daß das verfügbare Angebot im Nenner des Jahres-Indexes beim Drei-Jahres-Index durch den Leerstand, d.h. eine Komponente des verfügbaren Angebots, ersetzt wurde. Deswegen wird auf eine eigene Analyse und die Wiederholung identischer Kritikpunkte verzichtet. Außer der Tatsache, daß im Drei-Jahres-Index ein gleitender Durchschnitt abgebildet wird, der die Ergebnisse glättet, können keine neuen Erkenntnisse gewonnen werden.

Der Verlauf des Drei-Jahres-Indexes für die Stadt Frankfurt hat folgendes Aussehen:

Abbildung 26: Müller-Drei-Jahres-Index für die Stadt Frankfurt

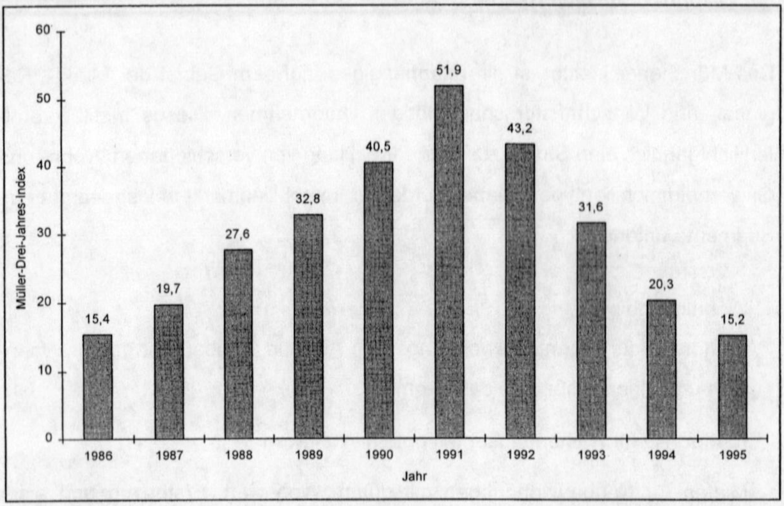

Quelle: Interne Unterlagen der Firma Müller Consult GmbH

Der Müller-Drei-Jahres-Index wird dabei nach folgender Formel ermittelt:

$$MDJI_{03} = \frac{\sum_{t=1}^{3} vF_t \times \frac{\sum_{t=1}^{3} HM_t}{3}}{\sum_{t=1}^{3} L_t + \sum_{t=1}^{3} aA_t}$$

mit:

MDJI = Müller-Drei-Jahres-Index

L = Leerstand

4.8 Münchener Institut Bulwien und Partner „Wertentwicklung von Wohn- und Gewerbeimmobilien"

Das Münchener Institut ist ein unabhängiges, auf dem Gebiet der Markt-, Regional- und Wirtschaftsforschung tätiges Unternehmen. Dieses Institut veröffentlicht jährlich eine Studie zur Wertentwicklung von verschiedenen Wohn- und Gewerbeimmobilientypen. Dabei wurde der Immobilienmarkt in insgesamt neun Segmente unterteilt:[278]

- Wohnimmobilien

  Kaufpreise für Eigentumswohnungen im Alt- und Neubau mit gutem Wohnwert und einer Größe von ca. 70 qm

  Kaufpreise für Reihenhäuser mit gutem Wohnwert

  Mieten für Neubauwohnungen mit gutem Wohnwert, Erstbezug und einer Größe von ca. 70 qm

  Mieten für Altbauwohnungen mit gutem Wohnwert, Fertigstellung vor 1948

  Baugrundstücke für freistehende Eigenheime, gute Wohnlage, ca. 800 qm Nutzfläche

- Gewerbe-Immobilien

  Mieten für kleine Ladenflächen in 1a-Citylagen

  Mieten für größere Ladeneinheiten in Nebenzentren (gute Lage)

  Mieten für Büroflächen mit gutem Nutzwert

  Baugrundstücke für Gewerbe- und Industrieflächen mit mittlerem Nutzwert.

---

[278] Vgl. Münchner Institut Bulwien und Partner GmbH (Hrsg.): „Wertentwicklung von Wohn- und Gewerbeimmobilien", Unterföhring 1995, S. 3.

Die Wertentwicklung des Immobilien-Gesamtmarktes wird durch Aggregation der vorstehend beschriebenen Marktsegmente ermittelt und ist der folgenden Abbildung entnehmbar:

Abbildung 27: Münchner Institut Bulwien und Partner Wertentwicklung gesamter Immobilienmarkt

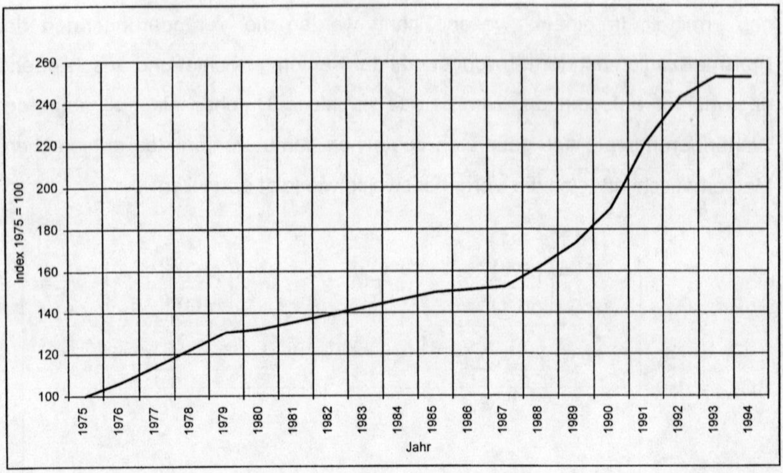

Quelle: Münchner Institut Bulwien und Partner GmbH (Hrsg.): „Wertentwicklung von Wohn- und Gewerbeimmobilien", Unterföhring 1995, S. 2.

Die Angaben zur Entwicklung der einzelnen Teilmärkte bezieht das Münchner Institut aus Veröffentlichungen von Maklerverbänden, Marktberichten überregional arbeitender Makler, Industrie- und Handelskammern, Bausparkassen und Forschungseinrichtungen.[279] Regional wird die Erhebung auf 50 Städte im Wohnimmobilienbereich und 40 Städte im Bereich der Gewerbeimmobilien abgegrenzt.[280]

---

279 Vgl. Münchner Institut Bulwien und Partner GmbH (Hrsg.): „Wertentwicklung von Wohn- und Gewerbeimmobilien", Unterföhring 1995, S. 3.

280 Vgl. Münchner Institut Bulwien und Partner GmbH (Hrsg.): „Wertentwicklung von Wohn- und Gewerbeimmobilien", Unterföhring 1995, S. 1.

Die Formel zur Berechnung der Indexwerte wird vom Münchner Institut nicht veröffentlicht, diese läßt sich jedoch aus der Studie zur Wertentwicklung von Wohn- und Gewerbeimmobilien ableiten.[281] Zur Ermittlung der Wertentwicklung des gesamten nationalen Immobilienmarktes wird in einem zweistufigen Verfahren vorgegangen. In einem ersten Schritt werden einfache Indizes, nämlich Preismeßzahlen für jedes einzelne Teilmarktsegment, in den jeweiligen Regionen ermittelt. In einem zweiten Schritt werden die Veränderungsraten der Preismeßzahlen mit der Einwohnerzahl der Region gewichtet und anschließend ungewichtet aufsummiert. Der daraus ermittelte Durchschnitt soll dann der Wertänderungsrate des gesamten deutschen Immobilienmarktes entsprechen. Mathematisch läßt sich die Vorgehensweise wie folgt darstellen:

$$BG_{01} = 1 + \left(\frac{\sum_{y(W)=1}^{5} \frac{\sum_{d=1}^{50} \left(\frac{p(W)_1^{(d)}}{p(W)_0^{(d)}} - 1 \right) \times E_1^{(d)}}{\sum_{d=1}^{50} E_1^{(d)}}}{5} + \frac{\sum_{y(G)=1}^{4} \frac{\sum_{d=1}^{40} \left(\frac{p(G)_1^{(d)}}{p(G)_0^{(d)}} - 1 \right) \times E_1^{(d)}}{\sum_{d=1}^{40} E_1^{(d)}}}{4} \right) \times 100\%$$

mit:

BG = Bulwien Gesamtmarktindex

y(W) = Segment 1 bis 5 (Kaufpreise für Eigentumswohnungen ...) des Wohnungssektors

y(G) = Segment 1 bis 4 (Mieten für Ladenflächen in Citylagen, ...) des Gewerbesektors

d = Laufindex für Region/Stadt

$p(W)_0^{(d)}$ = Preis des Wohnungssektors zum Zeitpunkt 0 in Region/Stadt d

---

281 Vgl. Münchner Institut Bulwien und Partner GmbH (Hrsg.): „Wertentwicklung von Wohn- und Gewerbeimmobilien", Unterföhring 1995, S. 1 und S. 57.

$p(G)_0^{(d)}$ = Preis des Gewerbesektors zum Zeitpunkt 0 in Region/Stadt d

$E_1^{(d)}$ = Einwohnerzahl in Region/Stadt d zum Zeitpunkt 1

Die Gewichtung der unterschiedlichen Regionen mit der Einwohnerzahl ist für den Bereich der Wohnimmobilien im Vergleich zur Konstruktion eines ungewichteten Indexes grundsätzlich positiv zu beurteilen. Da das Gut „Wohnung" zu den Grundbedürfnissen des Menschen gehört, kann bei diesem Sektor eine Korrelation zwischen der Bedeutung des einzelnen Teilmarktsegmentes und der Einwohnerzahl vermutet werden. Vernachlässigt wird dabei jedoch der Aspekt, daß sich durch die Division der Einwohnerzahl einer Region durch die durchschnittliche regionale Haushaltsgröße die annähernde Anzahl des vorhandenen Wohnungsstockes ergibt. Der Tatsache, daß die durchschnittliche Haushaltsgröße regionalen Schwankungen unterliegt (in den alten Bundesländern sind bspw. Einpersonenhaushalte in hochverdichteten Regionen mit zudem großen Universitäten sehr stark überrepräsentiert, während in den ländlich geprägten Regionen große Haushalte mit fünf oder mehr Personen stark überproportional vertreten sind[282]), wird bei einer Gewichtung über die Einwohnerzahl nicht Rechnung getragen. Daher wäre eine Gewichtung der einzelnen in den Index von Bulwien einfließenden Preismeßzahlen mit wohnungswirtschaftlichem Bezug mit der Haushaltsanzahl der entsprechenden Region detaillierter als eine Gewichtung über die regionale Einwohnerzahl.

Des weiteren ist die Gewichtung der einzelnen Teilmarktsegmente der gewerblich genutzten Immobilien mit der Einwohnerzahl der Region kritisch zu untersuchen. Der Zusammenhang zwischen Einwohnerzahl und Bedeutung der Gewerbeimmobilien für die Volkswirtschaft kann keineswegs als gesichert vermutet werden. Indizes, die die Wertveränderungen anderer Güter - wie bspw. Aktien - messen, werden ebenfalls nicht mit der Einwohnerzahl gewichtet, son-

---

282 Vgl. Bundesministerium für Raumordnung, Bauwesen und Städtebau (Hrsg.): „Raumordnungsbericht 1993", Bonn 1994, S. 14 - 15.

dern üblicherweise kapitalisierungsgewichtet. Die gewählte Gewichtung und der Zusammenhang im Bereich der Mieten für das Segment Einzelhandelsflächen läßt sich noch rechtfertigen, gilt jedoch nicht für die Segmente „Mieten für Büroflächen“ sowie „Kaufpreise von Baugrundstücken für Gewerbe- und Industrieflächen“.

Die Gewichtung der gewerblichen Segmente mit der Einwohnerzahl der Region vernachlässigt die Tatsache, daß für den Zusammenhang zwischen der Einwohnerzahl und der Bedeutung des Teilmarktsegmentes keine interregionale Stabilität besteht. Die Zahl der in einer Region Erwerbstätigen muß aufgrund von Ein- und Auspendlern nicht mit der Einwohnerzahl einer Region in einem konstanten Verhältnis stehen. In Rheinland-Pfalz, Süd-Württemberg und Ostbayern gibt es bspw. Gebiete, aus denen keine Erwerbstätigen in Verdichtungsräume pendeln, während München, Frankfurt am Main und Hamburg die größten Einpendlerzentren sind, so daß die Bedeutung der gewerblichen Immobilien dieser Regionen bei einer Gewichtung allein mit der Einwohnerzahl nicht ausreichend berücksichtigt wird.[283] Als Indikator für die Bedeutung der von Bulwien berücksichtigten Gewerbeimmobiliensegmente wäre daher ein alternatives Gewichtungsverfahren sinnvoll.

Die vom Münchner Institut gewählte Gewichtung des Wertentwicklungsindexes eignet sich nicht als Benchmark für eine Performanceanalyse. Im Rahmen eines aktiven Portfoliomanagements wird versucht, die durch den Index abgebildete Performance einer passiven „buy-and-hold“ Strategie zu übertreffen. Wertgewichtete Indizes beschreiben die Performance eines Portfolios, bei dem der Portfoliomanager - unter der Prämisse der Nichtexistenz von Transaktionskosten - lediglich das Kriterium Marktkapitalisierung zur Bestimmung der Port-

---

283 Vgl. Bundesministerium für Raumordnung, Bauwesen und Städtebau (Hrsg.): „Raumordnungsbericht 1993“, Bonn 1994, S. 26 - 27.

foliostruktur verwendet, da diese die einzig effiziente Anlageform darstellen.[284] Als Benchmarkindex sind daher nur wertgewichtete Indizes geeignet.[285]

Die Aggregation der einzelnen, mit der Einwohnerzahl der Region gewichteten Nutzungsarten zur Darstellung der gesamten Wertentwicklung des deutschen Immobilienmarktes erfolgt durch die Bildung des ungewogenen arithmetischen Mittels. Bei dieser Vorgehensweise der Mittelwertbildung werden alle Nutzungsarten gleichgewichtet, was bei einem Index zu unbefriedigenden Ergebnissen führt, wenn die einzelnen Sektoren in unterschiedlichen Mengen vorkommen.[286] Die unterschiedliche Bedeutung der einzelnen Nutzungsarten müßte also durch eine explizite Gewichtung berücksichtigt werden.

Des weiteren erscheint es nicht einsichtig, warum 50 Städte für den Bereich der Wohnimmobilien und 40 Städte für den Bereich der Gewerbeimmobilien ausgewählt wurden. Als Konsequenz daraus wird der Index durch den Sektor der Wohnimmobilien dominiert, obgleich sonst die einzelnen Sektoren bei der Aggregation zur Wertentwicklung des Gesamtmarktes gleichgewichtet werden. Fraglich ist, ob dieser Index der Gesamtmarktentwicklung überhaupt dem Investitionsverhalten eines typischen Investors folgt.

Trotzdem ist die mögliche Disaggregation des Indexes für den Immobiliengesamtmarkt in einfache Indizes bzw. Meßzahlen für die jeweiligen Nutzungsarten und deren Preise auf regionaler Ebene bzw. in Indizes für Nutzungsarten und deren Preise auf nationaler Ebene positiv zu beurteilen.

---

284 Vgl. Kleeberg, Jochen; Schlenger, Christian: „Konzeption und Performance einer europäischen Indexanlage", in: Finanzmarkt und Portfolio Management, 8. Jg., Nr. 2, 1994, S. 230.

285 Vgl. Giliberto, S. Michael; Sidoroff, Frederika N.: „Real Estate Stock Indexes", in: Real Estate Finance, 12. Jg., Nr. 1, 1995, S. 59.

286 Vgl. Bleymüller, Josef; Gehlert, Günther; Gülicher, Herbert: „Statistik für Wirtschaftswissenschaftler", 9. Aufl., Münster 1994, S. 181.

Eine Analyse des Indexes hinsichtlich der Kriterien Einfachheit, Transparenz und Nachvollziehbarkeit führt zu folgenden Erkenntnissen:

- Einfachheit

  Die mathematische Konstruktion des als ungewichtetes arithmetisches Mittel der sektoralen Preismeßzahlen ermittelten Indexwertes ist hinreichend einfach. Dabei wird jedoch - neben der bereits erwähnten Gewichtungsproblematik über die Einwohnerzahl - die unrealistische Annahme der Bedeutungsäquivalenz der berücksichtigten Nutzungsarten unterstellt. Die vom Münchner Institut ermittelte Wertänderung beruht auf der alleinigen Verwendung von Sekundärdaten, so daß auch bei der Datenerhebung das Kriterium der Einfachheit erfüllt ist.

- Transparenz

  Das Kriterium der Transparenz der Indexformel ist nur bedingt erfüllt. Die Indexformel wird nicht explizit aufgeführt, läßt sich jedoch anhand der Angaben für die einzelnen Nutzungsarten die Indexformel ermitteln. Bei der Auswahl der Daten, die in die Ermittlung der Wertentwicklung einfließen, ist das Kriterium der Transparenz keinesfalls erfüllt. Zwar wird erwähnt, daß die einfließenden Daten aus diversen Quellen stammen; diese werden jedoch nur summarisch ohne ausführliche Nennung einzelner Datenquellen aufgeführt und nicht näher erläutert, so daß ein interessierter Außenstehender die einzelnen einfließenden Daten nicht selber ermitteln und zudem deren Qualität nicht beurteilen kann.[287] Unklar ist auch, wie Angaben unterschiedlicher Quellen, die divergierende Aussagen zu identischen Sachverhalten treffen, bei der Datenauswertung durch das Münchner Institut behandelt werden. Dieses Problem tritt besonders bei der Auswertung von Marktberichten auf, die von Maklerfirmen veröffentlicht werden. Die einzelnen Marktberichte

---

[287] Vgl. Münchner Institut Bulwien und Partner GmbH (Hrsg.): „Wertentwicklung von Wohn- und Gewerbeimmobilien", Unterföhring 1995, S. 3.

weisen bspw. hinsichtlich der Angaben zu der Entwicklung von Büromieten für ungenau definierte Lagen und ungenau definierte Flächenmaße teilweise starke Abweichungen auf.[288] Ein Vergleich von unterschiedlichen Immobilienmarktberichten zur Situation des Hamburger Marktes für Büroimmobilien hinsichtlich der Spitzenmieten zeigt in nachfolgender Tabelle deren Uneinheitlichkeit:

Tabelle 6: Bürospitzenmieten in Hamburg

Quelle	**Veröffentlichungsdatum**	**Spitzenmiete (DM/qm pro Monat)**
Jones Lang Wootton	Herbst 1991	32 - 47
DTZ Zadelhoff	Herbst 1991	35 - 45
Deutsche Immobilien Partner	Frühjahr 1992	35 - 55
Müller International	Winter 1992	35 - 50

Quelle: Espinet, Marc: „Feine Unterschiede", in: Immobilien Manager, Nr. 4, 1992, S. 87.

- Nachvollziehbarkeit

Das theoretische Nachvollziehen des Indexes ist aufgrund der mangelnden Offenlegung der eingehenden Daten unmöglich. Des weiteren ist hinsichtlich der theoretischen Nachvollziehbarkeit zu prüfen, ob auf Basis des berücksichtigten Datenmaterials überhaupt das als „Wertentwicklung des Immobilien-Gesamtmarktes" bezeichnete Ergebnis ermittelt, oder ob nicht eine andere Aussage getroffen wird. Die Berücksichtigung von Kaufpreisen für Eigentumswohnungen im Alt- und Neubau, Kaufpreise für Reihenhäuser, Kaufpreise von Baugrundstücken für freistehende Eigenheime sowie für Baugrundstücke für Gewerbe- und Industrieflächen läßt den Schluß zu, daß in der Tat die Wert- bzw. besser eine Preisentwicklung des Immobilienmarktes beschrieben wird. Die gleichzeitige Berücksichtigung der Mieten für

---

288 Unter Führung der Gesellschaft für Immobilienwirtschaftliche Forschung sollen ab 1995 die Marktberichte der führenden Maklerhäuser enger abgestimmt werden, um diese Differenzen zu vermeiden. Vgl. o.V.: „Immobilienmarktberichte: Ab Januar einheitlich?", in: Immobilien Zeitung, 24.8.1995, S. 1. Fraglich ist, ob durch die gewählte Vorgehensweise der einheitlichen Veröffentlichung von Durchschnitten aus den anonymisierten Daten der liefernden Maklerhäuser tatsächlich auch validere Aussagen möglich sind.

Neu- und Altbauwohnungen, für kleine Ladenflächen in Citylagen sowie für größere Ladeneinheiten in Nebenzentren ist hingegen nicht schlüssig, da nun die Preisänderungskomponente des Immobilienmarktes mit einer Cash-Flow-Komponente vermischt wird. Die Entwicklung von Kaufpreisen der vorstehend beschriebenen Nutzungsarten wird zusammen mit der Entwicklung der Mieten von völlig anderen Nutzungsarten aggregiert. Selbst für den Fall der Prämisse, daß die Entwicklung der Mieten gleichzeitig eine hinreichend gute Schätzung für die Entwicklung der Kaufpreise der entsprechenden Sektoren darstellen sollte, kann vom Ergebnis her nicht an der Bezeichnung „Wertentwicklung des Immobilien-Gesamtmarktes“ festgehalten werden sondern muß die Bezeichnung „Preisentwicklung“ gewählt werden. Die vorgenannte Prämisse kann jedoch aufgrund fehlenden Datenmaterials für die entsprechenden Nutzungsarten nicht überprüft werden.

Daneben ist die Bezeichnung „Wertentwicklung“ vor dem Hintergrund des sich stets verändernden Datenmaterials, auf das sich das Münchner Institut bezieht, in Frage zu stellen. Im Zeitablauf werden zwar identische Sektoren und Regionen beobachtet, jedoch verändern sich in diesen Sektoren und Regionen die jeder Berichtsperiode zugrundeliegenden konkreten Grundstücke im Zeitablauf, so daß nicht von einer „Wertentwicklung“ gesprochen werden kann. Zudem ist von der Möglichkeit, werterhöhende Investitionen durchzuführen, sowie von sämtlichen Aufwendungen abstrahiert worden, die mit dem Eigentum an Immobilien verbunden sind.

Unterstellt man, daß die Entwicklung der Mieten nicht als Schätzung für die Kaufpreisentwicklung dienen kann, würde der Index annähernd dem Konzept eines Performanceindexes folgen, der sowohl die Kaufpreisänderungen von Immobilien als auch die Entwicklung der Cash-Flows abbildet. Bei dieser Interpretation würden jedoch - wie bereits erwähnt - sämtliche mit dem Eigentum an Immobilien verbundenen Aufwendungen wie Verwaltungs-, Betriebs- und Instandhaltungsaufwendungen und werterhöhenden Investitionen negiert, so daß die vom Münchner Institut ermittelte Wertänderung die tatsächliche Performance überschätzen würde. Zudem bleibt die unbefriedigende Situation bestehen, daß Kaufpreisänderungen der einen Nutzungsart mit Mietänderungen von anderen Nutzungsarten kombiniert werden, ohne daß die Entwicklung der Kaufpreise derjenigen Nutzungsarten, deren Mietpreisentwicklung berücksichtigt wird, in der Ermittlung der „Wertentwicklung des Immobilien-Gesamtmarktes" Eingang fände. Insgesamt ist daher die theoretische Nachvollziehbarkeit des Indexes nicht gegeben und der Aussagegehalt des Indexes aufgrund der aufgezeigten Unklarheiten fragwürdig.

4.9 Ellwanger & Geiger Immobilienaktienindex (E&G-DIMAX) als Sonderform

4.9.1 Grundlagen

Das in Stuttgart ansässige Bankhaus Ellwanger & Geiger betreibt nicht nur das klassische Bankgeschäft, sondern ist daneben als Immobilienmakler tätig. Ellwanger & Geiger vermittelte im Jahre 1993 gewerblich genutzte Immobilien im Gegenwert von 753 Millionen DM und liegt damit hinter Müller International und der Firma Aengevelt auf Rang drei der umsatzstärksten Gewerbeimmobilienverkäufer.[289] Das Bankhaus veröffentlichte 1994 in einer Studie über Immobilienaktiengesellschaften erstmals den Ellwanger & Geiger Immobilienaktienindex (E&G-DIMAX), der aus 16 Immobilienwerten zusammengesetzt ist. In einer neuen, im Oktober 1995 veröffentlichten Version des Indexes ist die Anzahl der berücksichtigten Aktien mittlerweile auf 39 angestiegen.[290] Durch den Bezug auf Immobilienaktien als Form des indirekten Kapitalanlage in Immobilien nimmt der E&G-DIMAX eine Sonderstellung im Vergleich zu den anderen vor-

---

289 Vgl. Gop, Rebecca: „Makler Rangliste ´93", in: Immobilien Manager, Nr. 6, 1994, S. 20.

290 Vgl. o.V.: „Index für Immobilienaktien", in: Börsen Zeitung, 27.10.1995, S. 17.

gestellten Immobilienindizes ein. Das Ziel des Indexes besteht darin, ein Gradmesser für die ständig wachsende Zahl börsennotierter Immobiliengesellschaften sowie für die Wertentwicklung des gesamten Immobilienmarktes zu sein.[291]

Der E&G-DIMAX beinhaltet ausschließlich deutsche Immobilienaktiengesellschaften, bei denen mindestens 90% vom Umsatz und vom Ertrag aus Immobiliengeschäften stammen. Als Immobiliengeschäft wird dabei definiert:

- Vermietung und Verpachtung
- Immobilienverwaltung
- Immobilienhandel
- Projektentwicklung
- Immobilienberatung.

Die im Index aufgenommenen Aktien[292] werden im amtlichen Handel, im geregelten Markt sowie im Freiverkehr gehandelt.

---

291 Vgl. o.V.: „Transparenz auf dem Immobilienmarkt“, in: Handelsblatt, 25.10.1995, S. 48.

292 Die im E&G-DIMAX aufgenommenen Aktien sind: Allgemeine Anlageverwaltung AG (A.A.A.), Adlerwerke vorm. Heinrich Kleyer AG, AGROB AG, AMIRA Verwaltungs AG, Bastfaserkontor AG, Bauverein zu Hamburg AG, Berliner AG für Industriebeteiligungen, Concordia Bau und Boden AG, Deutsche Beamtenvorsorge AG für Unternehmensbeteiligungen, DIBAG Industriebau AG, Dolerit-Basalt AG, Edelstahlwerk Witten, GWBAG Bayerische Wohnungs AG, GAG Gemeinnützige Wohnungsbau AG Köln, GERMANIA-EPE AG, Günther & Sohn AG, Hamborner AG, Haus & Heim Wohnungsbau-AG Berlin, Fr. Hesser AG, Hofbrauhaus Coburg Verwaltungs-AG, Isenbeck Deutsche Immobilien AG, W. Jacobsen AG, LB Nymphenburg Grundstücks-AG, Maschinenfabrik Esslingen AG, MG Vermögensverwaltungs AG, Monachia Grundstücks AG, NORDAG Immobilien AG, OAB Osnabrücker Anlagen- und Beteiligungs AG, Rathgeber AG, Ravensberger Bau-Beteiligungs-AG, Schlossgartenbau AG, Sinner AG, STEUCON Grundstücks- und Beteiligungs AG, H. Stodiek & Co. AG, Stolberger Zink AG, Tempelhofer Feld AG für Grundstücksverwertung, Terrain Gesellschaft am Teltow-Canal R.-J. AG, WCM Beteiligungs- und Grundbesitz AG, WKM Vermögensverwaltungs AG. Vgl. Ellwanger & Geiger (Hrsg.): „Immobilienaktien-Index E&G-DIMAX“, o.O., 1995, o.S.

Die Berechnungsweise des Indexes ist dem DAX angelehnt und erfolgt auf Basis der Kassakurse täglich nach folgender Formel:[293]

$$\text{E\&G-DIMAX}_t = K_\tau \times \frac{\sum_{i=1}^{39} p_t^{(i)} \times gk_\tau^{(i)} \times c_t^{(i)}}{\sum_{i=1}^{39} p_0^{(i)} \times gk_0^{(i)}} \times 100$$

mit

K_τ	=	Verknüpfungsfaktor zum letzten Verknüpfungstermin τ
$p_t^{(i)}$	=	Kurs der Aktie i zum Zeitpunkt t
$gk_0^{(i)}$	=	Grundkapital der Aktiengesellschaft i zum Basiszeitpunkt
$c_t^{(i)}$	=	Bereinigungsfaktor der Aktie i zum Zeitpunkt t

4.9.2 Eignung des E&G-DIMAX zur Beschreibung der Entwicklung des Marktes für Immobilienaktien

Die Eignung des E&G-DIMAX zur Beschreibung des Marktes für Immobilienaktien wird grundsätzlich positiv beurteilt. Bei der Auswahl der Börsensegmente der berücksichtigten Aktien ist die Einbeziehung des Freiverkehrs zu kritisieren, da an dieses Börsensegment im Vergleich zu den Börsensegmenten „amtlicher

293 Vgl. Ellwanger & Geiger (Hrsg.): „Immobilienaktien-Index E&G-DIMAX", o.O., 1995, o.S. Die dort aufgeführte Formel ist offensichtlich fehlerhaft abgedruckt, so daß die dort angegebene Formel vom Verfasser in Anlehnung an die Darstellung bei Richard, Hermann-Josef: „Aktienindizes", Bergisch.Gladbach 1992 S. 138 angepaßt wurde. Vgl. zur DAX Indexformel auch Janßen, Birgit; Rudolph, Bernd: „Der Deutsche Aktienindex DAX", Frankfurt 1992, S. 14.

Handel" sowie „geregelter Markt" die geringsten Anforderungen an die Publizität gestellt werden.[294]

Hinsichtlich der Auswahl der Aktien ist die strenge Begrenzung, daß mindestens 90% von Umsatz und Ertrag aus dem Immobilienbereich stammen, kritisch zu beurteilen. Dies wird besonders vor dem Hintergrund deutlich, daß bspw. offene Immobilienfonds, die gemeinhin als täglich fällige Immobilienanlage gelten,[295] nur maximal 51% des Fondsvermögens[296] in Grundstücke - mit den entsprechenden Auswirkungen auf die Umsatz- und Ertragslage - investieren müssen. Nach dieser 90% Regelung würden bspw. sämtliche dem Bundesverband deutscher Investment-Gesellschaften e.V. angeschlossenen offenen Immobilienfonds das Kriterium für die Aufnahme im E&G DIMAX für das Geschäftsjahr 1995 nicht erfüllen.[297] Zudem sind durch die Konzentration auf dieses einzige Auswahlkriterium auch Aktien in den Index aufgenommen worden, die sich nur zu einem sehr geringen Anteil in Streubesitz befinden, wodurch für den Handel in diesen Papieren ein sehr enger Markt mit nur niedrigen Börsenumsätzen besteht.[298] Dadurch kann die eigentliche Entwicklungstendenz von Immobilienaktiengesellschaften verzerrt werden.[299] Unverständlich ist auch, warum die Isenbeck AG im E&G DIMAX aufgenommen wurde bzw. noch als Wert im aktuellen Index berücksichtigt wird, da diese Gesellschaft im Februar

---

294 Vgl. Steiner, Manfred; Bruns, Christoph: „Wertpapiermanagement", 4. Aufl., Stuttgart 1995, S. 270.

295 Vgl. Päsler, Rüdiger: „Die Integration Offener Immobilienfonds im KAGG", in: Der Langfristige Kredit, 47. Jg., Nr. 4, 1996, S. 113.

296 Dieser Wert ergibt sich aus den besonderen Vertragsbedingungen der offenen Immobilienfonds. Vgl. bspw. Halbjahresbericht des CS-WV IMMOFONDS zum 31.3.1996, S. 34.

297 Dies ergibt sich an Hand der publizierten Rechenschaftsberichte der offenen Immobilienfonds.

298 Bspw. beträgt bei acht der in den Index aufgenommenen Gesellschaften der Anteil des Streubesitzes weniger als 10%. Vgl. o.V.: „Benchmarking für Immobilienaktien: Ellwanger & Geiger stellt den E&G-DIMAX Immobilienaktienindex vor", in: Immobilien Zeitung, 16.11.1995, S. 12.

299 Vgl. zur Auswahl der in einem Index zu berücksichtigenden Werte Abschnitt 3.2.2.

1995 wegen Zahlungsunfähigkeit einen Vergleichsantrag gestellt hat, der Handel der Aktien dieser Gesellschaft ausgesetzt wurde[300] und diese Gesellschaft somit nicht mehr der Anforderung der Repräsentativität genügt.

Trotzdem ist der E&G-DIMAX als Indikator für das Börsensegment der Immobilienaktiengesellschaften positiv zu beurteilen, da bislang ein solcher Branchenindex für den deutschen Aktienmarkt gefehlt hat. In Großbritannien wird bspw. die Kursentwicklung der dreißig größten Immobilienaktiengesellschaften bereits seit 1962 durch den Financial Times Property Share Index dokumentiert und in den USA die Entwicklung des Sektors der Immobilienaktiengesellschaften seit 1971 durch den NAREIT Index beschrieben.

4.9.3 Eignung des E&G-DIMAX zur Beschreibung der Entwicklung des Immobilienmarktes

Die von Vertretern der Bankhauses Ellwanger & Geiger behauptete Eignung des E&G-DIMAX zur Dokumentation der Wertentwicklung des Immobilienmarktes[301] muß bezweifelt werden. Dies liegt zum einen an der verwendeten Definition des Immobiliengeschäfts, wodurch Immobilienhandel und Immobilienberatung in den Index einbezogen wurden. Es ist daher unwahrscheinlich, daß die Performance von Aktiengesellschaften, die diesen Kategorien angehören, einen geeigneten Indikator für die Wertentwicklung des deutschen Immobilienmarktes allein auf Grund der Tatsache, daß die im Index berücksichtigten Immobilienaktiengesellschaften nicht nur einen Vermögenszuwachs durch Wertveränderungen des Grundbesitzes, sondern auch in Form von Mieten und Pachten erzielen, darstellt. Von keiner - bis auf die Concordia Bau- und Boden

---

300 Vgl. o.V.: „Isenbeck stellt Vergleichsantrag“, in: Immobilien Zeitung, 23.2.1995, S. 1 - 2.

301 Vgl. o.V.: „Transparenz auf dem Immobilienmarkt“, in: Handelsblatt, 25.10.1995, S. 48.

AG - der im Index aufgenommenen Gesellschaften werden Angaben über die Summe der Verkehrswerte und des Bestands an einzelnen Grundstücken gemacht. Daher kann keine Überprüfung erfolgen, ob bspw. der gesamte Börsenwert einer Gesellschaft größer oder kleiner als der Marktwert des Reinvermögens der Gesellschaft ist. Das gleiche gilt für die Überprüfung der Veränderung dieses Verhältnisses im Zeitablauf. Dadurch ist eine Erhärtung der von Ellwanger & Geiger aufgestellten These im Gegensatz zu Großbritannien, bei denen Property Companies das sogenannte Net Asset Value veröffentlichen müssen, derzeit nicht möglich.

Die Eignung des E&G-DIMAX zur Dokumentation der Wertentwicklung des Immobilienmarktes muß auch vor dem Hintergrund der nachstehend auszugsweise wiedergegebenen Untersuchungen, die in den USA zu Real Estate Investment Trusts (REITs) und deren Eignung zur Dokumentation der Performance des Immobilienmarktes vorgenommen wurden, bezweifelt werden. REITs sind geschlossene (nach der Erstemission erfolgen keine Neuemissionen) börsengehandelte US-Immobilienfonds auf Aktienbasis, die in alle Arten von Grundstücken und/oder in Hypotheken investieren können, wobei der erstgenannte Typ als Equity REIT bezeichnet wird. Falls in den Bereich der Sozialimmobilien investiert wird, wird die Bezeichnung Health Care REIT verwendet, die Mischform zwischen Grundstücks- und Hypothekeninvestment wird Hybrid REIT und Trusts, die nur in Hypotheken investieren, als Mortgage REITS genannt.[302] Üblicherweise konzentrieren sich die Equity REITs zumeist auf einen Immobiliensektor bzw. Standort. Ein Equity REIT ist von der US-Körperschaftsteuer befreit, wenn die folgenden Bedingungen erfüllt sind:

---

[302] Vgl. Schnurr, Wolfgang: „Real Estate Investment Trusts“, in: Der Langfristige Kredit, 45. Jg., Nr. 20, 1994, S. 680 - 682.

- Die Zahl der Anleger eines REITs darf 100 nicht unterschreiten, wobei fünf oder weniger Personen nicht mehr als die Hälfte der Anteile halten dürfen.[303]

- Ein REIT muß mindestens 75% des Anlagevermögens in Immobilien investiert haben, wobei die restlichen 25% aus Wertpapieren bestehen können.[304]

- Die Erträge eines REIT müssen zu 75% aus Mieteinnahmen, Hypothekenzinsen oder Gewinnen aus dem Verkauf von Grundstücken stammen.[305] Jedoch dürfen höchstens 30% der Bruttoeinkünfte aus Verkäufen von Liegenschaften und Wertpapieren resultieren, die sich weniger als vier Jahre bzw. sechs Monate im Eigentum des Trusts waren. Dadurch wird eine kurzfristige Spekulation der REITs verhindert.

- REITs müssen mindestens 95% des jährlichen Gewinns in Form von Dividenden ausschütten.[306]

- Das Management der im Eigentum des REITs befindlichen Grundstücke muß an externe Mitarbeiter delegiert werden.[307]

Der börsentäglich festgestellte Preis eines REIT richtet sich prinzipiell nach Angebot und Nachfrage, wobei Kriterien wie geschätzter Verkehrswert, Renditeerwartungen, geographische Lage der Immobilien etc. bei der Beurteilung von Trust-Anteilen einbezogen werden sollten.[308] Durch Untersuchungen des Zusammenhangs zwischen der Performance von REITs als Substitut für die

---

303 Vgl. Jarchov, Stephen P.: „Real Estate Investment Trusts", New York 1985, S. 6 - 7.

304 Vgl. Jarchov, Stephen P.: „Real Estate Investment Trusts", New York 1985, S. 287 - 279.

305 Vgl. Ferguson, Jerry; Heizer, Jay: „Real Estate Investment Analysis", Boston 1990, S. 267.

306 Vgl. Harris, Jack C.; Friedmann, Jack P.: „Barron´s Real Estate Handbook", New York 1988, S. 357.

307 Vgl. Kapplin, Steven D.; Schwartz, Arthur L.: „Recent Performance of U.S. Real Estate Securities", in: Kapplin, Steven D.; Schwartz, Arthur L. (Hrsg.): Alternative Ideas in Real Estate Investment, Boston 1995, S. 8.

308 Vgl. Rölle, Harald: „Börsennotierte Partnerships (MLP) und Immobilienfonds auf Aktien (REIT)", Stuttgart 1990, S. 147 - 150.

Performance einer direkten Immobilienanlage und der Performance des Aktienmarktes, nimmt die in der Literatur vertretene Meinung zu, daß die Verwendung von REITs als Schätzung der Performance direkter Immobilienanlagen ungerechtfertigt sei, da sich REITs eher wie Aktien verhalten als direkte Immobilienanlagen.[309]

Aus diesem Grund werden in den USA sogenannte „Hedged Equity REIT Indizes" als Maßstab für die Performance direkter Immobilienanlagen diskutiert. Hedged Equity REIT Indizes stellen die Performance von Equity REITs dar, bei denen der Einfluß des Aktienmarktes auf die REIT Performance eliminiert wurde. Dies geschieht, indem zur Bestimmung der Hedge-Ratios auf Basis der Korrelation zwischen dem REIT Index und dem ausgewählten Aktienindex fiktiv Aktienindexfutures als monatlich rollierender Hedge verkauft werden. Die Performance des Hedged REIT Indexes ergibt sich dann als Performance des REIT Indexes abzüglich der Performance des ausgewählten Aktienindizes multipliziert mit der jeweiligen Hedge-Ratio.[310] Der Hedged REIT Index eignet sich zur Bestimmung der Performance von direkten Immobilienanlagen nur bedingt, da die Volatilität der REITs durch Fremdkapitalaufnahme beeinflußt

---

309 Vgl. Ambrose, Brent W.; Ancel, Esther; Griffiths, Mark D.: „The Fractal Structure of Real Estate Investment Trust Returns: The Search for Evidence of Market Segmentation and Nonlinear Dependency", in: Journal of the American Real Estate and Urban Economics Association, 20. Jg., Nr. 1, 1992, S. 49; Chan, K.C.; Hendershott, Patrick H.; Sanders, Anthony B.: „Risk and Return on Real Estate: Evidence from Equity REITs", in: Journal of the American Real Estate and Urban Economics Association, 18. Jg., Nr. 4, 1990 S. 450. Colwell, Peter F.; Park, Hun Y.: „Seasonality and Size Effects: The Case of Real-Estate-Related Investment", in: Journal of Real Estate Finance and Economics, 3. Jg., Nr. 3, 1990, S. 255 - 257; Giliberto, S. Michael: „Equity Real Estate Investment Trusts and Real Estate Returns", in: The Journal of Real Estate Research, 5. Jg., Nr. 2, 1990 S. 259 - 263; Liu, Crocker H. u.a.: „The Integration of the Real Estate Market and the Stock Market: Some Preliminary Evidence", in: Journal of Real Estate Finance and Economics, 3. Jg. 1990, S. 277, Park, Jeong Yun; Mullineaux, Donald J.; Chew, It-Keong: „Are REITs Inflation Hedges?", in: Journal of Real Estate Finance and Economics, 3. Jg., 1990, S. 100 - 101; Ross, Stephen A.; Zisler, Randall C.: „Risk and Return in Real Estate", in: Journal of Real Estate Finance and Economics, 4. Jg., 1991, S. 186, Yobaccio, Elizabeth; Rubens, Jack H.; Ketcham, David C.: „The Inflation-Hedging Properties of Risk Assets: The Case of REITs", Journal of Real Estate Research, 10. Jg., Nr. 3, 1995, S. 297.

310 Vgl. Giliberto, S. Michael: „Measuring Real Estate Returns: The Hedged REIT Index", in: Journal of Portfolio Management, 19. Jg., Nr. 3, Spring 1993, S. 95.

wird. Jedoch scheint die Eignung eines solchen Hedged REIT Indexes zur Entscheidung über Fragen der Asset Allocation geeigneter als Indizes, die auf regelmäßigen Bewertungen beruhen, da diese im allgemeinen als geglättet gelten.[311] Das Bankhaus Ellwanger & Geiger wollte die historische Zeitreihe der Indexstände des E&G-DIMAX nicht zur Verfügung stellen, so daß eine Untersuchung des Zusammenhangs zwischen dem E&G-DIMAX und dem deutschen Aktienmarkt sowie die eventuelle Konstruktion eines hedged E&G-DIMAX nicht vorgenommen werden konnte.

Eine Überprüfung des E&G-DIMAX an Hand der Kriterien Einfachheit, Transparenz und Nachvollziehbarkeit führt zu folgenden Ergebnissen:

- Einfachheit

  Der E&G-DIMAX erfüllt das Kriterium der Einfachheit, denn die Formel zur Ermittlung des Indexstandes ist vor dem Hintergrund der Angleichung an das Konzept des Deutschen Aktienindexes als einfach zu bezeichnen, wobei die Ermittlung der in den Index einfließenden Kassakurse ebenfalls das Kriterium der Einfachheit erfüllt und zugleich eine hochwertige Datenqualität sicherstellt.

- Transparenz

  Auch der Aspekt der Transparenz wird von dem E&G-DIMAX erfüllt, denn sowohl die Formel zur Berechnung des Indexstandes als auch die im Index berücksichtigten Aktien sind bekannt. Aufgrund fehlender Angaben ist jedoch nicht eindeutig, ob sämtliche 39 Gesellschaften, die gegenwärtig im Index enthalten sind, auch über den gesamten Zeitraum der historischen Zeitreihe mit Basis Dezember 1988 im Index enthalten waren.

---

311 Vgl. Giliberto, S. Michael: „Measuring Real Estate Returns: The Hedged REIT Index“, in: Journal of Portfolio Management, 19. Jg., Nr. 3, Spring 1993, S. 98. Zur Problematik der Glättung von auf Bewertungen beruhenden Immobilienindices vgl. Abschnitt 5.3.5 auf S. 233.

- Nachvollziehbarkeit

  Das Kriterium der theoretischen Nachvollziehbarkeit wird durch die Erfüllung der Kriterien Einfachheit und Transparenz gewährleistet. Hingegen könnte das Kriterium der praktischen Nachvollziehbarkeit, d.h. des Nachbildens des Indexes durch ein reales Wertpapierportfolio, durch die Marktenge einiger aufgenommener Titel erschwert werden.

Zusammenfassend wird daher die Verwendung des E&G-DIMAX zur Beurteilung der Wertänderung des deutschen Immobilienmarktes aufgrund der obigen Ausführungen abgelehnt. Jedoch wird der E&G-DIMAX zur Beurteilung des Börsensegmentes der Immobilienaktiengesellschaften bis auf die angesprochene Problematik der Berücksichtigung äußerst marktenger Titel grundsätzlich positiv beurteilt.

4.10 Zusammenfassung

Die in den vorstehenden Abschnitten vorgestellten Indizes haben deutlich werden lassen, daß ein Performanceindex für den deutschen Immobilienmarkt nicht vorhanden ist. Zwar befassen sich von den vorgestellten Indizes die Indizes von:

- Jones Lang Wootton
- Kemper´s
- Münchner Institut Bulwien und Partner

von ihrer Zielsetzung her mit der Abbildung der Performance bzw. von einzelnen Performancekomponenten. Jedoch sind diese Indizes auf Grund ihrer Konstruktionsweise ungeeignet, die tatsächliche Peformance eines Immobilienportfolios repräsentativ für den deutschen Immobilienmarkt wiederzugeben. Dies liegt zum einen daran, daß der Meßgegenstand wie im Falle des Indexes von Jones Lang Wootton und von Kemper´s eine fiktive Immobilie ist, daß die ermittelten Indexwerte nicht realitätsgerecht die Regelungen des deutsches Mietvertragsrechtes wiedergeben, daß Aufwendungen, die mit dem Eigentum an einer Immobilie verbunden sind, nicht berücksichtigt werden und daß - wie im Falle des Kemper´s Indexes - die verwendete Indexformel zur Ermittlung der Gesamtrendite fehlerhaft ist. Zusätzlich wird bei beiden Indizes nur die Performance von unrepräsentativen Teilmarktsegmenten abgebildet. Eine Möglichkeit zur Aggregation der unterschiedlichen regionalen Teilmarktsegmente zu einem repräsentativen nationalen Index existiert auf Grund des Fehlens eines Gewichtungsverfahrens, das die unterschiedliche Bedeutung der fiktiven Immobilien abzubilden vermag, nicht.

Die vom Münchner Institut Bulwien und Partner veröffentlichte Wertentwicklung vermischt Cash-Flow-Komponenten der Rendite und die Rendite aufgrund von Preisveränderungen. Die gewählte Gleichgewichtung der unterschiedlichen Sektoren, die in sich mit der jeweiligen regionalen Einwohnerzahl gewichtet wurden, ist zu verwerfen, da sich ein solcher Index nicht als Benchmark eignet. Letztendlich reflektieren auch die Ergebnisse des Münchner Instituts nicht das im Namen des Indexes aufgeführte Ziel der Dokumentierung einer Wertentwicklung, da mögliche Aufwandskomponenten unberücksichtigt bleiben. Der vom Münchner Institut ermittelte Index der Wertänderung dokumentiert vielmehr die Preisänderungen der entsprechenden Sektoren und Regionen, ohne daß die ermittelten Indexwerte aufgrund der qualitativen Änderungen der erfaßten Güter im Zeitablauf bereinigt werden.

Gemeinsames Kennzeichen aller drei Indizes ist die Tatsache, daß die Kriterien der Transparenz und Nachvollziehbarkeit nur eingeschränkt erfüllt werden.

Eine knappe zusammenfassende Übersicht der in diesem Kapitel vorgestellten Immobilienindizes liefert die folgende Tabelle.

Tabelle 7: *Übersicht deutscher Immobilienindizes*

Indexbezeichnung	Meßgegenstand	Raumbezug	Eingangsdaten	Basis	Häufigkeit der Veröffentlichung	Branchenzugehörigkeit des Indexerstellers
Aengevelt Büromietenindizes	Entwicklung der Büromieten in vier Preiskategorien	Raum Düsseldorf	Interne Daten der von Aengevelt vermittelten Vermietungen	1985 = 100	jährlich	Makler
Aengevelt Indizes für Büro-Durchschnittsmieten nach Größenklassen	Entwicklung der Büromieten in vier Größenklassen	Raum Düsseldorf	Interne Daten der von Aengevelt vermittelten Vermietungen	1985 = 100	jährlich	Makler
Aengevelt Renditeindizes für Wohn- und Geschäftshäuser	Entwicklung der statischen Anfangsrendite für Wohn- und Geschäftshäuser in vier Preiskategorien	Raum Düsseldorf	Interne Daten der von Aengevelt vermittelten Verkäufe	1970 = 100	jährlich	Makler
Aengevelt Renditeindizes für Büro- und Geschäftshäuser	Entwicklung der statischen Anfangsrendite für Büro- und Geschäftshäuser in zwei Preiskategorien	Raum Düsseldorf	Interne Daten der von Aengevelt vermittelten Verkäufe	1970 = 100	jährlich	Makler
Aengevelt Kaufpreisindizes für Ein- bis Dreifamilienhäuser	Entwicklung der Kaufpreise für Ein- bis Dreifamilienhäuser in vier Preiskategorien	Raum Düsseldorf	Interne Daten der von Aengevelt vermittelten Verkäufe	1970 = 100	jährlich	Makler
Aengevelt Indizes für Marktpreise von Eigentumswohnungen	Entwicklung der Kaufpreise pro qm Eigentumswohnung in vier Preiskategorien	Raum Düsseldorf	Interne Daten der von Aengevelt vermittelten Verkäufe	1977 = 100	jährlich	Makler

Indexbezeichnung	Meßgegenstand	Raumbezug	Eingangsdaten	Basis	Häufigkeit der Veröffentlichung	Branchenzugehörigkeit des Indexerstellers
Aufina Immobilienindex	Entwicklung des Kaufpreises eines Kubikmeters umbauten Raumes eines drei Jahre alten freistehenden Einfamilienhauses guter Ausstattung	Deutschland	Interne Daten der Aufina Franchise Partner, Baupreisindex, Zeitungsannoncen etc.	entfällt, da keine Verhältniszahl im statistischen Sinne	jährlich	Makler
Blumenauer-Index Nachfrageklima	Anzahl der Nachfrager pro Objekt (Verkauf/Vermietung Wohnen und Gewerbe), das von Blumenauer vermittelt wird	Deutschland	Interne Daten der von Blumenauer vermittelten Verkäufe und Vermietungen	entfällt, da keine Verhältniszahl im statistischen Sinne	quartalsweise	Makler
Blumenauer-Index Wohnimmobiliennachfrage	Anzahl der Nachfrager pro Wohnimmobilie, die von Blumenauer vermittelt wird	Deutschland	Interne Daten der von Blumenauer vermittelten Verkäufe	entfällt, da keine Verhältniszahl im statistischen Sinne	quartalsweise	Makler
Blumenauer-Index Gewerbliche Vermietung	Anzahl der Nachfrager pro Gewerbeimmobilie, die von Blumenauer vermittelt wird	Deutschland	Interne Daten der von Blumenauer vermittelten Vermietungen	entfällt, da keine Verhältniszahl im statistischen Sinne	quartalsweise	Makler
Engel & Völkers Index der Nachfrageentwicklung	Entwicklung der Nachfrager pro Objekt, das von Engel & Völkers vermittelt wird, differenziert nach vier Sektoren	Deutschland	Interne Daten der von Engel & Völkers vermittelten Verkäufe und Vermietungen	31.12.1992 = 100	quartalsweise	Makler

Indexbezeichnung	Meßgegenstand	Raumbezug	Eingangsdaten	Basis	Häufigkeit der Veröffentlichung	Branchenzugehörigkeit des Indexerstellers
Engel & Völkers Index der Angebotsentwicklung	Entwicklung des Angebots der von Engel & Völkers zu vermittelnden Immobilien, differenziert nach vier Sektoren	Deutschland	Interne Daten der von Engel & Völkers zu vermittelnden Verkäufe und Vermietungen	31.12.1992 = 100	quartalsweise	Makler
Engel & Völkers Index der Angebotsentwicklung	Entwicklung der Vermarktungsdauer der von Engel & Völkers zu vermittelnden Immobilien, differenziert nach vier Sektoren	Deutschland	Interne Daten der von Engel & Völkers zu vermittelnden Verkäufe und Vermietungen	31.12.1992 = 100	quartalsweise	Makler
Engel & Völkers Index der Abschläge auf die Preisforderung	Entwicklung der Abschläge auf die Preisforderung der von Engel & Völkers zu vermittelnden Immobilien, differenziert nach vier Sektoren	Deutschland	Interne Daten der von Engel & Völkers zu vermittelnden Verkäufe und Vermietungen	31.12.1992 = 100	quartalsweise	Makler
Jones Lang Wootton Index Bürospitzenwerte	Entwicklung des Wertes einer fiktiven Büroimmobilie	Berlin, Düsseldorf, Hamburg, Frankfurt, München	von Jones Lang Wootton Research veröffentlichtes Datenmaterial	1980 = 100	jährlich	Makler

Indexbezeichnung	Meßgegenstand	Raumbezug	Eingangsdaten	Basis	Häufigkeit der Veröffentlichung	Branchenzugehörigkeit des Indexerstellers
Kemper´s Index der Mietrendite	Entwicklung der Mietrendite einer fiktiven idealtypischen Einzelhandelsimmobilie in 1a-Lage	103 Städte in den alten Bundesländern, 18 Städte in den neuen Bundesländern	Interne Daten von Kemper´s	1983 = 100 für Städte in den alten Bundesländern, 1990 = 100 für Städte in den neuen Bundesländern	alle zwei Jahre	Makler
Kemper´s Index der Wertentwicklung	Wertentwicklung einer fiktiven idealtypischen Einzelhandelsimmobilie in 1a-Lage	103 Städte in den alten Bundesländern, 18 Städte in den neuen Bundesländern	Interne Daten von Kemper´s	1983 = 100 für Städte in den alten Bundesländern, 1990 = 100 für Städte in den neuen Bundesländern	alle zwei Jahre	Makler
Kemper´s Index der Entwicklung der Gesamtrendite	Entwicklung der Gesamtrendite einer fiktiven idealtypischen Einzelhandelsimmobilie in 1a-Lage	103 Städte in den alten Bundesländern, 18 Städte in den neuen Bundesländern	Interne Daten von Kemper´s	1983 = 100 für Städte in den alten Bundesländern, 1990 = 100 für Städte in den neuen Bundesländern	alle zwei Jahre	Makler

Indexbezeichnung	Meßgegenstand	Raumbezug	Eingangsdaten	Basis	Häufigkeit der Veröffentlichung	Branchenzugehörigkeit des Indexerstellers
Müller-Jahres-Index	Verknüpfung von verfügbarem und absorbiertem Angebot, vermieteter Fläche und Höchstmietpreis für Büroflächen zu einem Attraktivitätsindikator	Berlin, Dortmund, Dresden, Düsseldorf, Essen, Frankfurt, Hannover, Köln, Leipzig, München, Stuttgart	von Müller Consult veröffentlichtes Datenmaterial	entfällt, da keine Verhältniszahl im statistischen Sinne	jährlich	Makler
Müller-Drei-Jahres-Index	Verknüpfung von Leerstand, absorbiertem Angebot, vermieteter Fläche und Höchstmietpreis für Büroflächen zu einem Attraktivitätsindikator über drei Jahre	Berlin, Dortmund, Dresden, Düsseldorf, Essen, Frankfurt, Hannover, Köln, Leipzig, München, Stuttgart	von Müller Consult veröffentlichtes Datenmaterial	entfällt, da keine Verhältniszahl im statistischen Sinne	jährlich	Makler

Indexbezeichnung	Meßgegenstand	Raumbezug	Eingangsdaten	Basis	Häufigkeit der Veröffentlichung	Branchenzugehörigkeit des Indexerstellers
Münchner Institut Bulwien und Partner	Preisentwicklung für neun verschiedene Kategorien (Wohnen und Gewerbe) sowie aggregiert zu Gesamtmarktenwicklung	50 Städte Wohnimmobilien, 40 Städte Gewerbeimmobilien sowie aggregiert zu Gesamtmarktentwicklung	vom Münchner Institut Bulwien und Partner erhobene Sekundärdaten	1975 = 100	jährlich	Beratung, Research
Ellwanger & Geiger Immobilienaktienindex	Darstellung der Performance des Börsensegmentes der Immobilienaktiengesellschaften	39 deutsche Immobilienaktiengesellschaften	Kassakurse	30.12.1988 = 100	täglich	Kreditinstitut, Makler

Quelle: Eigene Darstellung

5 Konstruktionsmöglichkeiten von Immobilienperformanceindizes

5.1 Vorbemerkung

Bei der Konstruktion von Immobilienperformanceindizes wird zwischen zwei divergierenden Ansätzen unterschieden. Grundsätzlich kann ein transaktionsbasierter Immobilienperformanceindex konstruiert werden, daneben besteht auch die Möglichkeit, einen solchen Index unter Verwendung von regelmäßigen Verkehrswertermittlungen eines Immobilienportfolios aufzubauen.

Die Möglichkeit, einen Immobilienperformanceindex auf Basis von Transaktionen zu entwickeln, wird durch die fehlende Verfügbarkeit bzw. Zugänglichkeit von ausreichendem und aussagekräftigem Datenmaterial über Transaktionen erschwert. Grundsätzlich ist die Messung und Interpretation von Indexzahlen zweier aufeinanderfolgender Perioden, die allein die durchschnittliche Veränderung von im Index erfaßten Grundstückskaufpreisen beschreiben, nicht eindeutig, denn die Zusammensetzung der dem Index zugrundeliegenden Transaktionsgrundstücke und deren jeweiligen Charakteristika bzw. preisbeeinflussende Merkmale verändern sich von Periode zu Periode.[312]

Nachteil sämtlicher transaktionsbasierter Indizes ist, daß diese immer nur einen Teil der Gesamtperformance von Grundstücken wiedergeben. Entweder werden diese Indizes zur Ermittlung von Kaufpreisänderungsraten von Grundstücken oder zur Darstellung der Mietpreisentwicklung im Zeitablauf verwendet. Dabei wird jedoch stets die Komponente der bei einem Eigentümer verbleibenden Bewirtschaftungskosten vernachlässigt. Eine Kombination von transaktionsbasierten Grundstückspreisindizes und transaktionsbasierten Mietpreisin-

312 Vgl. Bailey, Martin J.; Muth, Richard F.; Nourse, Hugh O.: „A Regression Method for Real Estate Price Index Construction", in: American Statistical Association Journal, 58. Jg., Dezember 1963, S. 933 - 942.

dizes zur Darstellung der Gesamtperformance würde daher aufgrund der Nichtberücksichtigung von Bewirtschaftungskosten zu einer Überschätzung der Gesamtperformance führen. Grundstückspreisänderungsraten würden zudem durch die Auswertung von Kaufverträgen veräußerter Grundstücke in einem Zeitintervall ermittelt. Mietpreisänderungsraten basieren auf der Entwicklung von Bestandsmieten und den bei einer Neuvermietung erzielten Mieten eines Zeitintervalls. Würden nun beide Änderungsraten kombiniert, so wären die Indexwerte kaum interpretierbar, was eine praktische Nachbildbarkeit ausschlösse. Denn die ermittelten Änderungsraten würden aus jeweils unterschiedlichen Stichproben ermittelt werden, bei denen sich die zugrundeliegenden Grundstücke unterscheiden.

Um die Problematik der Heterogenität von Grundstücken zu umgehen, wurden vor allem in angelsächsischen Ländern sogenannte hedonische Indizes zur Messung von Preisänderungen entwickelt. Hedonische Indizes beruhen auf der Grundidee, daß heterogene Güter sich in ihre einzelnen preisbeeinflussenden Charakteristika aufspalten lassen.[313]

Die Performancemessung bei Immobilien erfolgt im allgemeinen auf Basis von Verkehrswertermittlungen und nicht auf Basis von Transaktionen.[314] Daher werden Indizes, bei denen im Falle einer Transaktion die Preisfeststellung der im Index erfaßten Immobilien durch eine regelmäßige Verkehrswertermittlung ersetzt wird, international auch regelmäßig als Performance Benchmark von institutionellen Investoren verwendet. So beruhen die in ihrem jeweiligen Ursprungsland als die bedeutendsten eingeschätzten Immobilienperformanceindi-

---

313 Vgl. Hoesli, Martin: „Investissement Immobilier et Diversification de Portefeuille", Paris 1993, S. 32.

314 Vgl. Newell, Graeme; MacFarlane, John: „Improved Risk Estimation Using Appraisal-Smoothed Real Estate Returns", in: The Journal of Real Estate Portfolio Management, 1. Jg., Nr. 1, 1995, S. 51; Oxford Brookes University; University of Reading (Hrsg.): „Property Management Performance Monitoring", Glasgow (Druckort) 1993, S. 21, Hargitay, Stephen E.; Yu, Shi-Ming: „Property Investment Decisions", London 1993, S. 195.

zes wie der Russel/NCREIF Property Index (RNPI) aus den USA, Russel Canadian Property Index (RCPI), der IPD Index aus Großbritannien sowie der BOMA-Russel Property Index aus Australien sämtlich auf Verkehrswertermittlungen.[315]

5.2 Transaktionsbasierte Indizes

5.2.1 Hedonische Indizes

5.2.1.1 Konventionelle hedonische Indizes

Durch Mehrfachregression können die unterschiedliche Eigenschaften von im Zeitablauf veräußerten Grundstücken und deren Einfluß auf den Verkaufspreis berücksichtigt werden, um darauf aufbauend einen sogenannten hedonischen Index zu entwickeln.[316] Zur Konstruktion eines hedonischen Indexes werden zunächst die dokumentierten Transaktionspreise auf einen einheitlichen Flächenbezug, wie bspw. Preis pro qm BGF, gebracht. Danach werden die mikro- und makroökonomischen Variablen bestimmt, von denen vermutet wird, daß sie eine preisbeeinflussende Wirkung hatten. Diese könnten bspw. die Entfer-

---

315 Vgl. Newell, Graeme; Webb, James R.: „Institutional Real Estate Performance Benchmarks: An International Perspective", in: Journal of Real Estate Literature, 2. Jg., Nr. 2, 1994, Fisher, Jeffrey D.; Geltner, David M.; Webb, Brian R.: „Value Indices of Commercial Real Estate: A Comparison of Index Construction Methods", in: Journal of Real Estate Finance and Economics, 9. Jg., Nr. 2, 1994, S. 138.

316 Grundsätzlich können hedonische Indizes nicht nur zur Homogenisierung von Kaufpreisen bebauter Grundstücke sondern auch von unbebauten Grundstücken oder Mieten verwendet werden. Vgl. dazu Brennan, Thomas, P.; Cannaday, Roger, E.; Colwell, Peter F.: „Office Rent in the Chicago CBD", in: Journal of the American Real Estate and Urban Economics Association, 12. Jg., Nr. 3, 1984, S. 243 - 260, Büchel, Sandra; Hoesli, Martin: „A Hedonic Analysis of Rent and Rental Revenue in the Subsidized and Unsubsidized Housing Sectors in Geneva", Paper presented at the European Real Estate Society Conference, Amsterdam 9. - 11.11.1994, Clapp, John M.: „A Methodology for Constructing Vacant Land Price Indices", in: American Real Estate and Urban Economics Association Journal, 18. Jg., Nr. 3, 1990, S. 274 - 293.

nung zu öffentlichen Verkehrsmitteln, das Durchschnittseinkommen der Bevölkerung, steuerliche Gegebenheiten, Mietvertragsgestaltung etc., sein. Mittels einer Regressionsanalyse werden dann Koeffizienten ermittelt, die den marginalen Beitrag der preisbeeinflussenden Variable auf den vereinbarten Transaktionspreis pro Flächeneinheit angeben. Das Ergebnis der Regression ist eine Funktion, bei der der Preis die abhängige Variable und die jeweiligen Einflußfaktoren die unabhängigen Variablen sind. Dadurch können die veräußerten Grundstücke homogenisiert und der marginale Einfluß der unterschiedlicher Faktoren auf den Transaktionspreis bestimmt werden. In allgemeiner Form lautet dieser Zusammenhang wie folgt:

$$\text{Preis pro Flächeneinheit} = f(X_1, X_2, \ldots X_U, \beta_1, \beta_2, \ldots \beta_U, \varepsilon)$$

mit

X_u = preisbeeinflussende Grundstücksmerkmale (u = 1, 2, ... U)

β_u = Regressionskoeffizienten

ε = Störvariable

Zur Erfassung des Transaktionszeitpunktes innerhalb eines zeitlichen Intervalls wie bspw. Quartal oder Jahr werden Dummyvariable (Indikatorvariable) eingeführt, die nur den Wert 0 oder 1 annehmen können. Die ins Verhältnis gesetzten Koeffizienten der Dummyvariablen geben dann die Preisänderungsraten zwischen den einzelnen Intervallen an.

Die schematische Vorgehensweise bei der Konstruktion hedonischer Indizes ist in der folgenden Abbildung dargestellt:

Abbildung 28: Schematische Darstellung der Vorgehensweise von hedonischen Indizes

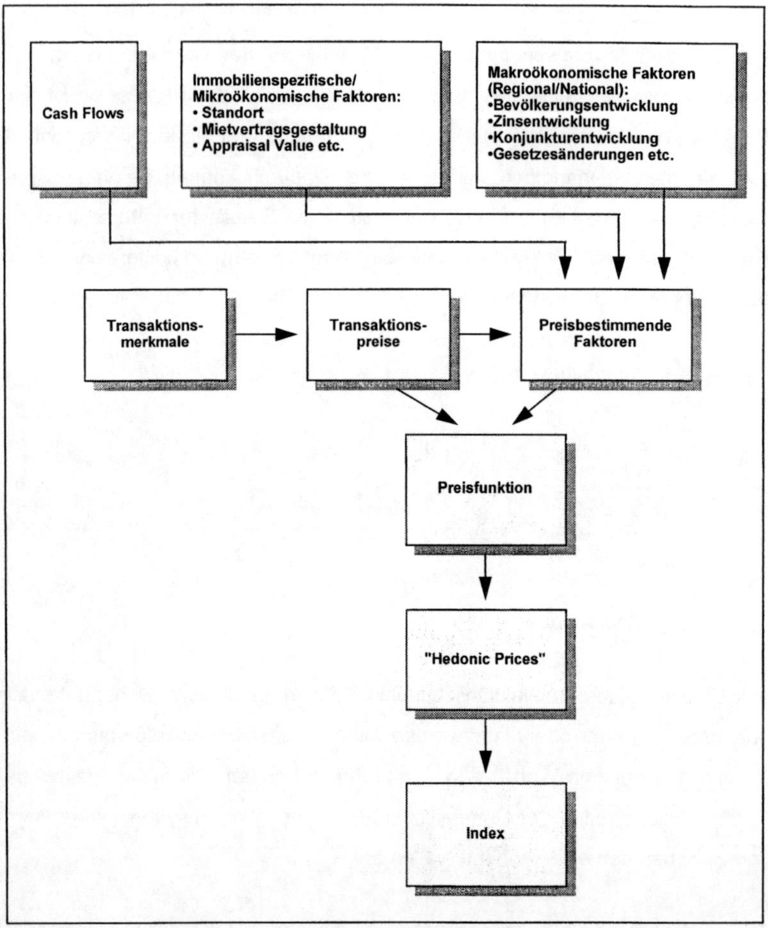

Quelle: in Anlehnung an Hoag, James W.: „Towards Indices of Real Estate Value and Return", in: The Journal of Finance, 35. Jg., Nr. 2, 1980, S. 571.

Die Form der Regressionsfunktion ist bei den bislang veröffentlichten hedonischen Indizes uneinheitlich. Es existieren sowohl Ansätze, die lineare wie auch nicht lineare Regressionsfunktionen unterstellen bzw. durch Transformation sämtlicher Variablen eine Rückführung nicht-linearer Regressionsfunktionen auf eine lineare Funktion vornehmen.[317] Ebenso unterscheiden sich die in den bisher vorgenommenen Untersuchungen identifizierten preisbeeinflussenden Charakteristika sowie die gewählte Vorgehensweise, um die Charakteristika im Rahmen der Regressionsfunktion zu erfassen.[318]

Da ein Transaktionspreis eine einmalige empirische ex post Beobachtung darstellt, die nur für den Fall eines Grundstücksverkaufs ermittelbar und dann nur für das eine verkaufte Grundstück verfügbar ist, fällt bei einem transaktionsbasierten Index die zugrundezulegende Stichprobe wesentlich kleiner aus, als bei einem auf Bewertungen beruhenden Index. Denn grundsätzlich ist für jedes Grundstück ein Verkehrswert, unabhängig ob ein Grundstück veräußert wurde oder nicht, ermittelbar. Dadurch ist die Repräsentativität eines transaktionsbasierten Indexes im Vergleich zu einem auf Bewertungen beruhenden Immobilienperformanceindex eingeschränkt.[319]

---

317 Vgl. zur Auswahl der Form der Regressionsfunktion Halvorsen, Robert; Pollakowski, Henry O.: Choice of Functional Form for Hedonic Price Equations", in: Journal of Urban Economics, 10. Jg., Juli 1981, S. 37 - 49, Palmquist, Raymond B.: „Alternative Techniques for Developing Real Estate Price Indexes", in: Review of Economics and Statistics, 62. Jg., August 1980, S. 442 - 480. Bspw. gehen Büchel, Sandra; Hoesli, Martin: „A Hedonic Analysis of Rent and Rental Revenue in the Subsidized and Unsubsidized Housing Sectors in Geneva", Paper presented at the European Real Estate Society Conference, Amsterdam 9. - 11.11.1994, S. 9 von einer multiplikativen Regressionsfunktion aus, während Knight, J.R.; Dombrow, Jonathan; Sirmans, C.F.: „A Varying Parameters Approach to Constructing House Price Indexes", in: Real Estate Economics, 23. Jg., Nr. 2, 1995, S. 187 - 205 eine lineare Regression unterstellen, nachdem eine logarithmische Variablentransformation vorgenommen wurde. Miles, Mike u.a.: „A transactions-based real estate index: is it possible", in: Journal of Property Research, 8. Jg., Nr. 3, 1991, S. 203 - 217 unterstellen eine lineare Regressionsfuntion nachdem eine Variablentransformation nach Box-Cox vorgenommen wurde. Zur Box-Cox Transformation vgl. Hartung, Joachim; Elpelt, Bärbel; Klösener, Karl-Heinz: „Statistik", 7. Aufl., München 1989, S. 352.

318 Vgl. Miles, Mike u.a.: „A transactions-based real estate index: is it possible", in: Journal of Property Research, 8. Jg., Nr. 3, 1991, S. 207.

319 Vgl. Fisher, Jeffrey D.; Geltner, David M.; Webb, Brian R.: „Value Indices of Commercial Real Estate: A Comparison of Index Construction Methods", in: Journal of Real Estate Finance and Economics, 9. Jg., Nr. 2, 1994, S. 145.

Selbst bei einem perfekten hedonischen Indexmodell sind die ermittelten Preisänderungsraten jedoch aufgrund der temporalen Aggregation[320] geglättet. Da die im Rahmen eines hedonischen Indexes veräußerten Grundstücke zu unterschiedlichen Zeitpunkten innerhalb der jeweiligen Zeitabschnitte, für die jeweils eine Dummyvariable vergeben wurde, verkauft wurden, wird durch einen hedonische Index ein durchschnittlicher Transaktionspreis ermittelt, der sich auf den Durchschnitt des jeweiligen Zeitabschnittes bezieht und nicht wie bspw. bei Aktienindizes der Aktienkurs zu einem bestimmten Stichtag einbezogen.[321]

Des weiteren können die ermittelten hedonischen Indexwerte durch zeitliche Unterschiede zwischen der Vereinbarung des Kaufpreises unter den Vertragsparteien und dem tatsächlichen Tag des Kaufvertragsabschlusses die tatsächliche Preisentwicklung nur verzögert wiedergeben. Zusätzlich können Schätzfehler der Regression zu einem künstlichen Anstieg der Volatilität der ermittelten Preisänderungsraten führen.[322]

Die grundsätzliche Problematik bei der Entwicklung hedonischer Indizes ist jedoch der Mangel an verfügbarem Datenmaterial. Aufgrund des vergleichsweise einfacher erhältlichen Datenmaterials werden hedonische Indizes daher üblicherweise nur für regional abgegrenzte Wohnimmobilienmärkte und nicht für den Gewerbeimmobiliensektor entwickelt. Der erforderliche Umfang einer Stichprobe für eine definierte Region wird auf ca. 50 - 100 Transaktionen geschätzt, um mittels hedonischer Indizes die Preisentwicklung des Immobilienmarktes zu dokumentieren. Das für einen regelmäßig zu veröffentlichenden hedonischen Index, der nicht nur die Preisentwicklung von Wohnimmobilien

---

320 Zum Begriff der temporalen Aggregation vgl. Abschnitt 5.3.5.1 auf S. 233.

321 Vgl. Geltner, David: „Temporal Aggregation in Real Estate Return Indices“, in: Journal of the American Real Estate and Urban Economics Association, 21. Jg., Nr. 2, 1993, S. 143.

322 Vgl. Fisher, Jeffrey D.; Geltner, David, M.; Webb, R. Brian: „Value Indices of Commercial Real Estate: A Comparison of Index Construction Methods“, in: Journal of Real Estate Finance and Economics, 9. Jg., Nr. 2, 1994, S. 152 - 163.

sondern auch die von Gewerbeimmobilien dokumentiert, benötigte Datenmaterial ist regelmäßig nicht verfügbar, so daß hedonische Indizes als Mittel der Konstruktion kontinuierlich veröffentlichter transaktionsbasierter Indizes verworfen werden.[323] Zudem ist die Problematik der Gewichtung der einzelnen regionalen Indizes bei der Aggregation zu einem nationalen Index nicht gelöst.

5.2.1.2 Hedonische Repeat Sales Indizes

Hedonische Indizes auf Basis von Grundstücken, die innerhalb eines betrachteten Zeitintervalls mehr als einmal veräußert worden sind, wurden erstmalig 1963 für einen regional begrenzten Wohnimmobilienmarkt in den USA entwikkelt.[324] Die Repeat Sales Indizes sollen im Vergleich zu anderen Indexkonstruktionsarten den Vorteil bieten, daß durch die alleinige Berücksichtigung von Grundstücken, die mehrfach den Eigentümer gewechselt haben, die Problematik der Erfassung qualitativer Veränderungen der erfaßten Grundstücke im Zeitablauf vergleichsweise am besten berücksichtigt wird.[325] Dazu wird erfaßt, ob die baulichen Anlagen der veräußerten Grundstücke zwischen den beiden Veräußerungsterminen bspw. durch Modernisierungen verändert wurden, auf Grund dessen der Transaktionspreis entsprechend korrigiert bzw. die Re-

323 Vgl. Miles, Mike u.a.: „A transactions-based real estate index: is it possible“, in: Journal of Property Research, 8. Jg., Nr. 3, 1991, S. 211.

324 Vgl. Bailey, Martin J.; Muth, Richard F.; Nourse, Hugh O.: „A Regression Method for Real Estate Price Index Construction“, in: American Statistical Association Journal, 58. Jg., Dezember 1963, S. 933 - 942.

325 Vgl. Mark, Jonathan; Goldberg, Michael A.: „Alternative Housing Price Indices: An Evaluation“, in: Journal of the American Real Estate and Urban Economics Association, 12. Jg., Nr. 1, 1984, S. 36.

gressionsgleichung erweitert werden muß, um die Charakteristika der vorgenommenen Veränderungen zu erfassen.[326]

Im Vergleich zu den konventionellen hedonischen Indizes wird durch die Beschränkung auf Grundstücke, die mehr als einmal veräußert wurden, die zugrundeliegende Stichprobe verkleinert, wodurch die verfügbare Information verringert wird und die ermittelten Indexwerte entsprechend verzerrt sein können.[327] Die Möglichkeit, daß die Stichprobe nicht repräsentativ ist, spricht gegen die Konstruktion eines solchen Indexes. Eine Ursache, warum Grundstücke innerhalb eines definierten Zeitraumes mehr als einmal veräußert werden, kann darin liegen, daß es sich entweder um „Problemgrundstücke" oder aus einem anderen Grund um besonders preisgünstige Grundstücke handelt, die nicht repräsentativ für den entsprechenden Teilmarktbereich sind.[328]

Kritisiert wird bei den Repeat Sales Indizes, daß diese nicht in der Lage sind, marktbedingte reine Preisveränderungen von solchen Preisveränderungen zu trennen, die Aufgrund der Alterung und Abnutzung der veräußerten Immobilie innerhalb des betrachteten Intervalls aufgetreten sind.[329] Die Konsequenz ist, daß die üblicherweise negativen Auswirkungen der Alterung der baulichen Anlagen auf den Grundstückspreis mit anderen marktbedingten Ursachen vermischt werden, wodurch im allgemeinen die Indexwerte eines Repeat Sales

---

326 Vgl. Dombrow, Jonathan; Knight, J.R.; Sirmans: „Aggregation Bias in Repeat Sales Indexes", Paper presented at the American Real Estate Society Conference, Hilton Head 29.3. - 1.4.1995.

327 Vgl. Mark, Jonathan; Goldberg, Michael A.: „Alternative Housing Price Indices: An Evaluation", in: Journal of the American Real Estate and Urban Economics Association, 12. Jg., Nr. 1, 1984, S. 37.

328 Vgl. Haurin, Donald R.; Hendershott, Patric H.: „House Price Indexes: Issues and Results", in: American Real Estate and Urban Economics Association Journal, 19. Jg., Nr. 3, 1991, S. 262 - 263 sowie Clapp, John. M; Giacotto Carmelo: „Repeat Sales Methodology for Price Trend Estimation: An Evaluation of Sample Selectivity", in: Journal of Real Estate Finance and Economics, 5. Jg., 1992, S. 357 - 374.

329 Vgl. Palmquist, Raymond B.: „Hedonic Price and Depreciation Indexes for Residential Housing: A Comment", in: Journal of Urban Economics, 6. Jg., Nr. 2, 1979, S. 267- 271.

Indexes unterhalb den Indexwerten eines konventionellen hedonischen Indexes verlaufen werden.[330]

In Analogie zu konventionellen hedonischen Indizes wird auch bei den Repeat Sales Indizes unterstellt, daß der marginale Beitrag der unterschiedlichen preisbeeinflussenden Charakteristika der Grundstücke im Zeitablauf konstant bleibt, so daß bspw. der marginale Beitrag eines Bades mit Badewanne zum Gesamtpreis des Grundstücks über das gesamte betrachtete Zeitintervall konstant bleibt.

Aufgrund der vorher aufgeführten Schwächen sind fortentwickelte Repeat Sales Indizes geschaffen worden, bei denen die Koeffizienten der preisbeeinflussenden Charakteristika im Zeitablauf schwanken können.[331] Eine weitere Form sind sogenannte hybride Modelle. Bei den hybriden Modellen werden drei unterschiedliche Regressionsgleichungen zusammengeführt, die jeweils auf unterschiedliche Stichproben angewendet werden. Die erste Gleichung basiert auf einer Stichprobe, die alle Grundstücke beinhaltet, die nur einmal innerhalb des betrachteten Zeitintervalls veräußert wurden. Die zweite Gleichung basiert auf einer Stichprobe, die nur Grundstücke beinhaltet, die mehr als einmal im betrachteten Zeitintervall veräußert wurden und bei denen keine Veränderung der preisbeeinflussenden Variablen, bspw. durch Umbauten, während dieses Zeitraumes vorgenommen wurde. Die dritte Gleichung schließlich beruht auf einer Stichprobe, die Grundstücke beinhaltet, die mehr als einmal im Zeitintervall veräußert wurden und bei denen Veränderungen der preisbeeinflussenden Variablen (unter Nichtberücksichtigung des Einflusses von Alterung und Abnut-

---

330 Vgl. Case, Bradford; Pollakowski, Henry O.; Wachter, Susan M.: „On Choosing Among House Price Index Methodologies", in: Journal of the American Real Estate and Urban Economics Association, 19. Jg., Nr. 3, 1991, S. 290.

331 Vgl. Knight, J.R.; Dombrow, Jonathan; Sirmans, C.F.: „A Varying Parameters Approach to Constructing House Price Indexes", in: Real Estate Economics, 23. Jg., Nr. 2, 1995, S. 187 - 205.

zung) vorlagen.[332] Vorteil dieser Indizes ist die bessere Auswertung der vorhandenen Informationen sowie die Vermeidung von Verzerrungen, die aufgrund der Stichprobenproblematik beim Repeat Sale Index in der Grundform auftreten.

5.2.1.3 Problematik der Konstruktion hedonischer Indizes für den deutschen Immobilienmarkt

In Deutschland ist die Konstruktion eines hedonischen Indexes, der die Preisänderungen der erfaßten Grundstücke mißt, infolge der Intransparenz des Immobilienmarktes und der mangelnden Bereitschaft von Marktteilnehmern, Transaktionsdaten zur Verfügung zu stellen, derzeit nicht möglich. Lediglich die Gutachterausschüsse, die nach §193 BauGB mit der Führung der Kaufpreissammlung sowie der Erfassung und Auswertung von Grundstückskaufpreisen befaßt sind, verfügen über die zur Konstruktion eines hedonischen Indexes erforderlichen Daten. Nach §195 I BauGB ist jeder Vertrag, durch den sich jemand verpflichtet, Eigentum an einem Grundstück gegen Entgelt zu begründen, von der beurkundenden Stelle in Abschrift dem Gutachterausschuß zu übersenden. Übermittelt werden darf die Kaufpreissammlung nach §195 II BauGB nur dem zuständigen Finanzamt für Zwecke der Besteuerung.

Zur Konstruktion eines hedonischen Indexes ist neben der genauen Bezeichnung des Grundstücks und des Kaufpreises eine Offenlegung sämtlicher Vertragsklauseln erforderlich, um den Kaufpreis aufgrund evtl. vereinbarter besonderer Zahlungsbedingungen, Mietgarantien u.ä. zu berichtigen. Jedoch darf wegen des Grundrechtes auf informationelle Selbstbestimmung eine Preisgabe

---

332 Vgl. Case, Bradford; Pollakowski, Henry O.; Wachter, Susan M.: „On Choosing Among House Price Index Methodologies", in: Journal of the American Real Estate and Urban Economics Association, 19. Jg., Nr. 3, 1991, S. 293.

der in einer Datensammelstelle vorhandenen Daten nur dann erfolgen, wenn dies ein überwiegendes Allgemeininteresse unter Beachtung des Grundsatzes der Verhältnismäßigkeit rechtfertigt. Deshalb befürwortet der Gesetzgeber eine über die in §195 II BauGB vorgesehene Öffnung der Kaufpreissammlung für die zuständigen Finanzämter hinausgehende Verfügbarmachung der Kaufpreissammlung nicht.[333] Dieser Ausschluß des Rechtes auf Einsicht in die Kaufpreissammlung ist vom Bundesverwaltungsgericht mit eingehender Begründung dargelegt worden.[334] Das Einsichtsrecht ist auch für wissenschaftliche Zwecke nicht vorgesehen, obgleich derartige Untersuchungen zur Steigerung der Markttransparenz beitragen würden.[335]

Auskünfte aus der Kaufpreissammlung sind nach §195 III BauGB bei berechtigtem Interesse nach Maßgabe landesrechtlicher Vorschriften zu erteilen. Für wissenschaftliche Zwecke kommt die Erteilung von Auskünften aus der Kaufpreissammlung unter Wahrung datenschutzrechtlicher Belange, d.h. nur in anonymisierter Form, in Betracht. Dabei dürfen neben den die Person des Eigentümers direkt bezeichnenden Angaben auch die genauen Grundstücksbezeichnungen wie Flurstück oder Grundbuchblattnummer, Straße und Hausnummer nicht wiedergegeben werden, um eine Identifkation des Grundstücks unmöglich zu machen.[336] Die Kenntnis des Grundstückskaufvertrages, der genauen Bezeichnung des veräußerten Grundstücks und dessen spezifischer Charakteristika ist jedoch im Rahmen der Konstruktion eines hedonischen

---

333 Vgl. Krautzberger, Michael in: Battis, Ulrich; Krautzberger; Michael; Löhr, Rolf-Peter: „Kommentar zum BauGB", 4. Aufl., München 1994, S. 1532.

334 Vgl. Stich, Rudolf, in: Schlichter, Otto; Stich, Rudolf (Hrsg.): „Berliner Kommentar zum Baugesetzbuch", 2. Aufl., Köln 1995, S. 2392.

335 Vgl. Kleiber, Wolfgang in: Ernst, Werner; Zinkahn, Willy; Bielenberg, Walter: „Kommentar zum Baugesetzbuch", Band III, München 1994, Loseblattsammlung, Stand 51. Nachlieferung Januar 1995, §195 BauGB, Rdnr. 56.

336 Vgl. Kleiber, Wolfgang in: Ernst, Werner; Zinkahn, Willy; Bielenberg, Walter: „Kommentar zum Baugesetzbuch", Band III, München 1994, Loseblattsammlung, Stand 51. Nachlieferung Januar 1995, §195 BauGB, Rdnr. 58 - 81.

Indexes unerläßlich, um den marginalen Beitrag der preisbeeinflussenden Charakteristika zu bestimmen.

Infolge der fehlenden freiwilligen Bereitschaft der am Immobilienmarkt tätigen Akteure, Vertragsabschriften und technische und wirtschaftliche Gebäudebeschreibungen zur Indexkonstruktion zur Verfügung zu stellen, ist die Entwicklung eines derartigen Indexes für den deutschen Immobilienmarkt unmöglich. Diese muß zudem aufgrund der rechtlichen Unmöglichkeit, die zur Konstruktion eines hedonischen Indexes erforderlichen Daten von den Gutachterausschüssen zu erhalten, verworfen werden. Zusätzlich würde die alleinige Auswertung der Kaufpreissammlung dazu führen, daß durch die Regression lediglich die Preisveränderungen der erfaßten Grundstücke - bei konstant gehaltener Qualität - in einem Index erfaßt würden. Wie erwähnt sind in einem Immobilienperformanceindex auch der Saldo aus Mietzahlungen und Bewirtschaftungskosten zu erfassen, um den Total-Return zu ermitteln. Daher müßte neben dem hedonischen Index, der die Preisveränderungen mißt, ein weiterer Index konstruiert werden, der die Veränderung der Mietzahlungen und der Bewirtschaftungskosten abbildet. Diese Informationen werden jedoch an keiner Stelle in Deutschland systematisch gesammelt, so daß die Konstruktion eines hedonischen Indexes zur Messung der Performance des deutschen Immobilienmarktes auch aus diesem weiteren Grund verworfen wird.

5.2.2 NOI/Cap Rate Indizes

Die Grundlagen der Konstruktion eines NOI/Cap Rate Indexes, bei welcher der Ertragswert einer Immobilie durch Division der Miete durch die Nettoanfangsrendite ermittelt wird, wurden bereits in Abschnitt 4.5 zum Jones Lang Wootton Index dargestellt und kritisch analysiert. Deshalb braucht an dieser Stelle nicht mehr näher darauf eingegangen zu werden.

Auf Grundlage von NOI/Cap Rate Indizes kann versucht werden, die Performance des jeweiligen Teilmarktes zu beschreiben, indem die Nettoanfangsrendite und die Veränderungsrate der ermittelten Ertragswerte addiert werden.[337] Eine derartige Vorgehensweise berücksichtigt jedoch nicht die in Deutschland üblichen Gepflogenheiten hinsichtlich der Ausgestaltung von Mietverträgen. Mietverträge für gewerblich genutzte Immobilien haben üblicherweise eine Laufzeit von zehn Jahren bzw. können im Regelfall durch den Vermieter frühestens nach Ablauf von zehn Jahren beendet werden.[338] Bei einer kürzeren Laufzeit würde die Genehmigung einer üblicherweise vereinbarten Wertsicherungsklausel durch die zuständige Landeszentralbank verweigert werden.[339] Somit werden mögliche Unterschiede zwischen der vertraglich vereinbarten indexierten Miete und dem Marktmietwert des Objektes bei der Ermittlung der Indexwerte nicht berücksichtigt.[340] Zum anderen werden - wie bereits erwähnt - nicht umlagefähige Bewirtschaftungskosten nicht in die Berechnungen einbezogen, so daß jeweils die Performance und die Ertragswertveränderung konstruktionsbedingt überschätzt werden. Des weiteren bleiben die Alterung der Objekte und eventuelle werterhöhende Modernisierungsmaßnahmen unberücksichtigt.

Meßgegenstand bei einem NOI/Cap Rate Index ist somit im Hinblick auf die Nichtabbildung der mietrechtlichen Situation in Deutschland eine fiktive Immobilie. Bei einem derartigen Index ist auch nicht sichergestellt, daß die Transaktionen, aus denen die Nettoanfangsrenditen bzw. die Mietzahlungen gewon-

---

337 Vgl. Kruijt, Bert: „The Capitalisation Rate and Real Estate Performance", Paper presented at the American Real Estate Society Conference, Hilton Head 29.3. - 1.4.1995, S. 6 sowie Jenyon, Bruce A. u.a.: „Performance-Index: Die Immobilie als Investment", in: Immobilien Zeitung, 16.11.1995, S. 4.

338 Vgl. Orr, Robert S.: „Internationale Immobilienanlagen: Höheres Risiko - größere Chancen?", in: Brunner, Marlies (Hrsg.): Geldanlage mit Immobilien, Wiesbaden 1994, S. 119.

339 Vgl. Schultz, Michael in: Bub, Wolf-Rüdiger; Treier, Gerhard (Hrsg.): Handbuch der Geschäfts- und Wohnraummiete, 2. Aufl., München 1993, S. 513 - 523.

340 Vgl. Thomas, Matthias: „The performance of the German property market between 1989 and 1994", in: Journal of Property Valuation & Investment, 13. Jg., Nr. 5, 1995, S. 83.

nen werden, qualitativ gleiche Grundstücke betreffen, wodurch die Aussagefähigkeit eines solchen Indexes weiterhin abnimmt. Zusätzlich besteht die Gefahr, daß die verwendeten Nettoanfangsrenditen eher idealisierte oder von den Marktteilnehmern erwartetete Nettoanfangsrenditen repräsentieren.[341]

Daher wird diese Vorgehensweise zur Konstruktion eines Performanceindexes für den deutschen Immobilienmarkt aus Gründen der fehlenden theoretischen und praktischen Nachbildbarkeit verworfen. Zudem ist die Problematik einer Gewichtung unterschiedlicher regionaler Teilmärkte zur Bildung eines nationalen Indexes ungelöst. Die einzelnen Grundstückstransaktionen, auf denen die Ermittlung der Nettoanfangsrendite und der Bürospitzenmieten beruht, bleiben im Zeitablauf nicht konstant und betreffen im Zweifel qualitativ unterschiedliche Grundstücke. Deswegen können hier diese qualitativen Unterschiede der einzelnen Grundstücke entsprechend der Vorgehensweise bei hedonischen Indizes nicht berücksichtigt werden.

5.3 Bewertungsindizes

5.3.1 Inhaltliche Anforderungen an einen Bewertungsindex

Die Society of Property Researchers hat in einer Untersuchung über Immobilienindizes in Großbritannien neben der Frage der Bedeutung der diversen in Großbritannien veröffentlichten Immobilienperformanceindizes auch die von

---

341 Fisher, Jeffrey D.; Geltner, David M.; Webb, Brian R.: „Value Indices of Commercial Real Estate: A Comparison of Index Construction Methods", in: Journal of Real Estate Finance and Economics, 9. Jg., Nr. 2, 1994, S. 147.

den Befragten gewünschten Eigenschaften von Immobilienperformanceindizes untersucht.[342]

Diese Untersuchung stellt die erste systematische Erfassung der Anforderungen von Immobilienindexnutzern an einen Immobilienperformanceindex dar. Dabei wurden 571 Fragebögen an Analysten, Banken, Berater, Projektentwickler, Behörden, Investoren, Rechtsanwälte, Bewertungssachverständige und andere Berufsgruppen versandt. Die Rücklaufquote betrug 29%, so daß von einem repräsentativen Ergebnis ausgegangen werden kann. In dem Fragebogen wurden die Bedeutung der wichtigsten Immobilienindizes in Großbritannien, deren Hauptanwendungsbereich, gewünschte Eigenschaften von Total-Return-Indizes sowie Verbesserungsvorschläge zu den bereits bestehenden Indizes erfaßt.

Als Ergebnis der Untersuchung wurde folgende Rangliste an wünschenswerten Indexeigenschaften ermittelt:

Tabelle 8: Bedeutung von Indexeigenschaften für Indexanwender

Indexeigenschaft	**Bedeutung (5 = sehr wichtig, 0 = unwichtig)**
Disaggregationsmöglichkeit nach Sektoren	4,3
Index stellt repräsentative Gesamtmarktperformance dar	4,1
Disaggregationsmöglichkeit nach Sektoren und Regionen	4,1
Externe Bewertung der Liegenschaften	4,0
Unabhängige Bewertung der Liegenschaften	3,8
Häufige Veröffentlichung des Indexes	3,7
Zeitnahe Veröffentlichung des Indexes	3,7
Länge der Zeitreihe	3,6
Disaggregation des Indexes nach anderen Variablen	3,2

Quelle: in Anlehnung an Society of Property Researchers (Hrsg.): „Property Indices Research Report", London 1994, S. 12.

---

342 Vgl. Society of Property Researchers (Hrsg.): „Property Indices Research Report", London 1994, S. 1 - 25.

Unter den aufgeführten Punkten werden die folgenden Sachverhalte verstanden:

- Disaggregationsmöglichkeit nach Sektoren
  Als wichtigste Eigenschaft eines Immobilienperformanceindexes wird die Möglichkeit der Disaggregation des Indexes nach unterschiedlichen Nutzungsarten angesehen. Dies könnte beispielsweise eine Unterteilung des Hauptindexes in Subindizes für die Nutzungsarten Büro, Handel und produzierendes Gewerbe sein.

- Index stellt repräsentative Gesamtmarktperformance dar[343]
  Aufgrund der Heterogenität von Immobilien existieren unterschiedliche Immobilienteilmärkte, deren Berücksichtigung die Repräsentativität des Indexes beeinflußt. Letztendlich wäre die Darstellung einer Gesamtmarktperformance nur durch die Berücksichtigung sämtlicher Regionen und Sektoren erreichbar. Gewünschte Eigenschaft ist die Darstellung einer repräsentativen Gesamtmarktperformance, was bedeutet, daß nicht sämtliche denkbaren Teilmärkte im Index abgebildet werden, sondern daß diejenigen Regionen und Sektoren repräsentativ in einem Index vertreten sind, die für institutionelle Anleger als Hauptnutzer eines Immobilienperformanceindexes die relevanten Teilmärkte darstellen.

- Disaggregationsmöglichkeit nach Sektoren/Regionen
  Unter dieser gewünschten Eigenschaft wird die Möglichkeit der Bildung von Subindizes aus einer Kombination unterschiedlicher Nutzungsarten in verschiedenen Regionen verstanden. Übertragen auf den deutschen Immobili-

---

343 Bei der von der Society of Property Researchers durchgeführten Umfrage erzielte die gewünschte Eigenschaft „Disaggregation nach Sektoren“ zwar die höchste durchschnittliche Punktzahl, jedoch erhielt die gewünschte Eigenschaft „Index stellt repräsentative Gesamtmarktperformance dar“ öfter die Höchstpunktzahl von 5 als die gewünschte Eigenschaft „Disaggregation nach Sektoren“. Vgl. Society of Property Researchers (Hrsg): „Property indices research project - Summary and options for action“, Presented at the RICS, London 26.1.1993, S. 4.

enmarkt könnte diese Forderung beispielsweise durch die Schaffung von Subindizes für Bürogebäude in Frankfurt, Berlin, München, Düsseldorf etc. erfüllt werden.

- Externe Bewertung der Liegenschaften
  Es wird gefordert, daß die regelmäßig durchzuführenden Bewertungen der im Index aufgenommenen Grundstücke nicht durch Mitarbeiter des Grundstückseigentümers, sondern durch externe Sachverständige erfolgen. Damit soll die Möglichkeit einer Beeinflussung der Bewertungsergebnisse durch Grundstückseigentümer aufgrund von fachlichen oder organisatorischen Weisungen verhindert werden.

- Unabhängige Bewertung der Liegenschaften
  Durch die Unabhängigkeit des Sachverständigen vom Auftraggeber soll die Möglichkeit der Beeinflussung des Gutachters durch unsachliche, persönliche Einflüsse vermieden werden. Dazu gehört auch, daß ein Sachverständiger Handlungen und Maßnahmen zu unterlassen hat, die den bloßen Anschein der Parteinahme erwecken können; das kann bspw. der Fall sein, wenn der Sachverständige überwiegend für ein- und denselben Auftraggeber tätig ist.[344]

- Häufige Veröffentlichung des Indexes
  Eine häufige Veröffentlichung eines Immobilienperformanceindexes und eine zeitnahe Publikation des Indexes wird von den Befragten der Untersuchung mit jeweils 3,7 Punkten als gleichbedeutend angesehen. Die Häufigkeit der Indexveröffentlichung ist zugleich vom Ausmaß der Bereitschaft der Grund-

---

[344] Vgl. Muster-Sachverständigenordnung (SVO) des Deutschen Industrie- und Handelstages vom 23.6.1986 für öffentlich bestellte und vereidigte Sachverständige i.V.m. Richtlinien zur Anwendung und Auslegung der Muster-Sachverständigenordnung des Deutschen Industrie- und Handelstages vom 5. Juni 1986. Punkt 9.2. Abgedruckt in: Kleiber, Wolfgang; Simon, Jürgen; Weyers, Gustav: „Verkehrswertermittlung von Grundstücken", 2. Aufl., Köln 1994, S. 112.

stückseigentümer oder eines Dritten abhängig, die Kosten für die regelmäßig durchzuführenden Bewertungen zu tragen. Trotz der nur jährlich stattfindenden Publikation des IPD Annual Index wurde dieser Index im Rahmen der Untersuchung der Society of Property Researchers als der sinnvollste Index beurteilt, obgleich die Befragten eine quartalsweise oder in noch kürzeren Zeitabständen stattfindende Publikation von Immobilienperformanceindizes bevorzugen würden.[345]

- Zeitnahe Veröffentlichung des Indexes

  Der Aspekt der Zeitnähe der Veröffentlichung des Indexes in bezug auf den Indexstichtag ist mit der Repräsentativität des Indexes bzw. mit dem Umfang der Stichprobe verknüpft. Als Untersuchungsergebnis der Society of Property Researchers wurde nicht eine maximal akzeptable Zeitspanne zwischen dem Stichtag und der Veröffentlichung des Indexes ermittelt, sondern lediglich das Bedürfnis der Marktteilnehmer, daß diese Zeitspanne so kurz wie möglich sein sollte.[346]

- Länge der Zeitreihe

  Das Vorhandensein einer historischen Zeitreihe ist zur Erlangung der Akzeptanz eines Indexes von Bedeutung.[347] Im Rahmen der Untersuchung der Society of Property Researchers wurde diese These bestätigt, indem festgestellt wurde, daß Indices mit einer vergleichsweise kurzen Zeitreihe nur von geringer Relevanz sind.[348]

---

345 Vgl. Society of Property Researchers (Hrsg.): „Property Indices Research Report", London 1994, S. 11 - 18.

346 Vgl. Society of Property Researchers (Hrsg): „Property indices research project - Summary and options for action", Presented at the RICS, London 26.1.1993, S. 7.

347 Vgl. dazu auch Abschnitt 3.2.2 auf S. 53.

348 Vgl. Society of Property Researchers (Hrsg.): „Property Indices Research report", London 1994, S. 11 - 18.

- Disaggregation des Indexes nach anderen Variablen

  Neben der Disaggregation des Hauptindexes nach der Wertänderungsrendite und der auf Basis des Saldos von Mieteinnahmen und anfallender Bewirtschaftungskosten resultierenden Rendite soll eine zusätzliche Disaggregation des Indexes nach anderen Variablen möglich sein. Dies könnte bspw. eine Disaggregation nach den Mieteinnahmen pro qm Gebäudefläche, den Bewirtschaftungskosten pro definiertem qm Gebäudefläche, dem Verkehrswert pro qm Gebäudefläche, oder nach Gebäudealtersklassen, nach Gebäudegrößenklassen, nach Verkehrswertklassen oder nach dem Wirtschaftszweig des Grundstückeigentümers sein. Besonders vorteilhaft im Rahmen des Benchmarking ist die Disaggregation nach den oben genannten Variablen, wenn bereits eine vorhergehende Disaggregation des Indexes nach Sektoren und Regionen stattgefunden hat. Hierdurch können regionale und nutzungsspezifische Aufwands- bzw. Ertragsstrukturen abgebildet werden.

5.3.2 Wahl der Indexformel

Durch die Gegenüberstellung der Indexstände eines Aktienperformanceindexes zu unterschiedlichen Zeitpunkten wird die Rendite eines aus den im Index repräsentierten Aktienportfolios unter bestimmten Prämissen dargestellt. Diese betreffen bspw. die Wiederanlage von Dividenden, die Gewichtung der einzelnen Aktien oder erforderliche Korrekturen infolge von Kapitalerhöhungen für den Zeitraum zwischen den ausgewählten unterschiedlichen Zeitpunkten. Aufgrund der in den Kapiteln 2 und 3 gezeigten Besonderheiten von Immobilien und des Immobilienmarktes ist die Anwendung von Indexkonstruktionsweisen für Aktien zur Konstruktion eines Performanceindexes für Immobilien ungeeignet. Daher werden in den folgenden Abschnitten Konzepte der Renditemessung eines Immobilienportfolios vorgestellt. Anhand dieser ermittelten Renditen können dann die jeweiligen Indexstände eines Immobilienperformanceindexes retrograd ermittelt werden.

5.3.2.1 Ermittlung der Rendite eines Portfolios ohne Mittelzu- und -abflüsse

Die Ermittlung der Rendite einer Immobilie oder eines Immobilienportfolios über eine Periode bestimmt sich für den Fall, daß während der betrachteten Periode keine Mittelzu- bzw. -abflüsse stattfinden, nach folgender Formel:

$$r_t = \frac{V_t}{V_{t-1}} - 1$$

mit:

r = Rendite, Total-Return

V = Verkehrswert eines Grundstücks bzw. Grundstückportfolios

Unter dem Begriff der Mittelzu- bzw. -abflüsse wird nicht nur der Eingang von Mietzahlungen etc., sondern auch die Veränderung des eingesetzten Kapitals durch Käufe, Verkäufe oder wertbeeinflussende Umbaumaßnahmen verstanden. Die Einbeziehung von Mittelzuflüssen auf Grund von Mieten abzüglich der angefallenen Mittelabflüsse für Bewirtschaftungskosten kann unter der Prämisse, daß sämtliche Zahlungen jeweils am Ende der Betrachtungsperiode in einer Summe angefallen sind, in die Formel der Renditeberechnung integriert werden:

$$r_t = \frac{V_t + C_t}{V_{t-1}} - 1$$

mit

C = Saldo des Mittelflusses

Die Berechnung der durchschnittlichen Rendite über mehrere Perioden erfolgt durch die Bestimmung des geometrischen Mittels der einzelnen Periodenrenditen.[349]

5.3.2.2 Ermittlung der Rendite eines Portfolios unter Berücksichtigung von Mittelzu- und -abflüssen innerhalb der betrachteten Periode

Für den Fall, daß Mittelzuflüsse bzw. Mittelabflüsse innerhalb der betrachteten Periode vorliegen, kann entweder die zeitgewichtete oder die geldgewichtete Rendite als Renditemaß verwendet werden. Für die Wahl des Renditemaßes ist zu prüfen, ob die anfallenden Mittelbewegungen auf dispositiven Entscheidungen beruhen oder exogene Größen darstellen.

Bei der Bestimmung der marktverursachten Rendite eines Immobilienportfolios stellen die Mittelzu- bzw. -abflüsse eine exogene Größe dar. Die Auswirkungen von Kapitaldispositionen wie Entscheidungen über den Erwerb von neuen Objekten, die Veräußerung von Bestandsobjekten etc. sollen das Ergebnis der Renditeermittlung nicht beeinflussen. In diesem Falle ist die zeitgewichtete Rendite als Renditemaß auszuwählen, da diese den Einfluß auftretender Mittelzu- und abflüsse bei der Renditeermittlung dergestalt berücksichtigt, daß nur die marktinduzierte Rendite berechnet wird.

Für den Fall, daß die Mittelbewegungen durch endogene Dispositionsentscheidungen induziert wurden, ist die Verwendung der geldgewichteten Rendite vorzuziehen, da bei dieser Methode der Einfluß des Zeitpunkts und der Höhe der

---

349 Vgl.: Zimmermann, Heinz: „Performance Messung im Asset-Management", in: Spremann, Klaus; Zur, Eberhard (Hrsg.): Controlling, Wiesbaden 1992, S. 55.

zwischenzeitlichen Mittelzu- bzw. -abflüsse auf die Rendite bei der Renditeberechnung entsprechend berücksichtigt wird.[350]

5.3.2.2.1 Zeitgewichtete Rendite

Bei der Berechnung der zeitgewichteten Rendite wird der Gesamtzeitraum in mehrere Subperioden aufgeteilt, deren Länge und Anzahl durch die Zeitpunkte der Mittelzuflüsse bestimmt sind. Daraufhin wird innerhalb jeder einzelnen Subperiode die Rendite ermittelt und anschließend das Mittel der Subperiodenrenditen bestimmt, wobei die Längen der Subperioden, bezogen auf den Gesamtzeitraum, die Gewichte bilden.[351]

Die Ermittlung der zeitgewichteten Rendite erfolgt über nachstehende Formel:

$$r_T = \prod_{j=1}^{m}\left(1 + r_j\right)^{\frac{\tilde{t}_j}{T}} - 1$$

mit:

$$T = \sum_{j=1}^{m} \tilde{t}_j$$

$$\left(1 + r_j\right)^{\tilde{t}_j} = \frac{V_j}{V_{j-1} + C_{j-1}}$$

wobei

---

350 Vgl. Wittrock, Carsten: „Messung und Analyse der Performance von Wertpapierportfolios", Bad Soden 1995, S. 18.

351 Vgl. Roßbach, Peter: „Methoden und Probleme der Performance-Messung von Aktienportefeuilles", Frankfurt 1991, S. 29.

T = Länge der Betrachtungsperiode

j = Laufindex der Mittelzu- bzw. -abflüsse

m = Anzahl der Zahlungsbewegungen zwischen j und j - 1

$\tilde{t}_j$ = Länge des j-ten Subintervalls (in Jahren)

Zur exakten Ermittlung der zeitgewichteten Rendite müssen sowohl Höhe und Zeitpunkt der einzelnen Zahlungsbewegungen als auch der Wert des Portfolios zu diesen Zeitpunkten sowie zu Beginn und Ende des Betrachtungszeitraumes bekannt sein. Daher ist es Außenstehenden aus Gründen der Datenverfügbarkeit in der Regel unmöglich, die zeitgewichtete Rendite im Rahmen einer externen Performancemessung zu berechnen.[352]

Übertragen auf die Messung der Rendite eines Immobilienportfolios würde die Anwendung des Konzeptes der zeitgewichteten Rendite erfordern, daß zum Zeitpunkt jeder Mietzahlung eine Bewertung des Immobilienbestandes durchzuführen wäre. In der Praxis ist die Synchronisation der bei einem diversifizierten Immobilienportfolio anfallenden Mietzahlungen mit jeweils zum gleichen Zeitpunkt erforderlichen Wertermittlungen aus Kostengründen nicht durchführbar. Werden jedoch die Wertermittlungen nicht zu den theoretisch geforderten Zeitpunkten durchgeführt, ist das Ergebnis des angewandten Verfahrens, nämlich die Ermittlung der zeitgewichteten Rendite, verzerrt.

---

352 Vgl. Wittrock, Carsten: „Messung und Analyse der Performance von Wertpapierportfolios", Bad Soden 1995, S. 18.

5.3.2.2.2 Geldgewichtete Rendite

Bei der Ermittlung der geldgewichteten Rendite wird unterstellt, daß die Kapitaldispositionen die jeweilige Markteinschätzung des Eigentümers reflektieren; bei einer pessimistischen Markteinschätzung kommt es zu Desinvestitionen und vice versa.[353] Die geldgewichtete Rendite mißt somit einerseits die allgemeine Marktentwicklung und andererseits die Timing-Fähigkeiten des Anlegers bzw. Fondsmanagers.[354] Der interne Zinsfuß[355] und die geldgewichtete Rendite bezeichnen den gleichen Sachverhalt, bei welcher der durchschnittliche Periodenzinssatzes einer Zahlungsreihe über den Betrachtungshorizont ermittelt wird.[356] Der Barwert aller Einzahlungen entspricht bei der geldgewichteten Rendite bzw. dem internen Zinsfuß dem Barwert aller Auszahlungen. Mathematisch kann die Ermittlung der geldgewichteten Rendite über folgende Formel geschehen:[357]

$$V_t - C_{m+1} = V_{t-1}\left(1 + r_t\right) + \sum_{j=1}^{m} C_j\left(1 + r_t\right)^{1-\tilde{t}_j}$$

Aufgrund des Exponenten $1 - \tilde{t}_j$ kann r nur über eine Näherungslösung ermittelt werden:[358]

---

353 Vgl. Sörries, Bernd: „Konzepte zur Performancemessung", in: Die Bank, Nr. 11, 1992, S. 653.

354 Vgl. Spremann, Klaus: „Zur Abhängigkeit der Rendite von Entnahmen und Einlagen", in: Finanzmarkt und Portfolio Management, 6. Jg., Nr. 2, 1992, S. 184.

355 Zur weiteren Darstellung des internen Zinsfußes sowie zu dessen Kritik vgl. Schulte, Karl-Werner. „Wirtschaftlichkeitsrechnung", 4. Aufl., Heidelberg 1986, S. 90 - 106.

356 Vgl. Sharpe, William F.; Alexander, Gordon J.; Bailey, Jeffrey V.: „Investments", 5. Aufl., Englewood Cliffs 1995, S. 919.

357 Vgl. Giliberto, S. Michael: „The Inside Story on Rates of Return", in: Real Estate Finance, 11. Jg., Nr. 1, 1994, S. 54.

358 Zur Herleitung der Näherungslösung vgl. Giliberto, S. Michael: „The Inside Story on Rates of Return", in: Real Estate Finance, 11. Jg., Nr. 1, 1994, S. 54.

$$r_t = \frac{V_t - C_{m+1} - V_{t-1} - \sum_{j=1}^{m} C_j}{V_{t-1} + \sum_{j=1}^{m} C_j \left(1 - \tilde{t}_j\right)}$$

Um über diese Näherungsformel die geldgewichtete Rendite zu ermitteln, sind weitere Annahmen hinsichtlich des Saldos der Mittelflüsse erforderlich. Der Saldo der Mittelflüsse, die zu den Zeitpunkten j fließen, kann zu jedem Zeitpunkt entweder ein positives oder negatives Vorzeichen haben und sich im Rahmen der Renditeermittlung von Immobilienportfolios aus vier Bestandteilen zusammensetzen:

$$C_j = I_j - NM_j - S_j + P_j$$

mit:

NM	=	Nettomittelfluß aus Mietzahlungen, definiert als Mittelfluß aus Mietzahlungen abzgl. Mittelfluß für Bewirtschaftungskosten
S	=	Mittelfluß aus dem Verkauf von Grundstücken
P	=	Mittelfluß aus dem Erwerb von Grundstücken

Mittelflüsse aus dem Verkauf von Grundstücken sowie der Nettomittelfluß aus Mietzahlungen werden als Mittelabfluß interpretiert, während Mittelflüsse aus werterhöhenden Investitionen und aus dem Erwerb von Grundstücken als Mittelzufluß interpretiert werden. Zugleich gilt die Bedingung der Nichtnegativität für alle vier Variablen.

Da zu erwarten ist, daß in jedem einzelnen Monat zwischen t - 1 und t ein Mittelfluß stattfinden wird, wurde auf den Laufindex j bei der weiteren Darstellung der angesprochenen vier Variablen verzichtet.

Wird nun als Länge des Intervalls zwischen t und t - 1 der Zeitraum von 12 Monaten festgelegt und unterstellt, daß der Nettomittelfluß aus Mietzahlungen jeweils monatlich vorschüssig erfolgt und der Mittelfluß aus dem Erwerb, der Veräußerung sowie aus werterhöhenden Investitionen jeweils zur Mitte des definierten Intervalls erfolgt, lautet die Formel zur Ermittlung der jährlichen Rendite:

$$r_t = \frac{V_t - V_{t-1} - I - P + S + NM}{V_{t-1} + \frac{1}{2}(I - P + S) - \frac{11}{24} NM}$$

Soll die Rendite hingegen quartalsweise unter der Bedingung ermittelt werden, daß keine Käufe von Immobilien innerhalb des Betrachtungsintervalles stattfanden, die Nettomittelflüsse der Mietzahlungen des betrachteten Quartals monatlich nachschüssig anfallen und daß die werterhöhenden Umbaumaßnahmen sowie eventuelle Verkäufe von Grundstücken genau zur Quartalsmitte erfolgen, so lautet die Formel: [359]

$$r_t = \frac{V_t - V_{t-1} - I + S + NM}{V_{t-1} + \frac{1}{2}(I + S) - \frac{1}{3} NM}$$

Diese Berechnungsweise entspricht der Formel, die dem quartalsweise berechneten RNPI, dem bedeutendsten Immobilienindex der USA,[360] zugrundegelegt wird.[361] Die Berücksichtigung der Nettomittelflüsse der Mietzahlungen im Nenner der Formel ermöglicht es, den internen Zinsfuß des Portfolios für das beobachtete Quartal unter der Prämisse, daß die Mietzahlungen monatlich

---

359 Vgl. Giliberto, S. Michael: „The Inside Story on Rates of Return", in: Real Estate Finance, 11. Jg., Nr. 1, 1994, S. 53.

360 Vgl. Gordon, Jacques N.: „Property Performance Indexes in the United Kingdom and the United States", in: Real Estate Review, 21. Jg., Nr. 2., 1991, S. 34.

361 Vgl. Giliberto, S. Michael: „The Inside Story on Rates of Return", in: Real Estate Finance, 11. Jg., Nr. 1, 1994, S. 53.

nachschüssig anfallen, besser zu approximieren.[362] Im Vergleich zu einer quartalsweise nachschüssigen Verrechnung der Nettomittelflüsse aus Mietzahlungen ist die vorstehend ermittelte Rendite höher. Die in der abgebildeten Formel unterstellten monatlich nachschüssigen Nettomittelflüsse aus Mietzahlungen führen zu einem Zinseszinseffekt, da die erste Mietzahlung noch für zwei Monate und die zweite Mietzahlung noch für einen Monat angelegt werden kann.

Die ermittelte Rendite läßt sich weiter disaggregieren in eine Netto-Cash-Flow-Renditekomponente, die auf die Mittelflüsse der Nettomietzahlungen zurückzuführen ist, sowie in die Renditekomponente, die auf Wertveränderungen des zugrundeliegenden Grundstücksportfolios basiert. Dazu wird die oben aufgeführte Formel zur Ermittlung der gesamten Rendite in die jeweiligen Komponenten aufgespalten und lautet für die Netto-Cash-Flow-Rendite:

$$r(NCF)_t = \frac{NM}{V_{t-1} + \frac{1}{2}(I + S) - \frac{1}{3}NM}$$

mit:

r(NCF) = Netto-Cash-Flow-Rendite

und für die Wertänderungsrendite

$$r(WÄ)_t = \frac{V_t - V_{t-1} - I + S}{V_{t-1} + \frac{1}{2}(I + S) - \frac{1}{3}NM}$$

---

[362] Vgl. Young, Michael S. u.a.: „Defining Commercial Property Income and Appreciation Returns for Comparability to Stock Market-Based Measures", in: Real Estate Finance, 12. Jg., Nr. 2, 1995, S. 28.

mit:

$r(WÄ)$ = Wertänderungsrendite

Hinsichtlich der Zeitpunkte innerhalb des betrachteten Zeitraumes, zu denen die Mittelzu- bzw. -abflüsse stattfinden, können die unterschiedlichsten Annahmen getroffen und im Rahmen der Renditeberechnung in der Formel zur Ermittlung der Rendite abgebildet werden. So wird bei der Berechnung des Russel Canadian Property Indexes (RCPI) unterstellt, daß sämtliche Mittelflüsse aus werterhöhenden Investitionen, Verkäufen und Nettomietzahlungen genau in der Mitte des betrachteten Zeitraums anfallen, so daß die Formel lautet:[363]

$$r_t = \frac{V_t - V_{t-1} - I + S + NM}{V_{t-1} + \frac{1}{2}(I + S) - \frac{1}{2} NM}$$

Die Formel, nach der der australische BOMA-Russel Index berechnet wird, lautet hingegen:[364]

$$r_t = \frac{V_t - V_{t-1} - I + NM}{V_{t-1} + \frac{1}{2} I - \frac{1}{2} NM}$$

Dabei wird unterstellt, daß die werterhöhenden Investitionen und Mietzahlungen jeweils zur Periodenmitte anfallen. Da Verkäufe in der Indexformel nicht explizit berücksichtigt werden, müssen die in die Berechnung einfließenden

---

363 Vgl. Brennan, Leonard: „Techniques and Challenges in Developing Property Indices“, in: Journal of Property Valuation & Investment, 10. Jg., Nr. 1, 1991, S. 404.

364 Vgl. Newell, Graeme; Webb, James R.: „Institutional Real Estate Performance Benchmarks: An International Perspective“, in: Journal of Real Estate Literature, 2. Jg., Nr. 2, 1994, S. 217.

Größen bereinigt werden, so daß sie nur die Grundstücke beinhalten, die sowohl zu Beginn als auch zum Ende der Periode im Index abgebildet sind.

Die Formel, nach der die Investment Property Databank in London die jährlich veröffentlichten Indexwerte des IPD Annual Index unter Berücksichtigung von Käufen und Verkäufen ermittelt, lautet:[365]

$$r_t = \frac{V_t - V_{t-1} - I - P + S + NM}{V_{t-1} + \frac{1}{2} I + \sum_{\hat{p}=1}^{n}\left(1 - \frac{x_{\hat{p}}}{12}\right) P_t^{(\hat{p})} - \sum_{s=1}^{n}\left(1 - \frac{x_s}{12}\right) V_{t-1}^{(s)}}$$

mit:

$\hat{p}$ = Laufindex der erworbenen Grundstücke

$x_{\hat{p}}$ = Monat des Grundstückkaufs

s = Laufindex der verkauften Grundstücke

x_s = Monat des Grundstückverkaufs

Im Vergleich zu den Formeln, die zur Ermittlung des RNPI, RCPI bzw. BOMA-Russel verwendet werden, unterscheidet sich die von IPD verwendete Formel in folgenden Punkten:

- Nettomittelfluß der Mietzahlungen
  IPD unterstellt, daß der Nettomittelfluß der Mietzahlungen jeweils nachschüssig in einer Summe anfällt. Ein Zinseszinseffekt aufgrund der Wiederanlage von in der Realität unterjährig ratierlich anfallenden Mietzahlungen in das Grundstücksportfolio wird also nicht berücksichtigt.

---

365 IPD (Hrsg.): unveröffentlichte Unterlagen.

- Zeitlicher Anfall der Grundstückskäufe und -verkäufe
  Wird bei den RNPI und RCPI Indizes unterstellt, daß Grundstücksverkäufe (Käufe werden im Rahmen der RNPI und RCPI Indizes erst zum nächsten Indexstichtag erfaßt) zur Periodenmitte des quartalsweisen Berechnungsintervalls erfolgen, so berücksichtigt der jährlich berechnete IPD Index den zeitlichen Anfall der Käufe und Verkäufe genauer. Die größere Genauigkeit des IPD Indexes wird durch die Gewichtung des Verkehrswertes bzw. Kaufpreises mit dem Jahresbruchteil erreicht, den sich das Grundstück im Portfolio befunden hat (bei verkauften Grundstücken) bzw. befindet (bei gekauften Grundstücken). Jedoch wird die von RNPI und RCPI gewählte Vorgehensweise bei quartalsweiser Indexermittlung als hinreichend genau eingeschätzt. Abweichend davon werden beim BOMA-Russel Index die in die Berechnung der Rendite eingehenden Größen um die Verkehrswerte, Nettomietzahlungen und die werterhöhenden Investitionen der innerhalb der Periode veräußerten Grundstücke bereinigt.

- Berücksichtigung von Wertveränderungen der verkauften Grundstücke im Zeitraum t - 1 bis zum Veräußerungsmonat
  Wird bei den RNPI und RCPI Indizes sowohl der Zähler als auch der Nenner in voller Höhe um den Verkaufspreis korrigiert, so wird beim IPD Index der Zähler um den Verkaufspreis und der Nenner um den Verkehrswert des verkauften Grundstücks zum letzten Indexberechnungsstichtag, dem Ende des Zeitraumes t - 1, korrigiert. Dadurch tragen Wertänderungen der veräußerten Grundstücke zwischen t - 1 und dem Verkaufsmonat zur Rendite des zugrundeliegenden Portfolios noch anteilig bei. Wertänderungen zwischen dem Veräußerungstermin der verkauften Grundstücke und dem Ende von t - 1 werden nicht berücksichtigt, so daß kein Wertänderungsbeitrag in die Renditeberechnung einfließt. Diese Vorgehensweise bei den RNPI und RCPI Indizes wird vor dem Hintergrund der quartalsweisen Indexermittlung als hinreichend genau eingeschätzt; zugleich reflektieren diese Indizes dadurch eine informationsneutrale „buy and hold"-Strategie. Hierdurch sind die

Indizes im Rahmen eines Benchmarking besser geeignet als Indizes unter Berücksichtigung von Transaktionen. Bei einer nur jährlichen Indexermittlung, wie im Falle des Transaktionen berücksichtigenden IPD Annual Indexes, ist die Berücksichtigung der Wertänderung bis zum Verkaufsmonat des Grundstückes als Renditebeitrag vorzuziehen, wobei IPD jedoch zusätzlich einen Index ohne Transaktionen veröffentlicht.

Obgleich die geldgewichtete Rendite nicht nur die Marktentwicklung, sondern auch die Timingfähigkeiten des Portfoliomanagers beschreibt, werden die bedeutendsten Immobilienperformanceindizes in den USA (RNPI), Kanada (RCPI), Australien (BOMA-Russel) sowie in Großbritannien (IPD)[366] auf Grund des erheblichen Aufwandes auf Basis der geldgewichteten Rendite und nicht auf Basis der zeitgewichteten Rendite, die nur die Marktentwicklung beschreibt, ermittelt. Die geldgewichtete Rendite wird im Falle des RNPI, RCPI, BOMA-Russel und IPD Indizes als Approximation der zeitgewichteten Rendite eingesetzt, da zu einem Zeitpunkt innerhalb der betrachteten Periode zeit- und geldgewichtete Rendite übereinstimmen.[367] Bislang sind keine vergleichenden Untersuchungen zum Umfang der Abweichung der Renditen für Immobilienportfolios, die sowohl über die geldgewichtete als auch über die zeitgewichtete Rendite ermittelt wurden, durchgeführt worden. Die Genauigkeit der Ergebnisse der jeweiligen Berechnungsverfahren hängt vom Timing der Bewertungen, ob diese tatsächlich sämtlich zum Indexermittlungsstichtag durchgeführt wurden und von der Art der Gewichtung der einzelnen Mittelflüsse innerhalb des Berechnungsintervalls ab.[368]

---

366 Morrell, Guy D.: „Property performance analysis and performance indices: a review", in: Journal of Property Research, 8. Jg., Nr. 1, 1991, S. 44.

367 Vgl. Tippett, Mark: „Estimating Returns on Financial Instruments: Time versus Money-Weighted Returns", in: Journal of Business Finance & Accounting, 21. Jg., Nr. 5, 1994, S. 731.

368 Vgl. Brown, Gerald R.: „Property Investment and the Capital Markets", London 1991, S. 254.

5.3.2.2.3 Linked Rate of Return

Eine im Vergleich zur zeitgewichteten Rendite weniger aufwendige Möglichkeit der Renditeermittlung ist die Linked Rate of Return als Näherungsverfahren zur Ermittlung der zeitgewichteten Rendite. Bei der Berechnung der Linked Rate of Return wird der Betrachtungszeitraum in gleich lange Subperioden aufgeteilt und für jede dieser Subperioden die geldgewichtete Rendite in Analogie zu den vorher dargestellten Näherungsverfahren ermittelt. Erforderliche Daten sind daher der Anfangs- und der Endwert des Portfolios sowie die Höhe der Zahlungen. Ist nicht ermittelbar, an welchen Tagen genau die Mittelzu- bzw. -abflüsse stattgefunden haben, können diesbezüglich vereinfachende Annahmen getroffen werden.

Die Linked Rate of Return einer Periode wird durch die multiplikative Verknüpfung der einzelnen, unter den vereinfachenden Prämissen ermittelten geldgewichteten Subperiodenrenditen berechnet. Das Ergebnis dieses Näherungsverfahrens stellt dann jedoch weder eine zeitgewichtete noch eine geldgewichtete Rendite dar.[369]

Die Länge der einzelnen Subperioden ist von der Verfügbarkeit der benötigten Daten abhängig. Generell wird dafür eine Subperiodenlänge von ein bis drei Monaten vorgeschlagen, wobei absolute Ergebnisabweichungen gegenüber der zeitgewichteten Rendite mit ansteigender Länge der Subperiode zunehmen.[370]

---

369 Vgl. Stucki, Edouard: „Beschreibende Methoden zur Messung der Performance von Aktienportfolios“, Diss., St. Gallen 1988, S. 39.

370 Vgl. Brown, Gerald R.: „Property Investment and the Capital Markets“, London 1991, S. 253.

Da jedoch die international verwendeten Immobilienperformanceindizes nicht auf dem Konzept des Linked Rate of Return beruhen, wird auf eine ausführliche Darstellung dieses Konzepts verzichtet.[371]

5.3.3 Verkehrswertermittlung von Grundstücken als Ausgangspunkt eines Bewertungsindexes

5.3.3.1 Begriff des Verkehrswertes

Der Begriff des Verkehrswertes wird im §194 des BauGB als derjenige Preis definiert, der in dem Zeitpunkt, auf den sich die Ermittlung bezieht, im gewöhnlichen Geschäftsverkehr nach den rechtlichen Gegebenheiten und tatsächlichen Eigenschaften, der sonstigen Beschaffenheit und der Lage des Grundstücks oder des sonstigen Gegenstands der Wertermittlung ohne Rücksicht auf ungewöhnliche oder persönliche Verhältnisse zu erzielen wäre.

Der Begriff des Verkehrswertes baut dabei auf mehreren Fiktionen auf: Der Verkehrswert ist ein frei von subjektiven Betrachtungsweisen allein an den objektiven Merkmalen eines Grundstücks orientierter Wert und bemißt sich nach den folgenden normativen Vorgaben:[372]

- Der Verkehrswert soll dem Preis entsprechen, der unter den im §194 BauGB aufgeführten Umständen, bei einem fiktiven Kauf zustande käme.[373]

---

371 Zu einer ausführlichen Darstellung des Konzeptes des Linked Rate of Return vgl. Dietz, Peter: „Pensions Funds - Measuring Investment Performance“, Toronto 1966, S. 1ff.

372 Vgl. Kleiber, Wolfgang; Simon, Jürgen; Weyers, Gustav: "Verkehrswertermittlung von Grundstücken", 2. Aufl., Köln 1994, S. 190.

373 Vgl. Dieterich, Hartmut in: Ernst, Werner; Zinkahn, Willy; Bielenberg, Walter: „Kommentar zum BauGB“, Band II, München 1994, Loseblattsammlung, Stand 51. Nachlieferung Januar 1995, §194 BauGB, Rdnr. 28.

- Der Verkehrswert bestimmt sich auf der Grundlage aller tatsächlichen und rechtlichen Eigenschaften eines Grundstücks (bspw. Lage und Zustand des Grundstücks, Angebot und Nachfrage, Kaufkraft usw.), die für jedermann innerhalb eines bestimmten Grundstücksteilmarktes wertbeeinflussend sind.

- Der Verkehrswert bestimmt sich nach den Anschauungen des "gewöhnlichen Geschäftsverkehrs ... ohne Rücksicht auf ungewöhnliche oder persönliche Verhältnisse." Unter dem Begriff des gewöhnlichen Geschäftsverkehrs wird dabei der Handel auf einem freien Markt verstanden, wobei weder Käufer noch Verkäufer unter Zeitdruck, Zwang oder Not stehen und allein objektive Maßstäbe bestimmend sind.[374]

- Der Verkehrswert bestimmt sich nach den allgemeinen Wertverhältnissen, die in dem Zeitpunkt, auf den sich die Verkehrswertermittlung bezieht, auf dem Grundstücksteilmarkt vorherrschen. Daher ist der Verkehrswert eine zeitabhängige Größe, die nur zum Wertermittlungsstichtag Gültigkeit hat, da einerseits der Zustand des Grundstücks hinsichtlich der tatsächlichen und rechtlichen Eigenschaften und andererseits die Lage auf dem Grundstücksmarkt kontinuierlichen Änderungen unterworfen ist.

Somit ist unter dem Verkehrswert begrifflich derjenige Wert zu verstehen, der im allgemeinen Grundstücksverkehr am wahrscheinlichsten zu erzielen ist.[375] Damit soll der Verkehrswert eher ein durchschnittlicher Zeitwert sein, der im Mittelfeld der zum Vergleich herangezogenen Transaktionen liegt. Der Ver-

---

374 Vgl. BFH III 88/65, Urteil vom 14.2.1969, abgedruckt in Kleiber, Wolfgang (Hrsg.): „Entscheidungssammlung zum Grundstücksmarkt und zur Grundstückswertermittlung", Neuwied 1994, Loseblattsammlung, Stand 14. Nachlieferung, Dezember 1995, 19.16.

375 Vgl. Bundestags-Drucksache X/6166, S.137 - 138.

kehrswert soll also ein interindividueller Wert sein, den das Grundstück für jedermann hat.[376]

Gleichwohl muß deutlich zwischen den Begriffen „Wert" und „Preis" unterschieden werden. Der Begriff des Wertes beruht auf einer Schätzung und muß nicht in jedem Fall mit dem real ausgehandelten und bezahlten Preis übereinstimmen. Aus diesem Grund kann auch von einem einzelnen Kaufpreis nicht auf die allgemeinen Wertverhältnisse auf dem Grundstücksmarkt geschlossen werden. Letztendlich wird der Preis einer Sache immer zwischen den einzelnen Wertvorstellungen von Käufer und Verkäufer liegen.

Hinsichtlich der Genauigkeit von Verkehrswertermittlungen von Grundstücken ist von Bedeutung, daß der Verkehrswert von Grundstücken keine mathematisch genau ermittelbare Größe ist. Das Element der Schätzung spielt dabei eine nicht unbeträchtliche Rolle. So werden unterschiedliche Gutachter bei der Bewertung eines Grundstücks zum selben Bewertungsstichtag in der Regel zu voneinander abweichenden gutachterlichen Ergebnissen kommen. In der Rechtsprechung wird von einem Genauigkeitsgrad von bis zu ±20 bis ±30% ausgegangen.[377] Im allgemeinen kann jedoch von einem Genauigkeitsgrad von ±10% ausgegangen werden.[378] Daher werden die ermittelten Verkehrswerte üblicherweise auch auf- bzw. abgerundet.

Anwendung findet der Begriff des Verkehrswertes neben der Information von potentiellen Käufern bzw. Verkäufern über den "Wert" von Grundstücken bspw.

---

376 Vgl. BGH III ZR 111/61, Urteil vom 25.6.1964, abgedruckt in Kleiber, Wolfgang (Hrsg.): „Entscheidungssammlung zum Grundstücksmarkt und zur Grundstückswertermittlung", Neuwied 1994, Loseblattsammlung, Stand 14. Nachlieferung, Dezember 1995, 20.37.

377 Vgl. Kleiber, Wolfgang; Simon, Jürgen; Weyers, Gustav: „WertV '88", 3. Aufl., Köln 1993, S. 55.

378 Vgl. LG Hamburg, Urt. vom 31.10.1960 - 10 o 30/60 -, abgedruckt in Kleiber, Wolfgang (Hrsg.): „Entscheidungssammlung zum Grundstücksmarkt und zur Grundstückswertermittlung", Neuwied 1994, Loseblattsammlung, Stand 14. Nachlieferung, Dezember 1995, 18.15.

als Bemessungsgrundlage von Entschädigungen für durch Enteignung eintretenden Rechtsverlust nach §95 Abs. 1 Satz 1 BauGB. Bei Zwangsversteigerungsverfahren wird als Grundstückswert ebenfalls nach §74a Abs. 5 des Zwangsvollstreckungsgesetzes (ZVG) der "Verkehrswert" festgesetzt. Der Verkehrswert ist im Zwangsversteigerungsverfahren unter anderem für die 7/10 bzw. 5/10 Grenze von Bedeutung, bei der ein Berechtigter eine Versagung des Zuschlags beantragen kann bzw. von Amts wegen der Zuschlag versagt wird.

Der Begriff des Verkehrswertes wird des weiteren bei offenen Immobilienfonds angewendet. Bei diesen ist die jährliche Ermittlung des Verkehrswertes bei Bestandsobjekten laut §34 Gesetz über Kapitalanlagegesellschaften (KAGG) vorgeschrieben. Dies dient zur Ermittlung des Wertes des Sondervermögens, wodurch der Ausgabe- bzw. Rücknahmepreis des Anteilscheines ermittelt werden kann. Im KAGG wird zudem geregelt, daß die Sondervermögen nach §27 Absatz 3 KAGG vor Erwerb neuer Objekte bzw. nach §37 Absatz 1 KAGG vor Veräußerung von Bestandsobjekten Verkehrswertermittlungen durchführen lassen müssen, da ein Erwerb nur zu einem Preis, der dem Verkehrswert entspricht oder leicht oberhalb des Verkehrswertes liegt, erfolgen darf. Eine Veräußerung ist nur zum Verkehrswert bzw. zu einem Preis geringfügig unterhalb des Verkehrswertes zulässig.

Weitere Anwendungsbereiche des Verkehrswertbegriffs finden sich bspw. auch noch im Haushaltsrecht, im Bergrecht und im Flurbereinigungsverfahren.

5.3.3.2 Verfahren der Verkehrswertermittlung

Für die Konstruktion eines Immobilienperformanceindexes auf Basis von Verkehrswerten sind die Verfahren der Verkehrswertbestimmung und deren konsistente Anwendung von ausschlaggebender Bedeutung. Historisch haben sich drei Verfahren zur Wertermittlung entwickelt,[379] die sämtlich in der WertV88 als zulässige Verfahren aufgeführt werden. Daher wird in den folgenden Abschnitten auf die in §7 der WertV88 genannten Methoden der Verkehrswertermittlung eingegangen. Dem Sachverständigen stehen demnach das Vergleichswertverfahren, das Ertragswertverfahren sowie das Sachwertverfahren zur Ermittlung des Verkehrswertes zur Verfügung. Der Verkehrswert eines Grundstücks ist nicht mit dem Ergebnis eines der vorhergenannten Verfahren gleichzusetzen, sondern aus dem Ergebnis des herangezogenen Verfahrens unter Berücksichtigung der Lage auf dem Grundstücksmarkt (auch Marktanpassungsab- bzw. -zuschlag genannt) zu bemessen. Zur Ermittlung des Verkehrswertes können auch mehrere Verfahren herangezogen werden, wobei der Verkehrswert dann aus deren Ergebnissen unter Würdigung ihrer Aussagefähigkeit abzuleiten ist.

5.3.3.2.1 Auswahl des Verfahrens

Die Wahl des Bewertungsverfahrens ist nach der Art des Gegenstands der Wertermittlung, unter Berücksichtigung der im gewöhnlichen Geschäftsverkehr bestehenden Gepflogenheiten, vorzunehmen. Grundsätzlich werden die drei

---

379 Vgl. zur historischen Entwicklung der Wertermittlungsverfahren in Deutschland Keunecke, Klaus-Peter: „Immobilienbewertung", Berlin 1994, S. 3 - 33.

Wertermittlungsverfahren von der Rechtsprechung als gleichrangig angesehen.[380]

Im Regelfall wird das in den §§13 und 14 der WertV88 geregelte Vergleichswertverfahren zur Ermittlung des Bodenwertes von Grundstücken herangezogen.[381] Zur Ermittlung des Verkehrswertes bebauter Grundstücke eignet sich das Vergleichswertverfahren im allgemeinen nicht, da dem Sachverständigen nicht genügend zeitnahe vergleichbare Transaktionen zur Verfügung stehen.

Das Sachwertverfahren ist nach 3.1.3 der WertR 91 bei Grundstücken anzuwenden, bei denen es für die Werteinschätzung am Markt nicht in erster Linie auf den Ertrag ankommt. Als Anwendungsbeispiele werden individuell gestaltete - insbesondere eigengenutzte - Ein- und Zweifamilienhausgrundstücke aufgeführt. Für den Fall, daß ortsübliche Mieten nicht feststellbar sind, soll das Sachwertverfahren ebenfalls bei der Bewertung eigengenutzter Fabrikanlagen, Lagerhallen und anderer gewerblicher Objekte Anwendung finden.

Dem gegenüber wird jedoch auch die Auffassung vertreten, daß es nicht auf die Eigentumsverhältnisse und die Frage ankomme, ob der Grundstückseigentümer zugleich der Nutzer sei, sondern daß für die Entscheidung über die Anwendung des Sachwertverfahrens lediglich die Art der jeweiligen Nutzung ausschlaggebend sei.[382] Es wird darauf hingewiesen, daß bei der Entscheidung über den Kauf eines eigengenutzten Einfamilienhauses der Aspekt der ersparten Miete einen bedeutenden Einfluß habe. Zudem wächst - aufgrund der gestiegenen Mobilität der Bevölkerung - die Bedeutung der bei einer Vermietung

---

380 Vgl. BGH V ZR 24/63 Urteil vom 15.6.1965, abgedruckt in Kleiber, Wolfgang (Hrsg.): „Entscheidungssammlung zum Grundstücksmarkt und zur Grundstückswertermittlung", Neuwied 1994, Loseblattsammlung, Stand 14. Nachlieferung Dezember 1995, 20.39.

381 Vgl. Dieterich, Hartmut; Dransfeld, Egbert; Voß, Winrich: „Urban land & property markets in Germany", London 1993, S. 107.

382 Vgl. Zimmermann, Peter; Heller, Robert E.: „Der Verkehrswert von Grundstücken", München 1995, S. 86.

erzielbaren Miete sowie die Finanzierbarkeit der Belastungen aus dem Grundstückserwerb durch die Mieterträge.[383] Daher ist letztendlich die Argumentation zur Anwendung des Sachwertverfahrens bei Einfamilienhäusern im Hinblick auf die These „Ertragsgedanken sind ... beim Kauf von Einfamilienhausgrundstücken weitgehend ausgeschaltet"[384] abzulehnen.

Der Sachwert als Ausgangspunkt für die Wertermittlung eines Fabrikgrundstückes kann grundsätzlich keine sachgerechte Methode zur Wertermittlung sein. Für den Fall der Veräußerung eines vormals eigengenutzten Fabrikgrundstücks ist für einen zukünftigen Erwerber, der die aufstehenden baulichen Anlagen im Rahmen seiner eigenen Geschäftstätigkeit nutzen möchte, der Umfang der Verwendungsmöglichkeit der Gebäude entscheidend und nicht allein die Tatsache ihrer Existenz - mit der Folge, daß auch neue bauliche Anlagen mit einem hohen Sachwert vom Grundstück entfernt werden. [385] Daher ist auch bei Fabrikgrundstücken der Tatbestand der Ertragserzielung aus dem Grundstück in den Vordergrund zu stellen.

Zudem wird die Anwendung des Sachwertverfahrens infolge der Vermengung der Begriffe Kosten und Wert im Rahmen der Wertermittlung von Grundstücken kritisiert.[386]

Das Ertragswertverfahren wird zur Bewertung von bebauten Grundstücken angewendet, bei denen die Verzinsung des investierten Kapitals für die Preisbildung im gewöhnlichen Geschäftsverkehr ausschlaggebend ist. Dies sind Mietwohn- und Geschäftsgrundstücke, gemischt genutzte Grundstücke, Gewerbe-,

---

383 Vgl. Zimmermann, Peter; Heller, Robert E.: „Der Verkehrswert von Grundstücken", München 1995, S. 93.

384 Vgl. Kleiber, Wolfgang; Simon, Jürgen; Weyers, Gustav: „WertV '88", 3. Aufl., Köln 1993, S. 121.

385 Vgl. Zimmermann, Peter; Heller, Robert E.: „Der Verkehrswert von Grundstücken", München 1995, S. 88.

386 Vgl. Scarrett, Douglas: „Property Valuation - The five Methods", London 1991, S. 171.

Industrie- und Garagengrundstücke.[387] Gesetzlich geregelt ist das Ertragswertverfahren in den §§15 - 20 der WertV88.

Das Vergleichswertverfahren und das Sachwertverfahren haben im Rahmen der Verkehrswertermittlung der in einem Performanceindex berücksichtigten bebauten Grundstücke auf Grund der Auffassung des allgemeinen Geschäftsverkehrs nur eine untergeordnete Bedeutung. Zudem schließt sich die Möglichkeit des Erwerbs eigengenutzter Ein- bzw. Zweifamilienhäuser für das Immobilienportfolio institutioneller Investoren als Datenlieferanten und Nutzern eines Immobilienperformanceindexes definitionsgemäß aus. Daher wird das Ertragswertverfahren in den folgenden Abschnitten in den Vordergrund der Betrachtung gestellt, während das Vergleichs- und das Sachwertverfahren nur vergleichsweise knapp behandelt werden.

5.3.3.2.2 Vergleichswertverfahren

Das Vergleichswertverfahren gilt unter der Voraussetzung, daß eine genügende Anzahl geeigneter Kaufpreise oder geeigneter Bodenrichtwerte zur Verfügung stehen, als die i.d.R. einfachste, zuverlässigste und überzeugendste Methode der Verkehrswertermittlung.[388] Allerdings scheidet das Vergleichswertverfahren aufgrund des Fehlens von vergleichbaren Transaktionen und der fehlenden Übereinstimmung der wertrelevanten Merkmale zwischen einem bebauten Vergleichsgrundstück und dem zu bewertenden bebauten Grundstück,

---

387 Vgl. Rössler, Rudolf u.a.: „Schätzung und Ermittlung von Grundstückswerten", 6. Aufl., Neuwied 1990, S. 31.

388 Vgl. Kleiber, Wolfgang in: Ernst, Werner; Zinkahn, Willy; Bielenberg, Walter: „Kommentar zum BauGB", Band III, München 1994, Loseblattsammlung, Stand 51. Nachlieferung Januar 1995, §13 WertV88 Rdnr. 2.

zur Bewertung bebauter Grundstücke in der Regel aus.[389] Daher beschränken sich die folgenden Ausführungen auf die Ermittlung des Bodenwertes von Grundstücken.

Die Ermittlung des Vergleichswertes kann über die Durchführung des unmittelbaren Preisvergleichs oder alternativ über den mittelbaren Preisvergleich erfolgen. Beim unmittelbaren Preisvergleich steht eine hinreichende Anzahl geeigneter, zeitnah stattgefundener Vergleichstransaktionen zur Verfügung. Dies ist beim mittelbaren Preisvergleich, der mit Hilfe der von den örtlichen Gutachterausschüssen veröffentlichten Bodenrichtwerten erfolgt, nicht der Fall. Der schematische Ablauf des Vergleichswertverfahrens wird in der folgenden Abbildung dargestellt. Der obere linke Block bildet den Ausgangspunkt für den direkten Preisvergleich, während der obere rechte Block Ausgangspunkt des indirekten Preisvergleichs ist.

[389] Lediglich bei der Bewertung von sehr einheitlichen bebauten Grundstücken wie bspw. Reihenhäuser bzw. Eigentumswohnungen kann das Vergleichswertverfahren zur Bewertung bebauter Grundstücke Anwendung finden. Vgl. Tollmien, Ole: „Bewertungsverfahren der Wertermittlungsverordnung", in: Falk, Bernd (Hrsg.): Gewerbe-Immobilien, 6. Aufl., Landsberg/Lech 1994, S. 479 sowie Rössler, Rudolf u.a.: „Schätzung und Ermittlung von Grundstückswerten", 6. Aufl. Neuwied 1990, S. 30, Kleiber, Wolfgang; Simon, Jürgen; Weyers, Gustav: „WertV88", 3. Aufl., Köln 1993, Kleiber, Wolfgang; Simon, Jürgen; Weyers, Gustav: „Verkehrswertermittlung von Grundstücken", 2. Aufl., Köln 1994, S. 467, Simon; Jürgen, Cors, Klaus G., Troll, Max: „Handbuch der Grundstückswertermittlung", 3. Aufl., München 1992, S. 83.

Abbildung 29: Schematischer Ablauf des Vergleichswertverfahrens

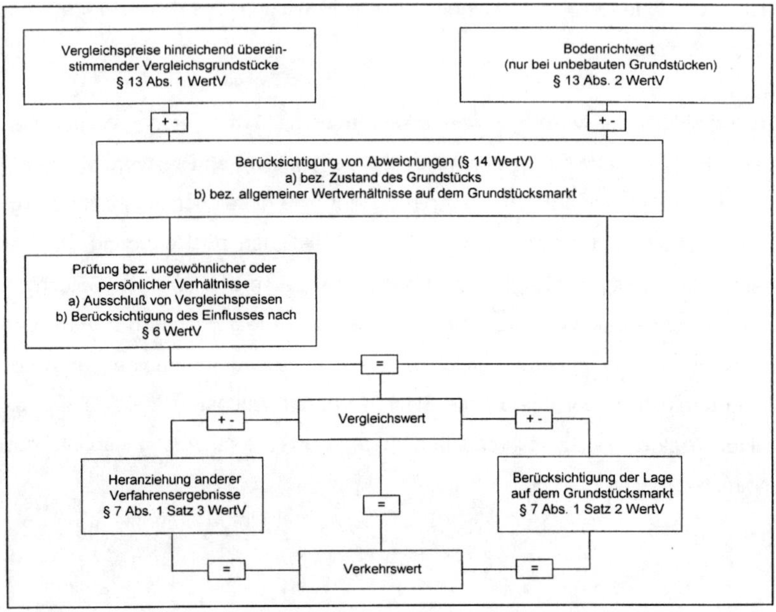

Quelle: in Anlehnung an Kleiber, Wolfgang; Simon, Jürgen; Weyers, Gustav: „Verkehrswertermittlung von Grundstücken“, 2. Aufl., Köln 1994, S. 674.

Die Anwendung des direkten Preisvergleichs im Rahmen des Vergleichswertverfahrens setzt voraus, daß geeignete Kaufpreise von Vergleichsgrundstücken in ausreichender Zahl zur Verfügung stehen. Als Empfehlung werden in der Literatur 10 bis 15 Vergleichspreise als Mindestzahl genannt.[390] In der Praxis stehen nur selten genügend Vergleichspreise im statistischen Sinne zur Verfügung, so daß im Grenzfall sogar auf lediglich einen Vergleichspreis zurückge-

---

390 Möckel, Rainer, in: Gerardy, Theo; Möckel, Rainer (Hrsg.): „Praxis der Grundstücksbewertung“, Band 1, Landsberg/Lech, Loseblattsammlung, Stand 21. Nachlieferung von 12/1995, S. 1.3.7/8.

griffen werden kann.[391] Grundsätzlich sind um so mehr Vergleichstransaktionen erforderlich, je geringer die gewünschte Irrtumswahrscheinlichkeit und die Streuung des Ergebnisses um den Mittelwert sein soll, wobei die Qualität der Vergleichspreise ebenfalls die erforderliche Anzahl beeinflußt.[392]

Als geeignet werden solche Kaufpreise angesehen, die

- nicht durch ungewöhnliche oder persönliche Verhältnisse im Sinne des §6 WertV88 beeinflußt sind oder bei denen die Auswirkungen der vorliegenden ungewöhnlichen und persönlichen Verhältnisse auf die Kaufpreise sicher erfaßt werden können,
- hinsichtlich der wertbeeinflussenden Merkmale mit dem zu bewertenden Grundstück hinreichend übereinstimmen,
- in zeitlicher Nähe zum Bewertungsstichtag vereinbart worden sind.[393]

Da nach §194 BauGB der Verkehrswert ohne Rücksicht auf ungewöhnliche oder persönliche Verhältnisse zu ermitteln ist, müssen die herangezogenen Vergleichspreise daraufhin überprüft werden, ob ungewöhnliche oder persönliche Verhältnisse im Sinne des §6 WertV88 vorliegen. Grundsätzlich sind Kaufpreise, die durch ungewöhnliche oder persönliche Verhältnisse beeinflußt worden sind, ungeeignete Vergleichspreise, es sei denn, die Auswirkungen können quantifiziert werden. In diesem Fall würde im Rahmen des Vergleichswertverfahrens ein bereinigter Kaufpreis Anwendung finden.[394]

---

391 Vgl. Kleiber, Wolfgang; Simon, Jürgen; Weyers, Gustav: „Verkehrswertermittlung von Grundstücken", 2. Aufl., Köln 1994, S. 564 - 567.

392 Vgl. Vogels, Manfred: „Grundstücks- und Gebäudebewertung - marktgerecht", 4. Aufl. Wiesbaden 1991, S. 28 - 29 sowie S. 345.

393 Vgl. Kleiber, Wolfgang in: Ernst, Werner; Zinkahn, Willy; Bielenberg, Walter: „Kommentar zum BauGB", Band III, München 1994, Loseblattsammlung, Stand 51. Nachlieferung von Januar 1995, §13 WertV, Rdnr. 14.

394 Vgl. Kleiber, Wolfgang; Simon, Jürgen; Weyers, Gustav: „Verkehrswertermittlung von Grundstücken", 2. Aufl., Köln 1994, S. 552 - 553.

Als Vergleichsgrundstücke sind nur Grundstücke geeignet, die hinsichtlich der maßgeblichen wertbildenden Faktoren mit dem zu bewertenden Grundstück übereinstimmen. Diese Übereinstimmung gilt insbesondere für die Faktoren Lage, Bodenbeschaffenheit, Größe, Gestaltung und Erschließungsgrad des Grundstücks. Prozentuale Zu- oder Abschläge zum Ausgleich von Unterschieden zwischen Vergleichsgrundstück und dem zu bewertenden Grundstück sind marktgerecht vorzunehmen und sollen die Höhe von 35 % nicht überschreiten, da sonst die Vergleichbarkeit der Grundstücke nicht gegeben ist.[395]

Durch die Verwendung von zeitnahen Vergleichspreisen werden aktuelle Marktgegebenheiten reflektiert, so daß eine zeitliche Nähe der Vergleichstransaktion zum Bewertungsstichtag erforderlich ist. Grundsätzlich lassen sich in der Vergangenheit zurückliegende Transaktionen mit Hilfe von Bodenpreisindexreihen auf den Bewertungsstichtag umrechnen, wobei durch die Verwendung von Indexreihen zusätzliche Fehlerquellen in das Wertermittlungsverfahren Eingang finden können. Die Verwendung von Vergleichspreisen, die weiter als fünf Jahre vor dem Bewertungsstichtag zurückliegen, ist im Regelfall zu verwerfen.[396]

Wurden die zum Vergleich herangezogenen Transaktionen hinsichtlich der Zustandsmerkmale und des Bewertungsstichtags angepaßt, so werden die Vergleichspreise in gewissem Umfange voneinander abweichen. Da der Verkehrswert den am wahrscheinlichsten zu erzielenden Grundstückspreis darstellt, ist der Verkehrswert als Mittelwert der zum Vergleich herangezogenen

---

[395] Vgl. Rössler, Rudolf u.a.: „Schätzung und Ermittlung von Grundstückswerten", 6. Aufl., Neuwied 1990, S. 85 - 86.

[396] Vgl. Kleiber, Wolfgang in: Ernst, Werner; Zinkahn, Willy; Bielenberg, Walter: „Kommentar zum BauGB", Band III, München 1994, Loseblattsammlung, Stand 51. Nachlieferung von Januar 1995, §13 WertV, Rdnr. 24. Von 10 Jahren gehen hingegen Kleiber, Wolfgang; Simon, Jürgen; Weyers, Gustav: „WertV '88", 3. Aufl., Köln 1993, S. 201 aus.

Transaktionen abzuleiten.[397] Trotzdem muß noch geprüft werden, ob eine zusätzliche Anpassung des Vergleichswertes an die Lage auf dem Grundstücksmarkt erforderlich ist oder ob andere Verfahren zur Ermittlung des Verkehrswertes herangezogen wurden. Hierbei wird der Verkehrswert unter Würdigung der Aussagefähigkeit nach §7 Abs. I WertV88 abgeleitet. Diese Alternative scheidet bei der Wertermittlung unbebauter Grundstücke jedoch im Regelfall aus.

Für den Fall, daß Kaufpreise geeigneter Vergleichsgrundstücke nicht in ausreichender Zahl zur Verfügung stehen, kann der Bodenwert auch aus Bodenrichtwerten abgeleitet werden. Bodenrichtwerte sind durchschnittliche Lagewerte von Grund und Boden, die von den Gutachterausschüssen der kreisfreien Städte und der Landkreise ermittelt werden. Dabei wird für eine Mehrzahl von Grundstücken mit im wesentlichen gleichen Nutzungs- und Lageverhältnissen (sogenannte Bodenrichtwertzonen) ein durchschnittlicher Wert ermittelt, der sich auf einen Quadratmeter Grundstücksfläche bezieht.[398] Diese Bodenrichtwerte können für unbebaute Gebiete wie auch für bebaute Gebiete ermittelt werden. In bebauten Gebieten ist nach §196 BauGB der Bodenrichtwert mit dem Wert zu ermitteln, der sich ergeben würde, wenn der Boden unbebaut wäre. Da sich die Bodenrichtwerte immer nur auf lage- oder gebietstypische Grundstücke beziehen, ist der Bodenrichtwert nicht mit dem Vergleichswert bzw. dem Verkehrswert des unbebauten zu bewertenden Grundstücks gleichzusetzen. Dessen besonderen Eigenschaften sind nicht in den Bodenrichtwerten erfaßt. In Analogie zur Vorgehensweise beim direkten Preisvergleich sind daher Abweichungen zwischen dem zu bewertenden Grundstück

---

397 Vgl. Kleiber, Wolfgang; Simon, Jürgen; Weyers, Gustav: „Verkehrswertermittlung von Grundstücken", 2. Aufl., Köln 1994, S. 554 - 555.

398 Vgl. Kleiber, Wolfgang; Simon, Jürgen; Weyers, Gustav: „Verkehrswertermittlung von Grundstücken", 2. Aufl., Köln 1994, S. 228.

und den typischen Verhältnissen des Bodenrichtwertgrundstücks durch Zu- oder Abschläge zu berücksichtigen.[399]

5.3.3.2.3 Sachwertverfahren

Der Sachwert eines Grundstücks ergibt sich aus den auf Grund von Alterung und Abnutzung verminderten Normalherstellungskosten der baulichen Anlagen zuzüglich des getrennt ermittelten Bodenwertes sowie des Wertes der sonstigen Anlagen. Der schematische Ablauf des Sachwertverfahrens ist in der nachfolgenden Abbildung dargestellt:

Abbildung 30: Schematischer Ablauf des Sachwertverfahrens

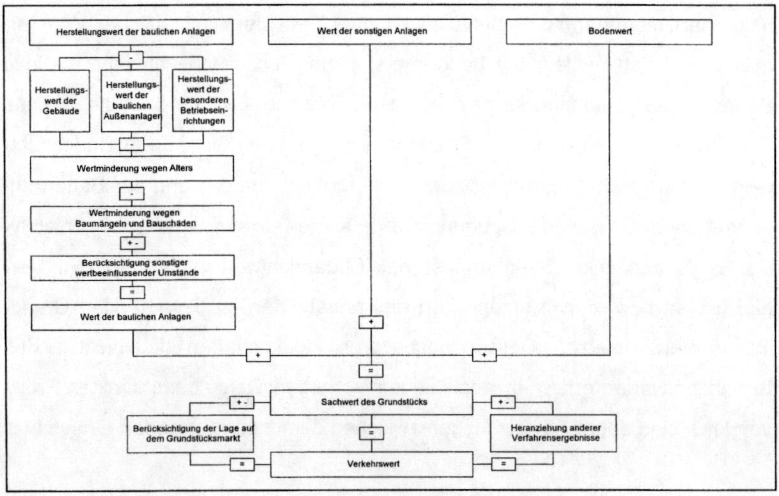

Quelle: in Anlehnung an Simon, Jürgen; Cors, Klaus G.; Troll, Max: „Handbuch der Grundstückswertermittlung", 3. Aufl., München 1992, S. 85.

---

[399] Vgl. Rössler, Rudolf u.a.: „Schätzung und Ermittlung von Grundstückswerten", 6. Aufl., Neuwied 1990, S. 95.

Die im Vergleich zum Ertragswertverfahren vorliegende Dreiteilung des Verfahrens in Ermittlung des Bodenwertes, des Wertes der baulichen Anlagen sowie der Außenanlagen wird durch im Zeitablauf unterschiedliche Wertänderungsraten der Güter begründet. Der Bodenwert des bebauten Grundstücks ist in Analogie zum vorher dargestellten Ertragswertverfahren durch Anwendung des Vergleichswertverfahren so zu ermitteln, als ob der Grund und Boden unbebaut wäre.[400] Unter den „sonstigen Anlagen" werden parkartig gestaltete Gärten oder wertvolle Anpflanzungen erfaßt, zu deren Wertermittlung es kein vorgegebenes Verfahren gibt.[401]

Die Ermittlung des Herstellungswertes der baulichen Anlagen erfolgt durch Multiplikation der Normalherstellungskosten je Raum- oder Flächeneinheit mit den entsprechend gewählten Raum- oder Flächeneinheiten der baulichen Anlage. Unter dem Begriff des Herstellungswertes sind die durchschnittlichen Herstellungskosten zu verstehen, die bei dem Neubau eines Gebäudes zum Bewertungsstichtag aufgewendet werden müßten.[402] Die durchschnittlichen Herstellungskosten orientieren sich - unter der Berücksichtigung von Baunebenkosten[403] - an den üblichen Herstellungskosten von Gebäuden vergleichbarer Nutzung, Art und Ausstattung. Mehrkosten aufgrund von Nacht- und Feiertagsarbeit bleiben ebenso unberücksichtigt wie Kostenminderungen durch eigene Sach- und Arbeitsleistungen des Grundstückseigentümers o.ä.[404] Als Raum- oder Flächeneinheit werden nach Abschnitt 3.6.1.1. der WertR 91

---

400 Vgl. Kleiber, Wolfgang in: Ernst, Werner; Zinkahn, Willy; Bielenberg, Walter: „Kommentar zum BauGB", Band IV, München 1994, Loseblattsammlung, Stand 51. Nachlieferung von Januar 1995, §15 WertV88, Rdnr. 15 - 18.

401 Vgl. Kleiber, Wolfgang; Simon, Jürgen; Weyers, Gustav: „WertV '88", 3. Aufl., Köln 1993, S. 281.

402 Vgl. Kleiber, Wolfgang; Simon, Jürgen; Weyers, Gustav: „Verkehrswertermittlung von Grundstücken", 2. Aufl., Köln 1994, S. 832.

403 Die einzelnen Baunebenkosten werden in §5 der II. BV aufgeführt und umfassen u.a. die Kosten der Architekten- und Ingenieurleistungen, die Kosten der dem Bauherrn obliegenden Verwaltungsleistungen, Kosten der Behördenleistungen, Finanzierungskosten etc.

404 Vgl. Kleiber, Wolfgang; Simon, Jürgen; Weyers, Gustav: „WertV '88", 3. Aufl., Köln 1993, S. 289.

üblicherweise der umbaute Raum nach DIN 277 (1950) oder die Nutzfläche nach DIN 283 (1951) gewählt. Die Ermittlung der „korrekten" Normalherstellungskosten wird durch in der Literatur uneinheitlich angegebene Erfahrungssätze mit teilweise erheblichen Abweichungen[405] sowie durch die Verwendung uneinheitlicher Raum- oder Flächeneinheiten als Bezugsgröße[406] erschwert.

Der Herstellungswert der baulichen Anlagen wird in einem weiteren Schritt nach §23 WertV88 aufgrund des Alters der baulichen Anlagen in Abhängigkeit des Verhältnisses der Restnutzungsdauer zur Gesamtnutzungsdauer gemindert. Der im Rahmen des Sachwertverfahrens verwendete Begriff der Gesamtnutzungsdauer unterscheidet sich von dem im Ertragswertverfahren verwendeten Begriff der Gesamtnutzungsdauer. Während bei der Gesamtnutzungsdauer im Rahmen des Ertragswertverfahrens die wirtschaftliche Gesamtnutzungsdauer verstanden wird, berücksichtigt die Gesamtnutzungsdauer im Rahmen des Sachwertverfahrens sowohl die technischen als auch die wirtschaftliche Aspekte der Standdauer von Gebäuden und wird nach Erfahrungssätzen bemessen.[407] Die Bemessung der Alterswertminderung nach dem Verhältnis Restnutzungsdauer zu Gesamtnutzungsdauer der baulichen Anlagen erfolgt durch die Wahl eines sogenannten Abschreibungsverfahrens. Dabei stehen die unterschiedlichsten Verfahren zur Verfügung, die voneinander ab-

---

405 Vgl. zu einer Gegenüberstellung und kritischen Würdigung dieser Erfahrungssätze Zimmermann, Peter: „Glaubwürdigkeit oder Unglaubwürdigkeit des Sachwertverfahrens nach WertV88", in: Der Sachverständige, Nr. 12, 1992, S.308.

406 Dies können bspw. die DIN 277 (1950) oder die DIN 277 (1973/87) sein, die sich hinsichtlich der Ermittlung des umbauten Raumes bzw. des Bruttorauminhaltes vom Ergebnis her bis zu 50% unterscheiden. Vgl. Kleiber, Wolfgang; Simon, Jürgen; Weyers, Gustav: „Verkehrswertermittlung von Grundstücken", 2. Aufl., Köln 1994, S. 834 - 836.

407 Vgl. Kleiber, Wolfgang; Simon, Jürgen; Weyers, Gustav: „Verkehrswertermittlung von Grundstücken", 2. Aufl., Köln 1994, S. 844, Kleiber, Wolfgang; Simon, Jürgen; Weyers, Gustav: „WertV '88", 3. Aufl., Köln 1993, S. 302, Rössler, Rudolf u.a.: „Schätzung und Ermittlung von Grundstückswerten", 6. Aufl., Neuwied 1990, S. 324 - 325. Anders Ross, Franz-Wilhelm; Brachmann, Rolf; Holzner, Peter: „Ermittlung des Bauwertes von Gebäuden und des Verkehrswertes von Grundstücken", 27. Aufl., Hannover 1993, S. 258 - 264, die im Rahmen des Sachwertverfahrens allein die technische Lebensdauer berücksichtigen.

weichende Wertminderungsverläufe dokumentieren.[408] Die Problematik hinsichtlich der methodisch exakten und einheitlichen Wahl des situationsgerechten Abschreibungsverfahrens ist ungelöst, so daß die Auswahl des im Einzelfall angewendeten Verfahrens letztendlich im sachverständigen Ermessen liegt.[409]

§24 WertV88 bestimmt, daß Wertminderungen wegen Baumängeln und Bauschäden nach Erfahrungssätzen auf der Grundlage der für die Beseitigung der Schäden und Mängel erforderlichen Kosten vorzunehmen sind, es sei denn, daß diese bereits bei Ansatz bspw. des Raummeterpreises oder der Restnutzungsdauer berücksichtigt worden sind.

Als sonstige wertbeeinflussende Umstände, die nach §25 WertV88 zu berücksichtigen sind, werden wirtschaftliche Überalterung, überdurchschnittlicher Erhaltungszustand und erhebliches Abweichen der tatsächlichen von der rechtlich zulässigen bzw. lagetypischen Nutzung aufgeführt.[410]

Der Sachwert des Grundstücks ergibt sich somit aus dem Wert der sonstigen Anlagen, dem Bodenwert und dem Wert der baulichen Anlagen, der auf dem Herstellungswert der baulichen Anlagen unter Berücksichtigung von Wertminderungen wegen Alters sowie Baumängeln und Bauschäden unter Berücksichtigung sonstiger wertbeeinflussender Umstände beruht. Der Verkehrswert ist in dem darauffolgenden Schritt aus dem Sachwert abzuleiten. Hieraus entsteht die Problematik, daß ein vorzunehmender Marktanpassungsabschlag der Höhe nach nur dann begründbar ist, wenn dieser aus dem Verhältnis der Kaufpreise zu Sachwerten vergleichbarer Grundstücke abgeleitet werden kann.

---

408 Eine umfassende Übersicht der möglichen Abschreibungsverfahren im Rahmen des Sachwertverfahrens ist bei Rössler, Rudolf u.a.: „Schätzung und Ermittlung von Grundstückswerten", 6. Aufl., Neuwied 1990, S. 333 - 342, zu finden.

409 Vgl. Piehler, Jürgen, in: Sommer, Goetz; Piehler, Jürgen (Hrsg.): „Grundstücks- und Gebäudewertermittlung", Loseblattsammlung, Freiburg 1995, Gruppe 3.3. S. 10.

410 Vgl. dazu auch 3.6.5. der WertR 91.

Ein solches Verhältnis ist jedoch in einer Vielzahl von Fällen infolge fehlender Vergleichstransaktionen nicht ermittelbar. Aus diesem Grund werden die Ergebnisse des Sachwertverfahrens wegen ihrer Grundstücksmarktferne angegriffen.[411]

5.3.3.2.4 Ertragswertverfahren

5.3.3.2.4.1 Verfahrensablauf

Beim Ertragswertverfahren wird der Ertragswert als Summe der Barwerte aller bei ordnungsgemäßer Bewirtschaftung eines Grundstücks nachhaltig erzielbaren Reinerträge einschließlich des Barwerts des Bodenwerts ermittelt.[412]

Wird die Vorgehensweise zur Ermittlung des Ertragswertes formelmäßig beschrieben, so lautet diese:

$$EW = (RoE - BewK - z \times BW) \times \frac{(1 + z)^m - 1}{(1 + z)^m \times z} + BW$$

mit:

EW = Ertragswert des Grundstücks
RoE = Jahresrohertrag
BewK = Bewirtschaftungskosten
z = Liegenschaftszinssatz
BW = Bodenwert

---

411 Vgl. Zimmermann, Peter; Heller, Robert: „Der Verkehrswert von Grundstücken", München 1995, S. 80 - 84.

412 Vgl. Kleiber, Wolfgang; Simon, Jürgen; Weyers, Gustav: „WertV '88", 3. Aufl., Köln 1993, S. 202.

rn = Restnutzungsdauer der baulichen Anlagen

Der schematische Ablauf des Ertragswertverfahrens läßt sich der folgenden Abbildung entnehmen:

Abbildung 31: Schematischer Ablauf des Ertragswertverfahrens

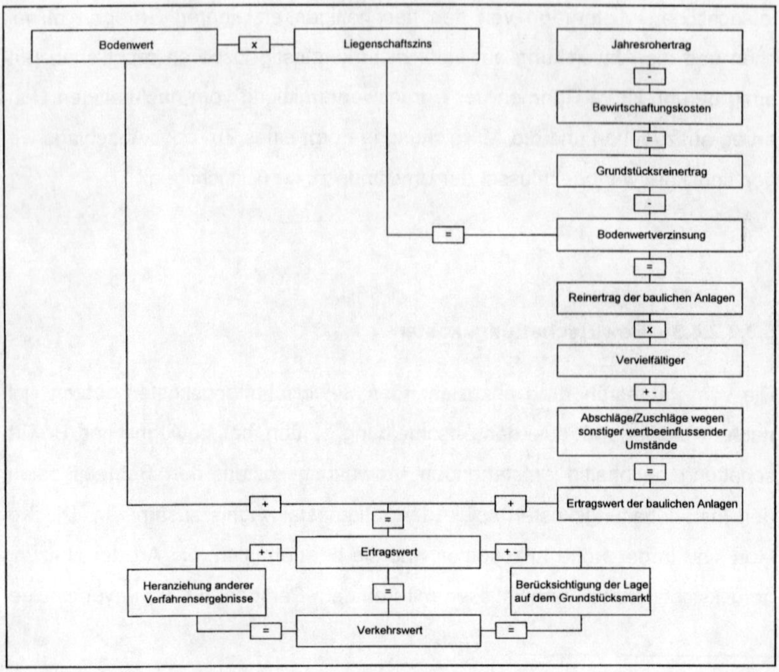

Quelle: in Anlehnung an Kleiber, Wolfgang; Simon, Jürgen; Weyers, Gustav: „Verkehrswertermittlung von Grundstücken", 2. Aufl., Köln 1994, S. 674.

5.3.3.2.4.2 Jahresrohertrag

Ausgangspunkt für die Ermittlung des Ertragswertes der baulichen Anlagen ist der jährliche Rohertrag, der sich aus den bei ordnungsgemäßer Bewirtschaftung und zulässiger Nutzung nachhaltig erzielbaren Mieten und Pachten ergibt. Umlagen, die zur Deckung von Betriebskosten gezahlt werden, bleiben unberücksichtigt.[413] Unter dem Begriff der nachhaltigen Einnahmen ist auf ortsübliche, durchschnittliche Mieten und Pachten für vergleichbare Grundstücke abzustellen.[414] Hierdurch können die tatsächlich erzielten Mietzahlungen teilweise von den nachhaltig erzielbaren Einnahmen abweichen.[415] Für den Fall, daß die tatsächlichen Mieterträge von den nachhaltigen erzielbaren Erträgen abweichen und die Abweichung auf einer nicht kurzfristig lösbaren rechtlichen Bindung beruht, ist im Rahmen der Ertragswertermittlung vom nachhaltigen Rohertrag auszugehen und die Abweichung in Form eines Zu- oder Abschlags wegen sonstiger wertbeeinflussender Umstände zu berücksichtigen.[416]

5.3.3.2.4.3 Bewirtschaftungskosten

Die vom Jahresrohertrag abzuziehenden Bewirtschaftungskosten setzen sich nach §18 WertV88 aus der Abschreibung[417], den bei gewöhnlicher Bewirtschaftung nachhaltig entstehenden Verwaltungskosten, den Betriebskosten, den Instandhaltungskosten sowie dem Mietausfallwagnis zusammen. Die Kosten sind in der Höhe anzusetzen, wie sie bei normalen, die Art der Nutzung berücksichtigenden Verhältnissen mit fremdem Personal für ein unverschulde-

---

413 Vgl. §17 WertV.

414 Vgl. Simon, Jürgen; Cors, Klaus G.; Troll, Max: „Handbuch der Grundstückswertermittlung", 3. Aufl., München 1992, S. 122.

415 Vgl. Kleiber, Wolfgang; Simon, Jürgen; Weyers, Gustav: „Verkehrswertermittlung von Grundstücken", 2. Aufl., Köln 1994, S. 728 - 729.

416 Vgl. 3.5.1. der WertR 91 sowie Abschnitt 5.3.3.2.4.8 auf S. 225.

417 Bei der im Rahmen der Wertermittlung von Grundstücken aufgeführten Abschreibung handelt es sich nicht um eine Abschreibung nach Handels- oder Steuerrecht. Unter der Abschreibung im Rahmen des Ertragswertverfahrens wird die jährliche Erneuerungsrücklage verstanden, die so zu bemessen ist, daß für den Zeitraum zwischen Wertermittlungsstichtag und dem Ablauf der Nutzungsdauer der Endwert der Erneuerungsrücklage dem Zeitwert der baulichen Anlagen entspricht. Vgl. Rössler, Rudolf u.a.: „Schätzung und Ermittlung von Grundstückswerten", 6. Aufl., Neuwied 1990, S. 152 - 153.

tes Grundstück laufend entstehen.[418] Überdurchschnittliche Kosten, die aus einer unvernünftigen Wirtschaftsweise resultieren, müssen ebenso außer Betracht bleiben wie unterdurchschnittliche Kosten, die durch eine Muster- oder Idealbewirtschaftung anfallen.[419]

Die Abschreibung ist nach §18 WertV88 bereits in den Vervielfältiger eingerechnet und muß daher nicht weiter berücksichtigt werden.

Die Verwaltungskosten sind in §18 der WertV88 definiert als die Kosten der zur Verwaltung des Grundstücks erforderlichen Arbeitskräfte und Einrichtungen, die Kosten der Aufsicht sowie der gesetzlichen oder freiwilligen Prüfung des Jahresabschlusses und der Geschäftsführung. Zu den bei der Verwaltung eines Grundstücks anfallenden Leistungen gehören folgende Tätigkeiten:[420]

- Vermietung
- Mietbuchhaltung
- Abrechnung von Nebenkosten, Betriebskosten, Steuern und Abgaben
- Mietanpassungen, Mietänderungen
- Erstellen des Wirtschaftsplans
- Planung, Beauftragung, Überwachung und Abrechnung von Instandhaltungs-, Wartungs- und Pflegearbeiten
- Rechnungsprüfung, Zahlungsverkehr
- Erstellen der Jahresabschlußrechnung
- Bearbeitung von Versicherungsfällen

---

418 Vgl. Kleiber, Wolfgang; Simon, Jürgen; Weyers, Gustav: „Verkehrswertermittlung von Grundstücken“, 2. Aufl., Köln 1994, S. 759.

419 Vgl. Rössler, Rudolf u.a.: „Schätzung und Ermittlung von Grundstückswerten“, 6. Aufl., Neuwied 1990, S. 173.

420 Vgl. Ross, Franz-Wilhelm; Brachmann, Rolf; Holzner, Peter: „Ermittlung des Bauwertes von Gebäuden und des Verkehrswertes von Grundstücken“, 27. Aufl., Hannover 1993, S. 300.

Die Verwaltungskosten werden üblicherweise zwischen 2% und 5% des Rohertrages angesetzt, wobei die Verwaltungskosten weitgehend von der Nutzungsart und der Größe des Grundstücks, von der Größe der Gemeinde sowie von Anzahl und sozialer Struktur der Mieter abhängen.[421]

Die Betriebskosten sind nach §18 der WertV88 die Kosten, die durch das Eigentum am Grundstück oder durch den bestimmungsmäßigen Gebrauch des Grundstücks sowie seiner baulichen und sonstigen Anlagen laufend entstehen. In der Regel trägt der Mieter neben der Miete die Betriebskosten in voller Höhe. Dabei können Betriebskosten nur dann gesondert erhoben werden, wenn der Mietvertrag eine entsprechende Regelung enthält. Im Bereich der Gewerbeimmobilien sind grundsätzlich alle Betriebskosten umlagefähig, während im Wohnimmobilienbereich nur diejenigen Betriebskosten auf den Mieter umgelegt werden dürfen, die in Anlage 3 zu §27 der II. BV aufgeführt werden. Dies sind bspw. die Kosten der Wasserversorgung, die laufenden öffentlichen Lasten des Grundstücks, die Schornsteinreinigung, die Kosten der Sach- und Haftpflichtversicherung für das Gebäude etc. Die Betriebskosten sind bei der Wertermittlung grundsätzlich nach ihrer tatsächlichen Höhe anzusetzen, soweit diese sich im Rahmen einer ordnungsgemäßen Bewirtschaftung halten. Vielfach lassen sich die tatsächlichen Betriebskosten im einzelnen nicht genau feststellen, so daß auf Erfahrungssätze zurückgegriffen werden muß, die sich (ohne Berücksichtigung der Grundsteuer) auf 5% bis 12% des Jahresrohertrages belaufen.[422]

Die Instandhaltungskosten sind nach §18 WertV88 die Kosten, die infolge Abnutzung, Alterung und Witterung zur Erhaltung des bestimmungsgemäßen Ge-

---

[421] Vgl. Rössler, Rudolf u.a.: „Schätzung und Ermittlung von Grundstückswerten", 6. Aufl., Neuwied 1990, S. 177 sowie Ross, Franz-Wilhelm; Brachmann, Rolf; Holzner, Peter: „Ermittlung des Bauwertes von Gebäuden und des Verkehrswertes von Grundstücken", 27. Aufl., Hannover 1993, S. 300.

[422] Vgl. Rössler, Rudolf u.a.: „Schätzung und Ermittlung von Grundstückswerten", 6. Aufl., Neuwied 1990, S. 179.

brauchs der baulichen Anlagen während ihrer Nutzungsdauer aufgewendet werden müssen. Durch diese Aufwendungen soll die dauerhafte Ertrags- und Renditefähigkeit des Objekts gewährleistet werden. Die in Ansatz gebrachten Instandhaltungskosten sind eine kalkulatorische Größe, die dem langjährigen Durchschnitt der tatsächlich aufzuwendenden Instandhaltungskosten entsprechen soll, da die Instandhaltungskosten nicht laufend in gleicher Höhe, sondern zyklisch anfallen.[423] Grundsätzlich obliegt die Instandhaltungs- und Instandsetzungspflicht dem Vermieter, wobei sich im Bereich der Wohnraumvermietung Instandhaltungen kleinen Umfangs und Schönheitsreparaturen vertraglich auf den Mieter übertragen lassen.[424] Bei der Vermietung von Gewerbeflächen kann jedoch vereinbart werden, daß der Mieter auch die Kosten der Unterhaltung von Dach und Fach zu übernehmen hat, so daß diese mietvertraglichen Vereinbarungen jeweils bei der Ermittlung der Instandhaltungskosten berücksichtigt werden müssen.[425] Die Instandhaltungskosten werden im Rahmen des Ertragswertverfahrens zwischen 5% und 22% des Rohertrages angesetzt.[426] Die Auswahl des Rohertrages als Bezugsgröße für die prozentual zu bemessenden Instandhaltungskosten wird jedoch kritisiert, da dieser Ansatz einen parallelen Verlauf der Entwicklung von Roherträgen und Instandhaltungskosten unterstellt. Konsequenz dieser Vorgehensweise wäre, daß ein Anstieg des Rohertrages aufgrund eines gestiegenen Mietniveaus zugleich zu einem Anstieg der Instandhaltungskosten führen würde. Daher ist es vorzuziehen, wenn als Bezugsgröße anstatt des Rohertrages ein Flächenbezug gewählt

---

423 Vgl. Ross, Franz-Wilhelm; Brachmann, Rolf; Holzner, Peter: „Ermittlung des Bauwertes von Gebäuden und des Verkehrswertes von Grundstücken“, 27. Aufl., Hannover 1993, S. 298.

424 Vgl. Rudolph, Karl: „Kleine Instandhaltungen und Schönheitsreparaturen im Mietrecht“, in: Zeitschrift für Mietrecht, Nr. 11, 1993, S. 492 - 496.

425 Vgl. Kleiber, Wolfgang; Simon, Jürgen; Weyers, Gustav: „Verkehrswertermittlung von Grundstücken“, 2. Aufl., Köln 1994, S. 768.

426 Vgl. Rössler, Rudolf u.a.: „Schätzung und Ermittlung von Grundstückswerten“, 6. Aufl., Neuwied 1990, S. 182.

wird, wobei als Instandhaltungskosten in der Regel zwischen 9,00 DM und 16,00 DM pro qm und Jahr aufzuwenden sind.[427]

Das Mietausfallwagnis ist nach §18 WertV das Wagnis einer Ertragsminderung, die durch uneinbringliche Mietrückstände oder Leerstand von zur Vermietung bestimmten Raum entsteht. Durch das Mietausfallwagnis sollen auch die Kosten der Rechtsverfolgung auf Zahlung, Aufhebung eines Mietverhältnisses oder Räumung gedeckt werden. Das Mietausfallwagnis wird für Wohngrundstücke üblicherweise in Höhe von 2% des Jahresrohertrages quantifiziert, während bei ausschließlich gewerblich genutzten Objekten das Mietausfallwagnis zwischen 4% und 8% des Rohertrages kalkuliert wird.[428] Bei gewerblich genutzten Grundstücken sind jedoch neben der Lage des Grundstücks in besonderem Maße die Bonität der Mieter und die Mietvertragsgestaltung von Bedeutung, so daß bei langfristigen gewerblichen Mietverträgen mit bonitätsmäßig erstklassigen Mietern das Mietausfallwagnis mit ca. 0,5% bis 1% berücksichtigt werden kann.[429]

5.3.3.2.4.4 Ermittlung des Bodenwertes

Der Bodenwert ist im Rahmen des Ertragswertverfahrens nach §15 der WertV88 getrennt vom Ertragswert der baulichen Anlagen zu ermitteln, wobei

---

[427] Vgl. Ross, Franz-Wilhelm; Brachmann, Rolf; Holzner, Peter: „Ermittlung des Bauwertes von Gebäuden und des Verkehrswertes von Grundstücken", 27. Aufl., Hannover 1993, S. 299. Anders bspw. Simon, Jürgen; Cors, Klaus G.; Troll, Max: „Handbuch der Grundstückswertermittlung", 3. Aufl., München 1992, S. 131, die für Bürogebäude einen pauschalen Satz von 9,00 DM bis 12,00 DM pro qm ansetzen, während Kleiber, Wolfgang; Simon, Jürgen; Weyers, Gustav: „Verkehrswertermittlung von Grundstücken", 2. Aufl., Köln 1994, S. 768 von bis zu 35 DM je qm Nutzfläche ausgehen.

[428] Vgl. Kleiber, Wolfgang; Simon, Jürgen; Weyers, Gustav: „Verkehrswertermittlung von Grundstücken", 2. Aufl., Köln 1994, S. 771.

[429] Vgl. Ross, Franz-Wilhelm; Brachmann, Rolf; Holzner, Peter: „Ermittlung des Bauwertes von Gebäuden und des Verkehrswertes von Grundstücken", 27. Aufl., Hannover 1993, S. 301.

nach §15 Abs. 2 der WertV88 das Vergleichswertverfahren zur Ermittlung des Bodenwertes vorgeschrieben wird. Dabei ist der Gesetzgeber davon ausgegangen, daß die Ermittlung des Bodenwertes eines bebauten Grundstücks über den Preisvergleich mit unbebauten Grundstücken erfolgt, da Grund und Boden eines bebauten Grundstücks nur in Ausnahmefällen selbständiger Gegenstand des Grundstücksverkehrs sind.[430]

In der Literatur wird teilweise die Meinung vertreten, daß der Bodenwert eines bebauten Grundstücks im allgemeinen niedriger als der Bodenwert eines unbebauten Grundstücks und von Qualität und Alter der aufstehenden Gebäude abhängig sei. Daher sei bei bebauten Grundstücken eine „Bodenwertdämpfung“[431] vorzunehmen. Die Anwendung gedämpfter bzw. ungedämpfter Bodenwerte dürfte jedoch auf das Ergebnis der Verkehrswertermittlung keine Auswirkung haben, da sich lediglich das Verhältnis des Wertanteils der baulichen Anlagen zum Wertanteil des Bodens verändert.[432] Das Repartitionsproblem, die verursachungsgerechte Aufteilung des Gesamtwertes eines bebauten Grundstücks auf Boden und Gebäude, kann jedoch allenfalls in Ausnahmefällen gelöst werden.[433] Daher ist der Gesetzgeber einer Vorgehens-

---

430 Vgl. Kleiber, Wolfgang; Simon, Jürgen; Weyers, Gustav: „Verkehrswertermittlung von Grundstücken“, 2. Aufl., Köln 1994, S. 570.

431 Vgl. Kleiber, Wolfgang; Simon, Jürgen; Weyers, Gustav: „Verkehrswertermittlung von Grundstücken“, 2. Aufl., Köln 1994, S. 572 - 573.

432 Vgl. Vogels, Manfred: „Grundstücks- und Gebäudebewertung - marktgerecht“, 4. Aufl., Wiesbaden 1991, S. 74, Ross, Franz-Wilhelm; Brachmann, Rolf; Holzner, Peter: „Ermittlung des Bauwertes von Gebäuden und des Verkehrswertes von Grundstücken“, 27. Aufl., Hannover 1993, S. 40 - 45.

433 Zur Darstellung der unterschiedlichen Verfahren zur Ermittlung eines gedämpften Bodenwertes vgl. Rössler, Rudolf u.a.: „Schätzung und Ermittlung von Grundstückswerten“, 6. Aufl., Neuwied 1990, S. 125 - 129 sowie Möckel, Rainer, in: Gerardy, Theo; Möckel, Rainer (Hrsg.): „Praxis der Grundstücksbewertung“, Band 2, Landsberg/Lech, Loseblattsammlung, Stand 21. Nachlieferung von 12/1995, S. 4.1.1/1 - 4.1.3./18. Dabei werden im Vergleich zu ungedämpften Bodenwerten unterschiedliche Verkehrswerte ermittelt.

weise gefolgt, nach der als Bodenwert jener Wert angesetzt wird, den das Grundstück in unbebautem Zustand hätte.[434]

5.3.3.2.4.5 Ableitung des Liegenschaftszinssatzes

Der Liegenschaftszins ist nach §11 WertV88 der Zinssatz, mit dem sich der Verkehrswert von Liegenschaften im Durchschnitt marktüblich verzinst. Der Liegenschaftszins wird auf der Grundlage geeigneter Kaufpreise und der ihnen entsprechenden Reinerträge für gleichartig bebaute und genutzte Grundstücke unter Berücksichtigung der Restnutzungsdauer der Gebäude ermittelt. Dies geschieht durch „Umkehrung" des Ertragswertverfahrens, d.h. Auflösung der Formel zur Ertragswertermittlung und Suche nach dem Liegenschaftszinssatz. Der Liegenschaftszinssatz wird für Gebäude mit einer langen Restnutzungsdauer (> 50 Jahre) als ungewogenes arithmetisches Mittel des Verhältnisses der Grundstücksreinerträge zu den Kaufpreisen folgendermaßen bestimmt:[435]

$$z = \frac{\sum_{i=1}^{n} \frac{RE_i}{KP_i}}{n}$$

mit:

RE = Reinertrag des Grundstücks = RoE - BewK

KP = Grundstückskaufpreise

---

434 Vgl. Kleiber, Wolfgang in: Ernst, Werner; Zinkahn, Willy; Bielenberg, Walter: „Kommentar zum BauGB", Band III, München 1994, Loseblattsammlung, Stand 51. Nachlieferung von Januar 1995, §196 BauGB, Rdnr. 47f., Kleiber, Wolfgang; Simon, Jürgen; Weyers, Gustav: „WertV '88", 3. Aufl., Köln 1993, S. 213, Kleiber, Wolfgang; Simon, Jürgen; Weyers, Gustav: „Verkehrswertermittlung von Grundstücken", 2. Aufl., Köln 1994, S. 570 - 573.

435 Vgl. Kleiber, Wolfgang; Simon, Jürgen; Weyers, Gustav: „Verkehrswertermittlung von Grundstücken", 2. Aufl., Köln 1994, S. 512.

Jedoch muß bei der Ermittlung von Liegenschaftszinsen aus Kaufpreisen für Gebäude mit einer kurzen Restnutzungsdauer (< 50 Jahre) eine iterative Suche des Liegenschaftszinses vorgenommen werden.[436] Für Gebäude mit einer kurzen Restnutzungsdauer ergibt sich der Liegenschaftszins daher durch:

$$z = \left(\frac{RE}{KP} - \frac{q}{q^{n} - 1} \times \frac{KP - BW}{KP} \right) \times 100$$

mit:

$$q = 1 + z$$

Da sich z nicht isolieren läßt, muß durch die Einführung der Näherungslösung

$$z' = \frac{RE}{KP} \times 100 \text{ und } q = 1 + \frac{z'}{100}$$

der Liegenschaftszins iterativ in mehreren Rechengängen hinreichend genau ermittelt werden.[437]

Liegenschaftszinssätze können innerhalb einer Region und über unterschiedliche Nutzungsarten hinweg starken Schwankungen unterliegen, so daß die Ableitung von allgemeingültigen Erfahrungssätzen nicht möglich ist.[438]

Nach Abschnitt 3.5.5. der WertR 91 soll der Liegenschaftszins nach der Art des Grundstücks und der Lage auf dem Grundstücksmarkt bestimmt werden, wo-

---

436 Vgl. Kleiber, Wolfgang; Simon, Jürgen; Weyers, Gustav: „WertV '88", 3. Aufl., Köln 1993, S. 147 - 155.

437 Vgl. Schulz-Kleeßen, Wolf-E.: „Ertragswert/Liegenschaftszins", in: Der Sachverständige, Nr. 9, 1993, S. 14 - 15.

438 Vgl. Möckel, Rainer, in: Gerardy, Theo; Möckel, Rainer (Hrsg.): „Praxis der Grundstücksbewertung", Band 2, Landsberg/Lech, Loseblattsammlung, Stand 21. Nachlieferung von 12/1995, S. 4.3.4/2.

bei auf die vom örtlichen Gutachterausschuß ermittelten und veröffentlichten Liegenschaftszinssätze zurückgegriffen werden soll. Denn nach §193 Abs. 3 des BauGB gehört es zu den Aufgaben des Gutachterausschusses, die zur Grundstücksbewertung erforderlichen Daten zu ermitteln. Jedoch wird gerade in der Praxis diese Aufgabe der Gutachterausschüsse unbefriedigend gelöst, weshalb teilweise keine Liegenschaftszinssätze verfügbar sind. Sind für ein Grundstück keine marktorientierten Liegenschaftszinssätze feststellbar, so kann auf Liegenschaftszinssätze aus vergleichbaren Gebieten zurückgegriffen werden, die auch in anderen Gemeinden liegen können. Hilfsweise werden dann in Abschnitt 3.5.5 der WertR 91 je nach Nutzungsart des Grundstücks Liegenschaftszinssätze zwischen 5 und 6,5 % als Anhaltspunkt genannt, die sich teilweise von den in der sonstigen Literatur genannten Zinssätzen unterscheiden können, die zwischen 2,5 und 9% liegen.[439]

Die von den Gutachterausschüssen für Grundstückswerte ermittelten Liegenschaftszinssätze liegen i.d.R. deutlich unter der Umlaufrendite langfristiger festverzinslicher Wertpapiere. Diese Tatsache wird in der Literatur damit begründet, daß Grund und Boden als Sachwert gegenüber Geldvermögen als wertbeständiger angesehen wird, so daß sich Immobilieneigentümer im allgemeinen mit einer geringeren Verzinsung begnügen.[440] Die auch von der Gesetzgebung in §11 der WertV88 gewählte Interpretation des Liegenschaftszinssatzes als Zinssatz, mit dem sich der Verkehrswert von Liegenschaften im Durchschnitt

---

[439] Zu einer vergleichenden Übersicht von Liegenschaftszinssätzen für alternative Nutzungsarten vgl. Rössler, Rudolf u.a.: „Schätzung und Ermittlung von Grundstückswerten“, 6. Aufl., Neuwied 1990, S. 191 - 192.

[440] Vgl. Kleiber, Wolfgang; Simon, Jürgen; Weyers, Gustav: „Verkehrswertermittlung von Grundstücken“, 2. Aufl., Köln 1994, S.508 - 509; Kleiber, Wolfgang; Simon, Jürgen; Weyers, Gustav: „WertV ‘88“, 3. Aufl., Köln 1993, S. 147 - 148 sowie Rössler, Rudolf u.a.: „Schätzung und Ermittlung von Grundstückswerten“, 6. Aufl., Neuwied 1990, S. 191. Die Interpretation des Liegenschaftszinssatzes als Zinssatz, der die Verzinsung des eingesetzten Kapitals angibt, wird auch von Klocke, Wilhelm: „Wertermittlungsverordnung: Praxis“, Wiesbaden 1990 S. 76 sowie Simon, Jürgen; Cors, Klaus; Troll, Max: „Handbuch der Grundstückswertermittlung“ 3. Aufl. München 1993, S. 135 geteilt. Anders jedoch Bals, Werner: „Die ökonomische Position von Anteilinhabern offener Immobilienfonds - eine Analyse“, Diss., Regensburg 1992, S. 192 sowie S. 283.

verzinst, weist darauf hin, daß der Gesetzgeber den Liegenschaftszins als internen Zins einer rein eigenkapitalfinanzierten Immobilieninvestition in einer Welt ohne Steuern begreift.[441] Die Berücksichtigung des Risikoaspektes einer Immobilieninvestition bzw. der Unsicherheit der nachhaltigen Reinerträge im Rahmen der Ableitung von Liegenschaftszinssätzen wird explizit nicht vorgenommen, so daß Liegenschaftszinssätze oft auch als „sichere" Diskontierungszinssätze betrachtet werden.

Die Interpretation des Liegenschaftszinssatzes als interner Zins bzw. sicherer Diskontierungszinssatz sowie der Vergleich des Liegenschaftszinssatzes mit der Performance alternativer Kapitalanlagen ist jedoch fehlerhaft[442] und abzulehnen. Durch die Verwendung von nachhaltigen Roherträgen und nachhaltigen Bewirtschaftungskosten können die Reinerträge vom tatsächlichen Zahlungsstrom abweichen, da das Ertragswertverfahren nach der WertV88 auf teilweise kalkulatorische Aufwands- und Ertragsgrößen abstellt.[443] Dies wird vor dem Hintergrund des §17 WertV88 besonders deutlich, der besagt, daß für den Fall, daß für die Nutzung von Grundstücken oder Teilen eines Grundstücks keine oder vom üblichen abweichende Entgelte erzielt werden, die bei einer Vermietung oder Verpachtung nachhaltig erzielbaren Einnahmen zugrundezulegen seien. Das heißt, daß bei der Ermittlung des Ertragswertes einer leerstehenden, aber grundsätzlich vermietungsfähigen Immobilie, der aktuelle Leerstand nicht im Rohertrag berücksichtigt wird, obgleich die unvermietete Immobilie keine Mietzahlungen erzeugt.

---

441 Vgl. Kleiber, Wolfgang; Simon, Jürgen; Weyers, Gustav: "Verkehrswertermittlung von Grundstücken", 2. Aufl., Köln 1994, S.1006 - 1007. Explizit wird dies von den Verfassern zwar nicht aufgeführt, läßt sich jedoch aus der dort aufgeführten Darstellung des Discounted Cash-Flow Verfahrens zur Immobilienbewertung ableiten.

442 Auf die Fehlerhaftigkeit der Interpretation des Liegenschaftszinssatzes als Indikator für die „tatsächliche (Gesamt-) Verzinsung von in Liegenschaften investiertem Kapital" weist auch Sprengnetter, Hans Otto: „Handbuch zur Ermittlung von Grundstückswerten", Band II, o.O., Loseblattsammlung, Stand 7. Ergänzungslieferung November 1995, S. 3.4.3, hin.

443 Vgl. Bals, Werner: „Die ökonomische Position von Anteilinhabern offener Immobilienfonds - eine Analyse", Diss., Regensburg 1992, S. 192.

Liegenschaftszinssätze sollten daher nicht als „Zinssätze“ interpretiert werden, sondern als Vergleichsfaktoren, die die Zukunftserwartungen der Marktteilnehmer implizit beinhalten.[444]

5.3.3.2.4.6 Bodenwertverzinsung

Der Reinertrag des Grundstücks, die Differenz zwischen Rohertrag und den Bewirtschaftungskosten, wird in einem weiteren Schritt um die Verzinsung des Bodenwertes gemindert. Da nach §15 WertV88 der Wert der baulichen Anlagen getrennt vom Bodenwert zu ermitteln ist, muß eine Schlüsselung des Reinertrags auf eine angemessene Bodenwertverzinsung und den Reinertrag der baulichen Anlagen erfolgen. Diese Aufteilung wird vorgenommen, da Grund und Boden ein unvergängliches Gut sind, während die aufstehenden Gebäude auch bei ordnungsgemäßer Instandhaltung nur eine begrenzte Nutzungsdauer haben.[445] Die Bodenwertverzinsung ergibt sich durch die Multiplikation des aus dem Vergleichswertverfahren ermittelten Bodenwerts mit dem Liegenschaftszins[446].

Im allgemeinen ist der Bodenwert, der zur Ermittlung der Bodenwertverzinsung herangezogen wird, identisch mit dem Bodenwert, der zur Ermittlung des Grundstücksertragswertes dem Ertragswert der baulichen Anlagen zugerechnet wird. Für den Fall jedoch, daß Bodenflächen selbständig bebaut werden können, ist dieser Teil des Bodenwertes nicht bei der Ermittlung der Bodenwertverzinsung anzusetzen. Für diesen Teil des Bodens kann kein beste-

---

444 Sprengnetter postuliert, daß der Liegenschaftszinssatz keiner realen Interpretation zugänglich sei, sondern eine reine Rechengröße im Ertragswertverfahren darstelle. Vgl. Sprengnetter, Hans Otto: „Handbuch zur Ermittlung von Grundstückswerten“, Band IV, o.O., Loseblattsammlung, Stand 7. Ergänzungslieferung November 1995, S. 6.2.6.28.

445 Siehe zu den Charakteristika von Immobilien als Wirtschaftsgut Abschnitt 2.2 auf S. 22.

446 Zur Ableitung des Liegenschaftszinssatzes vgl. Abschnitt 5.3.3.2.4.5 auf S. 218.

hendes Gebäude zugewiesen werden, so daß eine Verzinsung dieses Bodenwertanteils unterbleibt.[447]

Für die Ermittlung der Bodenwertverzinsung findet üblicherweise der gleiche Liegenschaftszins Anwendung wie bei der Kapitalisierung des Reinertrags der baulichen Anlagen, da Grund und Boden sowie das aufstehende Gebäude eine Einheit bilden.[448] Ausnahmen von der Anwendung eines identischen Zinssatzes können bei der Bewertung von Grundstücken mit Gebäuden gemacht werden, die in Bauabschnitten errichtet werden. Ansonsten besteht die Möglichkeit, daß kein Reinertrag der baulichen Anlagen mehr verbleibt. In diesen Fällen wird ein entsprechend geminderter Zinssatz angewendet.[449] Die Bemessung dieser Minderung wird jedoch für Außenstehende kaum plausibel nachvollziehbar sein.

5.3.3.2.4.7 Bestimmung des Vervielfältigers

Der Vervielfältiger bzw. Rentenbarwertfaktor wird aus der Restnutzungsdauer der baulichen Anlagen sowie des Liegenschaftszinssatzes berechnet. §16 WertV88 legt fest, daß als Restnutzungsdauer die Zahl von Jahren anzusetzen ist, in denen die baulichen Anlagen bei ordnungsgemäßer Unterhaltung und Bewirtschaftung voraussichtlich noch wirtschaftlich genutzt werden können. Bei der Ermittlung des Ertragswertes ist allein die wirtschaftliche Nutzungsdauer und nicht die technische Lebensdauer von Bedeutung. Die wirt-

---

447 Vgl. Falk, Bernd (Hrsg.): „Immobilienhandbuch", Band 2, 3. Aufl., Landsberg/Lech 1992, Loseblattsammlung, Stand 20. Nachlieferung November 1995, III 2.2. S. 18.

448 Vgl. Möckel, Rainer, in: Gerardy, Theo; Möckel, Rainer (Hrsg.): „Praxis der Grundstücksbewertung" Band 2, Landsberg/Lech, Loseblattsammlung, Stand 21. Nachlieferung von Dezember 1995, , S. 4.3.4/6.

449 Vgl. Rössler, Rudolf u.a.: „Schätzung und Ermittlung von Grundstückswerten", 6. Aufl., Neuwied 1990, S. 185.

schaftliche Nutzungsdauer ergibt sich i.d.R. durch Subtraktion des Gebäudealters von der wirtschaftlichen Gesamtnutzungsdauer. Ein Orientierungsrahmen für die wirtschaftliche Gesamtnutzungsdauer (GND) unterschiedlicher Gebäude findet sich in der folgenden Tabelle:[450]

Tabelle 9: Durchschnittliche wirtschaftliche Gesamtnutzungsdauer von Gebäuden

Gebäudetyp	**wirtsch. GND in Jahren**
Einfamilienhäuser (entsprechend Qualität)	60 - 100
Fertighaus in Massivbauweise	60 - 80
Siedlungshaus	60 - 70
Mietwohngebäude	60 - 80
Gemischt genutzte Gebäude mit einem gewerblichen Mietertragsanteil bis 80%	50 - 70
Verwaltungs- und Bürogebäude	50 - 80
Gewerbe- und Industriegebäude	40 - 60
Tankstellen	10 - 20
Einkaufszentrum/SB-Märkte	30 - 50

Quelle: in Anlehnung an Kleiber, Wolfgang; Simon, Jürgen; Weyers, Gustav: „Verkehrswertermittlung von Grundstücken", 2. Aufl., Köln 1994, S. 719.

Die wirtschaftliche Restnutzungsdauer der baulichen Anlagen kann insbesonders durch Modernisierungen verlängert bzw. durch unterlassene Instandhaltung verkürzt werden. §16 Abs. 4 WertV88 bestimmt, daß derartige Sachverhalte bei der Ermittlung der wirtschaftlichen Restnutzungsdauer zu berücksichtigen seien. In diesen Fällen wird von einem fiktiven Baujahr ausgegangen, welches über Verhältnisrechnungen ermittelt wird.[451]

Da es zur Ermittlung der wirtschaftlichen Restnutzungsdauer von Gebäuden im Gegensatz zu anderen Investitionsgütern keine abgesicherten, analytisch-wis-

---

450 Jedoch mehren sich die Stimmen, daß die Nutzungsdauern von Gebäuden gesunken sind. Vgl. Gop, Rebecca: „Kritik an deutschen Bewertungsmethoden", in: Frankfurter Allgemeine Zeitung, 14.10.1994, S. 49 sowie Keunecke, Klaus Peter: „Immobilienbewertung", Berlin 1994, S. 54, der von Nutzungsdauern zwischen 40 und 80 Jahren ausgeht.

451 Vgl. Simon, Jürgen; Cors, Klaus G.; Troll, Max: „Handbuch der Grundstückswertermittlung", 3. Aufl., München 1992, S. 136 - 137.

senschaftlich fundierten Verfahrensweisen zur Bestimmung der optimalen Nutzungsdauer gibt, wird die vorher beschriebene ungenaue Bestimmung der Restnutzungsdauer zum Teil in der Literatur scharf kritisiert.[452]

Hinsichtlich der Sensitivität haben die Parameter „wirtschaftliche Restnutzungsdauer" sowie „Liegenschaftszins" einen unterschiedlichen Einfluß auf den Rentenbarwertfaktor und somit auf das Ergebnis der Ertragswertermittlung. Eine fehlertheoretische Betrachtung zeigt, daß sich bei einem Liegenschaftszins, der über 5% liegt, und einer wirtschaftlichen Restnutzungsdauer von über 60 Jahren Schätzungsunsicherheiten hinsichtlich der wirtschaftlichen Restnutzungsdauer nur gering auf den Rentenbarwertfaktor auswirken, während Schätzungsunsicherheiten hinsichtlich des Liegenschaftszinssatzes erheblichen Einfluß auf den Rentenbarwertfaktor haben. Bei einer verbleibenden kurzen wirtschaftlichen Restnutzungsdauer von unter 15 Jahren sinkt der Einfluß des Liegenschaftszinssatzes auf den Rentenbarwertfaktor, während der Einfluß der Restnutzungsdauer ansteigt.[453]

---

452 Vgl. Morgan, John F.W.; Harrop, Martyn J.: „Neue Ansätze der Bewertung und Beurteilung von Anlageobjekten", in: Grundstücksmarkt und Grundstückswert, 2. Jg., Nr. 3, 1991, S. 128. Die angelsächsischen Verfahren gehen von einer Unteilbarkeit von Grund und Boden und dem aufstehenden Gebäude aus, mit der Folge, daß die Erträge als ewige Rente kapitalisiert werden. Ob jedoch die Berücksichtigung der Restnutzungsdauer bei den angelsächsischen Verfahren der Wertermittlung durch intuitive, nicht aus dem Marktgeschehen ableitbare Zu- oder Abschläge auf den gewählten Kapitalisierungszins dem Verfahren der WertV88 systematisch überlegen ist, wird vom Verfasser bezweifelt. Zu weiteren Verfahren der Berücksichtigung einer endlichen Nutzungsdauer bei angelsächsischen Ertragswertverfahren vgl. Britton, William; Davies, Keith; Johnson, Tony: „Modern Methods of Valuation", 8. Aufl., London 1989, S. 152 - 155.

453 Vgl. Möckel, Rainer, in: Gerardy, Theo; Möckel, Rainer (Hrsg.): „Praxis der Grundstücksbewertung", Band 2, Landsberg/Lech, Loseblattsammlung, Stand 21. Nachlieferung von Dezember 1995, S. 4.3.5/6. Zu einer umfassenden fehlertheoretischen Betrachtung des Ertragswertverfahrens vgl. Linke, Christian: „Fehleranfälligkeit des Ertragswertverfahrens", in: Grundstücksmarkt und Grundstückswert, 6. Jg., Nr. 6, 1995, S. 338 - 345.

5.3.3.2.4.8 Sonstige wertbeeinflussende Umstände

Nach der Verkehrswertdefinition des §194 BauGB sind die rechtlichen Gegebenheiten, die tatsächlichen Eigenschaften und die sonstige Beschaffenheit des Grundstücks zu berücksichtigen. §19 WertV88 schreibt vor, daß Umstände, die den Grundstückswert beeinflussen, jedoch im Rahmen der Ertragswertermittlung weder bei der Ermittlung des Rentenbarwertfaktors, des Rohertrages noch der Bewirtschaftungskosten berücksichtigt wurden, durch Zu- oder Abschläge zu berücksichtigen sind.

Als Beispiele für solche Zu- oder Abschläge werden beispielhaft in der WertV88 sowie in den Abschnitten 3.5.1 bzw. 3.5.6 der WertR 91 die nachhaltige Nutzung des Grundstücks für Werbezwecke, wohnungs- oder mietrechtliche Bindungen mit Abweichung der tatsächlich gezahlten Miete von der nachhaltig erzielbaren Miete sowie vorhandene Baumängel bzw. Bauschäden genannt.[454]

Einnahmen aus der entgeltlichen Nutzung von Gebäude- oder Grundstücksteilen als Werbeträger werden typischerweise nicht dem Rohertrag zugeordnet, da bei diesen Einnahmen als Bewirtschaftungskosten in der Regel lediglich die Verwaltungskosten anzusetzen sind und üblicherweise ein im Vergleich zum Liegenschaftszinssatz erhöhter Kapitalisierungszins verwendet wird.[455]

Ab- oder Zuschläge aufgrund des Abweichens der tatsächlichen von der nach-

---

[454] Eine ausführliche Auflistung dieser Umstände und deren Berücksichtigung findet sich bei Sprengnetter, Hans Otto: „Handbuch zur Ermittlung von Grundstückswerten", Band IV, o.O., Loseblattsammlung, Stand 7. Ergänzungslieferung November 1995, S. 6.3.I.1 - 6.3.3.3.2.58.

[455] Vgl. Rössler, Rudolf u.a.: „Schätzung und Ermittlung von Grundstückswerten", 6. Aufl., Neuwied 1990, S. 203.

haltig erzielbaren Miete erfolgen in Höhe des Barwerts der Differenz zwischen Vertragsmiete und nachhaltiger Miete.[456]

Die Berücksichtigung von Baumängeln bzw. Bauschäden als sonstige wertbeeinflussende Umstände kann durch Berücksichtigung der Mangel- bzw. Schadensbeseitigungskosten erfolgen, sofern diese Umstände nicht bereits durch den Ansatz eines niedrigeren Rohertrages bzw. einer verkürzten wirtschaftlichen Restnutzungsdauer berücksichtigt worden sind.[457]

5.3.3.2.4.9 Ableitung des Verkehrswertes

Der nach den Vorschriften der §§15 - 18 WertV88 ermittelte Ertragswert des Grundstücks kann aufgrund des §7 der WertV88 nicht mit dem Verkehrswert des Grundstücks gleichgesetzt werden. Der Verkehrswert ist aus dem Ergebnis des angewandten Verfahrens unter Berücksichtigung der Lage auf dem Grundstücksmarkt abzuleiten. Die dabei zu wählende Vorgehensweise wurde jedoch vom Gesetzgeber nicht geregelt. Die Literatur zur Wertermittlung weist darauf hin, daß diese geforderte Ableitung des Verkehrswertes fundierte Marktkenntnisse voraussetzt, um die objektivierten Ansätze der vorhergehenden Wertermittlung durch für Außenstehende schwer nachvollziehbare Schätzungen an die örtliche Angebots- und Nachfragesituation anzupassen. Marktanpassungsfaktoren können beispielsweise durch Beobachtung des Verhältnisses der tatsächlich gezahlten Kaufpreise zum jeweils ermittelten Ertragswert be-

---

456 Vgl. Kleiber, Wolfgang; Simon, Jürgen; Weyers, Gustav: „WertV '88", 3. Aufl., Köln 1993, S. 270. Zu einer Darstellung der Vorgehensweise unter Berücksichtigung der in der WertV88 normierten Vorgehensweise vgl. Krämer, Ulrich: „Eine Darstellungsvariante des Ertragswertverfahrens", in: Grundstücksmarkt und Grundstückswert, 6. Jg., Nr. 5, 1995, S. 264 - 267.

457 Vgl. Rössler, Rudolf u.a.: „Schätzung und Ermittlung von Grundstückswerten", 6. Aufl., Neuwied 1990, S. 201 - 202.

stimmt werden.[458] Durch die differenzierte Auswahl des Liegenschaftszinssatzes kann eine Marktanpassung im Rahmen des Ertragswertverfahrens weitgehend vermieden werden.[459]

5.3.4 Eignung von Verkehrswerten als Substitut von Transaktionspreisen

Im Rahmen eines auf Verkehrswerten basierenden Immobilienperformanceindexes werden die bei Immobilien fehlenden regelmäßigen Preisfeststellungen durch regelmäßige Verkehrswertermittlungen ersetzt. Daher muß die Übereinstimmung der Ergebnisse von Verkehrswertgutachten, die eine fiktive Veräußerung unterstellen, mit den bei einer tatsächlichen Veräußerung erzielbaren Kaufpreisen überprüft werden. Bislang ist für den deutschen Immobilienmarkt bezüglich des Zusammenhangs zwischen Transaktionspreis und Verkehrswert aufgrund der nicht öffentlich zugänglichen Daten keine Untersuchung durchgeführt worden.

Grundsätzlich bestünde bei Grundstücken, die im Rahmen von Zwangsversteigerungen den Eigentümer gewechselt haben, die Möglichkeit der Untersuchung dieses Zusammenhangs. Da vor Zwangsversteigerungen der Verkehrswert des zu versteigernden Grundstücks ermittelt wird,[460] könnte der Zuschlagspreis mit dem vorher ermittelten Verkehrswert verglichen werden. Diese Untersuchungsmethodik ist jedoch zu verwerfen, da der Verkehrswertbegriff eine fiktive Veräußerung im gewöhnlichen Geschäftsverkehr unter Ausschaltung ungewöhnlicher und persönlicher Verhältnisse unterstellt. Ungewöhnliche Verhältnisse liegen jedoch bei einem Erwerb im Rahmen einer Zwangsverstei-

458 Vgl. Klocke, Wilhelm: „Wertermittlungsverordnung: Praxis", Wiesbaden 1990, S. 130.

459 Vgl. Kleiber, Wolfgang; Simon, Jürgen; Weyers, Gustav: „Verkehrswertermittlung von Grundstücken", 2. Aufl., Köln 1994, S. 489.

460 Vgl. zur Bedeutung des Verkehrswertes im Rahmen von Zwangsversteigerungen S. 195.

gerung vor, weshalb in der Literatur auch darauf hingewiesen wird, daß im Versteigerungsverfahren erzielte Preise (üblicherweise) keinen zuverlässigen Aufschluß über den Verkehrswert vermitteln.[461] Daher scheidet dieses Verfahren der Überprüfung des Zusammenhangs wegen der fehlenden definitorischen Übereinstimmung des Verkehrswertbegriffes mit dem Transaktionsergebnis einer Zwangsversteigerung aus.

Grundsätzlich läßt sich eine Abweichung von Transaktionspreis und Grundstückswert immer dann erklären, wenn Abweichungen hinsichtlich der Umstände des Einzelfalles vom Inhalt des Verkehrswertbegriffes vorliegen. Gründe für mögliche Unterschiede zwischen den ermittelten Grundstückswerten und Transaktionspreisen werden überwiegend auf das zeitliche Auseinanderfallen zwischen Bewertungsstichtag und Transaktionstag zurückgeführt, können jedoch u.a. auch sein:[462]

- Besondere Vertragsbedingungen

  Abweichungen zwischen Grundstückswert und Transaktionspreis können durch besondere Vertragsbedingungen verursacht werden, die bspw. die Gewährung von Mietgarantien oder besondere Finanzierungsbedingungen vorsehen.

- Werterhöhende Umbauten zwischen Bewertungsstichtag und Veräußerungstermin

  Wurden zwischen Bewertungsstichtag und Veräußerungstermin noch werterhöhende Umbaumaßnahmen durchgeführt, die nicht durch evtl. Prämis-

---

461 Vgl. Dieterich, Hartmut in: Ernst, Werner; Zinkahn, Willy; Bielenberg, Walter: „Kommentar zum BauGB", Band III, München 1994, Loseblattsammlung, Stand 51. Nachlieferung von Januar 1995, §194 BauGB, Rdnr. 45.

462 Vgl. Cole, Rebel; Guilkey, David; Miles, Mike E.: „Toward an Assessment of the Reliability of Commercial Appraisals", in: The Appraisal Journal, 54. Jg., Nr. 3, 1986, S. 422 - 432.

sen der Wertermittlung abgedeckt worden sind, kommt es zu Abweichungen zwischen Grundstückswert und Transaktionspreis.

- Änderungen des im Rahmen der Grundstückswertermittlung verwendeten Liegenschaftszinssatzes
  Der im Rahmen der Ertragswertermittlung verwendete Liegenschaftszinssatz kann sich zwischen Bewertungsstichtag und Transaktionstermin mit der Folge verändern, daß der Veräußerungserlös sich vom Ergebnis der Wertermittlung unterscheidet.

- Nichtberücksichtigung von Erwerbsnebenkosten
  Im Rahmen der Wertermittlung von Grundstücken werden Erwerbsnebenkosten wie Maklercourtagen, Grunderwerbsteuer sowie Notarkosten typischerweise nicht berücksichtigt. Erhält der Veräußerer des Grundstücks lediglich den Grundstückswert abzüglich der Erwerbsnebenkosten als vereinbarten Preis, so kommt es zu Abweichungen zwischen Grundstückswert und Transaktionspreis in Höhe der Erwerbsnebenkosten.

Untersuchungen aus den USA und Großbritannien stützen jedoch überwiegend die Annahme, daß die Ergebnisse von Wertermittlungen geeignete Schätzgrößen für Transaktionspreise darstellen.

Für den Zeitraum von 1978 bis 1992 wurden in den USA die erzielten Verkaufspreise mit den jeweils letzten Bewertungsergebnissen von insgesamt 569 Grundstücken, die im RNPI erfaßt waren, analysiert. Dabei wurde der Quotient aus der Differenz der Summe der erzielten Transaktionspreise und der Summe der ermittelten Grundstückswerte zur Summe der Grundstückswerte gebildet. Positive und negative Abweichungen des Transaktionspreises vom zuletzt festgestellten Grundstückswert heben sich bei dieser Vorgehensweise auf. Die prozentuale Abweichung entspricht dem Wert Null, wenn die Grundstückswerte unverzerrte Schätzungen von Transaktionspreisen darstellen. Für den gesamten Untersuchungszeitraum konnte festgestellt werden, daß die erzielten

Transaktionspreise im Durchschnitt 0,5% über den zuletzt ermittelten Grundstückswerten lagen. Bei einer Unterteilung des gesamten Untersuchungszeitraumes in vier Subperioden, die jeweils unterschiedliche Marktzyklen darstellen, wurde festgestellt, daß die Ergebnisse von Grundstückswertermittlungen dazu neigen, hinter den Transaktionspreisen zurückzubleiben. Bei positiven Wertänderungen des RNPI lagen die erzielten Transaktionspreise im Durchschnitt oberhalb des vor der Veräußerung zuletzt festgestellten Grundstückswertes, bei negativen Wertänderungen des RNPI lagen die Transaktionspreise im Durchschnitt darunter.[463] Eine Untersuchung für den Zeitraum von 1978 - 1990 kommt zu ähnlichen Ergebnissen, daß nämlich die ermittelten Verkehrswerte hinter dem Marktzyklus zurückbleiben, wobei vermutet wird, daß mit zunehmender Transaktionsanzahl und sich stabilisierenden Immobilienmärkten das Ausmaß dieser Abweichung weiter abnimmt.[464]

In England wurde unter Verwendung eines Regressionsverfahrens der Zusammenhang zwischen Wertermittlungsergebnis und Grundstückspreis für eine Stichprobe von 29 Grundstücken untersucht, die zwischen 1975 und 1980 veräußert wurden. Dazu wurden als unabhängige Variable der erzielte Verkaufspreis pro Quadratfuß und der ermittelte Wert pro Quadratfuß als abhängige Variable definiert. Anschließend wurden diese Größen jeweils logarithmiert, um das Problem einer möglichen Heteroskedastizität[465] zu umgehen. Die Regressionsfunktion lautete wie folgt:

$$VQ = \beta_1 + \beta_2 PQ + \varepsilon$$

mit

---

[463] Vgl. Webb, Brian R.: „An Analysis of Properties Sold from the Russel-NCREIF Index (1987 - 1992)“, in: Real Estate Finance, 11. Jg., Nr. 1, 1994, S. 62 - 65.

[464] Vgl. DeVries, Ben D.; Miles, Mike E.; Wolgin, Stephen B.: „Prices and Appraisals: Where is the Truth?“, in: Real Estate Issues, Herbst/Winter 1992, S. 7 - 11.

[465] Als Heteroskedastizität wird die nicht konstante Varianz der Störvariablen bezeichnet.

VQ = Wert pro Quadratfuß

PQ = Veräußerungserlös pro Quadratfuß

Das Ergebnis der Regression lautete:

	β_1	β_2	r^2
PQ	- 0,20	1,02	0,99
t-Wert	- 3,80	47,79	

Der negative Ordinatenabschnitt β_1 in Höhe von - 0,20 wird durch das Auseinanderfallen von Bewertungsstichtag und Transaktionstag erklärt.[466] Obwohl die zur Verfügung stehende Stichprobe nur kleinen Umfangs war, wird durch die Qualität der Regression gestützt, daß die Ergebnisse einer Wertermittlung gute Schätzungen eines Transaktionspreises abgeben.[467]

Grundsätzlich wird die Hypothese, daß Verkehrswerte in Deutschland konservative und für einen Immobilienperformanceindex geeignete Preisschätzungen darstellen, durch eine grobe Analyse der von offenen Immobilienfonds veräußerten Grundstücken belegt. Diesbezüglich stellen die offenen Fonds das einzige öffentlich zugängliche, wenn auch nur sehr rudimentäre Datenmaterial dar. Die Ergebnisse der Grobanalyse werden zudem auf Grund der Möglichkeit eingeschränkt, daß bereits Verkaufsverhandlungen über die Grundstücke zum Zeitpunkt der Verkehrswertermittlung durchgeführt wurden

---

466 Brown, Gerald R.: „Property Investment and Performance Measurement: A Reply", in: Journal of Valuation, 4. Jg., Nr. 1, 1985, S. 35 - 37.

467 Brown, Gerald R.: „Property Investment and Performance Measurement: A Reply", in: Journal of Valuation, 4. Jg., Nr. 1, 1985, S. 35 - 37 sowie Brown, Gerald R.: „Valuation accuracy: developing the economic issues", in: Journal of Property Research, 9. Jg., 1992, S. 199 - 207. Anderer Auffassung vor allem in bezug auf die gewählte Vorgehensweise der Regression sind Lizieri, Colin; Venmore-Rowland, Piers: „Valuation accuracy: a contribution to the debate", in: Journal of Property Research, 8. Jg., Nr. 2, 1991, S. 115 - 122, sowie Lizieri, Colin; Venmore-Rowland, Piers: „Valuations, prices and the market: a rejoinder", in: Journal of Property Research, 10. Jg., Nr. 1, 1993, S. 77 - 84, die unter anderem die Logarithmierung zur Überwindung des Problems der Heteroskedastizität und zur Approximierung an eine „normale Verteilung" kritisieren.

und deren Inhalte dem Bewertungssachverständigen bekannt waren. Dadurch würden eventuelle Unterschiede zwischen dem Verkehrswert und dem Transaktionspreis zwangsläufig eliminiert und die Abweichungen einen Wert von Null annehmen. Im Zeitraum von 1989 bis 1994 haben die fünf offenen Immobilienfonds mit dem höchsten Marktanteil[468] laut ihren Rechenschaftsberichten insgesamt 125 Grundstücke veräußert. Dabei wurden 109 Grundstücke oberhalb und ein Grundstück unterhalb des zuletzt festgestellten Verkehrswertes verkauft. Für die verbleibenden 15 Grundstücke kann keine eindeutige Aussage getroffen werden, da die offenen Immobilienfonds diese Informationen nicht auf individueller Grundstücksebene veröffentlichen müssen. Weitergehende Aussagen, welche Höhe das Ausmaß dieser Abweichungen im Einzelfall oder auch aggregiert betrug, sind mit dem derzeit verfügbaren Datenmaterial nicht möglich.

5.3.5 Konsequenzen der Verwendung von Verkehrswerten anstatt von Transaktionspreisen

5.3.5.1 Verzerrung und Glättung der Indexwerte

In der Literatur wird an Bewertungsindizes kritisiert, daß deren Ergebnisse durch Bewertungsfehler verzerrt sein können. Giliberto hat in einem Modell gezeigt, daß die ermittelte Rendite einer Periode höher als die wahre Rendite einer Periode sein kann, und zwar selbst dann, wenn die Ergebnisse der einzelnen, den Renditeberechnungen zugrundeliegenden Bewertungen unverzerrt sind.[469] Wird jedoch eine kontinuierliche Verzinsung zur Messung der Ren-

---

468 Dies sind: DIFA No. 1, Haus-Invest, Grundwert-Fonds, Grundbesitz-Invest, DESPA-Fonds.

469 Vgl. Giliberto, S. Michael: „A Note on the Use of Appraisal Data in Indexes of Performance Measurement", in: American Real Estate and Urban Economics Association Journal, 16. Jg., Nr. 1, 1988, S. 77 - 83.

dite einer Periode verwendet, fällt diese Verzerrung - unter bestimmten realitätsgerechten Annahmen hinsichtlich der Verteilung der Bewertungsfehler - nicht bzw. nur in einem sehr geringen Umfang an.[470] Eine Überprüfung dieses Sachverhalts zeigte, daß bei Verwendung von geometrischen Mitteln von Renditezeitreihen und unter der Annahme einer stationären Verteilung der Bewertungsfehlerwahrscheinlichkeit auch die ermittelte durchschnittliche Periodenrendite unverzerrt ist.[471]

Aufgrund des Fehlens von Ausschlägen im zeitlichen Verlauf des Indexes und aufgrund der Tatsache, daß die Ergebnisse von Wertermittlungen die tatsächlichen Veränderungen von Grundstückswerten nur verzögert wiedergeben (wie in Abschnitt 5.3.4 hinsichtlich des Zusammenhangs von Transaktionspreisen und Grundstückswertermittlungen gezeigt), werden die Ergebnisse von Bewertungsindizes angegriffen.[472]

Ein auf Bewertungen beruhender Index wirkt gegenüber einem Index, der die „wahren" Wertänderungen wiedergeben würde, geglättet. Daher können die Ergebnisse des Indexes hinsichtlich des Rendite-/Risikoverhältnisses sowie der Korrelation und Kovarianz mit Indizes für andere Anlagekategorien irreführend

---

470 Vgl. Geltner, David: „Bias in Appraisal-Based Returns", in: American Real Estate and Urban Economics Association Journal, 17. Jg., Nr. 3, 1989, S. 338 - 352 sowie Gau, George W.; Wang, Ko: „A Further Examination of Appraisal Data and the Potential Bias in Real Estate Return Indexes", in: American Real Estate and Urban Economics Association Journal, 18. Jg., Nr. 1, 1990, S. 47.

471 Vgl. Geltner, David: „A Further Examination of Appraisal Data and the Potential Bias in Real Estate Return Indexes: Comment and Clarification", in: American Real Estate and Urban Economics Association Journal, 18. Jg., Nr. 1, 1991, S. 108.

472 Vgl. Rudnitsky, Howard: „Smoky Signals", in: Forbes, 25.6.1990, S. 42 - 46.

wirken.[473] Insbesondere dann, wenn diese Indizes zur Asset Allocation nach der Markowitzschen Portfoliotheorie verwendet werden.[474]

Die Glättung kann durch zwei verschiedene Ursachen bedingt sein. Eine Ursache liegt in der Natur des Bewertungsprozesses und wird als „lack of confidence“ bezeichnet. Bewertungen sind trotz Objektivierungsbemühungen ein subjektiver Vorgang, bei denen der bewertende Sachverständige keine Gewißheit haben kann, ob der ermittelte Verkehrswert den „wahren“ Marktwert widerspiegelt. Bei wiederkehrenden, regelmäßigen Bewertungen von Grundstücken wird sich ein Sachverständiger stets an dem vorherigen Wertgutachten orientieren und dieses in sein aktuelles Bewertungsergebnis einfließen lassen.[475] Dieser Effekt beeinflußt die ermittelte Rendite sowohl auf Einzelgrundstücksebene als auch bei der Aggregation der Bewertungsergebnisse der einzelnen Grundstücke zu einem Index.

Der zweite Grund für eine Glättung liegt in der temporalen Aggregation. Eine implizite Ursache der temporalen Aggregation auf Einzelgrundstücksebene ist darin zu sehen, daß die Bewertungssachverständigen im Rahmen ihrer Bewertungen Transaktionen zum Vergleich heranziehen, die in einem gegebenen Zeitintervall der Vergangenheit lagen. Hierdurch werden die Bewertungsergebnisse in bezug auf den Bewertungsstichtag geglättet.[476] Auf der Ebene eines Indexes, bei der die Bewertungsergebnisse der repräsentierten Grundstücke zusammengefaßt werden, entsteht eine weitere Glättung. Bewertungen indivi-

---

473 Vgl. Geltner, David M.: „Smoothing in Appraisal-Based Returns“, in: Journal of Real Estate Finance and Economics, 4. Jg., 1991, S. 334 - 335.

474 Vgl. Newell, Graeme; MacFarlane, John: „Improved Risk Estimation Using Appraisal-Smoothed Real Estate Returns“, in: The Journal of Real Estate Portfolio Management, 1. Jg., Nr. 1, 1995, S. 51.

475 Vgl. Geltner, David: „Estimating Real Estate's Systematic Risk from Aggregate Level Appraisal Based Returns“, in: Journal of the American Real Estate and Urban Economics Association, 17. Jg., Nr. 4, 1989, S. 469.

476 Vgl. Geltner, David: „Temporal Aggregation in Real Estate Return Indices“, in: Journal of the American Real Estate and Urban Economics Association, 21. Jg., Nr. 2, 1993, S. 143.

dueller Grundstücke, die über einen Zeitraum hinweg ermittelt wurden, werden zur Ermittlung eines zeitpunktbezogenen Indexwertes herangezogen, der dann einen gleitenden Durchschnitt der Bewertungsergebnisse darstellt.[477]

Die Problematik der Glättung von Bewertungsindizes ist in den USA und in Großbritannien seit längerem bekannt, weshalb verschiedene Verfahren zur Eliminierung dieses Glättungseffektes vorgeschlagen werden, um die tatsächlichen Renditen bzw. die wahre Volatiliät der Renditen zu ermitteln.

5.3.5.2 Entglättungsmodelle

5.3.5.2.1 Entglättung nach Blundell und Ward

Das erste theoretisch fundierte Entglättungsverfahren beruht auf dem Ansatz von Blundell und Ward,[478] welches nachfolgend dargestellt wird.

Es wird unterstellt, daß

$$V_t = (1 - \alpha)\,\overline{P}_t + \alpha V_{t-1}$$

ist, mit

$\overline{P}$ = wahrer Marktwert eines Grundstücks

α = Entglättungskonstante mit einem Wert zwischen 0 und 1

---

477 Vgl. Brown, Gerald R.: „Property Investment and the Capital Markets“, London 1991, S. 228.

478 Vgl. Blundell, G.F.; Ward, C.W.R.: „Property Portfolio Allocation: a Multi-Factor Model“, in: Land Development Studies, 4. Jg., 1987, S. 145 - 156.

Die oben dargestellte Funktion impliziert, daß der Verkehrswert eines Grundstücks sich zu einem Bruchteil aus dem wahren Marktwert zum Zeitpunkt t und zu einem Bruchteil aus dem Ergebnis der Wertermittlung der Vorperiode ergibt. Indem Sachverständige aufgrund des „lack of confidence" auf vergangene Bewertungen Bezug nehmen, bildet die Funktion das Verhalten von Sachverständigen, die sich mit der Bewertung von einzelnen Grundstücken befassen, deren Ergebnisse dann zu einem Index aggregiert werden, realitätsgerecht ab.[479] Für die Vorperiode kann in analoger Weise unterstellt werden, daß

$$V_{t-1} = (1 - \alpha)\,\overline{P}_{t-1} + \alpha V_{t-2}$$

Wenn V in Form des natürlichen Logarithmus dargestellt wird, entspricht die Differenz zwischen den zu t und t - 1 ermittelten Verkehrswerten der Wertänderungsrendite bei Unterstellung einer kontinuierlichen Verzinsung. Somit gilt:

$$V_t - V_{t-1} = (1 - \alpha)\left(\overline{P}_t - \overline{P}_{t-1}\right) + \alpha\left(V_{t-1} - V_{t-2}\right)$$

was umgestellt werden kann zu

$$r_t = (1 - \alpha)\,rm_t + \alpha r_{t-1}$$

mit

rm = Rendite, die erzielt worden wäre, wenn Marktpreise vollkommen durch Bewertungen abgebildet würden

Durch Umformung der Gleichung kann rm bestimmt werden:

---

479 Vgl. Quan, Daniel C.; Quigley, John M.: „Inferring an Investment Return Series for Real Estate from Observations on Sales", in: American Real Estate and Urban Economics Association Journal, 17. Jg., Nr. 2, 1989, S. 218 - 229; Quan, Daniel C.; Quigley, John M.: „Price Formation and the Appraisal Function in Real Estate", in: Journal of Real Estate Finance and Economics, 4. Jg., Nr. 2, 1991, S. 127 - 146.

$$rm_t = \frac{r_t}{1 - \alpha} - \frac{\alpha}{1 - \alpha} r_{t-1}$$

sowie die Varianz der Renditezeitreihe mit

$$\sigma^2[rm] = \frac{1 - \alpha^2}{(1 - \alpha)^2} \sigma^2[rm]$$

Das arithmetische Mittel der entglätteten Zeitreihe von rm entspricht im allgemeinen dem arithmetischen Mittel der Zeitreihe von r. Jedoch wird die Varianz der entglätteten Zeitreihe in Abhängigkeit des α-Wertes größer als die Varianz der geglätteten Zeitreihe sein.

Dabei wird vorgeschlagen, die Entglättungskonstante α durch eine Regression zu bestimmen, bei der die Beziehung zwischen den geglätteten Renditen zu den um eine Periode zurückliegenden geglätteten Renditen ermittelt wird.[480]

Bei dem vorgestellten Entglättungsverfahren von Blundell und Ward wird der Glättungseffekt aufgrund der temporalen Aggregation von Zeitraumdaten in Zeitpunktdaten nicht explizit berücksichtigt. Kritisch zu betrachten ist der durch Regression bestimmte α-Wert, der über die gesamte Zeitreihe als konstant angesetzt wird. Es ist zumindest denkbar, daß dieser α-Wert im Zeitablauf Schwankungen unterliegt, so daß die entglätteten Renditen die wahren Renditen nur verzerrt wiedergeben könnten.

Weiterhin wird unterstellt, daß die Immobilienmärkte informationseffizient[481] und daher die wahren Renditen im Zeitablauf nicht vorhersagbar seien und einem

---

480 Vgl. Brown, Gerald R.: „Property Investment and the Capital Markets“, London 1991, S. 285.

481 Zu einer Zusammenfassung der Untersuchungsergebnisse hinsichtlich der Informationseffizienz von Immobilienmärkten vgl. Gatzlaff, Dean H.; Tirtiroglu, Dogan: „Real Estate Market Efficiency: Issues and Evidence“, in: Journal of Real Estate Literature, 3. Jg., Nr. 2, 1995,

Random Walk folgten. Aufgrund der spezifischen Eigenschaften von Immobilien und des Immobilienmarktes wird jedoch gemeinhin intuitiv angenommen, daß Immobilienmärkte im allgemeinen als nicht informationseffizient gelten.[482]

Indizes, die a priori Informationseffizienz unterstellen, sind für eine Untersuchung des Immobilienmarktes auf Informationseffizienz ungeeignet. Aus diesem Grunde wurden weitergehende Entglättungsmodelle entwickelt, bei denen die Annahme der Informationseffizienz des Immobilienmarktes nicht erforderlich ist.

5.3.5.2.2 Entglättung nach Barkham und Geltner

Barkham und Geltner[483] entwickelten, aufbauend auf Untersuchungen von Geltner[484] für die USA, ein Entglättungsmodell für den in Großbritannien veröffentlichten, auf Bewertungen beruhenden Jones Lang Wootton Index[485]. Dabei werden auf Bewertungen basierende Renditezeitreihen entglättet; ferner wird explizit kein informationseffizienter Immobilienmarkt unterstellt. Durch das Aufstellen eines plausiblen, wenn auch subjektiven Glättungsmodells werden bei diesem Modell sowohl die Wirkungen der Glättung aufgrund des Bewertungs-

---

S. 157 - 189. Dabei wurde festgestellt, daß im allgemeinen Märkte für Gewerbeimmobilien effizienter als Märkte für Wohnimmobilien, jedoch weniger effizient als Wertpapiermärkte sind. Als Folge der geringen Anzahl der durchgeführten Untersuchungen sowie des Mangels an aussagefähigem Datenmaterial sind die Ergebnisse der Untersuchungen nur als vorläufig zu bezeichnen.

482 Vgl. Byrne, Peter; Lee, Stephen: „Is there a place for property in the multi-asset portfolio?“, in: Journal of Property Finance, 6. Jg., Nr. 3, 1995, S. 72.

483 Vgl. Barkham, Richard; Geltner, David: „Unsmoothing British Valuation-Based Returns Without Assuming an Efficient Market“, in: Journal of Property Research, 11. Jg., 1994, Nr. 2, S. 81 - 95.

484 Vgl. Geltner, David: „Estimating Market Values from Appraised Values Without Assuming an Efficient Market“, in: Journal of Real Estate Research, 8. Jg., Nr. 3, 1994, S. 325 - 345.

485 Der angesprochene Index beruht auf regelmäßige Bewertungen real existierender Grundstücke und entspricht nicht dem in Abschnitt 4.5 auf S. 107 dargestellten NOI/Cap Rate Jones Lang Wootton Index.

prozesses auf disaggregiertem Niveau als auch die Wirkungen der temporalen Aggregation auf aggregiertem Niveau eliminiert.

Das von Barkham und Geltner verwendete Entglättungsmodell entspricht grundsätzlich dem von Blundell und Ward und hat folgende Form:

$$\overline{P}_t = V_t + \varepsilon_t,$$

wobei ε_t einen zufälligen unabhängigen Fehler beschreibt. Damit ergibt sich eine rationale Wertermittlung für V_t nach folgender Formel:

$$V_t = \alpha \overline{P}_t + (1 - \alpha) V_{t-1}$$

Der Entglättungsparameter α von Blundell und Ward entspricht $(1 - \alpha)$ bei Barkham und Geltner. α wird nun jedoch bestimmt durch:

$$\alpha = \frac{\sigma^2\left[V_t - V_{t-1}\right]}{\sigma^2\left[V_t - V_{t-1}\right] + \sigma_\varepsilon^2}$$

σ_ε^2 ist die Varianz der Verteilung des empirisch beobachtbaren Fehlers ε_t um V_t. In der praktischen Anwendung des Entglättungsmodells von Barkham und Geltner werden nun unterschiedliche Werte für den Entglättungsparameter α angenommen. Je nachdem, in welchem Ausmaß vermutet wird, daß die Sachverständigen ihre aktuellen Bewertungen an bereits vorliegenden Bewertungen orientieren, werden α-Werte rekursiv geschätzt. Diese Schätzung wird solange vorgenommen, bis die ermittelten Standardabweichung der entglätteten Renditezeitreihe auf dem in den angelsächsischen Ländern für Immobilienportfolios vermuteten wahren Niveau zwischen der Standardabweichung für festverzinsliche Wertpapiere und der für Aktien liegt.

Zusammenfassend wird die subjektive Ermittlung des α-Wertes und dessen Konstanz innerhalb der beobachteten Zeitreihe bei diesem Entglättungsverfahren kritisch beurteilt. Aufgrund der im Rahmen des Modells von Barkham und Geltner gelösten Problematik der temporalen Aggregation auf Portfolioebene sowie der nicht unterstellten Erfüllung der Informationseffizienzhypothese erscheint das von Barkham und Geltner entwickelte Entglättungsmodell dem Verfahren von Blundell und Ward überlegen.

5.3.5.2.3 Weitere Entglättungsmodelle

Neben den bereits dargestellten Entglättungsverfahren existieren weitere Ansätze zur Entglättung von Renditezeitreihen. Webb und Rubens[486] verfünffachten das verwendete Risikomaß der verschiedenen von ihnen in ihrer Untersuchung verwendeten Renditezeitreihen intuitiv - bei einem konstant bleibenden arithmetischen Mittel der Rendite. Dies hatte zur Folge, daß bei der Konstruktion eines effizienten Portfolios aus Aktien, Renten und Grundstücken der wertmäßige Anteil an Grundstücken im effizienten Portfolio nur geringfügig im Vergleich zur unkorrigierten Standardabweichung zurückging. Diese Art der Entglättung ist jedoch aufgrund des fehlenden theoretischen Hintergrundes zu verwerfen.

Miles, Cole, Guilkey[487] sowie Webb, Miles und Guilkey[488] verwenden ein ande-

---

486 Webb, James R.; Rubens, Jack H.: „The Effect of Alternative Return Measures on Restricted Mixed Asset Portfolios“, in: American Real Estate and Urban Economics Association Journal, 16. Jg., Nr. 2, 1988, S. 123 - 137.

487 Vgl. Miles, Mike; Cole, Rebel; Guilkey, David: „A Different Look at Commercial Real Estate Returns“, in: American Real Estate and Urban Economics Association Journal, 18. Jg., Nr. 4, 1990, S. 403 - 430.

488 Vgl. Webb, Brian R.; Miles, Mike; Guilkey, David: „Transactions-Driven Commercial Real Estate Returns: The Panacea to Asset Allocation Models?“, in: Journal of the American Real Estate and Urban Economics Association, 20. Jg., Nr. 1, 1992, S. 325 - 357.

res Modell zur Entglättung des Russel-NCREIF Indexes. Dabei wird durch die Kombination der Ergebnisse einer hedonischen Regressionsfunktion, bei der der marginale Beitrag einzelner Grundstückscharakteristika zum Preis der innerhalb eines Quartals aus der Indexstichprobe veräußerten Grundstücke identifiziert wird, zur Bewertung der zum jeweiligen Berechnungsstichtag im Index verbliebenen Grundstücke angewendet. Diese transaktionsgetriebenen Grundstückswerte werden dann in der Russel-NCREIF Indexformel als Substitut für die vormalig über konventionelle Bewertungsverfahren ermittelte Grundstückswerte eingesetzt. Die dabei bestimmten arithmetischen Mittel der transaktionsgetriebenen Renditen entsprachen weitgehend den arithmetischen Mitteln der auf Basis von Bewertungen errechneten Renditen. Der als Volatilitätsmaß verwendete Variationskoeffizient war jedoch bei den transaktionsgetriebenen Renditen größer als der Variationskoeffizient der auf Bewertungen beruhenden Renditen, was auf das Vorhandensein der Glättung im Russel-NCREIF Index hinweist. Dieses Entglättungsverfahren leidet allerdings an den allgemeinen Kritikpunkten hedonischer Indizes[489] und scheint daher als Verfahren ungeeignet.

Firstenberg, Ross und Zisler[490], Wheaton und Torto[491] sowie Liu u.a.[492] verwenden zur Entglättung der Renditen adjustierte Kapitalisierungszinssätze, wobei sich die jeweils verwendeten Verfahren zur Ermittlung des Ausmaßes der Adjustierung unterscheiden. Zur Ermittlung entglätteter Wertänderungen des Indexes wird jeweils ein einheitlicher adjustierter Kapitalisierungszinssatz auf die gesamte Cash-Flow Return Komponente des Indexes angewendet. Da hin-

---

489 Vgl. Abschnitt 5.2.1 auf S. 162.

490 Vgl. Firstenberg, Paul M.; Ross, Stephen A.; Zisler, Randall C.: „Real Estate: The Whole Story", in: The Journal of Portfolio Management, 14. Jg., Nr. 3, 1988, S. 22 - 34.

491 Vgl. Wheaton, William C.; Torto, Raymond G.: „Income and Appraised Values: A Reexamination of the FRC Returns Data", in: American Real Estate and Urban Economics Association Journal, 17. Jg., Nr. 4, 1989, S. 439 - 449.

492 Vgl. Liu, Crocker H. u.a.: „The Composition of the Market Portfolio and Real Estate Investment Performance", in: American Real Estate and Urban Economics Association Journal, 18. Jg., Nr. 1, 1990, S. 49 - 75.

sichtlich des adjustierten Kapitalisierungszinssatzes weder zwischen unterschiedlichen Regionen noch Nutzungsarten differenziert wird und die gewählte Vorgehensweise der eines NOI/Cap Rate Index[493] nachempfunden ist, führt dies zur Ablehnung der beschriebenen Entglättungsmethode.

Newell und MacFarlane[494] entwickelten ein Verfahren zur Entglättung der Renditen des vierteljährlich in den USA veröffentlichten Russel-NCREIF Index. Dabei wird die entglättete Standardabweichung der annualisierten Rendite über die Korrelation der einzelnen auf Bewertungsbasis ermittelten Quartalsrenditen zueinander gewonnen.

Ein weiteres Verfahren wird von Geltner[495] zur Entglättung von Indizes aufgrund der temporalen Aggregation vorgeschlagen. Dabei wird auf ein dem Repeat Sales Index entsprechendes Regressionsverfahren zurückgegriffen, für dessen Anwendung die mindestens zweimalige Bewertung von Grundstücken in einem beliebig langen Zeitintervall erforderlich ist. Zur Berechnung der Indexwerte muß zu den Berechnungsstichtagen nicht das gesamte Portfolio bewertet werden, sondern es ist ausreichend, wenn die genauen Bewertungsstichtage und das Bewertungsergebnis einzelner Grundstücke des Portfolios bekannt sind. Zur Veröffentlichung eines hinreichend genauen Indexes wird vermutet, daß für jeden Berechnungszeitpunkt nur die Werte von 20 bis 30 Grundstücken zur Verfügung stehen müssen, die zumindest einmal in einem vorherigen Zeitintervall bewertet wurden. An diesem vorgeschlagenen Verfahren erscheint vor allem der nur geringe Datenbedarf zu den jeweiligen Berechnungsstichpunkten vorteilhaft. Nachteilig ist jedoch, daß sich durch das verwendete Regressions-

---

493 Vgl. zum NOI/Cap Rate Index Abschnitt 4.5 auf S. 107 sowie Abschnitt 5.2.2 auf S. 172.

494 Vgl. Newell, Graeme; MacFarlane, John: „Improved Risk Estimation Using Appraisal-Smoothed Real Estate Returns“, in: The Journal of Real Estate Portfolio Management, 1. Jg., Nr. 1, 1995, S. 51 - 57.

495 Vgl. Geltner, David: „The Repeated-Measures Regression-Based Index: A Better Way to Construct Appraisal-Based Indexes of Commercial Property Value“, in: Real Estate Finance, 12. Jg., Nr. 4, 1996, S. 29 - 35.

verfahren im Zeitablauf bereits ermittelte historische Renditewerte ändern können. Das vorgestellte Verfahren wurde noch nicht zur Entglättung eines anerkannten Gewerbeimmobilienindexes eingesetzt, erscheint jedoch vielversprechend. Der Glättungseffekt aufgrund des Bewertungsprozesses auf Einzelgrundstücksebene wird durch dieses Verfahren allerdings nicht eliminiert.

5.4 Zusammenfassung

In den vorangegangenen Abschnitten wurden unterschiedliche Konstruktionsformen von Immobilienperformanceindizes erläutert, die in der folgenden Abbildung zusammengefaßt dargestellt sind.

Abbildung 32: Konstruktionsformen von Immobilienperformanceindizes

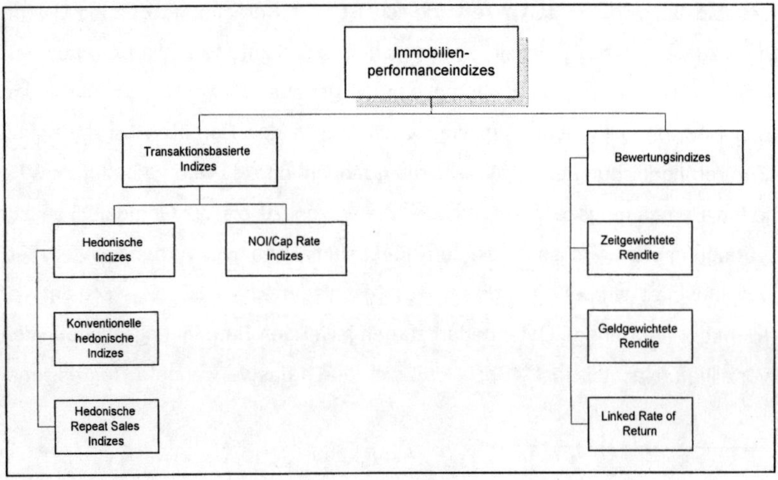

Quelle: Eigene Darstellung

Es wurde gezeigt, daß die Konstruktion eines hedonischen Immobilienperformanceindexes faktisch aufgrund der Intransparenz des deutschen Immobilienmarktes und der mangelnden Bereitschaft von Marktteilnehmern, Transaktionsdaten zur Verfügung zu stellen, nicht möglich ist. Die Bestimmungen des deutschen Datenschutz-Gesetzes verhindern darüber hinaus die Auswertung der bei den Gutachterausschüssen gesammelten Kaufpreisdaten, so daß der Aufbau eines transaktionsbasierten hedonischen Immobilienperformance-indexes auch aus Rechtsgründen nicht als realisierbar erscheint.

Die Entwicklung eines Immobilienperformanceindexes über den NOI/Cap Rate Ansatz ist abzulehnen, da einerseits die in Deutschland übliche Langfristigkeit von Mietverträgen und andererseits die bei den Grundstückseigentümern verbleibenden Bewirtschaftungskosten, wie bspw. die Kosten der Instandhaltung, Mietausfälle etc., nicht erfaßt werden und deshalb im Index nicht abgebildet würden.

Somit verbleibt als Konstruktionsmöglichkeit lediglich die regelmäßige Messung der Verkehrswertentwicklung eines Immobilienportfolios sowie der darauf entfallenden Mietzahlungen und Bewirtschaftungskosten, um aus den ermittelten Periodenrenditen die entsprechenden Indexwerte zu bestimmen. Bei der Renditemessung der beobachteten Portfolios müssen die innerhalb einer Periode erfolgten Mittelzu- bzw. -abflüsse berücksichtigt werden, die in Form von Mietzahlungen, Umbaumaßnahmen, Käufen bzw. Verkäufen von Liegenschaften auftreten können. Hierzu stehen unterschiedliche Renditemeßkonzepte zur Verfügung, wobei sich die Verwendung der Formel der geldgewichteten Rendite bei den internationalen Immobilienperformanceindizes durchgesetzt hat.

Während die Ermittlung der in einer Periode anfallenden Mittelflüsse lediglich ein buchhalterisches Problem darstellt, muß zur Ermittlung von in der Zeitreihe vergleichbaren Periodenrenditen gewährleistet sein, daß die turnusmäßige Verkehrswertfeststellung der Grundstücke jeweils nach konsistenten Verfahren erfolgt. Daher wurden sowohl der Begriff des Verkehrswertes sowie die in der deutschen Gesetzgebung geregelten Verfahren der Verkehrswertermittlung unter dem Gesichtspunkt der Zielsetzung dieser Arbeit erläutert. Dabei lag der Schwerpunkt auf der Darstellung des Ertragswertverfahrens, da dieses Verfahren üblicherweise zur Bewertung von Grundstücken herangezogen wird, bei denen die Verzinsung des investierten Kapitals für die Preisbildung im gewöhnlichen Geschäftsverkehr ausschlaggebend ist. Grundstücke, bei denen das Ertragswertverfahren im Rahmen der Wertermittlung Einsatz findet, dürften üblicherweise Gegenstand der Anlagepolitik institutioneller Investoren sein, so daß auf diese Weise eine hinreichende Konsistenz des Bewertungsverfahrens gewährleistet ist.

Die Verwendung von Verkehrswerten anstelle von Transaktionspreisen führt zu der Frage, ob Verkehrswerte eine geeignete Schätzgröße für Transaktionspreise darstellen. Untersuchungsergebnisse aus Großbritannien und den USA lassen vermuten, daß die Ergebnisse von Wertermittlungen ein verwendbares Substitut für Transaktionspreise darstellen. Auch auf Grund des von den offenen Immobilienfonds in Deutschland veröffentlichten Datenmaterials liegt der Schluß nahe, daß Verkehrswerte eine brauchbare Schätzgröße für Transaktionspreise verkörpern.

Wegen der Substitution von Transaktionspreisen durch Bewertungsergebnisse sind die ermittelten Renditezeitreihen geglättet. Die Glättung resultiert zum einen aus dem Bewertungsprozeß, bei dem sich der Sachverständige an bereits vorliegenden Gutachten für das zu bewertende Grundstück orientiert. Zum anderen ist die Glättung eine Folge der Auswertung zeitlich zurückliegender Transaktionen, die bspw. zur Ermittlung des Liegenschaftszinssatzes, zum Vergleich herangezogen werden. Schließlich ergibt sich eine Glättung auch aus der Verwendung von Bewertungsergebnissen zur Berechnung von zeitpunktbezogenen Renditen, obgleich diese Bewertungsergebnisse innerhalb eines definierten Zeitraumes ermittelt wurden. Daher bilden die möglichen Entglättungsmodelle den Abschluß dieses Abschnittes.

6 Konstruktion eines Immobilienperformanceindexes auf Basis publizierter Rechenschaftsberichte offener Immobilienfonds

6.1 Datensituation in Deutschland

In Deutschland besteht derzeit auf Grund von fehlenden Datenerhebungen von Seiten der Mehrheit institutioneller Investoren weder die Möglichkeit noch ein erhöhtes Interesse, die zur Schaffung eines Immobilienperformanceindexes erforderlichen Daten einer unabhängigen wissenschaftlichen Institution zur Ermittlung von Indexwerten zur Verfügung zu stellen. Somit ist es nicht möglich, durch primäre Datenerhebung bei institutionellen Investoren über deren Immobilienbestand einen Performanceindex zu konstruieren. Nur offene Immobilienfonds als einzige Kategorie institutioneller Investoren sind vom Gesetzgeber gezwungen, den Verkehrswert ihres Immobilienbestandes, Mieteinnahmen sowie Bewirtschaftungskosten regelmäßig und nur in hochaggregierter Form zu veröffentlichen. Offene Immobilienfonds legen das bei ihnen eingelegte Geld im eigenen Namen für gemeinschaftliche Rechnung der Anteilseigner nach dem Grundsatz der Risikomischung an. Bei offenen Immobilienfonds wurde das Investmentprinzip auf den Immobilienbereich übertragen, wodurch Anlegern mit verhältnismäßig geringem Anlagevolumen soweit wie möglich die gleichen Anlagemöglichkeiten und Vorteile geboten werden sollen, wie sie sich für Investoren größerer Beträge ergeben.[496]

Die Entwicklung der Anteilscheinpreise der offenen Immobilienfonds kann nicht als direkte Schätzung für die Performance des deutschen Immobilienmarktes verwendet werden, da diese nur zwischen 51% und 95% ihres Fondsvermö-

---

[496] Vgl. Schlag, Alexander: „Innovative Formen der Kapitalanlage in Immobilien: Möglichkeiten und Perspektiven der Beteiligung privater Anleger an Grundstücksvermögen", Kiel 1993, S. 6.

gens in Immobilien investieren müssen,[497] so daß die Anteilscheinentwicklung durch immobilienfremde Geldanlagemöglichkeiten beeinflußt ist. Daher kann nur auf der Grundlage der von den offenen Immobilienfonds veröffentlichten Rechenschaftsberichte und der darin enthaltenen Angaben ein Performanceindex für den deutschen Immobilienmarkt - unter Verwendung einer der in Abschnitt 5.3.2.2.2 dargelegten Renditeformeln - konstruiert werden.[498]

6.2 Offene Immobilienfonds

6.2.1 Rechtliche und organisatorische Rahmenbedingungen

Bei einem nach dem open-end Prinzip konstruierten Fonds können jederzeit von Anlegern neue Anteile erworben werden, die Zahl der ausgegebenen Anteile ist offen. Die Fondsgesellschaft nimmt zu jeder Zeit Anteilscheine zu Lasten des Fondsvermögens zurück.[499] Rechtsgrundlage der Geschäftstätigkeit sämtlicher Investmentgesellschaften bildet das am 16.4.1957 verkündete KAGG, welches zunächst nur auf das Wertpapierinvestment Anwendung

---

497 Diese Werte ergeben sich durch die Höchstliquidität von 49% nach den Besonderen Vertragsbedingungen und der Mindestliquidität von 5% nach §35 KAGG.

498 Maurer, Raimund; Stephan, Thomas G.: „Immobilien-Rendite-Benchmark für offene Fonds", in: Die Bank, Nr. 8, S. 491 - 495 versuchen unter Verwendung von in den Rechenschaftsberichten veröffentlichten Daten einen Immobilien-Rendite-Benchmark zu ermitteln, indem sie von der Anteilsscheinwertentwicklung zzgl. der Ausschüttung die Performance Anteile des Nichtgrundstücksvermögens subtrahieren. Dazu setzen sie für die jeweils betrachtete Periode den entsprechenden Vermögensanteil als konstant und ermitteln dessen Performanceanteil durch Multiplikation mit einer entsprechenden Benchmark, wie bspw. dem REX-P. Aufgrund der erheblichen Mittelzuflüsse der offenen Fonds, die zunächst als liquide Mittel bzw. in festverzinsliche Wertpapiere angelegt werden, ist die Vorgehensweise auf Grund der realitätsfernen Prämisse der konstanten Vermögensanteile zu verwerfen. Zur Entwicklung der Mittelzuflüsse vgl. Abbildung 36auf S. 257.

499 Vgl. Päsler; Rüdiger: „Handbuch des Investmentsparens", Wiesbaden 1991, S. 9. Im Falle der offenen Immobilienfonds kann jedoch nach §36 KAGG unter bestimmten, sehr restriktiven Voraussetzungen die Anteilsscheinrücknahme bis zu maximal zwei Jahren aufgeschoben werden.

fand.[500] Die erste Immobilien-Investmentgesellschaft wurde in Deutschland 1959 gegründet, weshalb erst mit der Novelle des KAGG von 1969 die offenen Immobilienfonds dem KAGG unterstellt wurden.[501]

Die Konstruktion eines offenen Immobilienfonds basiert auf der Trennung von Sondervermögen, Kapitalanlagegesellschaft sowie der Depotbank, die das sogenannte Investmentdreieck bilden.[502]

Als Sondervermögen wird das Vermögen bezeichnet, das aus den Mitteln besteht, welches die Anteilscheininhaber dem Investmentsparen gewidmet haben. Bei Grundstückssondervermögen stehen aus grundbuchrechtlichen Gründen nach §30 KAGG die zum Sondervermögen gehörenden Gegenstände ausschließlich im Eigentum der Kapitalanlagegesellschaft als Treuhänderin.

Die Kapitalanlagegesellschaft ist mit der Verwaltung des Sondervermögens betraut, wobei die Bezeichnung der Verwaltungsgesellschaft nicht mit dem Namen des Sondervermögens identisch ist,[503] denn nach §6 KAGG darf eine Kapitalanlagegesellschaft auch mehrere Sondervermögen bilden. Kapitalanlagegesellschaften sind nach §2 I KAGG i.V.m. §1 I Ziffer 6 KWG Spezialkreditinstitute, die der Genehmigung zur Aufnahme des Geschäftsbetriebs durch das Bundesaufsichtsamt für das Kreditwesen bedürfen.

Die Depotbank ist ein unabhängiges Kreditinstitut, welches nach §12 KAGG unter anderem mit der Ausgabe und Rückgabe der Anteilscheine sowie der

---

500 Vgl. Assmann, Heinz-Dieter; Schütze, Rolf A.: „Handbuch des Kapitalanlagerechts", München 1990, S. 534.

501 Vgl. Päsler, Rüdiger: „Die Integration Offener Immobilienfonds im KAGG", in: Der Langfristige Kredit, 47. Jg., Nr. 4, 1996, S. 113.

502 Vgl. Ohi, Karl: „Die Rechtsbeziehungen innerhalb des Investment-Dreiecks", Berlin 1989, S. 26 - 105.

503 Vgl. Klumpe, Werner; Nastold, Ulrich A.: „Immobilienfonds: offene und geschlossene Immobilienfonds, Grundlagen, Unterschiede, Besonderheiten", Bonn 1993, S. 7.

Verwahrung und Überwachung des Sondervermögen von der Kapitalanlagegesellschaft beauftragt wurde.

Nicht zum Investment-Dreieck zugehörig ist der Sachverständigenausschuß sowie der Aufsichtsrat. Die Zusammensetzung des Sachverständigenausschusses ist im §32 KAGG geregelt, zu dessen Aufgabe die regelmäßige Bewertung des Grundstückbestandes gehört. Die Bildung eines Aufsichtsrates der Kapitalanlagegesellschaft, dessen Mitglieder nach ihrer Persönlichkeit und Sachkunde die Interessen der Anteilinhaber wahren und die Geschäftsführung der Kapitalanlagegesellschaft kontrollieren sollen,[504] ist nach §3 KAGG zwingend vorgeschrieben.

Die organisatorischen und rechtlichen Rahmenbedingungen offener Immobilienfonds sind in der folgenden Grafik zusammenfassend wiedergegeben.

---

[504] Vgl. Laux, Manfred; Ohl, Karl: „Grundstücks-Investment“, 2. Aufl., Frankfurt 1988, S. 105.

Abbildung 33: Organisatorische und rechtliche Rahmenbedingungen offener Immobilienfonds

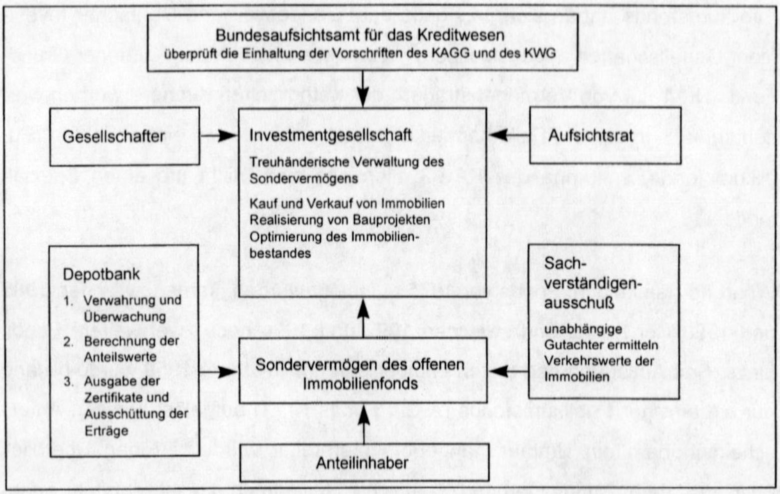

Quelle: in Anlehnung an Kutscher, Reinhard: „Der offene Immobilienfonds: Ein Wertpapier der Immobilie", in: Brunner, Marlies (Hrsg.): Geldanlage mit Immobilien, Wiesbaden 1994, S. 128.

6.2.2 Marktstruktur der offenen Immobilienfonds

Offene Fonds lassen sich hinsichtlich des Anlegerkreises in Publikumsfonds und Spezialfonds unterteilen. Während der Erwerb von Anteilscheinen an Publikumsfonds durch jedermann möglich ist, dürfen die Anteilscheine von Spezialfonds nach §1 II KAGG von nicht mehr als zehn Anteilinhabern, die nicht natürliche Personen sind, gehalten werden.

Ende Juni 1995 existierten in Deutschland 25 offene Immobilienfonds, davon waren 15 als Publikumsfonds und zehn als Spezialfonds konzipiert.[505] Von den Publikumsfonds haben sich 14 Fonds dem Bundesverband Deutscher Investment-Gesellschaften angeschlossen,[506] von denen jedoch der Aachener Grund-Fonds Nr. 1 nur von Vermögensträgern der Katholischen Kirche erworben werden kann.[507] In diesem Falle handelt es sich somit nicht um einen „echten" Publikumsfonds, im Sinne des KAGG allerdings auch nicht um einen Spezialfonds.

Während bereits acht Fonds vor 1975 aufgelegt wurden, kamen zwischen 1985 und 1990 vier Fonds und zwischen 1992 und 1994 noch zwei weitere Fonds hinzu. Seit Auflegung des ersten Immobilienfonds im Jahre 1959 wurde bislang nur ein einziger Publikumsfonds (A.G.I. Fonds Nr. 1) aufgelöst, dessen Anteilscheininhabern ein Umtauschangebot unterbreitet wurde.[508] Einen Überblick über die dem Bundesverband Deutscher Investment-Gesellschaften angeschlossenen Fonds gibt die folgende Tabelle.

---

505 Vgl. Deutsche Bundesbank (Hrsg.): „Kapitalmarktstatistik August 1995", Frankfurt 1995, S. 52.

506 Vgl. Bundesverband Deutscher Investment-Gesellschaften e.V. (Hrsg.): „Investment 95", Frankfurt 1995, S. 79.

507 Vgl. Hoppenstedt (Hrsg.): „Vademecum der Investmentfonds 1995", Darmstadt 1995, S. 781.

508 Vgl. o.V.: „A.G.I. setzt auf Immobilien-Spezialfonds", in: Der Langfristige Kredit, 44. Jg., Nr. 13, 1993, S. 412.

Tabelle 10: Marktstruktur offener Immobilienfonds zum 31.12.1994

Fonds	Kapitalanlagegesellschaft	Depotbank	Auflagedatum	Geschäftsjahr	Fondsvolumen per 31.12.94 in Mio. DM	Marktanteil per 31.12.94 in %
Aachener Grund-Fonds Nr. 1	AACHENER GRUNDVERMÖGEN Kapitalanlagegesellschaft mbH, Köln, Frankfurt am Main	Deutsche Bau- und Bodenbank AG	30.05.74	1.10. - 30.09.	822	1,63%
BfG Immoinvest	BfG Immobilien-Investment Gesellschaft mbH, Frankfurt am Main	BfG Bank AG	02.05.89	1.4. - 31.3.	878	1,74%
CS-WV IMMOFONDS	CREDIS IMMOBILIEN-FONDS GMBH, Frankfurt am Main	CREDIT SUISSE (DEUTSCHLAND) AG	20.12.94	1.10. - 30.9.	231	0,46%
CS EUROREAL	CREDIS IMMOBILIEN-FONDS GMBH, Frankfurt am Main	CREDIT SUISSE (DEUTSCHLAND) AG	06.04.92	1.10. - 30.9.	254	0,50%
DespaFonds	Despa Deutsche Sparkassen-Immobilien-Anlage-Gesellschaft mbH, Frankfurt am Main	Deutsche Girozentrale - Deutsche Kommunalbank	03.11.67	1.10. - 30.9.	8.113	16,10%
DIFA-Fonds Nr. 1	DIFA DEUTSCHE IMMOBILIEN FONDS AKTIENGESELLSCHAFT, Hamburg	DG BANK Deutsche Genossenschaftsbank	01.07.66	1.3. - 31.3.	6.095	12,10%
DIFA-GRUND	DIFA DEUTSCHE IMMOBILIEN FONDS AKTIENGESELLSCHAFT, Hamburg	DG BANK Deutsche Genossenschaftsbank	01.04.85	1.10. - 30.9.	1.669	3,31%
grundbesitz-invest	DGI Deutsche Grundbesitz-Investmentgesellschaft mbH, Frankfurt am Main	Deutsche Bank AG	27.10.70	1.10. - 30.9.	7.579	15,04%
GRUNDWERT-FONDS	DEGI Deutsche Gesellschaft für Immobilienfonds mbH, Frankfurt am Main	Dresdner Bank AG	07.11.72	1.10. - 30.9.	11.560	22,94%
HANSAimmobilia	HANSAINVEST Hanseatische Investment-Gesellschaft mbH, Hamburg	Vereins- und Westbank AG	04.11.88	1.11. - 31.10.	549	1,09%
HAUS-INVEST	COMMERZ GRUNDBESITZ-Investmentgesellschaft mbH, Wiesbaden	Commerzbank AG	07.04.72	1.4. - 31.3.	3.838	7,62%
iii-Fonds Nr. 1	Internationales Immobilien Institut GmbH, München	Bayerische Hypotheken- und Wechsel-Bank AG	16.02.59	1.1. - 31.12.	4.229	8,39%
iii-Fonds Nr. 2	Internationales Immobilien Institut GmbH, München	Bayerische Hypotheken- und Wechsel-Bank AG	01.05.65	1.1. - 31.12.	3.029	6,01%
WestInvest I	Rheinisch-Westfälische Grundstücks-Investment GmbH, Düsseldorf	Westdeutsche Landesbank Girozentrale	02.08.89	1.10. - 30.9.	1.544	3,06%

Quelle: Eigene Darstellung an Hand von Bundesverband Deutscher Investment-Gesellschaften e.V. (Hrsg.): „Investment 95“ sowie den Rechenschaftsberichten offener Immobilienfonds

Die vier größten offenen Immobilienfonds haben zusammen einen Marktanteil von ca. 65%, womit eine oligopolistisch geprägte Angebotsstruktur vorliegt.[509] Dies wird auch an der folgenden Grafik deutlich.

Abbildung 34: Konzentrationskurve zur Darstellung der Marktanteile offener Immobilienfonds per 31.12.1994

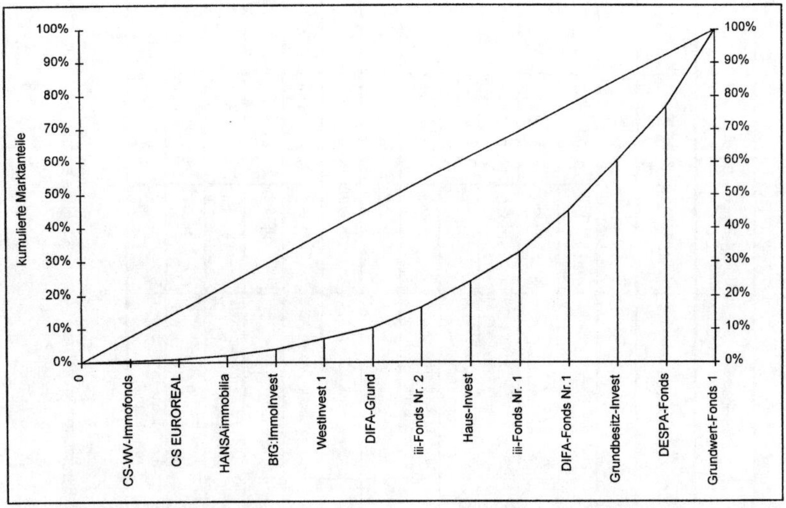

Quelle. Eigene Darstellung an Hand von Datenmaterial des Bundesverbandes Deutscher Investment-Gesellschaften e.V.

Im weiteren Verlauf der Arbeit werden nur noch die dem Bundesverband Deutscher Investment-Gesellschaften angeschlossenen Fonds in die Untersuchungen einbezogen. Der Aachener Grund-Fonds Nr. 1 wird ebenfalls nicht weiter berücksichtigt, da er nur von Vermögensträgern der Katholischen Kirche erworben werden kann und durch die Beschränkung des Anlegerkreises eher einem Spezialfonds als einem Publikumsfonds gleicht.

509 Vgl. Noll, Bernd: „Investmentfonds", in: Oberender, Peter (Hrsg.): Marktökonomie, München 1989, S. 384 - 385.

Durch starke Mittelzuflüsse in Höhe von fast 15 Mrd. DM allein im Jahre 1993 verzehnfachte sich das gesamte Fondsvermögen der offenen Immobilienfonds zwischen 1979 und 1994. Damit stellten Ende 1994 die offenen Immobilienfonds die bedeutendste Fondsgruppe nach den Rentenfonds in Deutschland dar.[510] Der Verlauf der Entwicklung des Fondsvermögens kann der folgenden Abbildung entnommen werden.

Abbildung 35: Entwicklung des Fondsvermögens der dem Bundesverband Deutscher Investment-Gesellschaften e.V. angeschlossenen offenen Immobilienfonds

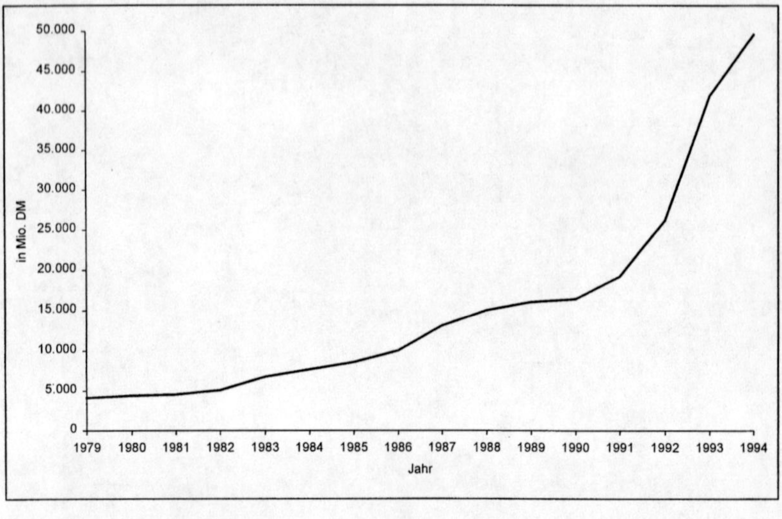

Quelle: Eigene Darstellung an Hand von Datenmaterial des Bundesverbandes Deutscher Investmentgesellschaften e.V.

510 Vgl. Bundesverband Deutscher Investment-Gesellschaften e.V. (Hrsg.): „Investment 95", Frankfurt 1995, S. 58.

Auf Grund der jederzeitigen Rückgabemöglichkeit der Anteilscheine bestehen für offene Immobilienfonds spezifische Vorschriften hinsichtlich der Liquiditätshaltung.[511] Als Folge der hohen Mittelzuflüsse der letzten Jahre mußte im Einzelfall von Seiten der Kapitalanlagegesellschaft der Vertrieb der Zertifikate beschränkt werden,[512] um den Anlagevorschriften des KAGG und der besonderen Vertragsbedingungen in bezug auf den Grundstücksanteil am Wert des Sondervermögens zu entsprechen. Der Verlauf der Mittelzuflüsse auf Einzelfondsebene ist in der nachstehenden Abbildung dargestellt.

---

511 Vgl. Wonhas, Paul: „Management und Marketing bei Offenen Immobilienfonds", in: Zeyer, Fred (Hrsg.): Investmentfonds-Management, Frankfurt 1993, S. 48.

512 Vgl. Hohmann, Klaus: „Offene Immobilienfonds in der Schere zwischen Mittelzufluß und Anlagemöglichkeiten", in: Der Langfristige Kredit, 47. Jg., Nr. 4, 1996, S. 102.

Abbildung 36: Entwicklung des Nettomittelaufkommens offener Immobilienfonds 1979 - 1994

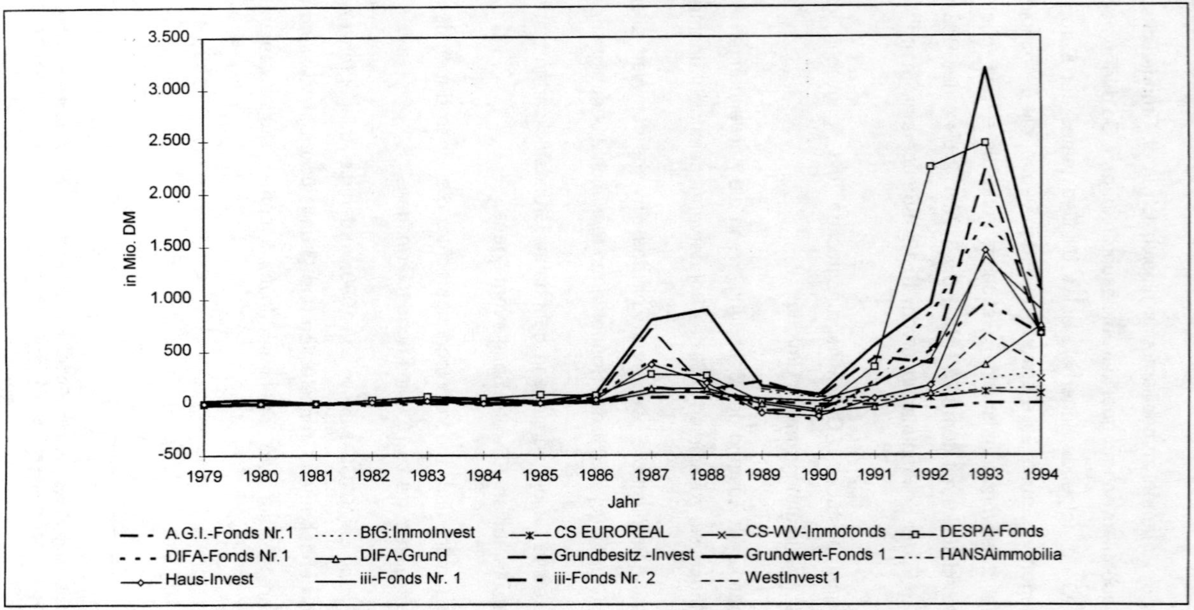

Quelle: Eigene Darstellung an Hand von Datenmaterial des Bundesverbandes deutscher Investment-Gesellschaften e.V.

6.2.3 Gesetzliche und vertragliche Regelungen für Grundstücksanlagen

Die Politik der offenen Immobilienfonds hinsichtlich ihrer Grundstücksanlagen unterliegt quantitativen und qualitativen Beschränkungen. So dürfen nach §27 I u. II. KAGG nur folgende, innerhalb eines Mitgliedstaates der Europäischen Union gelegenen Grundstücke erworben werden, wobei die Terminologie bezüglich der Mietwohngrundstücke, Geschäftsgrundstücke und gemischtgenutzten Grundstücke mit dem §75 I Nr. 1 bis 3, Abs. 2 bis 4 des Bewertungsgesetzes i.d.F. der Bekanntmachung vom 10.12.1965 übereinstimmt:[513]

- Mietwohngrundstücke, Geschäftsgrundstücke und gemischt genutzte Grundstücke in unbegrenztem Umfang
- Grundstücke im Zustand der Bebauung, wenn die Aufwendungen aller dieser Grundstücke zusammen 20% des Sondervermögens nicht übersteigen
- unbebaute Grundstücke, wenn zur Zeit des Erwerbs der Wert aller unbebauten Grundstücke 20% des Sondervermögens nicht übersteigt
- Erbbaurechte für die vorstehend genannten Grundstücksarten bis zu einer Gesamtsumme von 20% des Sondervermögens
- Wohneigentum und andere Wohnungsrechte, die einen dauernden Ertrag erwarten lassen, bis zu 10% des Sondervermögens

Mit Umsetzung der KAGG-Novelle von 1990 wurden die Anlagegrenzen für den Erwerb von unbebauten Grundstücken und Grundstücken im Zustand der Bebauung von 10% auf 20% angehoben. Investitionen in Mitgliedstaaten der Eu-

---

513 Vgl. Beckmann, Klaus; Scholtz, Rolf-Dieter: „Investment - Ergänzbares Handbuch für das gesamte Investmentwesen", Berlin 1970, Stand 34. Nachlieferung von Oktober 1995, 425 §27, Rdnr. 4.

ropäischen Gemeinschaft sowie der ehemaligen DDR[514] wurden denen in den alten Bundesländern gleichgestellt.[515]

Investitionen in Nichtmitgliedsstaaten der Europäischen Union dürfen nur in den Kategorien „Mietwohngrundstücke", „Geschäftsgrundstücke", gemischtgenutzte Grundstücke", „unbebaute Grundstücke" sowie „Grundstücke im Zustand der Bebauung" vorgenommen werden, sofern die Vertragsbedingungen des Fonds dies vorsehen. Der Gesamtwert dieser Investitionen darf nach §27 II Nr. 2 KAGG 20% des Sondervermögens nicht überschreiten. Die Einzelwerte der unbebauten Grundstücke sowie der Grundstücke im Zustand der Bebauung, die sich nicht in Mitgliedsländern der Europäischen Union befinden, dürfen nach §27 II Nr. 2 i.V.m. §27 II Satz 4 KAGG 4% des gesamten Sondervermögens nicht überschreiten.

Nach §27 III KAGG dürfen Grundstücke für das Sondervermögen nur dann erworben werden, wenn vor dem Erwerb eine Wertermittlung durch den Sachverständigenausschuß stattgefunden hat und die zu erbringende Gegenleistung den ermittelten Wert nicht oder nur unwesentlich überschreitet. Die Veräußerung von Grundstücken darf nur dann erfolgen, wenn nach §37 I KAGG die Gegenleistung den vom Sachverständigenausschuß ermittelten Wert nicht oder nur unwesentlich unterschreitet.

Zur Gewährleistung des Schutzes von Kapitalanlegern muß die Anlage in Grundstücken diversifiziert sein.[516] Nach §28 KAGG muß das Grundstücks-Sondervermögen aus mindestens zehn Grundstücken bestehen, deren Einzelwerte zum Erwerbszeitpunkt 15% des Wertes des Sondervermögens nicht

---

514 Vgl. Kandlbinder, Hans Karl: „Spezialfonds als Anlageinstrument", Frankfurt 1991, S. 54.

515 Vgl. Bundesverband Deutscher Investment-Gesellschaften e.V. (Hrsg.): „Die Rolle von Bauprojekten bei Offenen Immobilienfonds", in: Investment 92, Frankfurt 1992, S. 54.

516 Vgl. Waldmann, Klaus: „Offene Grundstücksfonds und das neue Kapitalanlagegesetz", in: Der Langfristige Kredit, 40. Jg., Nr. 13, 1989, S. 414.

überschreiten darf. Nach §29 KAGG greift die eben genannte Regelung erst nach einer Anlaufphase von vier Jahren nach der Gründung des Sondervermögens. Dies gilt auch für die Vorschrift bezüglich des Anteils unbebauter Grundstücke am Sondervermögen.

Zulässig sind nur direkte Anlagen in Grundbesitz. Indirekte Anlagen wie z.B. der Erwerb von Anteilen an geschlossenen oder an anderen offenen Immobilienfonds sind nicht gestattet.[517] Ebenfalls darf von der Kapitalanlagegesellschaft nicht selbst ein Gewerbe in den von ihr erworbenen und errichteten Geschäftsgebäuden betrieben werden, sie darf diese lediglich durch Vermietung oder Kraft eines anderen Rechtsverhältnisses nutzen. So darf eine Kapitalanlagegesellschaft ein in ihrem Gebäude betriebenes Hotel nicht selbst bewirtschaften, da dies nicht mehr ein Investmentgeschäft darstellt und ein über das Vermietungsrisiko hinausgehendes Risiko entstehen würde.[518]

6.3 Inhalt der relevanten Rechnungslegungselemente vor dem Hintergrund der Indexkonstruktion

In den folgenden Abschnitten werden die Rechnungslegungselemente der veröffentlichten Rechenschaftsberichte dargestellt, die zur Ermittlung der einzelnen Renditekomponenten erforderlich sind. Im KAGG erfolgt weder eine Spezifikation der Rechnungslegungsregeln für Investmentgesellschaften noch ist eine Genehmigung der angewandten Methoden durch das Bundesaufsichtsamt für das Kreditwesen vorgesehen. Daher erscheint eine Darstellung und Analyse der zur Berechnung eines Immobilienperformanceindexes relevanten Informa-

---

517 Vgl. Laux, Manfred; Ohl, Karl: „Grundstücks-Investment", 2. Aufl., Frankfurt 1988, S. 36 - 39.

518 Vgl. Beckmann, Klaus; Scholtz, Rolf-Dieter: „Investment - Ergänzbares Handbuch für das gesamte Investmentwesen", Berlin 1970, Stand 34. Nachlieferung von Oktober 1995, 425 §27, Rdnr. 6.

tionen aus den Rechenschaftsberichten der offenen Immobilienfonds erforderlich.

6.3.1 Vermögensaufstellung

6.3.1.1 Wertansatz der Grundstücke

Unter der Position Liegenschaften werden die Grundstücke des Sondervermögens ausgewiesen und sind nach den Positionen „Mietwohngrundstücke", „Geschäftsgrundstücke", „gemischt genutzte Grundstücke", „Grundstücke im Zustand der Bebauung", „unbebaute Grundstücke" und „grundstücksgleiche Rechte" (bspw. Erbbaurechte oder Teileigentum) gegliedert. Der Ansatz in den einzelnen Positionen erfolgt zwingend zum Verkehrswert, jedoch mit Ausnahme der „Grundstücke im Zustand der Bebauung", für die eine Regelung über den Wertansatz fehlt. Der Wertansatz von Grundstücken im Zustand der Bebauung ergibt sich in der Praxis aus der Summe des gutachterlich ermittelten Verkehrswertes des Grund und Bodens, der Herstellungsauszahlungen der baulichen Anlagen sowie ggf. der in der Periode aktivierten Bauzeitzinsen[519]. Erst bei Fertigstellung des Objekts erfolgt dessen „Einwertung", bei der der so ermittelte Wertansatz erstmalig durch den für das fertiggestellte Objekt ermittelten Verkehrswert abgelöst wird.[520]

In der Vermögensaufstellung nach §34 I KAGG wird jeweils der Wert für Gruppen gleichartiger oder zusammengehöriger Grundstücke aggregiert angegeben. Grundsätzlich besteht auch die Möglichkeit, Einzelwerte auszuweisen, von

---

519 Zum Begriff der Bauzeitzinsen vgl. S. 283.

520 Vgl. Bals, Werner: „Die ökonomische Position von Anteilinhabern offener Immobilienfonds", Diss., Regensburg 1992, S. 83 - 84.

der jedoch bislang in der Praxis kein Gebrauch gemacht wird, da die Realisierung eines Veräußerungsgewinnes dadurch erschwert ist.

Aus dem Rechenschaftsbericht lassen sich unmittelbar die Verkehrswerte der fertiggestellten Liegenschaften entnehmen und im Rahmen der Renditeermittlung für einen Immobilienperformanceindex verwenden. Da wertmäßige Veränderungen der Position „Grundstücke im Zustand der Bebauung" überwiegend durch die Herstellungsauszahlungen bedingt sind und keine marktinduzierten Wertveränderungen darstellen, werden diese nicht berücksichtigt. Ferner werden auch unbebaute Grundstücke nicht in die Berechnungen einbezogen, da diese nur für den Fall der alsbaldigen eigenen Bebauung erworben werden dürfen und dann ebenfalls für den Zeitraum des Baus nicht berücksichtigt würden.

6.3.1.2 Bewertungsprozeß

Zur Ermittlung des Wertes eines Fondsanteils ist es erforderlich, den Wert des Immobilienbestandes zu ermitteln, da das Ergebnis der Bewertung direkt in die Berechnung des Anteilswertes einfließt.[521] Die Ermittlung der Verkehrswerte der Grundstücke eines Sondervermögens erfolgt nach §32 KAGG durch einen Sachverständigenausschuß, der aus mindestens drei unabhängigen, zuverlässigen und fachlich geeigneten Persönlichkeiten auf dem Gebiet der Grundstücksbewertung besteht. Die Bestellung von Sachverständigen in den Sachverständigenausschuß ist der Bankaufsichtsbehörde anzuzeigen.

In den parlamentarischen Beratungen zum Entwurf des Gesetzes zur Änderung und Ergänzung des Gesetzes über Kapitalanlagegesellschaften wurde dazu

---

[521] Vgl. Abromeit-Kremser, Bernd: „Offene Immobilieninvestmentfonds", Wien 1986, S. 97.

festgehalten: „Um eine Übervorteilung der Anleger so weitgehend als möglich zu verhindern, wird die fehlende Börsenpreisfeststellung für die Gegenstände des Sondervermögens für Grundstücke durch einen Sachverständigenausschuß ersetzt. Trotz gewisser Zweifel ..., ob diese Einrichtung ausreiche, waren im Ergebnis dieser und der Wirtschaftsausschuß der Meinung, daß das System des §32 unter gegebenen Umständen eine optimale Lösung darstellt, zumal die Bankaufsichtsbehörde die Möglichkeit hat, bei der Auswahl der Sachverständigen mitzuwirken und bei später auftretenden Zweifeln an ihrer Zuverlässigkeit, Unabhängigkeit oder fachlichen Eignung einzugreifen."[522] Durch diese Norm wird erreicht, daß die Sachverständigen hochqualifiziert und dadurch die Verkehrswertbestimmungen von hohem Standard sind.

Die erstmalige Bewertung eines Objektes erfolgt in der Praxis durch ein Mitglied des Sachverständigenausschusses als Hauptgutachter, wobei zwei weitere Mitglieder des Sachverständigenausschusses das Gutachten mittragen. Neben dem Hauptgutachter soll zumindest ein Nebengutachter das Objekt vor Ort besichtigt haben. Die regelmäßig nach §34 II KAGG durchzuführende Nachbewertung erfolgt ebenfalls wieder durch einen Hauptgutachter und zwei Nebengutachter. Unterschiede zur Erstbewertung liegen vor allem darin, daß nur der Hauptgutachter die örtliche Kontrollbesichtigung durchführt, im Nachbewertungsgutachten keine Objektbeschreibung mehr erfolgt und im deskriptiven sowie im Rechenteil des Gutachtens lediglich die Veränderungen des Zahlenwerks gegenüber dem Vorjahr berücksichtigt werden.[523]

§34 KAGG legt fest, daß die Grundstücke des Sondervermögens durch den Sachverständigenausschuß neben der Bewertung vor Ankauf bzw. Verkauf zumindest einmal jährlich zu bewerten sind. Ein genauer Termin wurde nicht

---

522 Vgl. zu Bundestags-Drucksache V/4414, S. 6.

523 Vgl. Leopoldsberger, Gerrit: „Pauschale Bewertungsverfahren für Immobilienmassenbestände", in: Grundstücksmarkt und Grundstückswert, 7. Jg., Nr. 2, 1996, S. 89.

festgelegt, so daß von Seiten der Fonds versucht wird, die anfallenden Bewertungen gleichmäßig über das Geschäftsjahr zu verteilen. Hierdurch kann ein zu einem bestimmten Termin durch die Nachbewertungen gehäuft entstehenden Arbeitsanfall vermieden werden. Die Möglichkeit der Fondsgesellschaft, die Bewertungstermine der einzelnen Grundstücke zu steuern, eröffnet damit für das Fondsmanagement die Möglichkeit der Kurspflege der Fondszertifikate.[524] Grundstücke mit positiver und negativer Wertentwicklung, die sich möglichst betragsmäßig kompensiert, werden zum gleichen Stichtag bewertet, um so einen Rückgang des Anteilscheinpreises zu verhindern. Konsequenz für die Berechnung eines Immobilienperformanceindexes auf Basis der von den offenen Immobilienfonds veröffentlichten Rechenschaftsberichte ist, daß der in der Vermögensaufstellung ausgewiesene Wertansatz des Grundstücksvermögens keinen Stichtagswert zum Ende des Geschäftsjahres darstellt. Verkehrswerte, die innerhalb eines Zeitraumes ermittelt wurden, werden in den Rechenschaftsberichten auf einen Zeitpunkt bezogen, womit der ermittelte Immobilienperformanceindex durch die temporale Aggregation geglättet wird.

Ein Wertermittlungsverfahren wird dabei vom KAGG nicht vorgegeben, jedoch sind im Rahmen der Verwaltung von Grundstückssondervermögen unter anderem die WertV88 sowie die WertR besonders zu beachten.[525] Für die Ermittlung der Verkehrswerte hat der Bundesverband Deutscher Investment-Gesellschaften e.V. Richtlinien herausgegeben, die den von der Arbeitsgemeinschaft der Bayerischen Industrie- und Handelskammern erarbeiteten und vom Deutschen Industrie- und Handelstag für das Gebiet der Bundesrepublik als Richtlinien gebilligten „Mindestanforderungen an Gutachten über die Bewertung be-

---

524 Vgl. Renner, Ulrich: „Die Bedeutung des Sachverständigengutachtens beim Offenen Immobilienfonds“, in: Grundstücksmarkt und Grundstückswert, 3. Jg., Nr. 3, 1993, S. 142.

525 Vgl. Assmann, Heinz-Dieter; Schütze, Rolf A.: „Handbuch des Kapitalanlagerechts“, München 1990, S. 543 - 544.

bauter und unbebauter Grundstücke“ entsprechen.[526] Die zentrale Aussage dieser Richtlinien ist die Ableitung des Verkehrswertes aus dem Ertragswert unter Berücksichtigung der jeweiligen Marktlage.[527] Durch diese Vorschriften ist eine Methodenkonsistenz bei der Ermittlung der Verkehrswerte sichergestellt.

6.3.2 Ertrags- und Aufwandsrechnung

6.3.2.1 Erträge aus Liegenschaften

Hinsichtlich der Erträge aus Liegenschaften existieren im KAGG keine Ausweisvorschriften. In der Praxis werden darunter die innerhalb der Rechnungslegungsperiode vereinnahmten Miet- und Pachtzahlungen verstanden. Sie werden für alle Objekte in einer Summe aggregiert angegeben. Die Erträge aus Liegenschaften werden somit direkt von der Struktur und dem Volumen des Sondervermögens, der Entwicklung der Bestandsmieten sowie der allgemeinen Mietpreisentwicklung im Falle von Neuvermietungen beeinflußt.

Beim Ausweis der Position „Erträge aus Liegenschaften“ haben die Fondsgesellschaften ein Wahlrecht. Unter dieser Position können Mieterträge zuzüglich der umgelegten Bewirtschaftungskosten, die im Rahmen von Nebenkostenvorauszahlungen neben der Miete vom Mieter getragen werden, erfaßt werden (sogenannter Bruttoausweis). Hierdurch erhöhen sich dann entsprechend die betreffenden Positionen der Bewirtschaftungskosten. Zum anderen besteht die Möglichkeit, die „Erträge aus Liegenschaften“ als sogenannte Nettogröße zu

---

526 Vgl. Sögtrop, Friedrich-Wilhelm: „Die Bewertung der Objekte bei offenen Immobilienfonds“, in: Der Langfristige Kredit, 41. Jg., Nr. 13, 1990, S. 435.

527 Vgl. Renner, Ulrich: „Die Bedeutung des Sachverständigengutachtens beim Offenen Immobilienfonds“, in: Grundstücksmarkt und Grundstückswert, 3. Jg., Nr. 3, 1993, S. 140.

publizieren, wobei die anfallenden, weiterbelasteten Teile der Bewirtschaftungskosten mit den erhaltenen Nebenkostenvorauszahlungen verrechnet werden (sogenannter Nettoausweis). Dadurch wird im Vergleich zum Bruttoausweis der Ansatz der Liegenschaftserträge und der Bewirtschaftungskosten in Höhe der umlagefähigen Bewirtschaftungskosten verkürzt.[528]

Aufgrund dieses Wahlrechts ist bei der Errechnung des Renditebestandteils, der auf die Zahlung von Mieten zurückgeht, stets der Saldo aus den Positionen „Erträge aus Liegenschaften" und „Bewirtschaftungskosten" zu bilden, da nur dann die Effekte des unterschiedlichen Netto- bzw. Bruttoausweises kompensiert werden. Somit ist es zugleich unmöglich, die Entwicklung der Mietzahlungen ohne Berücksichtigung von Bewirtschaftungskosten sowie der Bewirtschaftungskosten im Zeitablauf gesondert zu analysieren.

6.3.2.2 Bewirtschaftungskosten; Erbbauzinsen, Leib- und Zeitrenten

Die Position der Bewirtschaftungskosten wird in den Rechenschaftsberichten in die Positionen „Betriebskosten", „Instandhaltungskosten", „Kosten der Liegenschaftsverwaltung" und die „sonstigen Kosten" untergliedert. Bei den Bewirtschaftungskosten wirkt sich die in Abschnitt 6.3.2.1 dargestellte Möglichkeit der Wahl zwischen Brutto- und Nettoausweis aus. Der Inhalt der Positionen „Betriebskosten" und „Instandhaltungskosten" sowie „Kosten der Liegenschaftsverwaltung" sind grundsätzlich von ihrem Inhalt her äquivalent zu den entsprechenden Positionen im Rahmen der Ertragswertermittlung. Hierbei besteht jedoch der Unterschied, daß im Rahmen der Aufwands- und Ertragsrechnung nicht die bei einer gewöhnlichen Bewirtschaftung nachhaltig anfallenden

---

528 Vgl. Münch, Dieter: „Anlagestrategien der offenen Immobilienfonds und ihre Erfolge", in: Economia, Aachener Gesellschaft für angewandte Wirtschaftsforschung e.V., Aachen 1984, S. 33.

Kosten angesetzt, sondern die tatsächlichen Aufwendungen subsumiert werden.[529] Unter den „sonstigen Kosten" werden Aufwendungen für Bauplanungen wie bspw. Gebühren für Grundbuchauszüge etc. angesetzt. Auch Kosten für eigene Aufwendungen können im Rahmen der Bewirtschaftungskosten dem Sondervermögen belastet werden. Beispielsweise könnten dies Löhne und Gehälter sowie Raumkosten für Mitarbeiter der Kapitalanlagegesellschaft sein, deren Arbeit sich ausschließlich auf das Sondervermögen bezieht.

In sämtlichen Positionen der Bewirtschaftungskosten - mit Ausnahme der Instandhaltungskosten[530] - können Zuführungen zu Rückstellungen enthalten sein. Dabei ist das Ausmaß der Bildung von Rückstellungen zu Lasten der angesprochenen Aufwandspositionen weder gesetzlich noch privatvertraglich geregelt und bleibt somit freie Entscheidung des Fonds-Managements.[531] Als Folge der Möglichkeit der Bildung von Rückstellungen kann der Saldo aus „Erträgen aus Liegenschaften" und „Bewirtschaftungskosten" durch die Rechnungslegungspolitik der offenen Fonds beeinflußt werden, da sich die pagatorischen Aufwendungen gegebenenfalls von den im Rechenschaftsbericht ausgewiesenen Aufwendungen unterscheiden können.

Die Aufwendungen für Erbbauzinsen, Leib- und Zeitrenten werden im Rahmen der Berechnung der Netto-Cash-Flow-Rendite als Aufwandsbestandteil neben den Bewirtschaftungskosten ebenfalls in Abzug von den „Erträgen aus Liegenschaften" gebracht. Ohne die Zahlung dieser regelmäßig wiederkehrenden Aufwendungen könnten keine Erträge aus den Erbbaurechtsgrundstücken bzw. Grundstücke erzielt werden, die durch Leib- und Zeitrenten erworben wurden.

---

529 Vgl. dazu Abschnitt 5.3.3.2.4.3 auf S. 212.

530 Rückstellungen für künftige Instandhaltungen werden nicht explizit ausgewiesen. Mittel in entsprechender Höhe bleiben nach §10 II der Besonderen Vertragsbedingungen ausschüttungsgesperrt und werden als Instandhaltungsrücklage bezeichnet.

531 Vgl. Bals, Werner: „Die ökonomische Position von Anteilsscheininhabern offener Immobilienfonds - eine Analyse", Diss., Regensburg 1992, S. 88 - 89.

6.3.3 Entwicklung des Fondsvermögens

Die Entwicklung des Fondsvermögens in Form einer Vermögensänderungsrechnung ist erst seit der KAGG-Novelle von 1990 gesetzlicher Bestandteil der Rechenschaftslegung. Vorlage für diese Novelle war die Richtlinie des Rates der Europäischen Gemeinschaft vom 20.12.1985. Die Faktoren, die für Wertänderungen des Sondervermögens innerhalb einer Periode verantwortlich sind, sollen betragsmäßig aufgezeigt werden, um so die nötige Transparenz zu schaffen.[532] Die Vermögensänderungsrechnung, in welche die korrektiv anzupassenden Daten der Vermögensaufstellung und der Ertrags- und Aufwandsrechnung einfließen, verknüpft als zeitraumbezogene Rechnung weitere Elemente des Rechenschaftsberichtes. Dadurch gewinnt die Vermögensänderungsrechnung eine zentrale Bedeutung innerhalb der Rechenschaftsberichte und ist vor allen anderen Ausweisen, unmittelbar nach dem Tätigkeitsbericht des Fondsmanagements, im Rechenschaftsbericht aufzuführen.[533]

6.3.3.1 Nettoveränderung der nicht realisierten Gewinne/Verluste bei Liegenschaften

Die Nettoveränderung der nicht realisierten Gewinne und Verluste wird aus dem Saldo der einzelnen Wertänderungskonten gebildet, in welche die von den Sachverständigen ermittelten marktinduzierten Verkehrswertänderungen im Vergleich zum Ansatz der Vorperiode gebucht werden. Aufgrund der Möglichkeit der Saldierung, die von allen Fonds wahrgenommen wird, ist eine Auftei-

---

532 Vgl. Artikel 28 der Richtlinie des Rates vom 20.12.1985 zur Koordination der Rechts- und Verwaltungsvorschriften betreffend bestimmter Organismen für gemeinsame Anlagen in Wertpapieren (OGAW), in: Amtsblatt der Europäischen Gemeinschaften, Nr. L375, 85/611 u. 85/612, Brüssel 1985.

533 Bundesverband Deutscher Investment-Gesellschaften e.V. (Hrsg.): „Erläuterungen zum Muster eines Rechenschaftsberichtes", Frankfurt 1992, S. 13.

lung in „nicht realisierte Gewinne“ und „nicht realisierte Verluste“ unmöglich. Diese Position wird im Rahmen der Entwicklung eines Immobilienperformanceindexes zur Ermittlung der Wertänderungsrendite herangezogen.

6.3.3.2 Realisierte Gewinne/Verluste abzüglich nicht realisierter Wertänderungen der Vorjahre bei Liegenschaften

Die realisierten Gewinne und Verluste werden als Differenz aus Veräußerungserlös (vermindert um Veräußerungskosten) und steuerlichem Buchwert ermittelt.[534] Der Buchwert entspricht den Anschaffungskosten, die bei Liegenschaften um die kumulierte steuerlich zulässige Abschreibung vermindert werden. Von den realisierten Gewinnen und Verlusten werden die bereits in den Vorjahren in der Nettoveränderung der nicht realisierten Gewinne/Verluste ausgewiesenen Verkehrswertänderungen in Abzug gebracht, die in den einzelnen Wertänderungskonten erfaßt werden. Somit wird die von einem Zertifikatsinhaber tatsächlich realisierte Veränderung der Reichtumsposition abgebildet.[535] Diese Veränderung der Reichtumsposition entspricht der Differenz zwischen Veräußerungserlös und Verkehrswert der veräußerten Liegenschaft zum letzten Bewertungsstichtag. So ist es möglich, diesen Renditebestandteil im Rahmen der Wertänderungsrendite des zugrundeliegenden Portfolios oder aber getrennt unter der Bezeichnung Realisationsrendite als Bestandteil des Total-Returns auszuweisen.

---

534 Vgl. bspw. Rechenschaftsbericht des GRUNDWERT-FONDS zum 30.9.1994, Frankfurt 1994, S. 34.

535 Vgl. Bals, Werner: „Die ökonomische Position von Anteilsscheininhabern offener Immobilienfonds - eine Analyse“, Diss., Regensburg 1992, S. 106 - 113

6.4 Indexkonstruktion für die Jahre 1989 - 1994

6.4.1 Ermittlung der Renditen auf Einzelfondsebene

6.4.1.1 Herleitung der Formel

Die Ermittlung der Renditen (Total-Return) auf Einzelfondsebene geschieht unter Anwendung folgender Grundformel von IPD:[536]

$$r_t = \frac{V_t - V_{t-1} - I - P + S + NM}{V_{t-1} + \frac{1}{2} I + \sum_{\hat{p}=1}^{n} \left(1 - \frac{x_{\hat{p}}}{12}\right) P_t^{(\hat{p})} - \sum_{s=1}^{n} \left(1 - \frac{x_s}{12}\right) V_{t-1}^{(s)}}$$

Dabei werden lediglich die Verkehrswerte der bebauten Grundstücke herangezogen. Die Werte der unbebauten Grundstücke und der Grundstücke im Zustand der Bebauung fließen nicht in die Berechnungen ein. Die Veränderungen der Wertansätze der Grundstücke im Zustand der Bebauung sind nicht marktinduziert, sondern auf die Durchführung der Baumaßnahmen zurückzuführen. Daher bleibt diese Position des Rechenschaftsberichtes ebenso wie die unbebauten Grundstücke in den Berechnungen ohne Ansatz. Unbebaute Grundstücke dürfen nur zum Zwecke der alsbaldigen Bebauung mit der Folge erworben werden, daß diese dann für den Bebauungszeitraum wiederum nicht berücksichtigt werden. Zudem haben unbebaute Liegenschaften nur einen geringen Anteil am Gesamtwert der Liegenschaften der Fonds.

Diese auch von IPD verwendete Formel zur Ermittlung des Total-Returns unter Berücksichtigung von Transaktionen wird auf die im Rahmen der Rechenschaftsberichte offener Immobilienfonds erhältlichen Informationen angepaßt. Aus den Rechenschaftsberichten sind weder der Kauf- bzw. Verkaufspreis, oder der Verkaufsmonat einzelner Liegenschaften noch die Summe der wert-

---

536 Vgl. zur Formel auch S. 189.

erhöhenden Investitionen ersichtlich. Daher muß diesbezüglich eine Schätzung über folgende Argumentationskette aufgestellt werden.

Es ist einsichtig, daß die Summe der Verkehrswerte der Vorperiode zuzüglich der Summe der werterhöhenden Investitionen zuzüglich der Summe der marktinduzierten Wertveränderungen zuzüglich dem Saldo aus Objektkäufen und -verkäufen der Summe der Verkehrswerte zum Betrachtungszeitpunkt entsprechen muß. Formal lautet die oben beschriebene Beziehung:

$$V_t = V_{t-1} + I + WÄ - \sum_{s=1}^{n} V_t^{(s)} + \sum_{\hat{p}=1}^{n} P_t^{(\hat{p})}$$

mit

WÄ = marktinduzierte Wertänderungen

Da aus den Rechenschaftsberichten nur die Werte für V_t, V_{t-1} sowie WÄ ersichtlich sind, gilt:

$$V_t - V_{t-1} - WÄ = I - \sum_{s=1}^{n} V_t^{(s)} + \sum_{\hat{p}=1}^{n} P_t^{(\hat{p})}$$

Der rechte Teil der Gleichung kann aufgrund fehlender veröffentlichter Informationen nicht weiter in seine einzelnen Elemente aufgeteilt werden. Die Positionen des linken Teils der Gleichung können der Vermögensänderungsrechnung sowie der Vermögensaufstellung der veröffentlichten Rechenschaftsberichte entnommen werden. Der Saldo der obigen Gleichung geht in den Zähler der Gleichung zur Ermittlung des Total-Returns in voller Höhe ein, wohingegen im Nenner der Total-Return Gleichung eine Gewichtung der Kaufpreise über den Kaufmonat bzw. eine Gewichtung der Verkehrswerte der veräußerten Liegenschaften über den Verkaufsmonat erfolgt. Eine genaue Gewichtung kann wie erwähnt nicht vorgenommen werden; daher wird unterstellt, daß sämtliche Käufe und Verkäufe von Liegenschaften sowie werterhöhende Investitionen in der Mitte jeder Periode anfallen. Damit ergibt sich - in Anlehnung an die von IPD verwendete Formel - folgende Beziehung zur Berechnung des Total-Return auf Einzelfondsebene, bei der im Zähler und Nenner anstatt der jeweiligen Erlöse für veräußerte Grundstücke deren Verkehrswert zum letzten Bewertungsstichtag eingesetzt wurde:[537]

$$r_t = \frac{V_t - V_{t-1} - I + \sum_{s=1}^{n} V_t^{(s)} - \sum_{\hat{p}=1}^{n} P_t^{(\hat{p})} + NM}{V_{t-1} + \frac{1}{2}\left(I - \sum_{s=1}^{n} V_{t\ st}^{(s)} + \sum_{\hat{p}=1}^{n} P_t^{(\hat{p})}\right)}$$

Nach Umstellung dieser Formel auf die entsprechenden Bezeichnungen der Positionen der Rechenschaftsberichte der offenen Immobilienfonds, lautet diese:

$$r_t = \frac{RG - NRWG + RV - NRWV + NNRG + M - BewK - EZ}{V_{t-1} + \frac{1}{2}\left(V_t - V_{t-1} - NNRG\right)}$$

mit

RG	=	realisierte Gewinne
NRWG	=	nicht realisierte Wertänderungen der Vorperioden der mit einem Gewinn veräußerten Liegenschaften
RV	=	realisierte Verluste
NRWV	=	nicht realisierte Wertänderungen der Vorperioden der mit einem Verlust veräußerten Liegenschaften
NNRG	=	Nettoveränderung der nicht realisierten Gewinne/Verluste
EZ	=	Erbbauzinsen, Leib- und Zeitrenten

---

537 Vgl. dazu auch S. 270.

Im Zähler der Formel wird im Vergleich zur von IPD verwendeten Formel nunmehr jeweils die Differenz zwischen Veräußerungserlös und zuletzt festgestelltem Verkehrswert der mit einem Gewinn bzw. Verlust verkauften Liegenschaften als weitere Komponente des Total Returns berücksichtigt. Diese als Realisationsrendite bezeichnete Komponente ist eine weitere Komponente des Total Returns.[538]

Erbbauzinsen wurden ebenfalls in die Betrachtung einbezogen, da bei Erbpachtgrundstücken keine Möglichkeit der Renditeerzielung in Form einer Wertänderungsrendite bzw. einer Netto-Cash-Flow-Rendite ohne die Zahlung der Erbbauzinsen besteht.

6.4.1.2 Ermittlung der Netto-Cash-Flow-Rendite

Die Formel zur Ermittlung des Total Returns kann in die einzelnen Renditekomponenten aufgeteilt werden,[539] so daß sich die Netto-Cash-Flow-Renditen der einzelnen Fonds nach folgender Formel ergeben:

$$r(NCF)_t = \frac{M - BewK - EZ}{V_{t-1} + \frac{1}{2}\left(V_t - V_{t-1} - NNRG\right)}$$

Die Ergebnisse der Berechnung sind Tabelle 11 auf S. 278 zu entnehmen. Dabei schwanken die Netto-Cash-Flow-Renditen zwischen 4,1752% für den Fonds BfG ImmoInvest zum 31.3.1991 und 6,8916% für den Fonds CS EUROREAL zum 30.9.1994. Das arithmetische Mittel der Netto-Cash-Flow-Renditen der Fonds, für die Netto-Cash-Flow-Renditen für mindestens vier auf-

---

538 Vgl. dazu Abschnitt 6.4.1.4 auf S. 275.

539 Vgl. dazu Abschnitt 5.3.2.2.2 auf S. 183.

einanderfolgende Jahre ermittelt werden konnten, schwankte zwischen 5,1028% für den Fonds grundbesitz-invest und 6,0861% für den DIFA-Fonds Nr. 1. Die Standardabweichung des arithmetischen Mittels schwankt zwischen 0,2526% für Hansa-Immobilia und 0,7487% für DIFA-Grund. Die Aussagefähigkeit von arithmetischen Mitteln und deren Standardabweichung muß angesichts des geringen Umfangs an Datenmaterial jedoch eingeschränkt werden. Trotzdem läßt sich die relativ geringe Spanne von 0,9233 Prozentpunkten zwischen den arithmetischen Mitteln sowie die geringe Volatilität der Netto-Cash-Flow-Renditen durch die Langfristigkeit der abgeschlossenen Mietverträge interpretieren.

6.4.1.3 Ermittlung der Wertänderungsrendite

Die Ermittlung der Wertänderungsrendite auf Einzelfondsebene als zweiter Renditebestandteil des Total Returns erfolgt mit nachstehender Formel:[540]

$$r(WÄ)_t = \frac{NNRG}{V_{t-1} + \frac{1}{2}\left(V_t - V_{t-1} - NNRG\right)}$$

Die Ergebnisse der Berechnung können Tabelle 11 auf S. 278 entnommen werden. Die Wertänderungsrendite schwankt zwischen -0,7068% für den A.G.I. Fonds zum 31.12.1992 und 6,6377% für den GRUNDWERT-FONDS zum 30.9.1992. Innerhalb des gesamten Untersuchungszeitraumes tritt nur ein einziges Mal eine negative Wertänderungsrendite auf, und zwar mit -0,7068% des A.G.I. Fonds. Dies läßt sich durch die Sondersituation der Kapitalanlagegesellschaft erklären, die 1993 ihre Aktivitäten im Bereich der Publikumsfonds einstellte; die Anteilscheininhaber konnten ihre Anteilscheine umtauschen. Das

540 Vgl. dazu Abschnitt 5.3.2.2.2 auf S. 183.

arithmetische Mittel der Wertänderungsrenditen der Fonds, für die Wertänderungsrenditen für mindestens vier aufeinanderfolgende Jahre ermittelt werden konnten, schwankte zwischen 4,2057% für den GRUNDWERT-FONDS und 2,2084% für den Fonds HAUS-INVEST. Die Standardabweichung des arithmetischen Mittels schwankt zwischen 0,5572% für HAUS-INVEST und 1,9030% für DIFA-Grund. Die Aussagefähigkeit der arithmetischen Mittel und deren Standardabweichung ist angesichts des geringen Umfangs an Datenmaterial jedoch wie im Falle der Netto-Cash-Flow-Rendite eingeschränkt.

Damit weist DIFA-Grund die volatilste Netto-Cash-Flow-Rendite wie auch die volatilste Wertänderungsrendite aus, während beim Fonds HAUS-INVEST diese beiden Renditekomponenten die geringste Volatilität zeigen. Eine Interpretation dieses Sachverhalts ist angesichts des nur auf Fondsebene zur Verfügung stehenden Datenmaterials nur eingeschränkt möglich. Die geringe Volatilität der Renditen bei HAUS-INVEST läßt sich möglicherweise durch eine sehr konservative Bewertungspolitik erklären, evtl. aber auch durch fehlendes Wertsteigerungspotential der Fondsgrundstücke.

6.4.1.4 Ermittlung der Realisationsrendite

Die Realisationsrendite stellt einen Renditebeitrag zum Total-Return für den Fall dar, daß Grundstücke innerhalb der betrachteten Periode oberhalb oder unterhalb des zuletzt festgestellten Verkehrswertes veräußert wurden.

Die Realisationsrendite wird mit folgender Formel ermittelt:

$$r(R)_t = \frac{RG - NRWG + RV - NRWV}{V_{t-1} + \frac{1}{2}\left(V_t - V_{t-1} - NNRG\right)}$$

mit

r(R) = Realisationsrendite

Die einzelnen ermittelten Realisationsrenditen schwanken zwischen 6,8696% für DIFA-Grund zum 30.9.1991 und 0% für eine Vielzahl an Fonds, die im Laufe eines Geschäftsjahres überhaupt keine Grundstücke veräußert haben. Die Werte der Realisationsrendite können Tabelle 11 auf S. 278 entnommen werden. Jedoch ist in keinem einzigen Fall die Realisationsrendite negativ gewesen, was durch den Inhalt des §37 I KAGG erklärt werden kann. Demnach darf eine Veräußerung von Grundstücken des Sondervermögens nur dann erfolgen, wenn dies in den Vertragsbedingungen vorgesehen ist und die Gegenleistung den vom Sachverständigenausschuß ermittelten Wert nicht oder nur unwesentlich unterschreitet. Dadurch wird eine negative Realisationsrendite so gut wie ausgeschlossen. Weiterhin kann eine negative Realisationsrendite auch durch kontinuierliche Wertminderungen des zu veräußernden Grundstücks im Zeitablauf bis zum Veräußerungstermin vermieden werden. Diese werden in der Position „Nettoveränderung der nicht realisierten Gewinne und Verluste aus Liegenschaften" des Rechenschaftsberichtes erfaßt und bis zum Erreichen einer annähernden Identität des Verkehrswertes und des zu vereinbarenden Kaufpreises vorgenommen.

6.4.1.5 Ermittlung des Total-Return

Der Total-Return wird durch die Addition der Komponenten Netto-Cash-Flow-Rendite, Wertänderungsrendite und Realisationsrendite ermittelt. Der Total-Return ergibt sich somit nach folgender, bereits vorgestellter Formel:

$$r_t = \frac{RG - NRWG + RV - NRWV + NNRG + M - BewK - EZ}{V_{t-1} + \frac{1}{2}\left(V_t - V_{t-1} - NNRG\right)}$$

Zugleich wird im Rahmen dieser Arbeit auch ein Total-Return über den natürlichen Logarithmus ermittelt, der eine kontinuierliche Verzinsung unterstellt. Dies geschieht nach folgender Formel:

$$\ln r_t = \ln\left(1 + \frac{RG - NRWG + RV - NRWV + NNRG + M - BewK - EZ}{V_{t-1} + \frac{1}{2}\left(V_t - V_{t-1} - NNRG\right)}\right)$$

Diese Vorgehensweise wurde gewählt, da durch die Verwendung logarithmierter Renditen ein geometrisches Mittel und zugleich eine Standardabweichung der Renditen bestimmt werden kann. Die Ermittlung eines geometrischen Mittels ist gerade bei der Performancemessung von Immobilien von Bedeutung, da Immobilien eine langfristige strategische Kapitalanlage bilden.[541] Zudem wird durch die Logarithmierung der Renditen bei langen Zeitreihen eine Normalverteilung approximiert, so daß Mittelwert und Varianz zur Beschreibung der Verteilung ausreichen.

Die Fonds BfG ImmoInvest, DIFA-Fonds Nr. 1 sowie HAUS-INVEST differenzierten zum 31.3.1991 in ihren Rechenschaftsberichten innerhalb der Position „Nettoveränderung der nicht realisierten Gewinne/Verluste" nicht zwischen „Liegenschaften" und „Liquiditätsanlagen". Daher wurden sämtliche Nettoveränderungen der nicht realisierten Gewinne/Verluste zu diesem Stichtag voll der Wertänderungskomponente des Liegenschaftsvermögen zugeordnet. Eine identische Vorgehensweise wurde auch für die Fonds DIFA-GRUND per 30.9.1991 und HansaImmobilia per 31.10.1991 gewählt, die diese Position des Rechenschaftsberichtes ebenfalls nicht aufgeschlüsselt haben.

---

541 Vgl. Lizieri, Colin; Satchell, Stephen: „The Variance of Property Returns: Some problems of Time-Weighted Measures", in: Journal of Property Valuation & Investment", 10. Jg., Nr. 2, 1991, S. 541 - 547.

Zusätzlich differenzierten die Fonds DIFA-Fonds Nr. 1 und HAUS-INVEST per 31.3.1991 sowie die Fonds DespaFonds, DIFA-GRUND und grundbesitz-invest per 30.9.1991 die Positionen „Realisierte Gewinne abzüglich nicht realisierter Gewinne/Verluste der Vorjahre" und „Realisierte Verluste abzüglich nicht realisierter Gewinne/Verluste der Vorjahre" nicht zwischen „Liegenschaften" und „Liquiditätsanlagen". Im Rahmen der Berechnungen wurden daraufhin sämtliche „Realisierte Gewinne abzüglich nicht realisierter Gewinne/Verluste der Vorjahre" ebenso wie „Realisierte Verluste abzüglich nicht realisierter Gewinne/Verluste der Vorjahre" den Liegenschaften zugeordnet und beeinflussen damit das Ergebnis der Realisationsrendite.

Tabelle 11: Immobilienrenditen auf Einzelfondsebene ab 1990

Fondsname u. Stichtag	Netto-Cash-Flow-Rendite	Wertänderungsrendite	Realisationsrendite	Total-Return	ln Total-Return
A.G.I.-Fonds Nr.1 31.12.1991	5,0367%	2,3546%	0,7740%	8,1653%	7,8490%
A.G.I.-Fonds Nr.1 31.12.1992	5,3468%	-0,7068%	0,3335%	4,9735%	4,8537%
arithmetisches Mittel	**5,1917%**	**0,8239%**	**0,5537%**	**6,5694%**	**6,3514%**
Standardabweichung	**0,2192%**	**2,1648%**	**0,3114%**	**2,2569%**	**2,1180%**
BfG Immolnvest 31.03.1991	4,1752%	4,6498%	0,0000%	8,8250%	8,4571%
BfG Immolnvest 31.03.1992	5,5828%	4,8087%	0,0000%	10,3915%	9,8863%
BfG Immolnvest 31.03.1993	5,4443%	3,2167%	0,0000%	8,6610%	8,3063%
BfG Immolnvest 31.03.1994	5,7812%	3,7622%	0,0000%	9,5435%	9,1151%
BfG Immolnvest 31.03.1995	5,8921%	1,9402%	0,0000%	7,8323%	7,5407%
arithmetisches Mittel	**5,3751%**	**3,6755%**	**0,0000%**	**9,0507%**	**8,6611%**
Standardabweichung	**0,6928%**	**1,1686%**	**0,0000%**	**0,9654%**	**0,8846%**
CS EUROREAL 30.09.1993	5,1686%	2,9553%	0,0000%	8,1239%	7,8107%
CS EUROREAL 30.09.1994	6,8916%	2,7274%	0,0000%	9,6190%	9,1840%
arithmetisches Mittel	**6,0301%**	**2,8413%**	**0,0000%**	**8,8714%**	**8,4974%**
Standardabweichung	**1,2184%**	**0,1612%**	**0,0000%**	**1,0572%**	**0,9711%**
DespaFonds 30.09.1991	6,1772%	5,1748%	0,0512%	11,4031%	10,7985%
DespaFonds 30.09.1992	6,3685%	5,0463%	0,2529%	11,6677%	11,0357%
DespaFonds 30.09.1993	5,3647%	3,1767%	0,0086%	8,5499%	8,2040%
DespaFonds 30.09.1994	5,1286%	2,3491%	0,0000%	7,4778%	7,2114%
arithmetisches Mittel	**5,7597%**	**3,9367%**	**0,0782%**	**9,7746%**	**9,3124%**
Standardabweichung	**0,6053%**	**1,3979%**	**0,1186%**	**2,0826%**	**1,8992%**

Fondsname u. Stichtag	Netto-Cash-Flow-Rendite	Wertänderungsrendite	Realisationsrendite	Total-Return	ln Total-Return
DIFA-Fonds Nr.1 31.03.1991	5,8861%	3,6197%	2,3644%	11,8702%	11,2169%
DIFA-Fonds Nr.1 31.03.1992	6,5377%	4,2649%	2,4229%	13,2255%	12,4211%
DIFA-Fonds Nr.1 31.03.1993	5,9222%	1,7976%	0,0772%	7,7970%	7,5080%
DIFA-Fonds Nr.1 31.03.1994	5,8461%	2,9276%	0,0734%	8,8470%	8,4773%
DIFA-Fonds Nr 1 31.03.1995	6,2385%	0,9664%	0,1619%	7,3669%	7,1081%
arithmetisches Mittel	**6,0861%**	**2,7152%**	**1,0200%**	**9,8213%**	**9,3463%**
Standardabweichung	**0,2965%**	**1,3384%**	**1,2547%**	**2,5912%**	**2,3504%**
DIFA-Grund 30.09.1991	5,4318%	0,6669%	6,8696%	12,9683%	12,1937%
DIFA-Grund 30.09.1992	5,8970%	4,5868%	0,6325%	11,1164%	10,5408%
DIFA-Grund 30.09.1993	6,7710%	3,5458%	0,0582%	10,3750%	9,8713%
DIFA-Grund 30.09.1994	5,0285%	1,0645%	0,0002%	6,0931%	5,9147%
arithmetisches Mittel	**5,7821%**	**2,4660%**	**1,8901%**	**10,1382%**	**9,6302%**
Standardabweichung	**0,7487%**	**1,9030%**	**3,3319%**	**2,9089%**	**2,6623%**
grundbesitz-invest 30.09.1990	5,6363%	4,2116%	1,6949%	11,5428%	10,9238%
grundbesitz-invest 30.09.1991	4,7665%	5,3015%	0,5437%	10,6117%	10,0856%
grundbesitz-invest 30.09.1992	4,9005%	3,9916%	0,0425%	8,9346%	8,5577%
grundbesitz-invest 30.09.1993	5,0230%	2,1081%	0,0238%	7,1549%	6,9105%
grundbesitz-invest 30.09.1994	5,1876%	3,5844%	0,0482%	8,8202%	8,4527%
arithmetisches Mittel	**5,1028%**	**3,8394%**	**0,4706%**	**9,4128%**	**8,9861%**
Standardabweichung	**0,3362%**	**1,1578%**	**0,7186%**	**1,7068%**	**1,5604%**
GRUNDWERT-FONDS 30.09.1990	5,9788%	4,4420%	1,9545%	12,3753%	11,6674%
GRUNDWERT-FONDS 30.09.1991	5,8836%	3,5366%	0,3309%	9,7510%	9,3044%
GRUNDWERT-FONDS 30.09.1992	5,9493%	6,6377%	0,2201%	12,8072%	12,0510%
GRUNDWERT-FONDS 30.09.1993	4,9054%	3,2401%	0,0311%	8,1766%	7,8595%
GRUNDWERT-FONDS 30.09.1994	5,2341%	3,1719%	0,1283%	8,5342%	8,1895%
arithmetisches Mittel	**5,5902%**	**4,2057%**	**0,5330%**	**10,3289%**	**9,8144%**
Standardabweichung	**0,4904%**	**1,4508%**	**0,8024%**	**2,1516%**	**1,9467%**
Hansa-Immobilia 31.10.1991	5,6461%	3,7505%	0,0000%	9,3966%	8,9809%
Hansa-Immobilia 31.10.1992	5,6088%	3,3807%	0,0000%	8,9895%	8,6082%
Hansa-Immobilia 31.10.1993	5,0941%	2,0712%	0,0000%	7,1652%	6,9202%
Hansa-Immobilia 31.10.1994	5,4866%	2,4344%	0,0000%	7,9210%	7,6230%
arithmetisches Mittel	**5,4589%**	**2,9092%**	**0,0000%**	**8,3681%**	**8,0331%**
Standardabweichung	**0,2526%**	**0,7869%**	**0,0000%**	**1,0150%**	**0,9374%**

Fondsname u. Stichtag	Netto-Cash-Flow-Rendite	Wertände-rungsrendite	Realisati-onsrendite	Total-Return	ln Total-Return
HAUS-INVEST 31.03.1991	6,1724%	2,0922%	0,3152%	8,5798%	8,2315%
HAUS-INVEST 31.03.1992	5,8516%	2,6912%	0,4011%	8,9439%	8,5662%
HAUS-INVEST 31.03.1993	5,6100%	2,5973%	0,3161%	8,5234%	8,1796%
HAUS-INVEST 31.03.1994	5,1525%	2,3592%	0,0930%	7,6047%	7,3294%
HAUS-INVEST 31.03.1995	4,7712%	1,3022%	0,3839%	6,4573%	6,2574%
arithmetisches Mittel	**5,5115%**	**2,2084%**	**0,3019%**	**8,0218%**	**7,7128%**
Standardabweichung	**0,5565%**	**0,5572%**	**0,1230%**	**1,0043%**	**0,9328%**
iii-Fonds Nr.1 31.12.1991	5,5298%	5,6834%	0,0000%	11,2132%	10,6279%
iii-Fonds Nr.1 31.12.1992	5,3907%	5,3058%	0,0000%	10,6964%	10,1622%
iii-Fonds Nr.1 31.12.1993	4,6713%	3,0257%	0,0388%	7,7358%	7,4511%
iii-Fonds Nr.1 31.12.1994	5,5855%	2,3087%	0,0000%	7,8942%	7,5981%
arithmetisches Mittel	**5,2943%**	**4,0809%**	**0,0097%**	**9,3849%**	**8,9598%**
Standardabweichung	**0,4234%**	**1,6656%**	**0,0194%**	**1,8262%**	**1,6692%**
iii-Fonds Nr.2 31.12.1991	5,6719%	4,4932%	1,1970%	11,3621%	10,7617%
iii-Fonds Nr.2 31.12.1992	5,2400%	4,5616%	0,0000%	9,8016%	9,3505%
iii-Fonds Nr.2 31.12.1993	5,5418%	2,5505%	0,0000%	8,0923%	7,7815%
iii-Fonds Nr.2 31.12.1994	6,2931%	2,5253%	0,0000%	8,8184%	8,4510%
arithmetisches Mittel	**5,6867%**	**3,5327%**	**0,2992%**	**9,5186%**	**9,0862%**
Standardabweichung	**0,4429%**	**1,1490%**	**0,5985%**	**1,4146%**	**1,2888%**
WestInvest 1 30.09.1992	5,7774%	5,1622%	0,0000%	10,9395%	10,3815%
WestInvest 1 30.09.1993	4,8607%	2,8200%	0,0000%	7,6807%	7,4000%
WestInvest 1 30.09.1994	6,1213%	2,4087%	0,0000%	8,5300%	8,1856%
arithmetisches Mittel	**5,5865%**	**3,4636%**	**0,0000%**	**9,0501%**	**8,6557%**
Standardabweichung	**0,6516%**	**1,4853%**	**0,0000%**	**1,6905%**	**1,5453%**

Quelle: Eigene Berechnungen an Hand der veröffentlichten Rechenschaftsberichte

Der diskrete Total-Return schwankt zwischen 13,225% für den DIFA-Fonds Nr.1 zum 31.3.1992 und 4,9735% für den A.G.I. Fonds Nr. 1 zum 31.12.1992, wobei auf die bereits beschriebene Sondersituation des A.G.I. Fonds hinzuweisen ist. Das arithmetische Mittel des diskreten Total-Returns der Fonds, für die Total-Returns für mindestens vier aufeinanderfolgende Jahre ermittelt werden konnten, lag zwischen 10,3289% für den GRUNDWERT-FONDS und 8,0218% für den Fonds HAUS-INVEST. Die Standardabweichung des diskreten Total-Returns bewegt sich zwischen 0,9654% für den Fonds BfG ImmoInvest und 2,9089% für den Fonds DIFA-Grund. Aufgrund der Volatilität der Wertänderungsrendite nimmt der Fonds BfG ImmoInvest bei der Betrachtung der niedrigsten Standardabweichung der Renditen die Position vor dem Fonds HAUS-INVEST ein, der im Bereich der Netto-Cash-Flow-Rendite und der Wertänderungsrendite die jeweils niedrigste Standardabweichung aufwies.

6.4.1.6 Kritische Analyse der Ergebnisse

Bevor die Ergebnisse auf Einzelfondsebene in einem zweiten Schritt zu einem Gesamtindex aggregiert werden, sind diese kritisch zu überprüfen. Die ermittelten Ergebnisse werden durch die folgenden Aspekte beeinträchtigt:

- Wirkung von Auslandsinvestitionen können nicht eliminiert werden.
  Da die offenen Immobilienfonds zunehmend im Ausland Grundbesitz erwerben, wäre eine Bereinigung der Ergebnisse hinsichtlich des Einflusses von Auslandsinvestitionen wünschenswert. Aufgrund mangelnder Angaben können die ermittelten Total-Returns nicht in die Bestandteile differenziert werden, die auf in- bzw. ausländischen Immobilienbesitz zurückzuführen sind.

- Bodenwertänderungen von unbebauten Grundstücken und Grundstücken im Zustand der Bebauung können nicht eliminiert werden.
  Im Rahmen der Berechnung der Renditekomponenten wird im Zähler und im Nenner nur die Summe der Verkehrswerte der bebauten Grundstücke erfaßt. Gleichwohl ist es denkbar, daß auch unbebaute Grundstücke sowie der Bodenwert von Grundstücken im Zustand der Bebauung im Zeitablauf Wertänderungen unterliegen. Die möglichen Wertänderungen einer Periode sowohl von unbebauten Grundstücken als auch des Bodenwertes von Grundstücken, die im Zustand der Bebauung sind, werden in der Position „Nettoveränderung der nicht realisierten Gewinne und Verluste bei Liegenschaften“ erfaßt. Eine Zuordnung dieser Nettoveränderungen zu den entsprechenden Positionen der Rechenschaftsberichte „unbebaute Grund-

stücke", „bebaute Grundstücke" und „Grundstücke im Zustand der Bebauung" ist wegen der Nichtveröffentlichung der entsprechenden Daten unmöglich ist. Hierdurch können die Ergebnisse des Indexes aus der alleinigen Attribution zu der Nettoveränderung der nicht realisierten Gewinne/Verluste bei Liegenschaften zu den bebauten Grundstücken verzerrt sein. Vermutlich ist das Ausmaß dieser Verzerrung wegen des niedrigen Anteils unbebauter Grundstücke und Grundstücke im Zustand der Bebauung am Wert der einzelnen Sondervermögen gering.

- Realisierte Gewinne bzw. Verluste bei unbebauten Grundstücken und Grundstücken im Zustand der Bebauung können nicht eliminiert werden.
  In Analogie zur Position „Nettoveränderung der nicht realisierten Wertänderungen bei Liegenschaften" können die Positionen „Realisierte Gewinne bei Liegenschaften", „Nicht realisierte Wertänderungen der Vorjahre der mit einem Gewinn verkauften Liegenschaften", „Realisierte Verluste bei Liegenschaften" und „Nicht realisierte Wertänderungen der Vorjahre der mit einem Verlust verkauften Liegenschaften" nicht den einzelnen Anlagekategorien „bebaute Grundstücke", „Grundstücke im Zustand der Bebauung" sowie „unbebaute Grundstücke" zugeordnet werden. Daher wird unterstellt, daß die realisierten Gewinne und Verluste sämtlich der Kategorie der bebauten Grundstücke zuzurechnen sind. Für den Fall, daß unbebaute Grundstücke bzw. Grundstücke im Zustand der Bebauung innerhalb der Periode veräußert wurden, kann dies zu Verzerrungen der Ergebnisse führen. Jedoch wird wiederum vermutet, daß das Ausmaß dieser Verzerrung auf Grund des niedrigen Anteils von unbebauten Grundstücken und Grundstücke im Zustand der Bebauung an der Gesamtzahl der innerhalb einer Periode veräußerten Grundstücke äußerst gering ist.

- Annahme, daß sämtliche Käufe und Verkäufe von Grundstücken zur Periodenmitte anfallen, kann zu Verzerrungen der Ergebnisse führen.
  Die Annahme, daß sämtliche Käufe bzw. Verkäufe innerhalb eines Geschäftsjahres jeweils zur Periodenmitte anfallen, entspricht nicht der Realität.

Abweichungen der Kauf- bzw. Verkaufstermine von der Periodenmitte führen in Abhängigkeit vom tatsächlichen Transaktionsdatum und vom jeweiligen Transaktionsvolumen zu einer Verzerrung der ermittelten Ergebnisse.

- Ermittelte Renditegrößen können durch die Rechnungslegungspolitik der jeweiligen Fonds beeinflußt werden.
  Durch das Zurückgreifen auf das in den Rechenschaftsberichten veröffentlichte Datenmaterial können die ermittelten Ergebnisse durch die Rechnungslegungspolitik des Fonds beeinflußt werden. Einzahlung und Ertrag bzw. Auszahlung und Aufwand können bspw. durch die Bildung von Rückstellungen oder Abgrenzung von Vorauszahlungen auseinanderfallen.

- Die Wirkung von Bauzeitzinsen[542] als spezifische Eigenschaft von Projektentwicklungen offener Immobilienfonds sind nicht aus den ermittelten Einzelfondsrenditen eliminierbar.
  Einige offene Fonds weisen die Position „Bauzinsen" bzw. „Eigengeldverzinsung" aus. Dabei stützen sich die Fondsgesellschaften auf den außer Kraft gesetzten §57 III AktG, wonach sie bei Bauvorhaben, die für das Fondsvermögen durchgeführt und entsprechend des Baufortschrittes durch Zertifikatsmittel finanziert werden, eine marktübliche Verzinsung der jeweiligen Fondsmittel als Erträge ausweisen können.[543] Bauzeitzinsen, die hinsichtlich der Spezifikation des zu wählenden Zinssatzes keine Eindeutigkeit aufweisen, stellen nicht realisierte, kalkulatorische Werterhöhungen der sich im Bau befindlichen Liegenschaften dar. Deshalb wird auch gefordert, diese gesondert in der Vemögensänderungsrechnung auszuweisen.[544] Durch den Ansatz von Bauzeitzinsen kann das Fondsmanagement den

---

542 In der Literatur werden Bauzeitzinsen auch als Bauzinsen bezeichnet bzw. in den Rechenschaftsberichten teilweise „Eigengeldverzinsung" genannt.

543 Vgl. Laux, Manfred; Ohl, Karl: „Grundstücks-Investment", 2. Aufl., Frankfurt 1988, S. 113.

544 Vgl. Bals, Werner: „Die ökonomische Position von Anteilinhabern offener Immobilienfonds", Diss., Regensburg 1992, S. 98 - 106.

Wertansatz im Bau befindlicher Liegenschaften und damit auch die Position der Vermögensänderungsrechnung „nicht realisierte Wertänderungen bei Liegenschaften" bei Fertigstellung des Bauvorhabens und Feststellung des Einwertungsgewinnes beeinflussen. Bauzeitzinsen beeinflussen die ermittelte Wertänderungsrendite, da es sich bei den Bauzeitzinsen um einen kalkulatorischen und nicht um einen pagatorischen Ertragsbestandteil handelt. Außenstehende können an Hand der veröffentlichten Rechenschaftsberichte nicht erkennen, für welche im Bau befindlichen Objekte Bauzeitzinsen in Ansatz gebracht wurden und in welcher Höhe sie wann anfielen. Eine Erhöhung des Zählers der Formel zur Ermittlung der Wertänderungsrendite in Höhe der Bauzinsen wird nicht vorgenommen, da eine periodengerechte Zuordnung dieser Position als Ertragsbestandteil der Wertänderungsrendite zum Zeitpunkt von Objektfertigstellungen nicht möglich ist. Daher wurden die Bauzeitzinsen auch nicht bei der Berechnung der Total-Returns berücksichtigt. Letztendlich mindern die Fonds durch den Ansatz von Bauzinsen die ermittelte Wertänderungsrendite, so daß in bezug auf Bauzeitzinsen die ermittelte Wertänderungsrendite die tatsächliche Wertänderungsrendite ohne Ansatz dieser kalkulatorischen Zinsen unterschätzt. Das Ausmaß der Beeinflussung der ermittelten Renditen ist bei den einzelnen Fonds unterschiedlich, da nicht alle Sondervermögen von der Möglichkeit der Ausweises von Bauzeitzinsen Gebrauch machen. Mit der folgenden Formel kann die Eigengeldverzinsungsrendite ermittelt werden:

$$r(EG) = \frac{EG}{V_{t-1} + \frac{1}{2}\left(V_t - V_{t-1} - NNRG\right)}$$

mit

r(EG)	=	Eigengeldverzinsungsrendite
EG	=	Bauzeitzinsen, Eigengeldverzinsung

Für die betrachteten Fonds ergeben sich dann die der folgende Tabelle entnehmbaren Eigengeldverzinsungsrenditen, wobei nur Fonds aufgeführt werden, die in einem der betrachteten Geschäftsjahre Bauzeitzinsen auswiesen:

Tabelle 12 : Eigengeldverzinsungsrendite

Fondsname & Stichtag	r(EG)
BfG ImmoInvest 31.03.1992	0,3905%
BfG ImmoInvest 31.03.1995	0,2607%
DIFA-Fonds Nr.1 31.03.1991	0,7989%
DIFA-Fonds Nr.1 31.03.1992	0,3261%
DIFA-Fonds Nr.1 31.03.1993	0,1160%
DIFA-Fonds Nr.1 31.03.1994	0,5529%
DIFA-Fonds Nr.1 31.03.1995	0,2784%
DIFA-Grund 30.09.1991	0,9236%
DIFA-Grund 30.09.1992	0,2074%
DIFA-Grund 30.09.1994	0,8581%
grundbesitz-invest 30.09.1990	0,6786%
grundbesitz-invest 30.09.1991	0,5344%
grundbesitz-invest 30.09.1992	0,7057%
grundbesitz-invest 30.09.1993	0,5546%
grundbesitz-invest 30.09.1994	0,0433%
Hansa-Immobilia 31.10.1991	0,1180%
HAUS-INVEST 31.03.1992	0,0290%
HAUS-INVEST 31.03.1993	0,1653%
HAUS-INVEST 31.03.1994	0,0154%
HAUS-INVEST 31.03.1995	0,7631%
WestInvest 1 30.09.1994	0,1753%

Quelle: Eigene Berechnungen an Hand der veröffentlichten Rechenschaftsberichte

Bei Betrachtung der Tabelle wird deutlich, daß Bauzeitzinsen bei den Fonds eine vergleichsweise geringe Rolle innehaben.

Positiv an den Ergebnissen auf Einzelfondsebene ist jedoch trotz aller aufgeführten Einschränkungen:

- Erstmalig konnten Total-Returns für ein real existierendes, regional und sektoral diversifiziertes, repräsentatives Immobilienportfolio im Eigentum institutioneller Investoren ermittelt werden.
- Eine Disaggregation des ermittelten Total-Returns in die Komponenten Netto-Cash-Flow-Rendite, Wertänderungsrendite sowie Realisationsrendite zur Identifkation der einzelnen Renditebestandteile ist möglich.
- Die Bewertung der Liegenschaften erfolgt durch unabhängige Sachverständige.

  Durch die hohen Anforderungen des KAGG und des BAKred an die mit den Wertermittlungen beauftragten unabhängigen Sachverständigen kann angenommen werden, daß die ermittelten Verkehrswerte realistische Einschätzungen sind. Durch die Bestimmung, daß die Sachverständigen den Regelungen der WertV88 folgen müssen, ist zugleich eine methodisch konsistente Vorgehensweise bei der Ermittlung der Verkehrswerte sichergestellt.

6.4.2 Ermittlung aggregierter Renditen

6.4.2.1 Herleitung des Aggregationsverfahrens

Zur Bildung eines Immobilienperformanceindexes müssen sämtliche Renditen, die auf Einzelfondsebene ermittelt wurden, zu einer einzigen Indexzahl aggregiert werden. Dies wird durch die Tatsache erschwert, daß die offenen Immobilienfonds unterschiedlichen Geschäftsjahren folgen. Als Stichtag zur Indexermittlung wurde der 30. September ausgewählt, da in diesem Falle die geringsten Umrechnungen der Ergebnisse von Immobilienfonds mit einem anderen Geschäftsjahresende als den 30.9. anfallen. Der Stichtag 30. September stellt für sechs Fonds,[545] die zusammen per 31.12.1994 einen am Fondsvermögen gemessenen Marktanteil von 62,4% hatten, das Ende des Geschäftsjahres dar. Dahingegen hatten die drei Fonds mit Geschäftsjahresende 31.3. einen Marktanteil von 21,8%, die zwei Fonds mit Geschäftsjahresende 31.12. einen Marktanteil von 14,6% und Hansa-Immobilia als einziger Fonds mit Geschäftsjahresende 31.10. einen Marktanteil von 1,1%.[546]

Die aggregierten Renditen werden ermittelt, indem bei Fonds, deren Geschäftsjahr nicht zum 30.9. endet, die zur Ermittlung der Einzelfondsrenditen erforderlichen Daten linear auf den 30.9. umgerechnet werden. Im Ergebnis entspricht diese Art der Aggregation einer Gewichtung mit dem jeweiligen in Liegenschaften gebundenen Vermögen und ist äquivalent zu der bei Aktienindizes üblichen Gewichtung über die Börsenkapitalisierung. Diese Vorgehensweise wird in der folgenden Abbildung exemplarisch an Hand der Aggregation von Mieteinnahmen, als eine bei der Berechnung aggregierter Renditen erforderliche Datengruppe, veranschaulicht.

---

545 Ohne Aachener Grundvermögen, incl. des erst am 20.12.1994 aufgelegten Fonds CS-WV-IMMOFONDS, der aufgrund der Neugründung in den Berechnungen nicht weiter berücksichtigt wird.

546 Vgl. Bundesverband Deutscher Investment-Gesellschaften e.V.: interne Unterlagen. Differenz der Marktanteile von 0,1% zu 100% ist rundungsbedingt.

Abbildung 37: Vorgehensweise bei der Aggregation

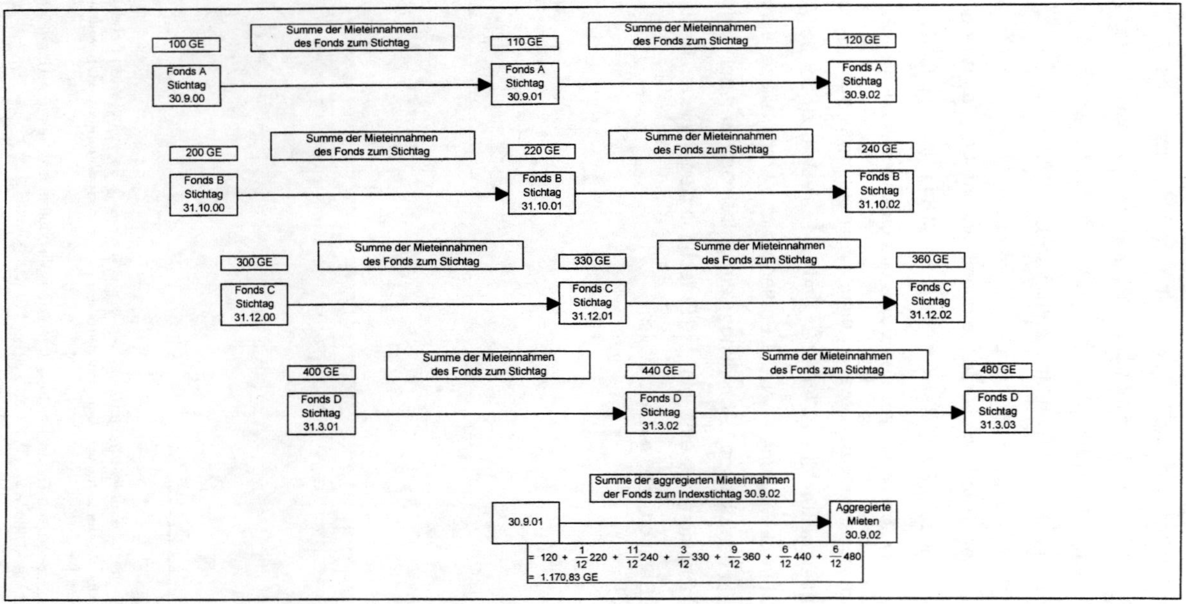

Quelle: Eigene Darstellung

6.4.2.2 Ermittlung der Netto-Cash-Flow-Rendite

Die Ermittlung der aggregierten Netto-Cash-Flow-Rendite erfolgt über folgende Beziehung:

$$r(NCF)^{agg}_{30.9.02} = \frac{\left[\begin{array}{l} \sum_{f=1}^{n}\left(M^{(f)}_{30.9.02} - BewK^{(f)}_{30.9.02f} - EZ^{(f)}_{30.9.02}\right) + \\ 0{,}5\sum_{g=1}^{n}\left(M^{(g)}_{31.3.02} - BewK^{(g)}_{31.3.02} - EZ^{(g)}_{31.3.02}\right) + \\ 0{,}5\sum_{g=1}^{n}\left(M^{(g)}_{31.3.03} - BewK^{(g)}_{31.3.03} - EZ^{(g)}_{31.3.03}\right) + \\ \frac{1}{12}\sum_{h=1}^{n}\left(M^{(h)}_{31.10.01} - BewK^{(h)}_{31.10.01} - EZ^{(h)}_{31.10.01}\right) + \\ \frac{11}{12}\sum_{h=1}^{n}\left(M^{(h)}_{31.10.02} - BewK^{(h)}_{31.10.02} - EZ^{(h)}_{31.10.02}\right) + \\ 0{,}25\sum_{k=1}^{n}\left(M^{(k)}_{31.12.01} - BewK^{(k)}_{31.12.01} - EZ^{(k)}_{31.12.01}\right) + \\ 0{,}75\sum_{k=1}^{n}\left(M^{(k)}_{31.12.02} - BewK^{(k)}_{31.12.02} - EZ^{(k)}_{31.12.02}\right) + \end{array}\right]}{\left[\begin{array}{l} \sum_{f=1}^{n} V^{(f)}_{30.9.01} + 0{,}5\left(V^{(f)}_{30.9.02} - V^{(f)}_{30.9.01} - NNRG^{(f)}_{30.9.02}\right) + \\ 0{,}5\sum_{g=1}^{n} V^{(g)}_{31.3.01} + 0{,}5\left(V^{(g)}_{31.3.02} - V^{(g)}_{31.3.01} - NNRG^{(g)}_{31.3.02}\right) + \\ 0{,}5\sum_{g=1}^{n} V^{(g)}_{31.3.02} + 0{,}5\left(V^{(g)}_{31.3.03} - V^{(g)}_{31.3.02} - NNRG^{(g)}_{31.3.03}\right) + \\ \frac{1}{12}\sum_{h=1}^{n} V^{(h)}_{31.10.00} + 0{,}5\left(V^{(h)}_{31.10.01} - V^{(h)}_{31.10.00} - NNRG^{(h)}_{31.10.01}\right) + \\ \frac{11}{12}\sum_{h=1}^{n} V^{(h)}_{31.10.01} + 0{,}5\left(V^{(h)}_{31.10.02} - V^{(h)}_{31.10.01} - NNRG^{(h)}_{31.10.02}\right) + \\ 0{,}25\sum_{k=1}^{n} V^{(k)}_{31.12.00} + 0{,}5\left(V^{(k)}_{31.12.01} - V^{(k)}_{31.12.00} - NNRG^{(k)}_{31.12.01}\right) + \\ 0{,}75\sum_{k=1}^{n} V^{(k)}_{31.12.01} + 0{,}5\left(V^{(k)}_{31.12.02} - V^{(k)}_{31.12.01} - NNRG^{(k)}_{31.12.02}\right) + \end{array}\right]}$$

mit

$r(NCF)_{30.9.02}^{agg}$	=	aggregierte Netto-Cash-Flow-Rendite zum 30.9.02
f	=	Laufindex für Fonds mit Geschäftsjahresende zum 30.9.
g	=	Laufindex für Fonds mit Geschäftsjahresende zum 31.3.
h	=	Laufindex für Fonds mit Geschäftsjahresende zum 31.10.
k	=	Laufindex für Fonds mit Geschäftsjahresende zum 31.12.

Obige Formel wurde unter Anwendung der Vorgehensweise zur Ermittlung der Netto-Cash-Flow-Rendite auf Einzelfondsebene[547] und der linearen Umrechnung der Einzelfondsdaten[548] auf den Stichtag 30.9. abgeleitet.

Die aggregierten Netto-Cash-Flow-Renditen lagen innerhalb des beobachteten Zeitraumes zwischen 5,8387% und 5,2306% und können Tabelle 13 auf S. 295 entnommen werden.

6.4.2.3 Ermittlung der Wertänderungsrendite

Die Wertänderungskomponente des Total-Return sämtlicher offener Immobilienfonds wird bei identischer Vorgehensweise hinsichtlich der Aggregation[549] über folgende, der Formel zur Ermittlung der Wertänderungsrendite auf Einzelfondsebene entsprechenden Beziehung,[550] berechnet:

---

547 Vgl. Abschnitt 6.4.1.2 auf S. 273.

548 Vgl. Abschnitt 6.4.2 auf S. 286.

549 Vgl. Abschnitt 6.4.2 auf S. 286.

550 Vgl. Abschnitt 6.4.1.3 auf S. 274.

$$r(WÄ)^{agg}_{30.9.02} = \frac{\left[\begin{array}{l} \sum_{f=1}^{n} NNRG^{(f)}_{30.9.02} + 0{,}5\sum_{g=1}^{n} NNRG^{(g)}_{31.3.02} + 0{,}5\sum_{g=1}^{n} NNRG^{(g)}_{31.3.03} + \\ \frac{1}{12}\sum_{h=1}^{n} NNRG^{(h)}_{31.10.01} + \frac{11}{12}\sum_{h=1}^{n} NNRG^{(h)}_{31.10.02} + \\ 0{,}25\sum_{k=1}^{n} NNRG^{(k)}_{31.12.01} + 0{,}75\sum_{k=1}^{n} NNRG^{(k)}_{31.12.02} \end{array}\right]}{\left[\begin{array}{l} \sum_{f=1}^{n} V^{(f)}_{30.9.01} + 0{,}5\left(V^{(f)}_{30.9.02} - V^{(f)}_{30.9.01} - NNRG^{(f)}_{30.9.02}\right) + \\ 0{,}5\sum_{g=1}^{n} V^{(g)}_{31.3.01} + 0{,}5\left(V^{(g)}_{31.3.02} - V^{(g)}_{31.3.01} - NNRG^{(g)}_{31.3.02}\right) + \\ 0{,}5\sum_{g=1}^{n} V^{(g)}_{31.3.02} + 0{,}5\left(V^{(g)}_{31.3.03} - V^{(g)}_{31.3.02} - NNRG^{(g)}_{31.3.03}\right) + \\ \frac{1}{12}\sum_{h=1}^{n} V^{(h)}_{31.10.00} + 0{,}5\left(V^{(h)}_{31.10.01} - V^{(h)}_{31.10.00} - NNRG^{(h)}_{31.10.01}\right) + \\ \frac{11}{12}\sum_{h=1}^{n} V^{(h)}_{31.10.01} + 0{,}5\left(V^{(h)}_{31.10.02} - V^{(h)}_{31.10.01} - NNRG^{(h)}_{31.10.02}\right) + \\ 0{,}25\sum_{k=1}^{n} V^{(k)}_{31.12.00} + 0{,}5\left(V^{(k)}_{31.12.01} - V^{(k)}_{31.12.00} - NNRG^{(k)}_{31.12.01}\right) + \\ 0{,}75\sum_{k=1}^{n} V^{(k)}_{31.12.01} + 0{,}5\left(V^{(k)}_{31.12.02} - V^{(k)}_{31.12.01} - NNRG^{(k)}_{31.12.02}\right) + \end{array}\right]}$$

mit

$r(WÄ)^{agg}_{30.9.02}$ = aggregierte Wertänderungsrendite zum 30.9.02

Wie Tabelle 13 auf S. 295 zeigt, lag die Wertänderungsrendite im Zeitraum bis zum 30.9.1992 jeweils oberhalb von 4%, um dann für 1993 und 1994 Werte von 2,8785% und 2,6355% anzunehmen. Dieses Fallen der Wertänderungsrendite entspricht auch der von den Teilnehmern am Immobilienmarkt empfundenen Abschwächung der Marktsituation.

6.4.2.4 Ermittlung der Realisationsrendite

Die aggregierte Realisationsrendite wird über nachstehende Beziehung bestimmt:

$$
r(R)^{agg}_{30.9.02} = \frac{\left[\begin{array}{l}
\sum\limits_{f=1}^{n}\left(RG^{(f)}_{30.9.02} - NRWG^{(f)}_{30.9.02} + RV^{(f)}_{30.9.02} - NRWV^{(f)}_{30.9.02}\right) + \\
0{,}5\sum\limits_{g=1}^{n}\left(RG^{(g)}_{31.3.02} - NRWG^{(g)}_{31.3.02} + RV^{(g)}_{31.3.02} - NRWV^{(g)}_{31.3.02}\right) + \\
0{,}5\sum\limits_{g=1}^{n}\left(RG^{(g)}_{31.3.03} - NRWG^{(g)}_{31.3.03} + RV^{(g)}_{31.3.03} - NRWV^{(g)}_{31.3.03}\right) + \\
\frac{1}{12}\sum\limits_{h=1}^{n}\left(RG^{(h)}_{31.10.01} - NRWG^{(h)}_{31.10.01} + RV^{(h)}_{31.10.01} - NRWV^{(h)}_{31.10.01}\right) + \\
\frac{11}{12}\sum\limits_{h=1}^{n}\left(RG^{(h)}_{31.10.02} - NRWG^{(h)}_{31.10.02} + RV^{(h)}_{31.10.02} - NRWV^{(h)}_{31.10.02}\right) + \\
0{,}25\sum\limits_{k=1}^{n}\left(RG^{(k)}_{31.12.01} - NRWG^{(k)}_{31.12.01} + RV^{(k)}_{31.12.01} - NRWV^{(k)}_{31.12.01}\right) + \\
0{,}75\sum\limits_{k=1}^{n}\left(RG^{(k)}_{31.12.02} - NRWG^{(k)}_{31.12.02} + RV^{(k)}_{31.12.02} - NRWV^{(k)}_{31.12.02}\right)
\end{array}\right]}{\left[\begin{array}{l}
\sum\limits_{f=1}^{n} V^{(f)}_{30.9.01} + 0{,}5\left(V^{(f)}_{30.9.02} - V^{(f)}_{30.9.01} - NNRG^{(f)}_{30.9.02}\right) + \\
0{,}5\sum\limits_{g=1}^{n} V^{(g)}_{31.3.01} + 0{,}5\left(V^{(g)}_{31.3.02} - V^{(g)}_{31.3.01} - NNRG^{(g)}_{31.3.02}\right) + \\
0{,}5\sum\limits_{g=1}^{n} V^{(g)}_{31.3.02} + 0{,}5\left(V^{(g)}_{31.3.03} - V^{(g)}_{31.3.02} - NNRG^{(g)}_{31.3.03}\right) + \\
\frac{1}{12}\sum\limits_{h=1}^{n} V^{(h)}_{31.10.00} + 0{,}5\left(V^{(h)}_{31.10.01} - V^{(h)}_{31.10.00} - NNRG^{(h)}_{31.10.01}\right) + \\
\frac{11}{12}\sum\limits_{h=1}^{n} V^{(h)}_{31.10.01} + 0{,}5\left(V^{(h)}_{31.10.02} - V^{(h)}_{31.10.01} - NNRG^{(h)}_{31.10.02}\right) + \\
0{,}25\sum\limits_{k=1}^{n} V^{(k)}_{31.12.00} + 0{,}5\left(V^{(k)}_{31.12.01} - V^{(k)}_{31.12.00} - NNRG^{(k)}_{31.12.01}\right) + \\
0{,}75\sum\limits_{k=1}^{n} V^{(k)}_{31.12.01} + 0{,}5\left(V^{(k)}_{31.12.02} - V^{(k)}_{31.12.01} - NNRG^{(k)}_{31.12.02}\right) +
\end{array}\right]}
$$

mit

$r(R)^{agg}_{30.9.02}$ = aggregierte Realisationsrendite zum 30.9.02

Obige Formel entspricht der Beziehung zur Ermittlung der Realisationsrendite auf Einzelfondsebene.[551] Dabei wurden die zur Ermittlung der aggregierten Realisationsrendite erforderlichen Daten den Rechenschaftsberichten der einzelnen Fonds entnommen und linear auf den Stichtag 30.9. umgerechnet.[552]

Im gesamten Beobachtungszeitraum nahm die Wertänderungsrendite nie einen negativen Wert an und schwankte stark zwischen den beiden Extremwerten von 1,8483% zum 30.9.1990 und 0,0410% zum 30.9.1993. Die ermittelten aggregierten Werte können Tabelle 13 auf S. 295 entnommen werden. Zwischen diesen Zeitpunkten sank die Realisationsrendite stetig. Ähnlich wie beim Rückgang der aggregierten Wertänderungsrenditen läßt sich auch bei der Realisationsrendite die Parallele zu der von den Marktteilnehmern empfundenen Marktschwäche beobachten. Diese Marktschwäche ist Ausdruck der Tatsache, daß im Beobachtungszeitraum die ermittelten Verkehrswerte bei Grundstücksveräußerungen nur noch geringfügig übertroffen werden konnten.

6.4.2.5 Ermittlung des Total-Return und der Indexwerte

Der diskrete Total-Return sämtlicher offener Immobilienfonds wird über nachstehende Formel ermittelt, die dem Aufbau der Formel zur Berechnung des Total Returns auf Einzelfondsebene entspricht.[553]

---

551 Vgl. Abschnitt 6.4.1.4 auf S. 275.

552 Vgl. Abschnitt 6.4.2 auf S. 286.

553 Vgl. Abschnitt 6.4.1.5 auf S. 276.

$$r_{30.9.02}^{agg} = \frac{\left[\begin{array}{l} \sum_{f=1}^{n}\begin{pmatrix} RG_{30.9.02}^{(f)} - NRWG_{30.9.02}^{(f)} + RV_{30.9.02}^{(f)} - NRWV_{30.9.02}^{(f)} + \\ NNRG_{30.9.02}^{(f)} + M_{30.9.02}^{(f)} - BewK_{30.9.02}^{(f)} - EZ_{30.9.02}^{(f)} \end{pmatrix} + \\ 0{,}5\sum_{g=1}^{n}\begin{pmatrix} RG_{31.3.02}^{(g)} - NRWG_{31.3.02}^{(g)} + RV_{31.3.02}^{(g)} - NRWV_{31.3.02}^{(g)} + \\ NNRG_{31.3.02}^{(g)} + M_{31.3.02}^{(g)} - BewK_{31.3.02}^{(g)} - EZ_{31.3.02}^{(g)} \end{pmatrix} + \\ 0{,}5\sum_{g=1}^{n}\begin{pmatrix} RG_{31.3.03}^{(g)} - NRWG_{31.3.03}^{(g)} + RV_{31.3.03}^{(g)} - NRWV_{31.3.03}^{(g)} + \\ NNRG_{31.3.03}^{(g)} + M_{31.3.03}^{(g)} - BewK_{31.3.03}^{(g)} - EZ_{31.3.03}^{(g)} \end{pmatrix} + \\ \frac{1}{12}\sum_{h=1}^{n}\begin{pmatrix} RG_{31.10.01}^{(h)} - NRWG_{31.10.01}^{(h)} + RV_{31.10.01}^{(h)} - NRWV_{31.10.01}^{(h)} + \\ NNRG_{31.10.01}^{(h)} + M_{31.10.01}^{(h)} - BewK_{31.10.01}^{(h)} - EZ_{31.10.01}^{(h)} \end{pmatrix} + \\ \frac{11}{12}\sum_{h=1}^{n}\begin{pmatrix} RG_{31.10.02}^{(h)} - NRWG_{31.10.02}^{(h)} + RV_{31.10.02}^{(h)} - NRWV_{31.10.02}^{(h)} + \\ NNRG_{31.10.02}^{(h)} + M_{31.10.02}^{(h)} - BewK_{31.10.02}^{(h)} - EZ_{31.10.02}^{(h)} \end{pmatrix} + \\ 0{,}25\sum_{k=1}^{n}\begin{pmatrix} RG_{31.12.01}^{(k)} - NRWG_{31.12.01}^{(k)} + RV_{31.12.01}^{(k)} - NRWV_{31.12.01}^{(k)} + \\ NNRG_{31.12.01}^{(k)} + M_{31.12.01}^{(k)} - BewK_{31.12.01}^{(k)} - EZ_{31.12.01}^{(k)} \end{pmatrix} + \\ 0{,}75\sum_{k=1}^{n}\begin{pmatrix} RG_{31.12.02}^{(k)} - NRWG_{31.12.02}^{(k)} + RV_{31.12.02}^{(k)} - NRWV_{31.12.02}^{(k)} + \\ NNRG_{31.12.02}^{(k)} + M_{31.12.02}^{(k)} - BewK_{31.12.02}^{(k)} - EZ_{31.12.02}^{(k)} \end{pmatrix} \end{array}\right]}{\left[\begin{array}{l} \sum_{f=1}^{n} V_{30.9.01}^{(f)} + 0{,}5\left(V_{30.9.02}^{(f)} - V_{30.9.01}^{(f)} - NNRG_{30.9.02}^{(f)}\right) + \\ 0{,}5\sum_{g=1}^{n} V_{31.3.01}^{(g)} + 0{,}5\left(V_{31.3.01}^{(g)} - V_{31.3.01}^{(g)} - NNRG_{31.3.01}^{(g)}\right) + \\ 0{,}5\sum_{g=1}^{n} V_{31.3.02}^{(g)} + 0{,}5\left(V_{31.3.03}^{(g)} - V_{31.3.02}^{(g)} - NNRG_{31.3.03}^{(g)}\right) + \\ \frac{1}{12}\sum_{h=1}^{n} V_{31.10.00}^{(h)} + 0{,}5\left(V_{31.10.01}^{(h)} - V_{31.10.00}^{(h)} - NNRG_{31.10.01}^{(h)}\right) + \\ \frac{11}{12}\sum_{h=1}^{n} V_{31.10.01}^{(h)} + 0{,}5\left(V_{31.10.02}^{(h)} - V_{31.10.01}^{(h)} - NNRG_{31.10.02}^{(h)}\right) + \\ 0{,}25\sum_{k=1}^{n} V_{31.12.00}^{(k)} + 0{,}5\left(V_{31.12.01}^{(k)} - V_{31.12.00}^{(k)} - NNRG_{31.12.01}^{(k)}\right) + \\ 0{,}75\sum_{k=1}^{n} V_{31.12.01}^{(k)} + 0{,}5\left(V_{31.12.02}^{(k)} - V_{31.12.01}^{(k)} - NNRG_{31.12.02}^{(k)}\right) + \end{array}\right]}$$

mit

$r_{30.9.02}^{agg}$ = aggregierter Total-Return zum 30.9.02

Dabei wurden die Werte durch die Addition der einzelnen diskreten Renditekomponenten bzw. durch lineare Umrechnung der relevanten Einzelfondsdaten[554] auf den Stichtag 30.9. bestimmt.

In Analogie zur Ermittlung der Einzelfondsrenditen wird zudem auch ein Total-Return über den natürlichen Logarithmus, bei Unterstellung einer kontinuierlichen Verzinsung, berechnet. Zur Information wird die aggregierte Eigengeldverzinsungsrendite ebenfalls aufgeführt. Diese ist eine kalkulatorische Größe, die erst bei Fertigstellung der im Bau befindlichen Objekte eine Komponente der Wertänderungsrendite darstellt. Da die periodengerechte Zuordnung dieser Beeinflussung der Wertänderungsrendite beim zur Verfügung stehenden Datenmaterial nicht möglich ist, wurde auf die Einbeziehung der aggregierten Eigengeldverzinsungsrendite in den Total-Return verzichtet.

Tabelle 13: Aggregierter Total-Return 1990 - 1994

Stichtag	30.09.90	30.09.91	30.09.92	30.09.93	30.09.94	**ar.Mit.**	**St.Abw.**
Netto-Cash-Flow-Rendite	5,8387%	5,6989%	5,6086%	5,2306%	5,3840%	**5,5521%**	**0,2442%**
Wertänderungsrendite	4,3478%	4,0401%	4,6329%	2,8785%	2,6355%	**3,7069%**	**0,8963%**
Realisationsrendite	1,8483%	0,8033%	0,2896%	0,0410%	0,0773%	**0,6119%**	**0,7551%**
Total-Return	12,0348%	10,5423%	10,5311%	8,1501%	8,0967%	**9,8710%**	**1,7087%**
ln Total-Return	11,3640%	10,0228%	10,0127%	7,8350%	7,7856%	**9,4040%**	**1,5553%**
Eigengeldverz. Rendite	0,2775%	0,2278%	0,1642%	0,1449%	0,1230%	**0,1875%**	**0,0637%**

Quelle: Eigene Berechnungen an Hand der veröffentlichten Rechenschaftsberichte

Der grafische Verlauf der aggregierten Renditen pro Jahr kann Abbildung 38 entnommen werden. Dabei zeigt der Hintergrund der Grafik die Summe der den Berechnungen zugrundeliegenden aggregierten Verkehrswerte und dokumentiert damit den Anstieg der Repräsentativität der Indexzahlen.

---

554 Vgl. Abschnitt 6.4.2 auf S. 286.

Abbildung 38: Aggregierter Total-Return 1990 - 1994

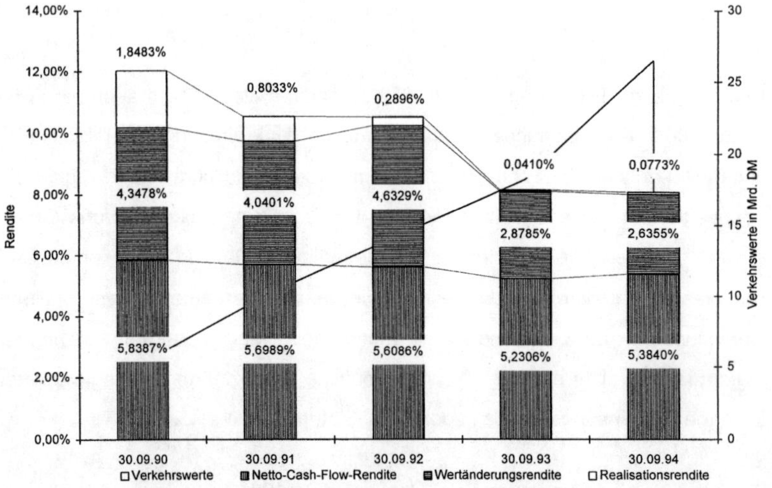

Quelle: Eigene Berechnungen an Hand der Rechenschaftsberichte offener Immobilienfonds

Datengrundlage der oben stehenden Berechnungen sind die veröffentlichten Rechenschaftsberichte der offenen Fonds. Aufgrund der Uneinheitlichkeit der Geschäftsjahre und durch das Auflegen neuer Fonds bzw. das Ausscheiden des A.G.I.-Fonds Nr. 1 wechseln die bei der Total-Return Ermittlung berücksichtigten Fonds im Zeitablauf. Die bei der Ableitung der aggregierten Renditen in dem jeweiligen Intervall berücksichtigten Fonds können der folgenden Tabelle entnommen werden.

Tabelle 14: Zur Ermittlung aggregierter Renditen berücksichtigte offene Immobilienfonds

Stichtag				
30.9.1990	**30.9.1991**	**30.9.1992**	**30.9.1993**	**30.9.1994**
		A.G.I.-Fonds Nr.1		
	BfG ImmoInvest	BfG ImmoInvest	BfG ImmoInvest	BfG ImmoInvest
		CS EUROREAL	CS EUROREAL	CS EUROREAL
	DespaFonds	DespaFonds	DespaFonds	DespaFonds

Stichtag				
30.9.1990	**30.9.1991**	**30.9.1992**	**30.9.1993**	**30.9.1994**
	DIFA-Fonds Nr. 1	DIFA-Fonds Nr. 1	DIFA-Fonds Nr. 1	DIFA-Fonds Nr. 1
	DIFA-Grund	DIFA-Grund	DIFA-Grund	DIFA-Grund
grundbesitz-invest	grundbesitz-invest	grundbesitz-invest	grundbesitz-invest	grundbesitz-invest
GRUNDWERT-FONDS	GRUNDWERT-FONDS	GRUNDWERT-FONDS	GRUNDWERT-FONDS	GRUNDWERT-FONDS
		Hansa-Immobilia	Hansa-Immobilia	Hansa-Immobilia
	HAUS-INVEST	HAUS-INVEST	HAUS-INVEST	HAUS-INVEST
		iii-Fonds Nr. 1	iii-Fonds Nr. 1	iii-Fonds Nr. 1
		iii-Fonds Nr. 2	iii-Fonds Nr. 2	iii-Fonds Nr. 2
		WestInvest 1	WestInvest 1	WestInvest 1

Eine multiplikative Verknüpfung der aggregierten Jahres Total-Returns führt zum Immobilienperformanceindex, dessen Verlauf der folgenden Abbildung 39 entnehmbar ist. Als Basis wurde der 30.9.1989 = 100 gewählt.

Abbildung 39: Indexverlauf 1989 - 1994

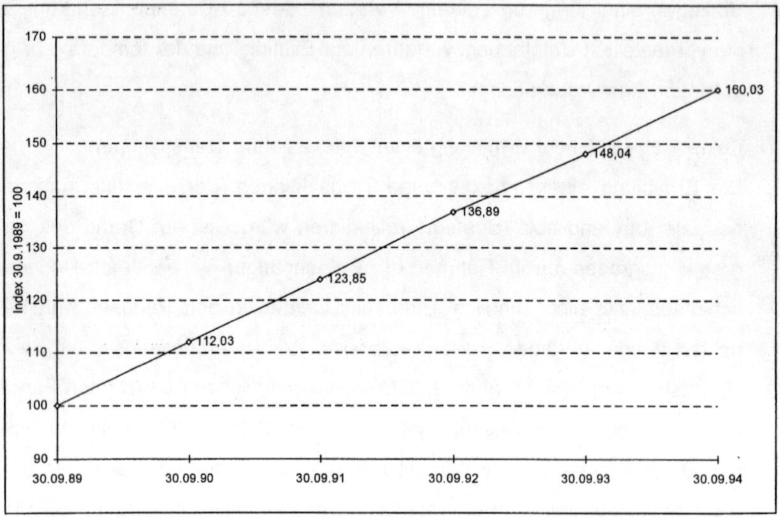

Quelle: Eigene Berechnungen an Hand der Rechenschaftsberichte offener Immobilienfonds

Aufgrund der stets positiven Total-Returns und der geringen Standardabweichung des Total-Returns hat der ermittelte Index einen fast linearen Verlauf und stellt die Performance des aggregierten Liegenschaftsvermögens der offenen Fonds dar.

6.4.2.6 Kritische Analyse der Ergebnisse

Für die aggregierten Ergebnisse gelten grundsätzlich die gleichen Kritikpunkte wie für die auf Einzelfondsebene ermittelten Renditen, die in Gliederungspunkt 6.4.1.6 aufgeführt sind. Zusätzlich sind jedoch zu nennen:

- Die Uneinheitlichkeit der Fondsgeschäftsjahre führt bei der Aggregation der Einzelfondsdaten zu einer Glättung der ermittelten Renditen als Folge der temporalen Aggregation der unterschiedlichen Bewertungsstichtage. Bei Vorliegen einer längeren Zeitreihe von zumindest 20 Datenpunkten können die vorgestellten Entglättungsverfahren zur Eliminierung der temporalen Aggregation Anwendung finden.

- Keine Möglichkeit der Ermittlung eines Indexes ohne Transaktionen.
  Die Ermittlung eines Indexes ohne Transaktionen, der eine informationsneutrale „buy and hold"-Strategie reflektieren würde, ist auf Grund des Aggregationsgrades der im Rahmen der Berechnungen verwendeten Rechenschaftsberichte nicht möglich. Einerseits werden in den Rechenschaftsberichten keine Angaben über Kaufpreise, Veräußerungserlöse etc. von Grundstücken gemacht, andererseits lag bei sämtlichen betrachteten Fonds in den beobachteten Geschäftsjahren von 1989 bis 1990 zumindest eine Grundstückstransaktion vor. Somit reflektiert der Index eine aktive Portfoliostrategie, bei der die Performance durch Grundstückstransaktionen und eigene Projektentwicklungen beeinflußt ist.

Eine Überprüfung des Indexes an Hand der Kriterien Einfachheit, Transparenz und Nachvollziehbarkeit führt zu folgenden Ergebnissen:

- Einfachheit
  Das Kriterium der Einfachheit des Indexes wird erfüllt. Grundsätzlich ist die Formel zur Ermittlung der aggregierten Renditen von der Konzeption her einfach. Wegen der Fonds, die vom 30.9. abweichende Geschäftsjahre haben und der daraus resultierenden Gewichtung der einzelnen Renditen, steigt jedoch der Komplexitätsgrad der Formel. Das Kriterium der Einfachheit in bezug auf die Datenermittlung wird erfüllt, da sämtliche benötigten Daten aus den veröffentlichten Rechenschaftsberichten erhoben werden, die bei den Kapitalanlagegesellschaften erhältlich sind.

- Transparenz
  Das Kriterium der Transparenz des Indexes wird voll erfüllt. So sind einerseits die Formel zur Ermittlung der Indexwerte und andererseits die im Index aufgenommenen Fonds bekannt. Zusätzlich finden sich nach §34 I KAGG in den Rechenschaftsberichten Angaben zu den dem Sondervermögen gehörenden Grundstücken unter Angabe von Grundstücksgröße, Art und Lage, Bau- und Erwerbsjahr, Gebäudenutzfläche und sonstiger wesentlicher Merkmale.

- Nachvollziehbarkeit
  Die verwendete Indexformel folgt der bei internationalen Immobilienperformanceindizes gewählten Vorgehensweise, so daß auch unter Einbeziehung des Kriteriums der Transparenz das Kriterium der theoretischen Nachvollziehbarkeit erfüllt wird. Wie bei jedem Immobilienperformanceindex, der auf einem real existierenden Immobilienportfolio beruht, ist die Nachbildung des Indexes in Form der direkten Nachbildung unmöglich. Sie wäre nur mit Hilfe eines Grundstücksportfolios darstellbar, dessen Erträge mit den Erträgen des Indexportfolios hoch korrelieren. Eine direkte Nachbildung kann nur durch Erwerb von einzelnen Fonds-Zertifikaten erfolgen, wobei sich jedoch

die Zertifikatsperformance von der ermittelten Immobilienperformance unterscheidet. Der Unterschied hat seine Ursache darin, daß die ermittelte Immobilienperformance nicht sämtliche Vermögens-, Aufwands- und Ertragspositionen wie bspw. die Liquiditätsanlagen der Sondervermögen berücksichtigt.

Der im Rahmen dieser Arbeit entwickelte Immobilienperformanceindex erfüllt somit sämtliche allgemeine Anforderungen, die an einen Index gestellt werden.

Eine Überprüfung des Indexes in bezug auf die geforderten Eigenschaften eines Immobilienperformanceindexes zeigt folgende Ergebnisse:

- Disaggregationsmöglichkeit nach Sektoren
  Eine Disaggregation des Indexes nach Sektoren ist nicht möglich. Zwar sind aus den veröffentlichten Rechenschaftsberichten die jeweiligen Hauptnutzungsarten der einzelnen Grundstücke veröffentlicht, die Berechnung eines auf einen einzelnen Sektor bezogenen Indexes ist jedoch aufgrund der nur aggregiert veröffentlichten Daten nicht durchführbar. Möglich ist jedoch, die den ermittelten Indexwerten zugrundeliegende Portfoliostruktur hinsichtlich des Flächenanteils der einzelnen Sektoren an der gesamten Fläche des Grundstücksportfolios darzustellen.[555]

- Index stellt repräsentative Gesamtmarktperformance dar
  Zum 30.9.1994 sind im Index mehr als 600 Grundstücke mit einer Mietfläche von über 5,25 Mio. qm und einem Verkehrswert von über 26 Mrd. DM enthalten. Der Anteil der offenen Fonds am Immobilienanlagemarkt institutioneller Investoren wurde für 1994 auf knapp über 10% geschätzt. Es kann jedoch vermutet werden, daß die Anlagepolitik der offenen Fonds repräsentativ für institutionelle Investoren ist, da offene Immobilienfonds gemeinsam mit

---

555 Siehe dazu Abschnitt 6.6 auf S. 312.

anderen institutionellen Investoren regelmäßig ein gleichförmiges Wettbewerbsverhalten am Immobilienmarkt zeigen.[556] Daher kann von einer Repräsentativität des Indexes ausgegangen werden. Da jedoch keine Angaben über Verkehrswerte, Mieteinnahmen, Bewirtschaftungskosten etc. zu den einzelnen im Index erfaßten rund 600 Grundstücken erhältlich sind, können keine Untersuchungen durchgeführt werden, ob ein repräsentativer Index bereits mit weniger Grundstücken zu entwickeln wäre. Aufgrund der geringen Teilbarkeit von Immobilien zeichnen sich Immobilienportfolios durch die ungleiche Verteilung der Gewichte der einzelnen Investments aus.[557] Grundsätzlich führt die Ermittlung kapitalisierungsgewichteter Renditen im Vergleich zur Renditeermittlung gleichgewichteter Investments zu einer größeren Streuung der Renditen.[558] Die Folge ist, daß unter der Annahme einer ungleichen Gewichtung selbst bei mehr als 200 Objekten in einem Index noch ein unsystematisches Restrisiko besteht. In Ermangelung von Vergleichsindizes bzw. Angaben zu einzelnen Grundstücken können keine Untersuchungen durchgeführt werden, ob zur Konstruktion eines Immobilienperformanceindexes für den deutschen Immobilienmarkt eine höhere Zahl als die erwähnten 600 Grundstücke erforderlich sind. Durch die zwischenzeitlich erfolgten Mittelzuflüsse seit dem letzten Stichtag 30.9.1994 und den daraus resultierenden Grundstücksakquisitionen wird die Datenbasis zukünftig erweitert und einen höheren Repräsentativitätsgrad annehmen.

---

556 Vgl.Bone-Winkel, Stephan: „Das strategische Management von offenen Immobilienfonds", in: Schulte, Karl-Werner (Hrsg.): Schriften zur Immobilienökonomie, Band 1, Köln 1994, S. 4.

557 Vgl. Morrell, Guy, D.: „Value-weighting and the Variability of Real Estate Returns: Implications for Portfolio Construction and Performance Evaluation", in: Journal of Property Research, 10. Jg., Nr. 3, 1993, S. 171.

558 Vgl. Brown, Gerald R.: „Reducing the Dispersion of Returns in UK Real Estate Portfolios", in: Journal of Valuation, 6. Jg., Nr. 2, 1988, S. 127 - 147.

- Disaggregationsmöglichkeit nach Sektoren/Regionen

  Aufgrund der fehlenden Disaggregationsmöglichkeit nach Sektoren ist eine differenzierte Disaggregation nach Sektoren/Regionen erst bei Verfügbarkeit der relevanten Daten möglich.

- Externe Bewertung der Liegenschaften

  Sämtliche im Index erfaßten Grundstücke werden nach §34 KAGG mindestens einmal pro Fondsgeschäftsjahr durch hochqualifizierte Mitglieder des Sachverständigenausschusses bewertet. Damit wird die Forderung nach einer externen Bewertung der in einem Index aufgenommenen Liegenschaften voll erfüllt.

- Unabhängige Bewertung der Liegenschaften

  Da der Gesetzgeber Manipulationsmöglichkeiten bei einer dem Fonds-Management überlassenen autonomen Bewertung des Grundstücksvermögens erkannt hat, wurde die Bewertung durch einen unabhängigen Sachverständigenausschuß vorgesehen. Die Mitglieder des Sachverständigenausschusses müssen nach §32 II KAGG unabhängige, zuverlässige und fachlich geeignete Persönlichkeiten mit besonderen Erfahrungen auf dem Gebiet der Grundstücksbewertung sein. Da zudem die Bestellung von Sachverständigen in den Sachverständigenausschuß nach §32 III KAGG dem Bundesaufsichtsamt für das Kreditwesen anzuzeigen ist, wird das Kriterium der unabhängigen Bewertung der Grundstücke erfüllt.

- Häufige Veröffentlichung des Indexes

  Die Veröffentlichungshäufigkeit des Indexes wird durch die Bewertungshäufigkeit der offenen Immobilienfonds und die Publikationsfrequenz der Rechenschaftsberichte determiniert. Wünschenswert wäre eine quartalsweise oder halbjährliche Veröffentlichung des Indexes, um aktuelle Markttrends zu reflektieren. Kapitalanlagegesellschaften haben nach §24 a KAGG die Möglichkeit, anstatt des für die Mitte eines jeden Geschäftsjahres zu erstattenden Halbjahresberichtes einen weiteren Rechenschaftsbericht zu publizieren. Jedoch hat bislang kein offener Fonds von dieser Möglichkeit Gebrauch gemacht. Da in den Halbjahresberichten die für die Indexermittlung benötigten Angaben über die Entwicklung des Fondsvermögens nicht enthalten sind, kann die Berechnung der einzelnen Total-Return Komponenten nur zum Ende des jeweiligen Geschäftsjahres des Fonds erfolgen. Zudem werden die Liegenschaften der Sondervermögen nur einmal im Geschäftsjahr bewertet, so daß derzeit eine häufigere Veröffentlichung des Indexes als auf jährlicher Basis nicht möglich ist.

- Zeitnahe Veröffentlichung des Indexes
Die Forderung nach einer zeitnahen Veröffentlichung des Indexes wird von dem im Rahmen dieser Arbeit entwickelten Immobilienperformanceindex nicht erfüllt. Die Ursache liegt in der Aggregation der auf Einzelfondsebene gewonnenen Daten. Die Einbeziehung von Fonds mit Ende des Geschäftsjahres zum 31.3. führt dazu, daß bis zu neun Monate zwischen dem Stichtag 30.9. und der Veröffentlichung des Indexes liegen können. Sechs Monate werden dabei durch das Auseinanderfallen der Fondsgeschäftsjahre verursacht, während nach §24a KAGG weitere drei Monate zwischen Ablauf des Geschäftsjahres und Veröffentlichung des Rechenschaftsberichtes im Bundesanzeiger vergehen können. Eine zeitnahere Veröffentlichung mit einem Abstand von nur drei Monaten zum Indexstichtag könnte erreicht werden, wenn auf die Aggregation der Fonds mit unterschiedlichen Geschäftsjahren verzichtet würde und nur Fonds mit Geschäftsjahresende zum 30.9. in die Berechnungen eingingen. Alternativ könnten die Rechenschaftsberichte der Fonds mit vom 30.9. abweichenden Geschäftsjahresende sukzessiv mit ihrer Publikation bei der Indexermittlung berücksichtigt werden.

- Länge der Zeitreihe

  Die Länge der Zeitreihe ist beim derzeit verfügbaren Datenmaterial auf einen Beginn des Indexes zum 30.9.1989 begrenzt. Erst durch die KAGG Novelle von 1990 wurde die Vermögensänderungsrechnung als Bestandteil der Rechenschaftsberichte offener Immobilienfonds institutionalisiert.[559] Da ohne die Angaben der Vermögensänderungsrechnung eine Ermittlung von immobilienbezogenen Renditen nicht möglich ist, können diese erst ab Ende des Geschäftsjahres 1990 bestimmt werden.

- Disaggregation des Indexes nach anderen Variablen

  Eine Disaggregation des Indexes nach Variablen wie nach Gebäudegrößenklassen, Verkehrswertklassen etc. ist aufgrund der Nichtveröffentlichung entsprechenden Datenmaterials nicht durchführbar. Grundsätzlich möglich ist jedoch die Bildung von Verhältniszahlen wie „durchschnittlicher Verkehrswert pro qm Mietfläche“ oder „Mieterträge pro qm Mietfläche“ etc. Jedoch ist die Aussagefähigkeit einer solchen Verhältniszahl begrenzt, da sich diese Verhältniszahl auf die gesamte Portfoliostruktur des Fonds bezieht. Die Bildung derartiger Verhältniszahlen ist erst bei einer nach Sektoren differenzierenden Betrachtungsweise sinnvoll, die jedoch auf Basis des derzeit veröffentlichten Datenmaterials nicht ermittelt werden können.

---

559 Vgl. Gesetz zur Verbesserung der Rahmenbedingungen der Finanzmärkte (Finanzmarktförderungsgesetz) vom 22.2.1990, BGBl. I S. 266.

6.5 Ermittlung der approximierten Netto-Cash-Flow-Rendite für die Jahre 1979 - 1994

Da in den Rechenschaftsberichten mit Stichtag vor 1990 keine Angaben zu der Nettoveränderung der nicht realisierten Gewinne/Verluste bei Liegenschaften sowie zu den realisierten Gewinnen bzw. Verlusten bei Liegenschaften abzüglich der nicht realisierten Wertänderungen der Vorjahre gemacht werden, können die Realisationsrendite und die Wertänderungsrendite für die Zeit vor 1990 nicht ermittelt werden. Wie in Abschnitt 6.4.1.2 dargestellt, ist auch die Netto-Cash-Flow-Rendite nicht genau zu bestimmen. Jedoch kann eine Netto-Cash-Flow-Rendite im Verhältnis zum durchschnittlichen Verkehrswert der jeweiligen Periode ermittelt werden, um der Anforderung einer entsprechend langen Zeitreihe für den Index zu genügen.

6.5.1 Ermittlung der approximierten Netto-Cash-Flow-Rendite auf Einzelfondsebene

Die approximierte Netto-Cash-Flow-Rendite für die einzelnen Fonds wird - in Anlehnung an die Formel zur Ermittlung der Netto-Cash-Flow-Rendite[560] - nach folgender Formel bestimmt:

$$r(NCF)_t^{approx} = \frac{M - BewK - EZ}{0{,}5\left(V_t + V_{t-1}\right)}$$

mit

$r(NCF)^{approx}$ = approximierte Netto-Cash-Flow-Rendite

---

560 Vgl. Abschnitt 6.4.1.2 auf S. 273.

Im Nenner der verwendeten Formel finden nicht mehr die werterhöhenden Investitionen, Verkehrswerte der verkauften Grundstücke und Kaufpreise der gekauften Grundstücke Berücksichtigung, da diese drei Positionen aus den Rechenschaftsberichten vor 1990 nicht ermittelbar sind. Daher wurde als Approximation das arithmetische Mittel aus der Summe der Verkehrswerte bebauter Grundstücke jeweils zu Beginn und zu Ende des Geschäftsjahres gebildet. In Analogie zu den ermittelten Netto-Cash-Flow-Renditen, die in Abschnitt 6.4.1.5 dargestellt wurden, ist die Standardabweichung der approximierten Netto-Cash-Flow-Renditen niedrig. Das niedrigste arithmetische Mittel der approximierten Netto-Cash-Flow-Rendite der vor 1980 aufgelegten Fonds weist der iii-Fonds Nr. 2 mit 5,1787% auf, während der GRUNDWERT-FONDS das höchste arithmetische Mittel mit 6,1016% zeigt. Die niedrigste Standardabweichung ist mit 0,2678% beim DIFA-Fonds Nr. 1, die höchste Standardabweichung mit 0,6436% beim iii-Fonds Nr. 2 zu erkennen. Die ermittelten approximierten Netto-Cash-Flow-Renditen können der folgenden Tabelle 15 entnommen werden.

Tabelle 15: Approximierte Netto-Cash-Flow-Renditen auf Einzelfondsebene

	1980	1981	1982	1983	1984	1985	1986	1987	1988	1989	1990	1991	1992	1993	1994	Ar.Mit.	St.Abw.
A.G.I.-Fonds Nr.1	4,7917%	4,5287%	4,4698%	4,1549%	4,1948%	4,3997%	4,2167%	4,4691%	5,0297%	5,1026%	5,1071%	4,9781%	5,3657%	n.v.	n.v.	4,6776%	0,4053%
BfG ImmoInvest	n.v.	n.v.	n.v.	n.v.	n.v.	n.v.	n.v.	n.v.	n.v.	n.v.	n.v.	4,0804%	5,4517%	5,3581%	5,6745%	5,1412%	0,7195%
CS EUROREAL	n.v.	n.v.	n.v.	n.v.	n.v.	n.v.	n.v.	n.v.	n.v.	n.v.	n.v.	n.v.	n.v.	n.v.	6,7989%	6,7989%	n.v.
DespaFonds	5,7374%	5,4709%	5,5524%	5,7574%	5,9127%	5,8185%	5,3945%	5,4519%	4,9590%	5,3427%	5,6139%	6,0214%	6,2117%	5,2808%	5,0691%	5,5730%	0,3458%
DIFA-Fonds Nr.1	5,3037%	5,7802%	6,0351%	5,9156%	5,8584%	5,8220%	6,0744%	5,5807%	5,6499%	5,4941%	5,8056%	5,7814%	6,4012%	5,8695%	5,7618%	5,8089%	0,2571%
DIFA-Grund	n.v.	n.v.	n.v.	n.v.	n.v.	n.v.	5,1148%	5,1757%	5,1808%	5,0599%	5,3738%	5,4138%	5,7648%	6,6530%	5,0018%	5,4154%	0,5191%
grundbesitz-invest	6,5913%	6,5285%	6,2998%	5,5908%	6,2332%	6,2545%	5,8516%	5,7520%	6,0216%	5,9911%	5,5201%	4,6434%	4,8046%	4,9706%	5,0962%	5,7433%	0,6255%
GRUNDWERT-FONDS	6,7075%	7,0235%	6,7973%	6,3305%	6,6245%	6,3199%	6,1143%	6,3295%	5,7466%	6,1628%	5,8489%	5,7813%	5,7582%	4,8272%	5,1524%	6,1016%	0,6015%
Hansa-Immobilia	n.v.	n.v.	n.v.	n.v.	n.v.	n.v.	n.v.	n.v.	n.v.	6,4109%	5,7637%	5,5421%	5,5156%	5,0419%	5,4206%	5,6158%	0,4554%
HAUS-INVEST	6,8195%	6,5111%	6,0279%	6,3822%	5,5730%	6,1347%	6,0770%	6,1570%	6,0093%	5,8257%	5,4578%	6,1085%	5,7739%	5,5381%	5,0924%	5,9659%	0,4406%
iii-Fonds Nr.1	4,4265%	3,7710%	4,5348%	4,5622%	5,2060%	4,6010%	4,6994%	4,7555%	5,3875%	5,1085%	5,7101%	5,3770%	5,2514%	4,6017%	5,5218%	4,9010%	0,5178%
iii-Fonds Nr.2	4,2154%	4,1879%	5,0018%	4,1723%	4,7681%	4,7914%	5,5452%	5,7630%	5,6194%	5,3539%	5,9051%	5,5472%	5,1232%	5,4720%	6,2146%	5,1787%	0,6436%
WestInvest 1	n.v.	n.v.	n.v.	n.v.	n.v.	n.v.	n.v.	n.v.	n.v.	n.v.	9,0405%	6,2219%	5,6320%	4,7931%	6,0484%	6,3472%	1,6035%

Die ermittelten approximierten Netto-Cash-Flow-Renditen beziehen sich auf das Ende des Geschäftsjahres innerhalb des jeweils angegebenen Kalenderjahres.

6.5.2 Ermittlung der aggregierten approximierten Netto-Cash-Flow-Renditen

Die Ermittlung der aggregierten approximierten Netto-Cash-Flow-Renditen zum Stichtag 30.9. erfolgt wie bei der bereits in Abschnitt 6.4.2 dargestellten Vorgehensweise des Aggregationsverfahrens:

$$r(NCF)_{agg}^{30.9.02}\text{approx} = \frac{\left[\begin{array}{l}\sum_{f=1}^{n}\left(M_{30.9.02}^{(f)} - BewK_{30.9.02}^{(f)} - EZ_{30.9.02}^{(f)}\right) + \\ 0{,}5\sum_{g=1}^{n}\left(M_{31.3.02}^{(g)} - BewK_{31.3.02}^{(g)} - EZ_{31.3.02}^{(g)}\right) + \\ 0{,}5\sum_{g=1}^{n}\left(M_{31.3.03}^{(g)} - BewK_{31.3.03}^{(g)} - EZ_{31.3.03}^{(g)}\right) + \\ \frac{1}{12}\sum_{h=1}^{n}\left(M_{31.10.01}^{(h)} - BewK_{31.10.01}^{(h)} - EZ_{31.10.01}^{(h)}\right) + \\ \frac{11}{12}\sum_{h=1}^{n}\left(M_{31.10.02}^{(h)} - BewK_{31.10.02}^{(h)} - EZ_{31.10.02}^{(h)}\right) + \\ 0{,}25\sum_{k=1}^{n}\left(M_{31.12.01}^{(k)} - BewK_{31.12.01}^{(k)} - EZ_{31.12.01}^{(k)}\right) + \\ 0{,}75\sum_{k=1}^{n}\left(M_{31.12.02}^{(k)} - BewK_{31.12.02}^{(k)} - EZ_{31.12.02}^{(k)}\right) + \end{array}\right]}{\left[\begin{array}{l}\sum_{f=1}^{n}0{,}5\left(V_{30.9.02}^{(f)} + V_{30.9.01}^{(f)}\right) + 0{,}5\sum_{g=1}^{n}0{,}5\left(V_{31.3.02}^{(g)} + V_{31.3.01}^{(g)}\right) + \\ 0{,}5\sum_{g=1}^{n}0{,}5\left(V_{31.3.03}^{(g)} + V_{31.3.02}^{(g)}\right) + \frac{1}{12}\sum_{h=1}^{n}0{,}5\left(V_{31.10.01}^{(h)} + V_{31.10.00}^{(h)}\right) + \\ \frac{11}{12}\sum_{h=1}^{n}0{,}5\left(V_{31.10.02}^{(h)} + V_{31.10.01}^{(h)}\right) + 0{,}25\sum_{k=1}^{n}0{,}5\left(V_{31.12.01}^{(k)} + V_{31.12.00}^{(k)}\right) + \\ 0{,}75\sum_{k=1}^{n}0{,}5\left(V_{31.12.02}^{(k)} + V_{31.12.01}^{(k)}\right)\end{array}\right]}$$

mit

$r(NCF)_{30.9.02}^{agg}\text{approx}$ = aggregierte approximierte Netto-Cash-Flow-Rendite zum 30.9.02

Dabei wurden die jeweiligen einfließenden Daten der approximierten Perioden Netto-Cash-Flow-Renditen[561] der Einzelfonds auf die unterschiedlichen Teilperioden linear verteilt, um diese kapitalisierungsgewichtet auf den 30.9. umzubasieren.

Das arithmetische Mittel der aggregierten approximierten Netto-Cash-Flow-Rendite beträgt 5,7094% mit einer Standardabweichung von 0,2690%. Der Verlauf der Renditen von 1980 bis 1994 und der Verlauf der den Berechnungen zugrundeliegenden aggregierten Verkehrswerten kann der Abbildung 40 entnommen werden.

Abbildung 40: Aggregierte approximierte Netto-Cash-Flow-Renditen von 1980 - 1994

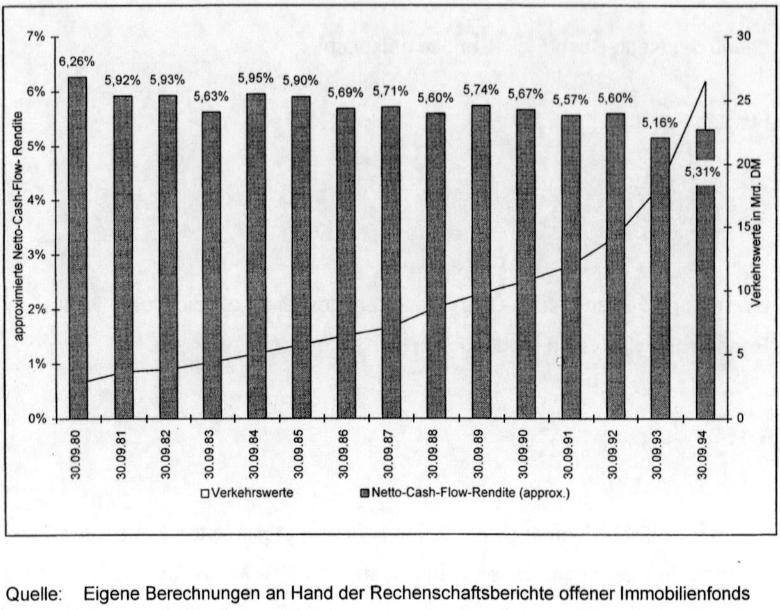

Quelle: Eigene Berechnungen an Hand der Rechenschaftsberichte offener Immobilienfonds

561 Vgl. Abschnitt 6.5.1 auf S. 305.

6.5.3 Vergleich der aggregierten approximierten Netto-Cash-Flow-Rendite mit der aggregierten Netto-Cash-Flow-Rendite

Ein Vergleich der aggregierten approximierten Netto-Cash-Flow-Rendite mit der aggregierten Netto-Cash-Flow-Rendite für die Jahre 1990 bis 1994, in denen für beide Ermittlungsverfahren Ergebnisse vorliegen, zeigt, daß die aggregierte approximierte Netto-Cash-Flow-Rendite stets niedriger als die aggregierte Netto-Cash-Flow-Rendite verlief. Eine Gleichsetzung der beiden Berechnungsformeln auf Einzelfondsebene verdeutlicht, daß die approximierte Netto-Cash-Flow-Rendite nur für den Fall, daß:

$$V_t = V_{t-1} + I + P - \sum_{s=1}^{n} V_t^{(s)}$$

genau der Netto-Cash-Flow-Rendite entspricht.

Für den Fall, daß

$$V_t > V_{t-1} + I + P - \sum_{s=1}^{n} V_t^{(s)}$$

ist die approximierte Netto-Cash-Flow-Rendite kleiner als die Netto-Cash-Flow-Rendite und vice versa für den Fall:

$$V_t < V_{t-1} + I + P - \sum_{s=1}^{n} V_t^{(s)}$$

Wie der grafische Vergleich der aggregierten approximierten Netto-Cash-Flow-Rendite und der aggregierten Netto-Cash-Flow-Rendite in Abbildung 41 zeigt, betrug die Differenz nur zum 30.9.1990 mehr als 0,1 Prozentpunkte, ansonsten lag die Differenz unterhalb der Schwelle von 0,1 Prozentpunkten.

Abbildung 41: Aggregierte approximierte Netto-Cash-Flow-Rendite und aggregierte Netto-Cash-Flow-Rendite 1990 - 1994 im Vergleich

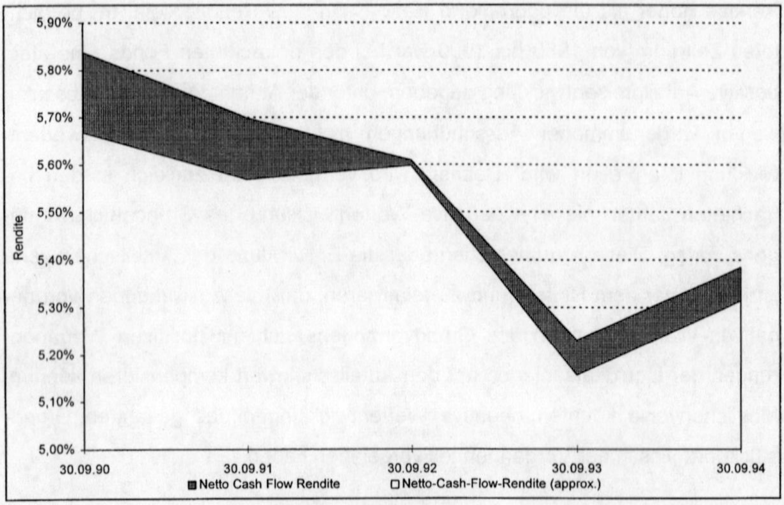

Quelle: Eigene Berechnungen an Hand der Rechenschaftsberichte offener Immobilienfonds

Aufgrund des fehlenden Datenmaterials kann nicht allgemeingültig gezeigt werden, daß die aggregierte approximierte Netto-Cash-Flow-Rendite stets unterhalb der aggregierten Netto-Cash-Flow-Rendite verläuft. Dennoch ist zu vermuten, daß auch in der Vergangenheit die aggregierte approximierte Netto-Cash-Flow-Rendite unterhalb der aggregierten Netto-Cash-Flow-Rendite verlief und somit als deren konservative Schätzung geeignet ist. Diese Vermutung läßt sich an der folgenden Gleichung nachvollziehen, die den Fall angibt, daß die aggregierte approximierte Netto-Cash-Flow-Rendite kleiner als die aggregierte Netto-Cash-Flow-Rendite ist.

$$V_t > V_{t-1} + I + P - \sum_{s=1}^{n} V_s$$

Nur für den Fall, daß in einer Periode keine oder negative Wertänderungen des Grundbesitzes auftreten, wird die aggregierte approximierte Netto-Cash-Flow-Rendite höher als die aggregierte Netto-Cash-Flow-Rendite sein. Im betrachteten Zeitraum von 1980 bis 1990 war bei den betrachteten Fonds eine stets positive Anteilpreisentwicklung gegeben, unter der Annahme, daß der Abschlag wegen vorgenommener Ausschüttungen nicht als negative Anteilswertentwicklung interpretiert wird. Deshalb wird vermutet, daß zugleich in den betrachteten Jahren nie eine negative Wertentwicklung des Grundstücksvermögens vorlag. Diese Argumentation über die Entwicklung der Anteilscheinwerte ist jedoch vor dem Hintergrund zu relativieren, daß die Auswirkungen von negativen Wertänderungen des Grundvermögens sich mit positiven Wertänderungen der Liquiditätsanlagen auf den Anteilscheinwert kompensieren können. Möglicherweise könnten negative Wertentwicklungen des gesamten Grundstückportfolios in der Vergangenheit vorgelegen haben.

6.6 Darstellung der zugrundeliegenden Portfoliostruktur

Da die ermittelten Indexwerte nicht nach Sektoren und Regionen disaggregierbar sind, kann die Portfoliostruktur der offenen Fonds nicht wertmäßig wiedergegeben werden. Jedoch kann aufgrund der in den Rechenschaftsberichten gegebenen Angaben analysiert werden, in welchen Regionen und in welchen Sektoren die Fonds investiert haben. Ausgangspunkt für diese Untersuchungen sind die Angaben des Liegenschaftsverzeichnisses, in denen unter anderem Daten zur Lage des Grundstücks, Art des Grundstücks sowie zur Nutzfläche[562] zu finden sind. Aufgrund dieser Veröffentlichungen kann zumindest eine auf

---

562 Die im Liegenschaftsverzeichnis zu findenden Angaben hinsichtlich der Nutzfläche unterliegen keiner einheitlichen Flächendefinition, sondern beziehen sich auf die jeweils im Mietvertrag aufgeführte Mietfläche.

„Quadratmeter Nutzfläche“ basierende Untersuchung des Investitionsverhaltens vorgenommen werden, welches zugleich die Grundstücksperformance determiniert. Bei der regionalen Aufteilung wurde auf die im Raumordnungsbericht des Bundesministeriums für Raumordnung, Bauwesen und Städtebau ausgewiesenen Verdichtungsräume zurückgegriffen.[563] Im Rahmen der Auswertung wurden die einzelnen Verdichtungsräume Braunschweig und Hannover; Münster, Osnabrück und Bielefeld; Ulm und Augsburg zusammengefaßt, um eine zu große Zersplitterung zu vermeiden. Verdichtungsräume von untergeordneter Bedeutung als regionaler Investitionsstandort der offenen Fonds wurden unter der Bezeichnung „andere“ zusammengefaßt. Als Verdichtungsraum von untergeordneter Bedeutung wurden diejenigen Verdichtungsräume festgelegt, bei denen über das gesamte untersuchte Zeitintervall von allen betrachteten offenen Fonds 20 und weniger Grundstücke gehalten wurden.

Die regionale und sektorale Aufteilung der den ermittelten Indexwerten zugrundeliegenden Portfoliostruktur ist in den folgenden Tabellen dargestellt.

---

563 Vgl. Bundesministerium für Raumordnung, Bauwesen und Städtebau (Hrsg.): „Raumordnungsbericht 1993“, Bonn 1994, S. 28.

Tabelle 16: Regionale Aufteilung des Immobilienportfolios offener Immobilienfonds von 1979 - 1994 (absolut) in Quadratmeter

	1979	1980	1981	1982	1983	1984	1985	1986	1987	1988	1989	1990	1991	1992	1993	1994
Ausland	0	24.794	24.794	24.794	24.794	24.794	24.794	24.794	24.794	36.431	36.431	37.509	55.121	78.500	131.308	271.017
Berlin/Potsdam	32.225	27.527	27.539	27.539	27.771	27.800	26.523	26.544	26.544	33.529	55.982	55.982	54.605	55.205	55.563	125.260
Braunschweig/Hannover/Wolfsburg	106.557	108.309	132.113	125.644	127.158	132.084	127.725	127.775	127.494	124.092	122.779	132.980	112.608	107.544	154.698	169.154
Bremen	51.628	49.904	44.411	44.411	44.134	44.012	45.852	45.852	45.846	44.710	44.817	43.911	43.921	43.336	38.681	38.681
Freiburg	13.855	13.855	13.855	13.860	13.860	13.845	13.845	4.045	4.045	4.550	4.550	4.550	4.550	9.686	17.166	35.472
Hamburg	164.157	145.319	172.193	189.833	216.567	225.845	236.390	243.118	224.961	226.145	314.051	304.752	294.751	314.304	406.231	539.758
Lübeck	24.118	24.071	32.618	32.618	32.618	26.149	29.336	29.336	29.336	29.336	29.379	29.377	32.868	36.808	34.712	34.712
München	81.994	82.020	80.355	84.199	90.506	136.171	135.332	163.489	200.748	268.466	289.154	351.185	365.242	401.716	404.490	447.946
Münster/Osnabrück/Bielefeld	10.592	10.592	14.076	16.055	17.681	17.681	25.940	25.940	25.940	32.802	32.805	32.507	32.507	30.725	15.489	13.863
Nürnberg/Fürth/Erlangen	29.150	29.150	29.150	38.243	41.023	36.929	35.648	48.009	39.355	39.343	62.429	58.901	56.987	50.608	39.013	39.013
Rhein-Main	496.730	495.170	492.116	472.390	496.634	562.273	684.635	734.918	775.017	846.620	910.759	1.004.090	991.235	1.073.418	1.201.739	1.533.669
Rhein-Neckar	79.237	79.101	73.756	68.130	62.865	48.173	45.344	47.522	46.406	39.522	43.654	71.367	59.853	65.479	79.963	76.328
Rhein-Ruhr	305.470	302.705	321.153	305.440	318.348	357.020	360.028	413.600	485.495	556.569	581.072	539.852	526.119	610.282	666.862	983.879
Saar	12.056	10.195	10.205	16.777	16.787	16.783	16.803	16.802	17.003	24.303	21.701	24.518	20.598	20.598	13.050	13.050
Stuttgart	85.868	87.488	96.809	95.869	95.651	101.825	107.342	156.302	179.616	205.946	226.358	236.644	294.307	308.206	286.144	295.467
Ulm/Augsburg	59.632	60.010	60.010	60.010	64.947	51.026	52.744	68.664	68.664	68.664	63.001	63.001	63.001	63.001	61.212	61.212
Andere	341.387	355.666	364.499	359.502	373.283	370.196	381.073	406.633	426.337	462.368	469.883	443.171	409.861	416.477	381.824	575.405
Mietfläche in qm	**1.894.656**	**1.905.876**	**1.989.652**	**1.975.314**	**2.064.627**	**2.192.606**	**2.349.354**	**2.583.343**	**2.747.601**	**3.043.396**	**3.308.805**	**3.434.297**	**3.418.134**	**3.685.893**	**3.988.145**	**5.253.886**

Die Werte wurden durch Summation der entsprechenden Angaben jeweils zum Ende des Geschäftsjahres innerhalb des jeweils angegebenen Kalenderjahres ermittelt.

Tabelle 17: Regionale Aufteilung des Immobilienportfolios offener Immobilienfonds von 1979 - 1994 (relativ) in Quadratmeter

	1979	1980	1981	1982	1983	1984	1985	1986	1987	1988	1989	1990	1991	1992	1993	1994
Ausland	0,00%	1,30%	1,25%	1,26%	1,20%	1,13%	1,06%	0,96%	0,90%	1,20%	1,10%	1,09%	1,61%	2,13%	3,29%	5,16%
Berlin/Potsdam	1,70%	1,44%	1,38%	1,39%	1,35%	1,27%	1,13%	1,03%	0,97%	1,10%	1,69%	1,63%	1,60%	1,50%	1,39%	2,38%
Braunschweig/Hannover/Wolfsburg	5,62%	5,68%	6,64%	6,36%	6,16%	6,02%	5,44%	4,95%	4,64%	4,08%	3,71%	3,87%	3,29%	2,92%	3,88%	3,22%
Bremen	2,72%	2,62%	2,23%	2,25%	2,14%	2,01%	1,95%	1,77%	1,67%	1,47%	1,35%	1,28%	1,28%	1,18%	0,97%	0,74%
Freiburg	0,73%	0,73%	0,70%	0,70%	0,67%	0,63%	0,59%	0,16%	0,15%	0,15%	0,14%	0,13%	0,13%	0,26%	0,43%	0,68%
Hamburg	8,66%	7,62%	8,65%	9,61%	10,49%	10,30%	10,06%	9,41%	8,19%	7,43%	9,49%	8,87%	8,62%	8,53%	10,19%	10,27%
Lübeck	1,27%	1,26%	1,64%	1,65%	1,58%	1,19%	1,25%	1,14%	1,07%	0,96%	0,89%	0,86%	0,96%	1,00%	0,87%	0,66%
München	4,33%	4,30%	4,04%	4,26%	4,38%	6,21%	5,76%	6,33%	7,31%	8,82%	8,74%	10,23%	10,69%	10,90%	10,14%	8,53%
Münster/Osnabrück/Bielefeld	0,56%	0,56%	0,71%	0,81%	0,86%	0,81%	1,10%	1,00%	0,94%	1,08%	0,99%	0,95%	0,95%	0,83%	0,39%	0,26%
Nürnberg/Fürth/Erlangen	1,54%	1,53%	1,47%	1,94%	1,99%	1,68%	1,52%	1,86%	1,43%	1,29%	1,89%	1,72%	1,67%	1,37%	0,98%	0,74%
Rhein-Main	26,22%	25,98%	24,73%	23,91%	24,05%	25,64%	29,14%	28,45%	28,21%	27,82%	27,53%	29,24%	29,00%	29,12%	30,13%	29,19%
Rhein-Neckar	4,18%	4,15%	3,71%	3,45%	3,04%	2,20%	1,93%	1,84%	1,69%	1,30%	1,32%	2,08%	1,75%	1,78%	2,01%	1,45%
Rhein-Ruhr	16,12%	15,88%	16,14%	15,46%	15,42%	16,28%	15,32%	16,01%	17,67%	18,29%	17,56%	15,72%	15,39%	16,56%	16,72%	18,73%
Saar	0,64%	0,53%	0,51%	0,85%	0,81%	0,77%	0,72%	0,65%	0,62%	0,80%	0,66%	0,71%	0,60%	0,56%	0,33%	0,25%
Stuttgart	4,53%	4,59%	4,87%	4,85%	4,63%	4,64%	4,57%	6,05%	6,54%	6,77%	6,84%	6,89%	8,61%	8,36%	7,17%	5,62%
Ulm/Augsburg	3,15%	3,15%	3,02%	3,04%	3,15%	2,33%	2,25%	2,66%	2,50%	2,26%	1,90%	1,83%	1,84%	1,71%	1,53%	1,17%
Andere	18,02%	18,66%	18,32%	18,20%	18,08%	16,88%	16,22%	15,74%	15,52%	15,19%	14,20%	12,90%	11,99%	11,30%	9,57%	10,95%
	100,00%	**100,00%**	**100,00%**	**100,00%**	**100,00%**	**100,00%**	**100,00%**	**100,00%**	**100,00%**	**100,00%**	**100,00%**	**100,00%**	**100,00%**	**100,00%**	**100,00%**	**100,00%**

Die Werte wurden durch Summation der entsprechenden Angaben jeweils zum Ende des Geschäftsjahres innerhalb des jeweils angegebenen Kalenderjahres ermittelt.

Tabelle 18: *Sektorale Aufteilung des Immobilienportfolios offener Immobilienfonds von 1979 - 1994 (absolut) in Quadratmeter*

	1979	1980	1981	1982	1983	1984	1985	1986	1987	1988	1989	1990	1991	1992	1993	1994
B	262.695	256.599	256.235	249.350	275.590	332.160	400.539	442.544	528.180	675.124	749.701	893.952	965.730	1.090.397	1.373.943	2.110.367
BG	304.481	340.216	385.366	404.045	447.418	483.644	478.739	497.210	507.690	635.173	705.126	713.391	739.272	785.491	862.662	1.040.881
BL	76.749	85.783	99.264	113.400	125.330	158.411	235.973	301.066	324.176	352.572	385.195	398.092	418.048	452.840	431.231	629.111
BS	33.670	33.670	33.626	33.679	32.647	39.209	39.169	45.454	45.454	53.566	58.598	61.415	61.415	84.931	120.015	147.386
BW	48.231	48.231	48.231	48.206	44.610	44.544	44.544	54.783	54.660	56.203	55.558	53.570	56.963	44.971	37.181	49.356
EKZ	169.475	154.308	179.904	187.094	197.373	218.171	219.725	223.328	223.049	255.798	303.738	302.194	292.599	303.952	293.433	365.499
G	147.512	147.176	158.624	176.318	209.491	236.322	253.474	302.055	298.813	291.156	324.939	331.445	270.319	269.330	253.086	253.550
GB	4.867					5.318	5.318	5.318	5.318	5.318	5.318	5.318	5.318	5.318	5.318	5.318
GP											11.027	19.775	19.775	82.225	80.383	80.383
GW	251.356	255.801	236.409	203.805	203.670	199.187	201.676	209.763	194.199	182.563	178.421	169.468	136.334	116.205	99.674	95.984
H									17.325	6.564	32.465	32.465	32.465	32.465	40.285	87.285
HW	2.725	2.725	2.725	2.725	2.725	2.536	2.536	2.536	2.536	2.536	2.536	2.536	2.536	2.536	2.536	2.536
L								45.346	62.849	62.849	45.346	45.346	45.346	45.346	45.346	52.768
S									8.278	8.278	8.278	8.278	8.278	8.278	8.278	8.278
SB	84.929	86.431	95.692	95.692	99.095	111.133	102.401	102.401	128.164	138.816	140.652	141.482	140.206	150.866	151.888	148.126
SG			9.322	9.322	9.322											
W	188.984	205.183	211.122	211.122	212.647	191.185	191.185	191.185	191.185	191.185	192.221	169.683	147.798	146.339	131.926	127.251
WO	318.982	289.753	273.132	240.556	204.709	170.786	174.075	160.354	155.725	125.695	109.686	85.887	75.732	64.406	50.960	49.807
in qm	**1.894.656**	**1.905.876**	**1.989.652**	**1.975.314**	**2.064.627**	**2.192.606**	**2.349.354**	**2.583.343**	**2.747.601**	**3.043.396**	**3.308.805**	**3.434.297**	**3.418.134**	**3.685.896**	**3.988.145**	**5.253.886**

Die Werte wurden durch Summation der entsprechenden Angaben jeweils zum Ende des Geschäftsjahres innerhalb des jeweils angegebenen Kalenderjahres ermittelt.

Tabelle 19: Sektorale Aufteilung des Immobilienportfolios offener Immobilienfonds von 1979 - 1994 (relativ) in Quadratmeter

	1979	1980	1981	1982	1983	1984	1985	1986	1987	1988	1989	1990	1991	1992	1993	1994
B	13,87%	13,46%	12,88%	12,62%	13,35%	15,15%	17,05%	17,13%	19,22%	22,18%	22,66%	26,03%	28,25%	29,58%	34,45%	40,17%
BG	16,07%	17,85%	19,37%	20,45%	21,67%	22,06%	20,38%	19,25%	18,48%	20,87%	21,31%	20,77%	21,63%	21,31%	21,63%	19,81%
BL	4,05%	4,50%	4,99%	5,74%	6,07%	7,22%	10,04%	11,65%	11,80%	11,58%	11,64%	11,59%	12,23%	12,29%	10,81%	11,97%
BS	1,78%	1,77%	1,69%	1,70%	1,58%	1,79%	1,67%	1,76%	1,65%	1,76%	1,77%	1,79%	1,80%	2,30%	3,01%	2,81%
BW	2,55%	2,53%	2,42%	2,44%	2,16%	2,03%	1,90%	2,12%	1,99%	1,85%	1,68%	1,56%	1,67%	1,22%	0,93%	0,94%
EKZ	8,94%	8,10%	9,04%	9,47%	9,56%	9,95%	9,35%	8,64%	8,12%	8,41%	9,18%	8,80%	8,56%	8,25%	7,36%	6,96%
G	7,79%	7,72%	7,97%	8,93%	10,15%	10,78%	10,79%	11,69%	10,88%	9,57%	9,82%	9,65%	7,91%	7,31%	6,35%	4,83%
GB	0,26%	0,00%	0,00%	0,00%	0,00%	0,24%	0,23%	0,21%	0,19%	0,17%	0,16%	0,15%	0,16%	0,14%	0,13%	0,10%
GP	0,00%	0,00%	0,00%	0,00%	0,00%	0,00%	0,00%	0,00%	0,00%	0,00%	0,33%	0,58%	0,58%	2,23%	2,02%	1,53%
GW	13,27%	13,42%	11,88%	10,32%	9,86%	9,08%	8,58%	8,12%	7,07%	6,00%	5,39%	4,93%	3,99%	3,15%	2,50%	1,83%
H	0,00%	0,00%	0,00%	0,00%	0,00%	0,00%	0,00%	0,00%	0,63%	0,22%	0,98%	0,95%	0,95%	0,88%	1,01%	1,66%
HW	0,14%	0,14%	0,14%	0,14%	0,13%	0,12%	0,11%	0,10%	0,09%	0,08%	0,08%	0,07%	0,07%	0,07%	0,06%	0,05%
L	0,00%	0,00%	0,00%	0,00%	0,00%	0,00%	0,00%	1,76%	2,29%	2,07%	1,37%	1,32%	1,33%	1,23%	1,14%	1,00%
S	0,00%	0,00%	0,00%	0,00%	0,00%	0,00%	0,00%	0,00%	0,30%	0,27%	0,25%	0,24%	0,24%	0,22%	0,21%	0,16%
SB	4,48%	4,53%	4,81%	4,84%	4,80%	5,07%	4,36%	3,96%	4,66%	4,56%	4,25%	4,12%	4,10%	4,09%	3,81%	2,82%
SG	0,00%	0,00%	0,47%	0,47%	0,45%	0,00%	0,00%	0,00%	0,00%	0,00%	0,00%	0,00%	0,00%	0,00%	0,00%	0,00%
W	9,97%	10,77%	10,61%	10,69%	10,30%	8,72%	8,14%	7,40%	6,96%	6,28%	5,81%	4,94%	4,32%	3,97%	3,31%	2,42%
WO	16,84%	15,20%	13,73%	12,18%	9,92%	7,79%	7,41%	6,21%	5,67%	4,13%	3,31%	2,50%	2,22%	1,75%	1,28%	0,95%
	100%	100%	100%	100%	100%	100%	100%	100%	100%	100%	100%	100%	100%	100%	100%	100%

Die Werte wurden durch Summation der entsprechenden Angaben jeweils zum Ende des Geschäftsjahres innerhalb des jeweils angegebenen Kalenderjahres ermittelt.

Hinsichtlich der regionalen Aufteilung ist erkennbar, daß die Verdichtungsräume Rhein-Main, Rhein-Ruhr und Hamburg die bedeutendsten Immobilienstandorte darstellten. Die Reihenfolge der Investitionsstandorte hinsichtlich ihrer Bedeutung veränderte sich im gesamten untersuchten Zeitraum nicht.

Innerhalb des betrachteten Zeitraumes sank die relative Bedeutung von Nebenlagen, die unter der Position „Andere" zusammengefaßt wurden. Ursache dafür dürfte der erhöhte Verwaltungsaufwand für Immobilien in Randlagen sein. Auch die neuen Bundesländer haben als Investitionsstandort nach der Auswertung der Rechenschaftsberichte derzeit keine Bedeutung. Die Ursache für die Unattraktivität des Beitrittsgebietes als Investitionsstandort dürfte darin zu sehen sein, daß die Grundstückssondervermögen im Rahmen der Ermittlung thesaurierter Erträge keine Sonderabschreibungen geltend machen können.[564]

Die Bedeutung von Auslandsanlagen stieg im untersuchten Zeitraum stark an. Lagen 1979 noch keine Auslandsinvestitionen vor, so nahm das Ausland als Investitionsstandort 1994 bereits mit einem Anteil von 5,16% an der Gesamtportfoliofläche den sechsten Platz ein.

Eine sektorale Analyse des Anlageverhaltens der offenen Fonds zeigt, daß die Bedeutung von Wohnimmobilien als Investmentmedium stark zurückgegangen ist. Stellten Wohnimmobilien 1979 noch mit 16,84% Flächenanteil die bedeutendste Nutzungsart dar, so repräsentieren diese 1994 mit lediglich 0,95% Flächenanteil nur noch eine für institutionelle Investoren unbedeutende Nutzungsart. Dahingegen stieg die Bedeutung von Büroimmobilien stark an. Zeigten diese 1979 nur einen Anteil von 13,87% der Portfoliofläche, so liegt er 1994 bei 40,17%. Werden sämtliche Büronutzungen zusammengefaßt (bspw.

---

564 Vgl. Beckmann, Klaus; Scholtz, Rolf-Dieter: „Investment - Ergänzbares Handbuch für das gesamte Investmentwesen", Berlin 1970, Stand 34. Nachlieferung von Oktober 1995, 425 §45, Rdnr. 24.

Büro, Büro- und Geschäftsgebäude, Büro- und Lagergebäude ...), so veränderte sich deren Anteil von 38,32% im Jahre 1979 auf 75,7% im Jahre 1994.

Die Aufteilung der einzelnen Sektoren innerhalb der identifizierten Verdichtungsräume kann den Tabellen im Anhang entnommen werden.

6.7 Zusammenfassung

Im vorliegenden Kapitel wurde auf Basis der veröffentlichten Rechenschaftsberichte offener Immobilienfonds erstmalig ein Immobilienperformanceindex für den deutschen Immobilienmarkt konstruiert. Dazu wurden einführend zuerst die rechtlichen und organisatorischen Rahmenbedingungen sowie die Marktstruktur der offenen Immobilienfonds dargestellt.

Aus den gesetzlichen und vertraglichen Regelungen für Grundstücksanlagen offener Immobilienfonds wurde deutlich, daß diese über ein diversifiziertes Grundstücksportfolio verfügen. Offene Immobilienfonds tätigen jedoch neben Grundstücksanlagen zusätzlich Anlagen am Geld- und Kapitalmarkt, so daß nicht direkt aus der Entwicklung der Anteilscheinpreise auf die Grundstücksperformance geschlossen werden kann. Die Ableitung einer rein grundstücksbezogenen Performance ist erst seit der KAGG-Novelle von 1990 an Hand von Daten des externen Rechnungswesens möglich, die in den jährlich zu veröffentlichenden Rechenschaftsberichten der Fonds enthalten sind. Daher wurden die zur Bestimmung der Grundstücksperformance erforderlichen Elemente der Rechnungslegung erläutert und analysiert.

Zunächst wurden mit den Angaben der Rechenschaftsberichte die einzelnen Renditekomponenten Netto-Cash-Flow-Rendite, Wertänderungsrendite sowie Realisationsrendite und daraufhin ein Total Return auf Einzelfondsebene berechnet. Im Anschluß an die kritische Analyse der ermittelten Ergebnisse auf

Einzelfondsebene wurden die relevanten Angaben der einzelnen Fonds zur Berechnung des Immobilienperformanceindexes aggregiert. Dabei trat die besondere Problematik der Uneinheitlichkeit der Fondsgeschäftsjahre auf, die durch eine lineare Umrechnung der notwendigen Eingangsgrößen auf den Indexstichtag gelöst wurde.

Der berechnete Index läßt sich - wie bei den Ergebnissen auf Einzelfondsebene - in die einzelnen Renditekomponenten aufspalten und basiert zum Stichtag 30.9.1994 auf einem repräsentativen Grundstücksportfolio aus über 600 Liegenschaften mit einem Verkehrswert von mehr als 26 Mrd. DM. Der im Rahmen dieser Arbeit entwickelte Index wurde unter den Kriterien Einfachheit, Transparenz und Nachvollziehbarkeit sowie zusätzlich im Hinblick auf die Anforderungen an einen Bewertungsindex, welche von der Society of Property Researchers aufgestellt wurden, überprüft. Dabei ergab sich, daß der entwickelte Index den Kriterien der Einfachheit, Transparenz sowie der Nachvollziehbarkeit genügt. Aufgrund der ausschließlichen Verwendung von öffentlich zugänglichem Datenmaterial werden jedoch nicht sämtliche Indexanforderungen der Society of Property Researchers erfüllt.

Um zusätzlich eine Renditezeitreihe für den Zeitraum vor der KAGG Novelle von 1990 zu berechnen, wurden hilfsweise approximierte Netto-Cash-Flow-Renditen sowohl auf Einzelfondsebene als auch auf aggregierter Ebene ermittelt. Dazu wurde der Netto-Cash-Flow einer Periode ins Verhältnis zum durchschnittlichen Grundstücksverkehrswert einer Periode gesetzt, wobei Mittelflüsse aus Grundstücksan- und -verkäufen ebenso wie aus werterhöhenden Investitionen nicht erfaßt werden konnten. Für die Jahre 1990 bis 1994 war es jedoch möglich zu zeigen, daß die aggregierte approximierte Netto-Cash-Flow-Rendite stets unterhalb der aggregierten Netto-Cash-Flow-Rendite lag und dieser Zusammenhang vermutlich auch für den Zeitraum vor 1990 angenommen werden kann.

Abschließend wurde die Portfoliostruktur der offenen Immobilienfonds tabellarisch abgebildet. Diese Auswertung wurde vorgenommen, da die liegenschaftsbezogene Performance eine unmittelbare Folge der Grundstücksanlagepolitik der Fonds ist. In diesem Zusammenhang wurden die Angaben über die Quadratmeter Nutzfläche der einzelnen bebauten Grundstücke aus den Rechenschaftsberichten der Fonds entnommen und für die Jahre 1979 bis 1994 nach den Kriterien ihrer regionalen Lage und Nutzungsart ausgewertet. Damit ist in einem ersten Schritt die praktische Nachbildbarkeit des Indexes durch Konstruktion eines ähnlich strukturierten Grundstücksportfolios näher gerückt.

7 Zusammenfassung und Ausblick

Im Rahmen dieser Arbeit wurden die Konstruktionsunterschiede zwischen Performanceindizes für Immobilien und für Aktien untersucht. Dabei wurden die Gründe für Konstruktionsunterschiede analysiert, die in den - wie im einzelnen erläutert - spezifischen Eigenschaften von Immobilien im Vergleich zu anderen Investmentmedien liegen.

Gegenwärtig in Deutschland existierende Immobilienindizes, die sämtlich bis auf eine Ausnahme von Immobilienmaklern bzw. deren Tochtergesellschaften veröffentlicht werden, wurden hinsichtlich ihrer Aussagefähigkeit und Konstruktion an Hand der Kriterien Einfachheit, Transparenz und Nachvollziehbarkeit überprüft. Aus dieser Überprüfung wurde ersichtlich, daß in Deutschland kein Immobilienindex existiert, der die Wertänderungen und Netto-Cash-Flows eines real existierenden Immobilienportfolios nach Art eines Performanceindexes im Zeitablauf beschreibt.

Daher wurden alternative Konstruktionsmöglichkeiten und deren Eignung als Grundlage der Entwicklung eines Immobilienperformanceindexes für den deutschen Immobilienmarkt untersucht. Aufgrund von Immobilienperformanceindizes, die sich international bereits durchgesetzt haben und die auf regelmäßigen Bewertungen und der Ermittlung der Netto-Cash-Flows von Immobilienportfolios basieren, wurden die dort verwendeten Formeln zur Berechnung der Indizes dargestellt und miteinander verglichen. Auf diesen Ergebnissen aufbauend wurde die in Großbritannien von IPD verwendete Formel zur Ermittlung der Performance des Immobilienmarktes unter Berücksichtigung von Transaktionen auf die in Deutschland öffentlich verfügbaren Informationen angepaßt.

In Deutschland stellen die offenen Immobilienfonds die einzige öffentlich zugängliche Datenbasis für einen derartigen Index dar, da nur diese durch den

Gesetzgeber gehalten sind, ihr gesamtes Immobilienportfolio mindestens einmal pro Geschäftsjahr durch einen unabhängigen Sachverständigenausschuß bewerten zu lassen und in aggregierter Form Verkehrswerte, Mieteinnahmen, Bewirtschaftungskosten, marktinduzierte Wertänderungen etc. zu veröffentlichen. Auf der Grundlage dieser veröffentlichten Daten wurde ein Immobilienperformanceindex für den deutschen Immobilienmarkt konstruiert. Erst seit der Umsetzung des Finanzmarktförderungsgesetzes 1990 stehen genügend Informationen von Seiten der offenen Immobilienfonds zur Berechnung von Total-Returns auf Einzelfondsebene zur Verfügung, so daß die Zahlenreihe des Indexes erst mit dem Jahr 1989 beginnt. Aufgrund der uneinheitlichen Geschäftsjahre der einzelnen Fonds wurden die Einzelfondsrenditen aggregiert und auf den 30.9. als Stichtag umbasiert, zu dem dann jährlich Indexwerte ermittelt werden können.

Der ermittelte Index stellt den ersten für Deutschland entwickelten Immobilienperformanceindex dar, der zudem rein auf öffentlich verfügbaren Informationen beruht und zugleich die Kriterien der Einfachheit, Transparenz und Nachvollziehbarkeit in befriedigender Art und Weise erfüllt. Bislang fehlt in Deutschland die Bereitschaft institutioneller Immobilieninvestoren, entsprechende Daten einer unabhängigen wissenschaftlichen Institution zur Ermittlung eines Immobilienperformanceindexes zur Verfügung zu stellen. Aufgrund dieser Tatsache erfüllt der entwickelte Index nicht sämtliche Anforderungen, die an einen auf Bewertungen beruhenden Immobilienindex gestellt werden. So ist eine Bildung von Subindizes für einzelne Regionen über alle Nutzungsarten oder von sektoralen Subindizes für einzelne Regionen nicht möglich. Ebenfalls läßt die heute zugängliche Datenbasis es nicht zu, einen Index zu ermitteln, der frei von Einflüssen von Investitionen in ausländischen Grundbesitz ist. Auch ist es derzeit nicht möglich, einen informationsneutralen „buy and hold“ Strategie reflektierenden Index zu berechnen, bei dem die Wirkungen von Käufen und Verkäufen innerhalb der betrachteten Periode eliminiert worden sind. Des weiteren mußten mangels konkreter Angaben Annahmen, bspw. über

Veräußerung und Erwerb sämtlicher Grundstücke jeweils zur Periodenmitte, getroffen werden, wodurch die berechneten Indexwerte verzerrt sein können.

Eine Glättung der ermittelten Renditen liegt auf Grund der Tatsache vor, daß offene Immobilienfonds nicht jeweils zum Ende des Geschäftsjahres ihren Bestand an Grundstücken bewerten lassen, sondern diese Wertermittlungen über das ganze Geschäftsjahr gestreut stattfinden (temporale Aggregation). Daneben führt auch der Bewertungsprozeß selbst zu einer Glättung der Renditen. Die Aggregation der Einzelfondsrenditen zu den Indexwerten bewirkt eine weitere Glättung, da die aggregierten Renditen einen gleitenden Durchschnitt der liegenschaftsbezogenen Einzelfondsrenditen darstellen. Aufgrund der eingeschränkten Datenverfügbarkeit konnten im Rahmen dieser Arbeit aggregierte Renditen nur für fünf Jahre ermittelt werden. Diese Anzahl an Datenpunkten ist für eine Entglättung der Renditen nicht ausreichend, weshalb diese nicht durchgeführt werden konnte.

Total-Returns konnten nur für eine relativ kurze Zeitreihe ermittelt werden. Daher wurden Netto-Cash-Flow-Renditen für den Zeitraum von 1980 bis 1994 berechnet, die aufgrund der fehlenden detaillierten Informationen nur eine approximierte Lösung darstellen können. Es wurde jedoch gezeigt, daß die ermittelten approximierten Netto-Cash-Flow-Renditen in der Vergangenheit vermutlich stets unterhalb von exakt ermittelten Netto-Cash-Flow-Renditen verlaufen sind, so daß sich die approximierten Netto-Cash-Flow-Renditen als konservative Schätzung der exakten Netto-Cash-Flow-Renditen erweisen.

Abschließend wurde die den ermittelten Renditekomponenten zugrundeliegende Portfoliostruktur nach Regionen und Sektoren differenziert dargestellt, um das Investitionsverhalten der offenen Fonds transparent zu machen. Dieses Investitionsverhalten bedingt die ermittelten Renditen und spielt eine wichtige Rolle im Hinblick auf die Nachvollziehbarkeit des Indexes.

Da auf Einzelgrundstücksebene keine Daten verfügbar sind, ist schließlich festzuhalten, daß der berechnete Index als Benchmark für institutionelle Investoren um so eher geeignet ist, je mehr deren Investitionsverhalten sich dem der offenen Fonds annähert.

Zusammenfassend ergibt sich somit, daß durch die erstmalige Entwicklung eines Immobilienperformanceindexes für Deutschland, verbunden mit einer Würdigung seiner Aussagekraft, aber auch mit einer kritischen Diskussion seiner derzeit noch gegebenen Schwächen und der dafür ausschlaggebenden Gründe, das methodische Rüstzeug dafür geschaffen wurde, die Performance des Immobilienmarktes in einer für Wissenschaft und Praxis gleichermaßen aussagekräftigen Form zu messen und zu dokumentieren. Der entscheidende Mangel, der nunmehr verbleibt, ist das Fehlen geeigneter Daten auf Einzelgrundstücksebene, die bspw. bei der Ermittlung anerkannter internationaler Immobilienperformanceindizes vorliegen.

Wünschenswert wäre daher die Schaffung einer Datenbank nach angelsächsischem Vorbild, bei der auf Einzelgrundstücksebene die relevanten Daten für einen Index erhoben werden. Als Datenlieferanten für eine solche Datenbank kämen dabei nicht nur die offenen Immobilienfonds, sondern auch Immobilienspezialfonds, Pensionskassen, Immobilienaktiengesellschaften, Versicherungen und andere institutionelle Investoren in Betracht, bei denen Immobilien als Investmentmedium von Bedeutung sind. Jedoch muß die Voraussetzung erfüllt werden, daß sämtliche in einen Index einfließenden Daten nach einer einheitlichen Vorgehensweise ermittelt und erhoben werden, um im Rahmen der Auswertung des Zahlenmaterials konsistente Indexzahlen zu erhalten. Die Schaffung einer solchen Datenbank als Grundlage eines Immobilienindexes wird jedoch von den Marktteilnehmern in Deutschland nicht uneingeschränkt befürwortet. Teilweise wird befürchtet, daß eine Erhöhung der Transparenz des Immobilienmarktes zu einer Verminderung von Geschäftschancen und einer externen Beurteilung der Portfoliomanagementleistung der Datenlieferanten führen könnte.

Die Marktteilnehmer mit einer ablehnenden Haltung gegenüber einer Immobiliendatenbank verkennen, daß sie selber auch im Rahmen der eigenen Portfoliosteuerung und Performanceanalyse von einem derartigen Performanceindex profitieren würden.

Mit einem Immobilienperformanceindex, der zugleich der Komplexitätsreduktion sowie der Transparenz dient und die Attraktivität von Immobilien als Investmentmedium im Vergleich zu alternativen Kapitalanlagemöglichkeiten dokumentiert, könnten jedoch neue Investoren für Immobilieninvestitionen gewonnen werden.

Anhang

Tabelle 1: *Sektorale Aufteilung des Immobilienportfolios offener Immobilienfonds des Verdichtungsraumes Berlin von 1979 - 1994 (absolut) in Quadratmeter*

	1979	1980	1981	1982	1983	1984	1985	1986	1987	1988	1989	1990	1991	1992	1993	1994
B										6.985	6.985	6.985	6.985	6.985	6.985	29.841
BG	5.711	5.711	5.711	5.711	5.711	5.711	5.711	5.711	5.711	5.711	5.711	5.711	5.711	5.711	5.711	8.516
EKZ											23.407	23.407	23.407	24.007	24.007	24.007
G	6.036	6.036	6.036	6.036	5.286	5.286	5.286	5.286	5.286	5.286	5.286	5.286	3.909	3.909	4.267	5.065
GB	3.006															
GW	12.409	10.717	10.729	10.729	11.711	11.740	10.463	10.484	10.484	10.484	9.530	9.530	9.530	9.530	9.530	9.530
H																47.000
SB	5.063	5.063	5.063	5.063	5.063	5.063	5.063	5.063	5.063	5.063	5.063	5.063	5.063	5.063	5.063	1.301
in qm	**32.225**	**27.527**	**27.539**	**27.539**	**27.771**	**27.800**	**26.523**	**26.544**	**26.544**	**33.529**	**55.982**	**55.982**	**54.605**	**55.205**	**55.563**	**125.260**

Die Werte wurden durch Summation der entsprechenden Angaben jeweils zum Ende des Geschäftsjahres innerhalb des jeweils angegebenen Kalenderjahres ermittelt.

Tabelle 2: *Sektorale Aufteilung des Immobilienportfolios offener Immobilienfonds des Verdichtungsraumes Berlin von 1979 - 1994 (relativ) in Quadratmeter*

	1979	1980	1981	1982	1983	1984	1985	1986	1987	1988	1989	1990	1991	1992	1993	1994
B	0,00%	0,00%	0,00%	0,00%	0,00%	0,00%	0,00%	0,00%	0,00%	20,83%	12,48%	12,48%	12,79%	12,65%	12,57%	23,82%
BG	17,72%	20,75%	20,74%	20,74%	20,56%	20,54%	21,53%	21,52%	21,52%	17,03%	10,20%	10,20%	10,46%	10,35%	10,28%	6,80%
EKZ	0,00%	0,00%	0,00%	0,00%	0,00%	0,00%	0,00%	0,00%	0,00%	0,00%	41,81%	41,81%	42,87%	43,49%	43,21%	19,17%
G	18,73%	21,93%	21,92%	21,92%	19,03%	19,01%	19,93%	19,91%	19,91%	15,77%	9,44%	9,44%	7,16%	7,08%	7,68%	4,04%
GB	9,33%	0,00%	0,00%	0,00%	0,00%	0,00%	0,00%	0,00%	0,00%	0,00%	0,00%	0,00%	0,00%	0,00%	0,00%	0,00%
GW	38,51%	38,93%	38,96%	38,96%	42,17%	42,23%	39,45%	39,50%	39,50%	31,27%	17,02%	17,02%	17,45%	17,26%	17,15%	7,61%
H	0,00%	0,00%	0,00%	0,00%	0,00%	0,00%	0,00%	0,00%	0,00%	0,00%	0,00%	0,00%	0,00%	0,00%	0,00%	37,52%
SB	15,71%	18,39%	18,38%	18,38%	18,23%	18,21%	19,09%	19,07%	19,07%	15,10%	9,04%	9,04%	9,27%	9,17%	9,11%	1,04%
	100,00%	**100,00%**	**100,00%**	**100,00%**	**100,00%**	**100,00%**	**100,00%**	**100,00%**	**100,00%**	**100,00%**	**100,00%**	**100,00%**	**100,00%**	**100,00%**	**100,00%**	**100,00%**

Die Werte wurden durch Summation der entsprechenden Angaben jeweils zum Ende des Geschäftsjahres innerhalb des jeweils angegebenen Kalenderjahres ermittelt.

Tabelle 3: Sektorale Aufteilung des Immobilienportfolios offener Immobilienfonds der Verdichtungsräume Braunschweig/Hannover/Wolfsburg von 1979 - 1994 (absolut) in Quadratmeter

	1979	1980	1981	1982	1983	1984	1985	1986	1987	1988	1989	1990	1991	1992	1993	1994
B														7.867	29.395	38.019
BG	23.937	24.009	47.539	47.539	47.539	47.710	42.020	42.020	42.020	42.058	42.058	42.058	40.982	40.352	63.651	73.953
BL		956	1.260	1.260	1.260	1.260	1.260	1.260	1.260	1.260	1.260					
EKZ	11.885	11.885	11.886	11.886	11.886	11.973	13.301	13.301	13.273	13.277	13.392	12.207	12.207	12.195	12.195	12.195
G	14.430	14.430	14.430	14.430	15.944	15.293	15.294	15.294	15.797	15.797	15.845	28.485	22.029	21.563	20.601	20.601
GB						5.318	5.318	5.318	5.318	5.318	5.318	5.318	5.318	5.318	5.318	5.318
GW	28.928	28.572	28.541	29.952	29.952	34.446	34.448	34.498	34.711	34.711	34.737	34.744	21.904	19.064	23.538	19.068
SB		1.502	1.502	1.502	1.502	1.502	1.502	1.502	1.502	1.502						
WO	27.377	26.955	26.955	19.075	19.075	14.582	14.582	14.582	13.613	10.169	10.169	10.168	10.168	1.185		
in qm	**106.557**	**108.309**	**132.113**	**125.644**	**127.158**	**132.084**	**127.725**	**127.775**	**127.494**	**124.092**	**122.779**	**132.980**	**112.608**	**107.544**	**154.698**	**169.154**

Die Werte wurden durch Summation der entsprechenden Angaben jeweils zum Ende des Geschäftsjahres innerhalb des jeweils angegebenen Kalenderjahres ermittelt.

Tabelle 4: Sektorale Aufteilung des Immobilienportfolios offener Immobilienfonds der Verdichtungsräume Braunschweig/Hannover/Wolfsburg von 1979 - 1994 (relativ) in Quadratmeter

	1979	1980	1981	1982	1983	1984	1985	1986	1987	1988	1989	1990	1991	1992	1993	1994
B	0,00%	0,00%	0,00%	0,00%	0,00%	0,00%	0,00%	0,00%	0,00%	0,00%	0,00%	0,00%	0,00%	7,32%	19,00%	22,48%
BG	22,46%	22,17%	35,98%	37,84%	37,39%	36,12%	32,90%	32,89%	32,96%	33,89%	34,26%	31,63%	36,39%	37,52%	41,15%	43,72%
BL	0,00%	0,88%	0,95%	1,00%	0,99%	0,95%	0,99%	0,99%	0,99%	1,02%	1,03%	0,00%	0,00%	0,00%	0,00%	0,00%
EKZ	11,15%	10,97%	9,00%	9,46%	9,35%	9,06%	10,41%	10,41%	10,41%	10,70%	10,91%	9,18%	10,84%	11,34%	7,88%	7,21%
G	13,54%	13,32%	10,92%	11,48%	12,54%	11,58%	11,97%	11,97%	12,39%	12,73%	12,91%	21,42%	19,56%	20,05%	13,32%	12,18%
GB	0,00%	0,00%	0,00%	0,00%	0,00%	4,03%	4,16%	4,16%	4,17%	4,29%	4,33%	4,00%	4,72%	4,94%	3,44%	3,14%
GW	27,15%	26,38%	21,60%	23,84%	23,55%	26,08%	26,97%	27,00%	27,23%	27,97%	28,29%	26,13%	19,45%	17,73%	15,22%	11,27%
SB	0,00%	1,39%	1,14%	1,20%	1,18%	1,14%	1,18%	1,18%	1,18%	1,21%	0,00%	0,00%	0,00%	0,00%	0,00%	0,00%
WO	25,69%	24,89%	20,40%	15,18%	15,00%	11,04%	11,42%	11,41%	10,68%	8,19%	8,28%	7,65%	9,03%	1,10%	0,00%	0,00%
	100,00%	**100,00%**	**100,00%**	**100,00%**	**100,00%**	**100,00%**	**100,00%**	**100,00%**	**100,00%**	**100,00%**	**100,00%**	**100,00%**	**100,00%**	**100,00%**	**100,00%**	**100,00%**

Die Werte wurden durch Summation der entsprechenden Angaben jeweils zum Ende des Geschäftsjahres innerhalb des jeweils angegebenen Kalenderjahres ermittelt.

Tabelle 5: *Sektorale Aufteilung des Immobilienportfolios offener Immobilienfonds des Verdichtungsraums Bremen von 1979 - 1994 (absolut) in Quadratmeter*

	1979	1980	1981	1982	1983	1984	1985	1986	1987	1988	1989	1990	1991	1992	1993	1994
B	8.155	8.155	8.155	8.155	8.155	8.155	8.155	8.155	8.155	8.155	8.155	8.155	8.155	4.847	4.847	4.847
BG	4.008	4.008	4.008	4.008	4.008	4.008	4.008	4.008	4.008	4.008	4.008	4.008	4.008	4.008	4.008	4.008
BL	906	906	906	906	906	906	906	906	906	906	906					
EKZ	1.199	1.199	1.199	1.199	1.199	1.151	1.151	1.151	1.151	1.151	1.151	1.151	1.161	1.164		
G	3.047	3.047	3.047	3.047	2.770	2.795	4.635	4.635	4.629	3.493	3.530	3.530	3.530	9.102	9.102	9.102
GW	8.374	8.374	2.881	2.881	2.881	2.782	2.782	2.782	2.782	2.782	2.852	2.852	2.852			
SB	11.666	11.666	11.666	11.666	11.666	11.666	11.666	11.666	11.666	11.666	11.666	11.666	11.666	11.666	11.700	11.700
W	9.024	9.024	9.024	9.024	9.024	9.024	9.024	9.024	9.024	9.024	9.024	9.024	9.024	9.024	9.024	9.024
WO	5.249	3.525	3.525	3.525	3.525	3.525	3.525	3.525	3.525	3.525	3.525	3.525	3.525	3.525		
in qm	**51.628**	**49.904**	**44.411**	**44.411**	**44.134**	**44.012**	**45.852**	**45.852**	**45.846**	**44.710**	**44.817**	**43.911**	**43.921**	**43.336**	**38.681**	**38.681**

Die Werte wurden durch Summation der entsprechenden Angaben jeweils zum Ende des Geschäftsjahres innerhalb des jeweils angegebenen Kalenderjahres ermittelt.

Tabelle 6: Sektorale Aufteilung des Immobilienportfolios offener Immobilienfonds des Verdichtungsraums Bremen von 1979 - 1994 (relativ) in Quadratmeter

	1979	1980	1981	1982	1983	1984	1985	1986	1987	1988	1989	1990	1991	1992	1993	1994
B	15,80%	16,34%	18,36%	18,36%	18,48%	18,53%	17,79%	17,79%	17,79%	18,24%	18,20%	18,57%	18,57%	11,18%	12,53%	12,53%
BG	7,76%	8,03%	9,02%	9,02%	9,08%	9,11%	8,74%	8,74%	8,74%	8,96%	8,94%	9,13%	9,13%	9,25%	10,36%	10,36%
BL	1,75%	1,82%	2,04%	2,04%	2,05%	2,06%	1,98%	1,98%	1,98%	2,03%	2,02%	0,00%	0,00%	0,00%	0,00%	0,00%
EKZ	2,32%	2,40%	2,70%	2,70%	2,72%	2,62%	2,51%	2,51%	2,51%	2,57%	2,57%	2,62%	2,64%	2,69%	0,00%	0,00%
G	5,90%	6,11%	6,86%	6,86%	6,28%	6,35%	10,11%	10,11%	10,10%	7,81%	7,88%	8,04%	8,04%	21,00%	23,53%	23,53%
GW	16,22%	16,78%	6,49%	6,49%	6,53%	6,32%	6,07%	6,07%	6,07%	6,22%	6,36%	6,49%	6,49%	0,00%	0,00%	0,00%
SB	22,60%	23,38%	26,27%	26,27%	26,43%	26,51%	25,44%	25,44%	25,45%	26,09%	26,03%	26,57%	26,56%	26,92%	30,25%	30,25%
W	17,48%	18,08%	20,32%	20,32%	20,45%	20,50%	19,68%	19,68%	19,68%	20,18%	20,14%	20,55%	20,55%	20,82%	23,33%	23,33%
WO	10,17%	7,06%	7,94%	7,94%	7,99%	8,01%	7,69%	7,69%	7,69%	7,88%	7,87%	8,03%	8,03%	8,13%	0,00%	0,00%
	100,00%	**100,00%**	**100,00%**	**100,00%**	**100,00%**	**100,00%**	**100,00%**	**100,00%**	**100,00%**	**100,00%**	**100,00%**	**100,00%**	**100,00%**	**100,00%**	**100,00%**	**100,00%**

Die Werte wurden durch Summation der entsprechenden Angaben jeweils zum Ende des Geschäftsjahres innerhalb des jeweils angegebenen Kalenderjahres ermittelt.

Tabelle 7: *Sektorale Aufteilung des Immobilienportfolios offener Immobilienfonds des Verdichtungsraums Freiburg von 1979 - 1994 (absolut) in Quadratmeter*

	1979	1980	1981	1982	1983	1984	1985	1986	1987	1988	1989	1990	1991	1992	1993	1994
B	1.931	1.931	1.931	1.936	1.936	1.936	1.936	1.936	1.936	1.936	1.936	1.936	1.936	7.072	15.712	15.523
BG																5.616
BL																12.721
GW	2.124	2.124	2.124	2.124	2.124	2.109	2.109	2.109	2.109	2.614	2.614	2.614	2.614	2.614	1.454	1.612
WO	9.800	9.800	9.800	9.800	9.800	9.800	9.800									
in qm	**13.855**	**13.855**	**13.855**	**13.860**	**13.860**	**13.845**	**13.845**	**4.045**	**4.045**	**4.550**	**4.550**	**4.550**	**4.550**	**9.686**	**17.166**	**35.472**

Die Werte wurden durch Summation der entsprechenden Angaben jeweils zum Ende des Geschäftsjahres innerhalb des jeweils angegebenen Kalenderjahres ermittelt.

Tabelle 8: *Sektorale Aufteilung des Immobilienportfolios offener Immobilienfonds des Verdichtungsraums Freiburg von 1979 - 1994 (relativ) in Quadratmeter*

	1979	1980	1981	1982	1983	1984	1985	1986	1987	1988	1989	1990	1991	1992	1993	1994
B	13,94%	13,94%	13,94%	13,97%	13,97%	13,98%	13,98%	47,86%	47,86%	42,55%	42,55%	42,55%	42,55%	73,01%	91,53%	43,76%
BG	0,00%	0,00%	0,00%	0,00%	0,00%	0,00%	0,00%	0,00%	0,00%	0,00%	0,00%	0,00%	0,00%	0,00%	0,00%	15,83%
BL	0,00%	0,00%	0,00%	0,00%	0,00%	0,00%	0,00%	0,00%	0,00%	0,00%	0,00%	0,00%	0,00%	0,00%	0,00%	35,86%
GW	15,33%	15,33%	15,33%	15,32%	15,32%	15,23%	15,23%	52,14%	52,14%	57,45%	57,45%	57,45%	57,45%	26,99%	8,47%	4,54%
WO	70,73%	70,73%	70,73%	70,71%	70,71%	70,78%	70,78%	0,00%	0,00%	0,00%	0,00%	0,00%	0,00%	0,00%	0,00%	0,00%
	100,00%	**100,00%**	**100,00%**	**100,00%**	**100,00%**	**100,00%**	**100,00%**	**100,00%**	**100,00%**	**100,00%**	**100,00%**	**100,00%**	**100,00%**	**100,00%**	**100,00%**	**100,00%**

Die Werte wurden durch Summation der entsprechenden Angaben jeweils zum Ende des Geschäftsjahres innerhalb des jeweils angegebenen Kalenderjahres ermittelt.

Tabelle 9: Sektorale Aufteilung des Immobilienportfolios offener Immobilienfonds des Verdichtungsraums Hamburg von 1979 - 1994 (absolut) in Quadratmeter

	1979	1980	1981	1982	1983	1984	1985	1986	1987	1988	1989	1990	1991	1992	1993	1994
B	10.627	10.498	10.458	10.458	9.430	9.430	12.214	12.196	12.196	17.873	55.094	69.325	69.255	76.486	96.816	197.072
BG	25.563	25.563	25.646	40.627	73.388	73.340	76.326	76.263	76.263	73.064	98.373	97.432	97.334	97.338	150.034	169.870
BL		1.072	1.072	1.072	1.072	1.072	1.072	6.143	6.143	9.673	38.214	38.214	37.517	38.448	58.175	58.175
BS	23.890	23.890	23.890	23.890	23.890	30.577	30.577	30.577	30.577	30.577	30.577	30.577	30.577	30.577	30.577	45.269
BW	2.992	2.992	2.992	2.992	2.992	2.992	2.992	2.992	2.992	2.992	2.992	2.992	2.992	2.992	2.992	2.997
EKZ	38.865	20.624	47.455	48.413	48.491	48.566	48.766	48.766	48.725	48.725	48.794	32.092	32.092	44.348	44.348	44.348
G	15.795	14.537	14.537	32.695	32.710	40.461	43.008	44.746	26.587	25.316	22.082	22.082	12.946	12.946	12.946	11.703
GW	30.896	30.614	30.614	13.769	8.677	8.680	8.680	8.680	8.723	8.796	8.796	2.909	2.909	2.909	2.083	2.083
HW	2.725	2.725	2.725	2.725	2.725	2.536	2.536	2.536	2.536	2.536	2.536	2.536	2.536	2.536	2.536	2.536
WO	12.804	12.804	12.804	13.192	13.192	8.191	10.219	10.219	10.219	6.593	6.593	6.593	6.593	5.724	5.724	5.705
in qm	**164.157**	**145.319**	**172.193**	**189.833**	**216.567**	**225.845**	**236.390**	**243.118**	**224.961**	**226.145**	**314.051**	**304.752**	**294.751**	**314.304**	**406.231**	**539.758**

Die Werte wurden durch Summation der entsprechenden Angaben jeweils zum Ende des Geschäftsjahres innerhalb des jeweils angegebenen Kalenderjahres ermittelt.

Tabelle 10: Sektorale Aufteilung des Immobilienportfolios offener Immobilienfonds des Verdichtungsraums Hamburg von 1979 - 1994 (relativ) in Quadratmeter

	1979	1980	1981	1982	1983	1984	1985	1986	1987	1988	1989	1990	1991	1992	1993	1994
B	6,47%	7,22%	6,07%	5,51%	4,35%	4,18%	5,17%	5,02%	5,42%	7,90%	17,54%	22,75%	23,50%	24,34%	23,83%	36,51%
BG	15,57%	17,59%	14,89%	21,40%	33,89%	32,47%	32,29%	31,37%	33,90%	32,31%	31,32%	31,97%	33,02%	30,97%	36,93%	31,47%
BL	0,00%	0,74%	0,62%	0,56%	0,49%	0,47%	0,45%	2,53%	2,73%	4,28%	12,17%	12,54%	12,73%	12,23%	14,32%	10,78%
BS	14,55%	16,44%	13,87%	12,58%	11,03%	13,54%	12,93%	12,58%	13,59%	13,52%	9,74%	10,03%	10,37%	9,73%	7,53%	8,39%
BW	1,82%	2,06%	1,74%	1,58%	1,38%	1,32%	1,27%	1,23%	1,33%	1,32%	0,95%	0,98%	1,02%	0,95%	0,74%	0,56%
EKZ	23,68%	14,19%	27,56%	25,50%	22,39%	21,50%	20,63%	20,06%	21,66%	21,55%	15,54%	10,53%	10,89%	14,11%	10,92%	8,22%
G	9,62%	10,00%	8,44%	17,22%	15,10%	17,92%	18,19%	18,41%	11,82%	11,19%	7,03%	7,25%	4,39%	4,12%	3,19%	2,17%
GW	18,82%	21,07%	17,78%	7,25%	4,01%	3,84%	3,67%	3,57%	3,88%	3,89%	2,80%	0,95%	0,99%	0,93%	0,51%	0,39%
HW	1,66%	1,88%	1,58%	1,44%	1,26%	1,12%	1,07%	1,04%	1,13%	1,12%	0,81%	0,83%	0,86%	0,81%	0,62%	0,47%
WO	7,80%	8,81%	7,44%	6,95%	6,09%	3,63%	4,32%	4,20%	4,54%	2,92%	2,10%	2,16%	2,24%	1,82%	1,41%	1,06%
	100,00%	**100,00%**	**100,00%**	**100,00%**	**100,00%**	**100,00%**	**100,00%**	**100,00%**	**100,00%**	**100,00%**	**100,00%**	**100,00%**	**100,00%**	**100,00%**	**100,00%**	**100,00%**

Die Werte wurden durch Summation der entsprechenden Angaben jeweils zum Ende des Geschäftsjahres innerhalb des jeweils angegebenen Kalenderjahres ermittelt.

Tabelle 11: *Sektorale Aufteilung des Immobilienportfolios offener Immobilienfonds des Verdichtungsraums Lübeck von 1979 - 1994 (absolut) in Quadratmeter*

	1979	1980	1981	1982	1983	1984	1985	1986	1987	1988	1989	1990	1991	1992	1993	1994
BG	3.046	2.999	2.991	2.991	2.991	2.991	6.178	6.178	6.178	6.178	6.221	6.219	5.505	5.636	3.355	3.355
BL													4.205	4.205	4.205	4.205
GW	1.018	1.018	1.018	1.018	1.018	803	803	803	803	803	803	803	803	803		
SB	13.800	13.800	22.355	22.355	22.355	22.355	22.355	22.355	22.355	22.355	22.355	22.355	22.355	26.164	27.152	27.152
WO	6.254	6.254	6.254	6.254	6.254											
in qm	**24.118**	**24.071**	**32.618**	**32.618**	**32.618**	**26.149**	**29.336**	**29.336**	**29.336**	**29.336**	**29.379**	**29.377**	**32.868**	**36.808**	**34.712**	**34.712**

Die Werte wurden durch Summation der entsprechenden Angaben jeweils zum Ende des Geschäftsjahres innerhalb des jeweils angegebenen Kalenderjahres ermittelt.

Tabelle 12: *Sektorale Aufteilung des Immobilienportfolios offener Immobilienfonds des Verdichtungsraums Lübeck von 1979 - 1994 (relativ) in Quadratmeter*

	1979	1980	1981	1982	1983	1984	1985	1986	1987	1988	1989	1990	1991	1992	1993	1994
BG	12,63%	12,46%	9,17%	9,17%	9,17%	11,44%	21,06%	21,06%	21,06%	21,06%	21,17%	21,17%	16,75%	15,31%	9,67%	9,67%
BL	0,00%	0,00%	0,00%	0,00%	0,00%	0,00%	0,00%	0,00%	0,00%	0,00%	0,00%	0,00%	12,79%	11,42%	12,11%	12,11%
GW	4,22%	4,23%	3,12%	3,12%	3,12%	3,07%	2,74%	2,74%	2,74%	2,74%	2,73%	2,73%	2,44%	2,18%	0,00%	0,00%
SB	57,22%	57,33%	68,54%	68,54%	68,54%	85,49%	76,20%	76,20%	76,20%	76,20%	76,09%	76,10%	68,01%	71,08%	78,22%	78,22%
WO	25,93%	25,98%	19,17%	19,17%	19,17%	0,00%	0,00%	0,00%	0,00%	0,00%	0,00%	0,00%	0,00%	0,00%	0,00%	0,00%
	100,00%	**100,00%**	**100,00%**	**100,00%**	**100,00%**	**100,00%**	**100,00%**	**100,00%**	**100,00%**	**100,00%**	**100,00%**	**100,00%**	**100,00%**	**100,00%**	**100,00%**	**100,00%**

Die Werte wurden durch Summation der entsprechenden Angaben jeweils zum Ende des Geschäftsjahres innerhalb des jeweils angegebenen Kalenderjahres ermittelt.

Tabelle 13: *Sektorale Aufteilung des Immobilienportfolios offener Immobilienfonds des Verdichtungsraums München von 1979 - 1994 (absolut) in Quadratmeter*

	1979	1980	1981	1982	1983	1984	1985	1986	1987	1988	1989	1990	1991	1992	1993	1994
B	8.278	8.233	8.233	8.233	8.233	23.907	27.992	38.991	70.818	134.322	154.970	187.759	211.777	192.847	193.772	221.931
BG	19.765	19.836	19.963	19.963	25.939	38.719	32.918	44.590	57.046	78.361	78.401	76.665	76.647	76.665	78.570	81.454
BL	1.203	1.203	1.203	1.203	1.203	1.203	5.870	5.870	5.870	5.870	5.870	10.978	6.311	17.131	17.131	29.478
BS	5.927	5.927	5.885	5.938	5.357	5.436	5.436	11.721	11.721	11.721	11.721	11.721	11.721	28.085	28.085	28.085
BW	8.680	8.680	8.680	8.680	8.680	8.680	8.680	8.699	8.696	10.239	10.239	10.256	10.288	10.272	10.272	10.338
EKZ	13.100	13.100	11.350	11.350	11.350	28.451	28.451	28.451	28.451	11.350	11.350	41.730	38.993	38.993	38.993	38.993
G	272	272	272	4.063	5.289	5.320	1.530	4.101	4.101	4.101	4.101	2.571				
GP														28.218	28.162	28.162
GW	1.597	1.597	1.597	1.597	1.652	1.652	1.652	2.873	1.221	1.221	1.221	1.221	1.221	1.221	1.221	1.221
WO	23.172	23.172	23.172	23.172	22.803	22.803	22.803	18.193	12.824	11.281	11.281	8.284	8.284	8.284	8.284	8.284
in qm	**81.994**	**82.020**	**80.355**	**84.199**	**90.506**	**136.171**	**135.332**	**163.489**	**200.748**	**268.466**	**289.154**	**351.185**	**365.242**	**401.716**	**404.490**	**447.946**

Die Werte wurden durch Summation der entsprechenden Angaben jeweils zum Ende des Geschäftsjahres innerhalb des jeweils angegebenen Kalenderjahres ermittelt.

Tabelle 14: Sektorale Aufteilung des Immobilienportfolios offener Immobilienfonds des Verdichtungsraums München von 1979 - 1994 (relativ) in Quadratmeter

	1979	1980	1981	1982	1983	1984	1985	1986	1987	1988	1989	1990	1991	1992	1993	1994
B	10,10%	10,04%	10,25%	9,78%	9,10%	17,56%	20,68%	23,85%	35,28%	50,03%	53,59%	53,46%	57,98%	48,01%	47,91%	49,54%
BG	24,11%	24,18%	24,84%	23,71%	28,66%	28,43%	24,32%	27,27%	28,42%	29,19%	27,11%	21,83%	20,99%	19,08%	19,42%	18,18%
BL	1,47%	1,47%	1,50%	1,43%	1,33%	0,88%	4,34%	3,59%	2,92%	2,19%	2,03%	3,13%	1,73%	4,26%	4,24%	6,58%
BS	7,23%	7,23%	7,32%	7,05%	5,92%	3,99%	4,02%	7,17%	5,84%	4,37%	4,05%	3,34%	3,21%	6,99%	6,94%	6,27%
BW	10,59%	10,58%	10,80%	10,31%	9,59%	6,37%	6,41%	5,32%	4,33%	3,81%	3,54%	2,92%	2,82%	2,56%	2,54%	2,31%
EKZ	15,98%	15,97%	14,12%	13,48%	12,54%	20,89%	21,02%	17,40%	14,17%	4,23%	3,93%	11,88%	10,68%	9,71%	9,64%	8,70%
G	0,33%	0,33%	0,34%	4,83%	5,84%	3,91%	1,13%	2,51%	2,04%	1,53%	1,42%	0,73%	0,00%	0,00%	0,00%	0,00%
GP	0,00%	0,00%	0,00%	0,00%	0,00%	0,00%	0,00%	0,00%	0,00%	0,00%	0,00%	0,00%	0,00%	7,02%	6,96%	6,29%
GW	1,95%	1,95%	1,99%	1,90%	1,83%	1,21%	1,22%	1,76%	0,61%	0,45%	0,42%	0,35%	0,33%	0,30%	0,30%	0,27%
WO	28,26%	28,25%	28,84%	27,52%	25,20%	16,75%	16,85%	11,13%	6,39%	4,20%	3,90%	2,36%	2,27%	2,06%	2,05%	1,85%
	100,00%	100,00%	100,00%	100,00%	100,00%	100,00%	100,00%	100,00%	100,00%	100,00%	100,00%	100,00%	100,00%	100,00%	100,00%	100,00%

Die Werte wurden durch Summation der entsprechenden Angaben jeweils zum Ende des Geschäftsjahres innerhalb des jeweils angegebenen Kalenderjahres ermittelt.

Tabelle 15: *Sektorale Aufteilung des Immobilienportfolios offener Immobilienfonds der Verdichtungsräume Münster/Osnabrück/Bielefeld von 1979 - 1994 (absolut) in Quadratmeter*

	1979	1980	1981	1982	1983	1984	1985	1986	1987	1988	1989	1990	1991	1992	1993	1994
BG				1.979	3.605	3.605	11.303	3.605	3.605	3.605	3.605	3.605	3.605	3.605	3.605	1.979
BL	4.780	4.780	8.264	8.264	8.264	8.264	8.264	15.962	15.962	15.962	15.962	15.962	15.962	15.962	11.182	11.182
EKZ										6.862	6.865	6.865	6.865	6.865		
G	1.289	1.289	1.289	1.289	1.289	1.289	1.289	1.289	1.289	1.289	1.289	1.289	1.289	702	702	702
GW	4.523	4.523	4.523	4.523	4.523	4.523	5.084	5.084	5.084	5.084	5.084	4.786	4.786	3.591		
in qm	**10.592**	**10.592**	**14.076**	**16.055**	**17.681**	**17.681**	**25.940**	**25.940**	**25.940**	**32.802**	**32.805**	**32.507**	**32.507**	**30.725**	**15.489**	**13.863**

Die Werte wurden durch Summation der entsprechenden Angaben jeweils zum Ende des Geschäftsjahres innerhalb des jeweils angegebenen Kalenderjahres ermittelt.

Tabelle 16: *Sektorale Aufteilung des Immobilienportfolios offener Immobilienfonds der Verdichtungsräume Münster/Osnabrück/Bielefeld von 1979 - 1994 (relativ) in Quadratmeter*

	1979	1980	1981	1982	1983	1984	1985	1986	1987	1988	1989	1990	1991	1992	1993	1994
BG	0,00%	0,00%	0,00%	12,33%	20,39%	20,39%	43,57%	13,90%	13,90%	10,99%	10,99%	11,09%	11,09%	11,73%	23,27%	14,28%
BL	45,13%	45,13%	58,71%	51,47%	46,74%	46,74%	31,86%	61,53%	61,53%	48,66%	48,66%	49,10%	49,10%	51,95%	72,19%	80,66%
EKZ	0,00%	0,00%	0,00%	0,00%	0,00%	0,00%	0,00%	0,00%	0,00%	20,92%	20,93%	21,12%	21,12%	22,34%	0,00%	0,00%
G	12,17%	12,17%	9,16%	8,03%	7,29%	7,29%	4,97%	4,97%	4,97%	3,93%	3,93%	3,97%	3,97%	2,28%	4,53%	5,06%
GW	42,70%	42,70%	32,13%	28,17%	25,58%	25,58%	19,60%	19,60%	19,60%	15,50%	15,50%	14,72%	14,72%	11,69%	0,00%	0,00%
	100,00%	**100,00%**	**100,00%**	**100,00%**	**100,00%**	**100,00%**	**100,00%**	**100,00%**	**100,00%**	**100,00%**	**100,00%**	**100,00%**	**100,00%**	**100,00%**	**100,00%**	**100,00%**

Die Werte wurden durch Summation der entsprechenden Angaben jeweils zum Ende des Geschäftsjahres innerhalb des jeweils angegebenen Kalenderjahres ermittelt.

Tabelle 17: Sektorale Aufteilung des Immobilienportfolios offener Immobilienfonds der Verdichtungsräume Nürnberg/Fürth/Erlangen von 1979 - 1994 (absolut) in Quadratmeter

	1979	1980	1981	1982	1983	1984	1985	1986	1987	1988	1989	1990	1991	1992	1993	1994
B	9.663	9.663	9.663	9.663	9.663	9.663	9.663	9.663	9.663	9.663	6.233	6.233	6.233			
BG	1.650	1.650	1.650	1.650	1.650	1.650	1.650	1.650	1.650	1.650	1.650	1.650	1.650	1.650	1.650	1.650
BL				9.093	9.216	9.216	9.216	9.216	9.216	9.216	9.216	9.216	9.216	9.216		
BW								1.832	1.832	1.832	1.832	1.832	2.379	2.379		
EKZ	6.302	6.302	6.302	6.302	6.302	6.302	6.302	6.302			14.604	13.751	13.766	14.268	14.268	14.268
G	3.790	3.790	3.790	3.790	7.884	3.790	3.790	3.790			918	918	648			
GP											11.027	11.027	11.027	11.027	11.027	11.027
GW	654	654	654	654	3.345	3.345	2.675	13.204	8.716	8.704	8.671	5.996	3.790	3.790	3.790	3.790
S									8.278	8.278	8.278	8.278	8.278	8.278	8.278	8.278
WO	7.091	7.091	7.091	7.091	2.963	2.963	2.352	2.352								
in qm	**29.150**	**29.150**	**29.150**	**38.243**	**41.023**	**36.929**	**35.648**	**48.009**	**39.355**	**39.343**	**62.429**	**58.901**	**56.987**	**50.608**	**39.013**	**39.013**

Die Werte wurden durch Summation der entsprechenden Angaben jeweils zum Ende des Geschäftsjahres innerhalb des jeweils angegebenen Kalenderjahres ermittelt.

Tabelle 18: Sektorale Aufteilung des Immobilienportfolios offener Immobilienfonds der Verdichtungsräume Nürnberg/Fürth/Erlangen von 1979 - 1994 (relativ) in Quadratmeter

	1979	1980	1981	1982	1983	1984	1985	1986	1987	1988	1989	1990	1991	1992	1993	1994
B	33,15%	33,15%	33,15%	25,27%	23,56%	26,17%	27,11%	20,13%	24,55%	24,56%	9,98%	10,58%	10,94%	0,00%	0,00%	0,00%
BG	5,66%	5,66%	5,66%	4,31%	4,02%	4,47%	4,63%	3,44%	4,19%	4,19%	2,64%	2,80%	2,90%	3,26%	4,23%	4,23%
BL	0,00%	0,00%	0,00%	23,78%	22,47%	24,96%	25,85%	19,20%	23,42%	23,42%	14,76%	15,65%	16,17%	18,21%	0,00%	0,00%
BW	0,00%	0,00%	0,00%	0,00%	0,00%	0,00%	0,00%	3,82%	4,66%	4,66%	2,93%	3,11%	4,17%	4,70%	0,00%	0,00%
EKZ	21,62%	21,62%	21,62%	16,48%	15,36%	17,07%	17,68%	13,13%	0,00%	0,00%	23,39%	23,35%	24,16%	28,19%	36,57%	36,57%
G	13,00%	13,00%	13,00%	9,91%	19,22%	10,26%	10,63%	7,89%	0,00%	0,00%	1,47%	1,56%	1,14%	0,00%	0,00%	0,00%
GP	0,00%	0,00%	0,00%	0,00%	0,00%	0,00%	0,00%	0,00%	0,00%	0,00%	17,66%	18,72%	19,35%	21,79%	28,26%	28,26%
GW	2,24%	2,24%	2,24%	1,71%	8,15%	9,06%	7,50%	27,50%	22,15%	22,12%	13,89%	10,18%	6,65%	7,49%	9,71%	9,71%
S	0,00%	0,00%	0,00%	0,00%	0,00%	0,00%	0,00%	0,00%	21,03%	21,04%	13,26%	14,05%	14,53%	16,36%	21,22%	21,22%
WO	24,33%	24,33%	24,33%	18,54%	7,22%	8,02%	6,60%	4,90%	0,00%	0,00%	0,00%	0,00%	0,00%	0,00%	0,00%	0,00%
	100,00%	**100,00%**	**100,00%**	**100,00%**	**100,00%**	**100,00%**	**100,00%**	**100,00%**	**100,00%**	**100,00%**	**100,00%**	**100,00%**	**100,00%**	**100,00%**	**100,00%**	**100,00%**

Die Werte wurden durch Summation der entsprechenden Angaben jeweils zum Ende des Geschäftsjahres innerhalb des jeweils angegebenen Kalenderjahres ermittelt.

Tabelle 19: *Sektorale Aufteilung des Immobilienportfolios offener Immobilienfonds des Verdichtungsraums Rhein-Main von 1979 - 1994 (absolut) in Quadratmeter*

	1979	1980	1981	1982	1983	1984	1985	1986	1987	1988	1989	1990	1991	1992	1993	1994
B	165.004	162.634	162.532	154.969	174.520	207.942	266.291	281.525	294.768	339.466	340.903	404.123	403.798	469.246	543.819	750.803
BG	75.064	84.391	100.726	100.584	101.510	114.861	117.102	119.053	111.627	164.480	171.562	171.789	171.335	183.736	193.605	242.129
BL	37.955	43.361	44.993	44.993	56.705	75.384	134.779	147.023	168.164	180.203	182.861	193.630	197.389	215.582	209.205	274.978
BS	3.853	3.853	3.851	3.851	3.400	3.196	3.156	3.156	3.156	5.451	5.451	5.451	5.451	5.564	22.635	22.384
BW	19.519	19.519	19.519	19.494	18.442	18.435	18.435	24.213	24.142	24.142	24.142	24.142	24.142	12.139	12.130	24.234
EKZ	1.600	1.600	5.175	5.175	5.455	7.400	7.400	7.392	7.402	5.732	5.732	5.732	5.732	5.462	3.869	3.869
G	34.786	34.786	34.882	32.913	26.770	38.718	38.718	38.718	38.718	35.433	72.003	78.766	62.941	62.941	62.941	64.822
GP												8.748	8.748	8.748	41.194	41.194
GW	58.111	63.880	53.798	50.083	59.167	45.672	45.025	45.061	35.381	27.803	23.014	26.618	26.608	24.909	19.430	17.479
H									10.761		21.181	21.181	21.181	21.181	29.001	29.001
L								13.800	13.800	13.800	13.800	13.800	13.800	13.800	13.800	13.800
SB									10.987	10.987	10.987	10.987	10.987	10.987	10.987	10.987
W	29.486	29.486	29.486	29.486	29.486	29.486	29.486	29.486	29.486	29.486	29.486	29.486	29.486	29.486	29.486	29.486
WO	71.352	51.660	37.154	30.842	21.179	21.179	24.243	25.491	26.625	9.637	9.637	9.637	9.637	9.637	9.637	8.503
in qm	**496.730**	**495.170**	**492.116**	**472.390**	**496.634**	**562.273**	**684.635**	**734.918**	**775.017**	**846.620**	**910.759**	**1.004.090**	**991.235**	**1.073.418**	**1.201.739**	**1.533.669**

Die Werte wurden durch Summation der entsprechenden Angaben jeweils zum Ende des Geschäftsjahres innerhalb des jeweils angegebenen Kalenderjahres ermittelt.

Tabelle 20: *Sektorale Aufteilung des Immobilienportfolios offener Immobilienfonds des Verdichtungsraums Rhein-Main von 1979 - 1994 (relativ) in Quadratmeter*

	1979	1980	1981	1982	1983	1984	1985	1986	1987	1988	1989	1990	1991	1992	1993	1994
B	33,22%	32,84%	33,03%	32,81%	35,14%	36,98%	38,90%	38,31%	38,03%	40,10%	37,43%	40,25%	40,74%	43,72%	45,25%	48,95%
BG	15,11%	17,04%	20,47%	21,29%	20,44%	20,43%	17,10%	16,20%	14,40%	19,43%	18,84%	17,11%	17,29%	17,12%	16,11%	15,79%
BL	7,64%	8,76%	9,14%	9,52%	11,42%	13,41%	19,69%	20,01%	21,70%	21,28%	20,08%	19,28%	19,91%	20,08%	17,41%	17,93%
BS	0,78%	0,78%	0,78%	0,82%	0,68%	0,57%	0,46%	0,43%	0,41%	0,64%	0,60%	0,54%	0,55%	0,52%	1,88%	1,46%
BW	3,93%	3,94%	3,97%	4,13%	3,71%	3,28%	2,69%	3,29%	3,12%	2,85%	2,65%	2,40%	2,44%	1,13%	1,01%	1,58%
EKZ	0,32%	0,32%	1,05%	1,10%	1,10%	1,32%	1,08%	1,01%	0,96%	0,68%	0,63%	0,57%	0,58%	0,51%	0,32%	0,25%
G	7,00%	7,03%	7,09%	6,97%	5,39%	6,89%	5,66%	5,27%	5,00%	4,19%	7,91%	7,84%	6,35%	5,86%	5,24%	4,23%
GP	0,00%	0,00%	0,00%	0,00%	0,00%	0,00%	0,00%	0,00%	0,00%	0,00%	0,00%	0,87%	0,88%	0,81%	3,43%	2,69%
GW	11,70%	12,90%	10,93%	10,60%	11,91%	8,12%	6,58%	6,13%	4,57%	3,28%	2,53%	2,65%	2,68%	2,32%	1,62%	1,14%
H	0,00%	0,00%	0,00%	0,00%	0,00%	0,00%	0,00%	0,00%	1,39%	0,00%	2,33%	2,11%	2,14%	1,97%	2,41%	1,89%
L	0,00%	0,00%	0,00%	0,00%	0,00%	0,00%	0,00%	1,88%	1,78%	1,63%	1,52%	1,37%	1,39%	1,29%	1,15%	0,90%
SB	0,00%	0,00%	0,00%	0,00%	0,00%	0,00%	0,00%	0,00%	1,42%	1,30%	1,21%	1,09%	1,11%	1,02%	0,91%	0,72%
W	5,94%	5,95%	5,99%	6,24%	5,94%	5,24%	4,31%	4,01%	3,80%	3,48%	3,24%	2,94%	2,97%	2,75%	2,45%	1,92%
WO	14,36%	10,43%	7,55%	6,53%	4,26%	3,77%	3,54%	3,47%	3,44%	1,14%	1,06%	0,96%	0,97%	0,90%	0,80%	0,55%
	100,00%	**100,00%**	**100,00%**	**100,00%**	**100,00%**	**100,00%**	**100,00%**	**100,00%**	**100,00%**	**100,00%**	**100,00%**	**100,00%**	**100,00%**	**100,00%**	**100,00%**	**100,00%**

Die Werte wurden durch Summation der entsprechenden Angaben jeweils zum Ende des Geschäftsjahres innerhalb des jeweils angegebenen Kalenderjahres ermittelt.

Tabelle 21: ***Sektorale Aufteilung des Immobilienportfolios offener Immobilienfonds des Verdichtungsraums Rhein-Neckar von 1979 - 1994 (absolut) in Quadratmeter***

	1979	1980	1981	1982	1983	1984	1985	1986	1987	1988	1989	1990	1991	1992	1993	1994
B	3.551	3.551	3.551	3.551	3.551	3.635	3.635	7.293	7.293	7.293	7.293	31.962	31.962	31.962	49.624	45.989
BG	12.619	12.619	9.544	9.544	9.544	9.544	7.791					2.214	2.214	2.214	2.214	2.214
EKZ	649	649	649													
BL								7.791	7.791	7.791	7.791	7.791	7.791	7.791	7.791	7.791
G														5.638	5.638	5.638
GW	33.389	33.389	31.119	31.119	25.931	26.039	26.152	26.247	25.131	19.989	23.200	23.200	11.666	11.654	8.476	8.476
SB	2.032	2.032	2.032	2.032	2.032	2.032	2.032	2.032	2.032	2.032	5.370	6.200	6.220	6.220	6.220	6.220
WO	26.997	26.861	26.861	21.884	21.807	6.923	5.734	4.159	4.159	2.417						
in qm	**79.237**	**79.101**	**73.756**	**68.130**	**62.865**	**48.173**	**45.344**	**47.522**	**46.406**	**39.522**	**43.654**	**71.367**	**59.853**	**65.479**	**79.963**	**76.328**

Die Werte wurden durch Summation der entsprechenden Angaben jeweils zum Ende des Geschäftsjahres innerhalb des jeweils angegebenen Kalenderjahres ermittelt.

Tabelle 22: ***Sektorale Aufteilung des Immobilienportfolios offener Immobilienfonds des Verdichtungsraums Rhein-Neckar von 1979 - 1994 (relativ) in Quadratmeter***

	1979	1980	1981	1982	1983	1984	1985	1986	1987	1988	1989	1990	1991	1992	1993	1994
B	4,48%	4,49%	4,81%	5,21%	5,65%	7,55%	8,02%	15,35%	15,72%	18,45%	16,71%	44,79%	53,40%	48,81%	62,06%	60,25%
BG	15,93%	15,95%	12,94%	14,01%	15,18%	19,81%	17,18%	0,00%	0,00%	0,00%	0,00%	3,10%	3,70%	3,38%	2,77%	2,90%
EKZ	0,82%	0,82%	0,88%	0,00%	0,00%	0,00%	0,00%	0,00%	0,00%	0,00%	0,00%	0,00%	0,00%	0,00%	0,00%	0,00%
BL	0,00%	0,00%	0,00%	0,00%	0,00%	0,00%	0,00%	16,39%	16,79%	19,71%	17,85%	10,92%	13,02%	11,90%	9,74%	10,21%
G	0,00%	0,00%	0,00%	0,00%	0,00%	0,00%	0,00%	0,00%	0,00%	0,00%	0,00%	0,00%	0,00%	8,61%	7,05%	7,39%
GW	42,14%	42,21%	42,19%	45,68%	41,25%	54,05%	57,67%	55,23%	54,15%	50,58%	53,15%	32,51%	19,49%	17,80%	10,60%	11,10%
SB	2,56%	2,57%	2,76%	2,98%	3,23%	4,22%	4,48%	4,28%	4,38%	5,14%	12,30%	8,69%	10,39%	9,50%	7,78%	8,15%
WO	34,07%	33,96%	36,42%	32,12%	34,69%	14,37%	12,65%	8,75%	8,96%	6,12%	0,00%	0,00%	0,00%	0,00%	0,00%	0,00%
	100,00%	**100,00%**	**100,00%**	**100,00%**	**100,00%**	**100,00%**	**100,00%**	**100,00%**	**100,00%**	**100,00%**	**100,00%**	**100,00%**	**100,00%**	**100,00%**	**100,00%**	**100,00%**

Die Werte wurden durch Summation der entsprechenden Angaben jeweils zum Ende des Geschäftsjahres innerhalb des jeweils angegebenen Kalenderjahres ermittelt.

Tabelle 23: *Sektorale Aufteilung des Immobilienportfolios offener Immobilienfonds des Verdichtungsraums Rhein-Ruhr von 1979 - 1994 (absolut) in Quadratmeter*

	1979	1980	1981	1982	1983	1984	1985	1986	1987	1988	1989	1990	1991	1992	1993	1994
B	38.549	34.977	34.755	35.513	41.264	48.654	51.357	61.086	93.394	105.119	101.318	94.260	102.346	159.166	244.311	459.827
BG	80.966	80.778	80.778	82.570	84.861	88.175	76.706	98.683	100.912	130.923	164.471	181.949	173.435	171.490	175.345	206.553
BL	5.902	5.902	13.796	18.839	18.934	31.594	45.094	60.803	60.803	76.199	83.970	77.524	89.997	94.845	85.559	147.047
BS											5.032	5.032	5.032	5.032	23.036	22.840
BW	2.064	2.064	2.064	2.064	2.064	2.005	2.005	4.615	4.566	4.566	4.566	2.561	2.561	2.604		
EKZ	29.815	31.670	31.670	31.969	31.972	33.940	33.966	33.986	38.581	45.369	54.679	52.676	52.674	50.948	50.948	40.108
G	15.579	16.501	19.486	19.515	24.285	32.392	38.317	40.072	53.329	53.507	55.250	48.046	43.504	42.737	39.451	47.454
GP														34.232		
GW	35.864	35.864	35.484	25.635	25.633	28.873	31.672	32.428	33.083	31.757	31.150	27.559	24.750	18.320	18.320	22.736
L									17.503	17.503						7.422
SB	16.748	16.748	17.454	17.454	17.454	19.561	9.085	9.085	10.482	21.151	21.151	21.151	21.151	20.239	20.239	20.239
W	8.270	8.270	17.860	17.860	17.860	17.860	17.860	17.860	17.860	17.860	17.860	8.270				
WO	71.713	69.931	67.806	54.021	54.021	53.966	53.966	54.982	54.982	52.615	41.625	20.824	10.669	10.669	9.653	9.653
in qm	**305.470**	**302.705**	**321.153**	**305.440**	**318.348**	**357.020**	**360.028**	**413.600**	**485.495**	**556.569**	**581.072**	**539.852**	**526.119**	**610.282**	**666.862**	**983.879**

Die Werte wurden durch Summation der entsprechenden Angaben jeweils zum Ende des Geschäftsjahres innerhalb des jeweils angegebenen Kalenderjahres ermittelt.

Tabelle 24: ***Sektorale Aufteilung des Immobilienportfolios offener Immobilienfonds des Verdichtungsraums Rhein-Ruhr von 1979 - 1994 (relativ) in Quadratmeter***

	1979	1980	1981	1982	1983	1984	1985	1986	1987	1988	1989	1990	1991	1992	1993	1994
B	12,62%	11,55%	10,82%	11,63%	12,96%	13,63%	14,26%	14,77%	19,24%	18,89%	17,44%	17,46%	19,45%	26,08%	36,64%	46,74%
BG	26,51%	26,69%	25,15%	27,03%	26,66%	24,70%	21,31%	23,86%	20,79%	23,52%	28,30%	33,70%	32,96%	28,10%	26,29%	20,99%
BL	1,93%	1,95%	4,30%	6,17%	5,95%	8,85%	12,53%	14,70%	12,52%	13,69%	14,45%	14,36%	17,11%	15,54%	12,83%	14,95%
BS	0,00%	0,00%	0,00%	0,00%	0,00%	0,00%	0,00%	0,00%	0,00%	0,00%	0,87%	0,93%	0,96%	0,82%	3,45%	2,32%
BW	0,68%	0,68%	0,64%	0,68%	0,65%	0,56%	0,56%	1,12%	0,94%	0,82%	0,79%	0,47%	0,49%	0,43%	0,00%	0,00%
EKZ	9,76%	10,46%	9,86%	10,47%	10,04%	9,51%	9,43%	8,22%	7,95%	8,15%	9,41%	9,76%	10,01%	8,35%	7,64%	4,08%
G	5,10%	5,45%	6,07%	6,39%	7,63%	9,07%	10,64%	9,69%	10,98%	9,61%	9,51%	8,90%	8,27%	7,00%	5,92%	4,82%
GP	0,00%	0,00%	0,00%	0,00%	0,00%	0,00%	0,00%	0,00%	0,00%	0,00%	0,00%	0,00%	0,00%	5,61%	0,00%	0,00%
GW	11,74%	11,85%	11,05%	8,39%	8,05%	8,09%	8,80%	7,84%	6,81%	5,71%	5,36%	5,10%	4,70%	3,00%	2,75%	2,31%
L	0,00%	0,00%	0,00%	0,00%	0,00%	0,00%	0,00%	0,00%	3,61%	3,14%	0,00%	0,00%	0,00%	0,00%	0,00%	0,75%
SB	5,48%	5,53%	5,43%	5,71%	5,48%	5,48%	2,52%	2,20%	2,16%	3,80%	3,64%	3,92%	4,02%	3,32%	3,03%	2,06%
W	2,71%	2,73%	5,56%	5,85%	5,61%	5,00%	4,96%	4,32%	3,68%	3,21%	3,07%	1,53%	0,00%	0,00%	0,00%	0,00%
WO	23,48%	23,10%	21,11%	17,69%	16,97%	15,12%	14,99%	13,29%	11,32%	9,45%	7,16%	3,86%	2,03%	1,75%	1,45%	0,98%
	100,00%	**100,00%**	**100,00%**	**100,00%**	**100,00%**	**100,00%**	**100,00%**	**100,00%**	**100,00%**	**100,00%**	**100,00%**	**100,00%**	**100,00%**	**100,00%**	**100,00%**	**100,00%**

Die Werte wurden durch Summation der entsprechenden Angaben jeweils zum Ende des Geschäftsjahres innerhalb des jeweils angegebenen Kalenderjahres ermittelt.

Tabelle 25: *Sektorale Aufteilung des Immobilienportfolios offener Immobilienfonds des Verdichtungsraums Saar von 1979 - 1994 (absolut) in Quadratmeter*

	1979	1980	1981	1982	1983	1984	1985	1986	1987	1988	1989	1990	1991	1992	1993	1994
BG										7.300	7.300	7.300	7.548	7.548		
BS												2.817	2.817	2.817	2.817	2.817
EKZ				6.582	6.582	6.570	6.570	6.570	6.771	6.771	6.771	6.771	6.771	6.771	6.771	6.771
G	3.435	3.435	3.435	3.435	3.435	3.443	3.463	3.462	7.630	7.630	7.630	7.630	3.462	3.462	3.462	3.462
GB	1.861															
SB	4.168	4.168	4.168	4.168	4.168	4.168	4.168	4.168								
WO	2.592	2.592	2.602	2.592	2.602	2.602	2.602	2.602	2.602	2.602						
in qm	**12.056**	**10.195**	**10.205**	**16.777**	**16.787**	**16.783**	**16.803**	**16.802**	**17.003**	**24.303**	**21.701**	**24.518**	**20.598**	**20.598**	**13.050**	**13.050**

Die Werte wurden durch Summation der entsprechenden Angaben jeweils zum Ende des Geschäftsjahres innerhalb des jeweils angegebenen Kalenderjahres ermittelt.

Tabelle 26: *Sektorale Aufteilung des Immobilienportfolios offener Immobilienfonds des Verdichtungsraums Saar von 1979 - 1994 (relativ) in Quadratmeter*

	1979	1980	1981	1982	1983	1984	1985	1986	1987	1988	1989	1990	1991	1992	1993	1994
BG	0,00%	0,00%	0,00%	0,00%	0,00%	0,00%	0,00%	0,00%	0,00%	30,04%	33,64%	29,77%	36,64%	36,64%	0,00%	0,00%
BS	0,00%	0,00%	0,00%	0,00%	0,00%	0,00%	0,00%	0,00%	0,00%	0,00%	0,00%	11,49%	13,68%	13,68%	21,59%	21,59%
EKZ	0,00%	0,00%	0,00%	39,23%	39,21%	39,15%	39,10%	39,10%	39,82%	27,86%	31,20%	27,62%	32,87%	32,87%	51,89%	51,89%
G	28,49%	33,69%	33,66%	20,47%	20,46%	20,51%	20,61%	20,60%	44,87%	31,40%	35,16%	31,12%	16,81%	16,81%	26,53%	26,53%
GB	15,44%	0,00%	0,00%	0,00%	0,00%	0,00%	0,00%	0,00%	0,00%	0,00%	0,00%	0,00%	0,00%	0,00%	0,00%	0,00%
SB	34,57%	40,88%	40,84%	24,84%	24,83%	24,83%	24,81%	24,81%	0,00%	0,00%	0,00%	0,00%	0,00%	0,00%	0,00%	0,00%
WO	21,50%	25.42%	25,50%	15,45%	15,50%	15,50%	15,49%	15,49%	15,30%	10,71%	0,00%	0,00%	0.00%	0,00%	0.00%	0,00%
	100,00%	**100,00%**	**100,00%**	**100,00%**	**100,00%**	**100,00%**	**100,00%**	**100,00%**	**100,00%**	**100,00%**	**100,00%**	**100,00%**	**100,00%**	**100,00%**	**100,00%**	**100,00%**

Die Werte wurden durch Summation der entsprechenden Angaben jeweils zum Ende des Geschäftsjahres innerhalb des jeweils angegebenen Kalenderjahres ermittelt.

Tabelle 27: ***Sektorale Aufteilung des Immobilienportfolios offener Immobilienfonds des Verdichtungsraums Stuttgart von 1979 - 1994 (absolut) in Quadratmeter***

	1979	1980	1981	1982	1983	1984	1985	1986	1987	1988	1989	1990	1991	1992	1993	1994
B	14.263	14.283	14.283	14.198	14.187	14.187	14.187	16.590	24.848	39.203	61.705	77.027	99.484	104.556	102.638	102.638
BG	5.579	5.579	13.833	13.878	13.671	15.335	19.102	19.085	22.545	28.126	27.317	19.270	52.227	64.149	62.768	84.330
BL	24.994	26.594	26.761	26.761	26.761	28.503	28.503	43.523	45.492	45.492	39.145	42.428	45.121	45.121	31.057	30.959
BS										5.817	5.817	5.817	5.817	5.817	5.817	5.817
BW											346	346	346	346	346	346
EKZ	12.459	12.459	12.459	12.459	12.459	12.141	12.141	12.141	12.141	13.038	13.038	13.038	13.038	13.038	12.141	
G	717	717	1.617	717	717	3.803	3.803	3.811	3.811	3.811	3.811	3.539	3.095			
GW	1.644	1.644	1.644	1.644	1.644	1.644	1.653	1.653	1.653	1.653	1.653	1.653	1.653	1.653	1.653	1.653
H									6.564	6.564	11.284	11.284	11.284	11.284	11.284	11.284
L								31.546	31.546	31.546	31.546	31.546	31.546	31.546	31.546	31.546
SB							1.744	1.744	1.880	1.880	1.880	1.880	1.880	1.880	1.880	1.880
W	25.014	25.014	25.014	25.014	25.014	25.014	25.014	25.014	25.014	25.014	25.014	25.014	25.014	25.014	25.014	25.014
WO	1.198	1.198	1.198	1.198	1.198	1.198	1.195	1.195	4.122	3.802	3.802	3.802	3.802	3.802		
in qm	**85.868**	**87.488**	**96.809**	**95.869**	**95.651**	**101.825**	**107.342**	**156.302**	**179.616**	**205.946**	**226.358**	**236.644**	**294.307**	**308.206**	**286.144**	**295.467**

Die Werte wurden durch Summation der entsprechenden Angaben jeweils zum Ende des Geschäftsjahres innerhalb des jeweils angegebenen Kalenderjahres ermittelt.

Tabelle 28: *Sektorale Aufteilung des Immobilienportfolios offener Immobilienfonds des Verdichtungsraums Stuttgart von 1979 - 1994 (relativ) in Quadratmeter*

	1979	1980	1981	1982	1983	1984	1985	1986	1987	1988	1989	1990	1991	1992	1993	1994
B	16,61%	16,33%	14,75%	14,81%	14,83%	13,93%	13,22%	10,61%	13,83%	19,04%	27,26%	32,55%	33,80%	33,92%	35,87%	34,74%
BG	6,50%	6,38%	14,29%	14,48%	14,29%	15,06%	17,80%	12,21%	12,55%	13,66%	12,07%	8,14%	17,75%	20,81%	21,94%	28,54%
BL	29,11%	30,40%	27,64%	27,91%	27,98%	27,99%	26,55%	27,85%	25,33%	22,09%	17,29%	17,93%	15,33%	14,64%	10,85%	10,48%
BS	0,00%	0,00%	0,00%	0,00%	0,00%	0,00%	0,00%	0,00%	0,00%	2,82%	2,57%	2,46%	1,98%	1,89%	2,03%	1,97%
BW	0,00%	0,00%	0,00%	0,00%	0,00%	0,00%	0,00%	0,00%	0,00%	0,00%	0,15%	0,15%	0,12%	0,11%	0,12%	0,12%
EKZ	14,51%	14,24%	12,87%	13,00%	13,03%	11,92%	11,31%	7,77%	6,76%	6,33%	5,76%	5,51%	4,43%	4,23%	4,24%	0,00%
G	0,84%	0,82%	1,67%	0,75%	0,75%	3,73%	3,54%	2,44%	2,12%	1,85%	1,68%	1,50%	1,05%	0,00%	0,00%	0,00%
GW	1,91%	1,88%	1,70%	1,71%	1,72%	1,61%	1,54%	1,06%	0,92%	0,80%	0,73%	0,70%	0,56%	0,54%	0,58%	0,56%
H	0,00%	0,00%	0,00%	0,00%	0,00%	0,00%	0,00%	0,00%	3,65%	3,19%	4,99%	4,77%	3,83%	3,66%	3,94%	3,82%
L	0,00%	0,00%	0,00%	0,00%	0,00%	0,00%	0,00%	20,18%	17,56%	15,32%	13,94%	13,33%	10,72%	10,24%	11,02%	10,68%
SB	0,00%	0,00%	0,00%	0,00%	0,00%	0,00%	1,62%	1,12%	1,05%	0,91%	0,83%	0,79%	0,64%	0,61%	0,66%	0,64%
W	29,13%	28,59%	25,84%	26,09%	26,15%	24,57%	23,30%	16,00%	13,93%	12,15%	11,05%	10,57%	8,50%	8,12%	8,74%	8,47%
WO	1,40%	1,37%	1,24%	1,25%	1,25%	1,18%	1,11%	0,76%	2,29%	1,85%	1,68%	1,61%	1,29%	1,23%	0,00%	0,00%
	100,00%	**100,00%**	**100,00%**	**100,00%**	**100,00%**	**100,00%**	**100,00%**	**100,00%**	**100,00%**	**100,00%**	**100,00%**	**100,00%**	**100,00%**	**100,00%**	**100,00%**	**100,00%**

Die Werte wurden durch Summation der entsprechenden Angaben jeweils zum Ende des Geschäftsjahres innerhalb des jeweils angegebenen Kalenderjahres ermittelt.

Tabelle 29: Sektorale Aufteilung des Immobilienportfolios offener Immobilienfonds der Verdichtungsräume Ulm/Augsburg von 1979 - 1994 (absolut) in Quadratmeter

	1979	1980	1981	1982	1983	1984	1985	1986	1987	1988	1989	1990	1991	1992	1993	1994
BG	3.464	3.842	3.842	3.842	3.842	8.779	8.708	8.708	8.708	8.708	4.866	4.866	4.866	4.866	4.866	4.866
BW	991	991	991	991	991	991	991	991	991	991						
EKZ	830	830	830	830	830	830	830	830	830	830						
G					4.937			15.920	15.920	15.920	15.920	15.920	15.920	15.920	15.920	15.920
GW							1.789	1.789	1.789	1.789	1.789	1.789	1.789	1.789		
SB						5.944	5.944	5.944	5.944	5.944	5.944	5.944	5.944	5.944	5.944	5.944
W	36.591	36.591	36.591	36.591	36.591	16.820	16.820	16.820	16.820	16.820	16.820	16.820	16.820	16.820	16.820	16.820
WO	17.756	17.756	17.756	17.756	17.756	17.662	17.662	17.662	17.662	17.662	17.662	17.662	17.662	17.662	17.662	17.662
in qm	**59.632**	**60.010**	**60.010**	**60.010**	**64.947**	**51.026**	**52.744**	**68.664**	**68.664**	**68.664**	**63.001**	**63.001**	**63.001**	**63.001**	**61.212**	**61.212**

Die Werte wurden durch Summation der entsprechenden Angaben jeweils zum Ende des Geschäftsjahres innerhalb des jeweils angegebenen Kalenderjahres ermittelt.

Tabelle 30: Sektorale Aufteilung des Immobilienportfolios offener Immobilienfonds der Verdichtungsräume Ulm/Augsburg von 1979 - 1994 (relativ) in Quadratmeter

	1979	1980	1981	1982	1983	1984	1985	1986	1987	1988	1989	1990	1991	1992	1993	1994
BG	5,81%	6,40%	6,40%	6,40%	5,92%	17,20%	16,51%	12,68%	12,68%	12,68%	7,72%	7,72%	7,72%	7,72%	7,95%	7,95%
BW	1,66%	1,65%	1,65%	1,65%	1,53%	1,94%	1,88%	1,44%	1,44%	1,44%	0,00%	0,00%	0,00%	0,00%	0,00%	0,00%
EKZ	1,39%	1,38%	1,38%	1,38%	1,28%	1,63%	1,57%	1,21%	1,21%	1,21%	0,00%	0,00%	0,00%	0,00%	0,00%	0,00%
G	0,00%	0,00%	0,00%	0,00%	7,60%	0,00%	0,00%	23,19%	23,19%	23,19%	25,27%	25,27%	25,27%	25,27%	26,01%	26,01%
GW	0,00%	0,00%	0,00%	0,00%	0,00%	0,00%	3,39%	2,61%	2,61%	2,61%	2,84%	2,84%	2,84%	2,84%	0,00%	0,00%
SB	0,00%	0,00%	0,00%	0,00%	0,00%	11,65%	11,27%	8,66%	8,66%	8,66%	9,43%	9,43%	9,43%	9,43%	9,71%	9,71%
W	61,36%	60,97%	60,97%	60,97%	56,34%	32,96%	31,89%	24,50%	24,50%	24,50%	26,70%	26,70%	26,70%	26,70%	27,48%	27,48%
WO	29,78%	29,59%	29,59%	29,59%	27,34%	34,61%	33,49%	25,72%	25,72%	25,72%	28,03%	28,03%	28,03%	28,03%	28,85%	28,85%
	100,00%	**100,00%**	**100,00%**	**100,00%**	**100,00%**	**100,00%**	**100,00%**	**100,00%**	**100,00%**	**100,00%**	**100,00%**	**100,00%**	**100,00%**	**100,00%**	**100,00%**	**100,00%**

Die Werte wurden durch Summation der entsprechenden Angaben jeweils zum Ende des Geschäftsjahres innerhalb des jeweils angegebenen Kalenderjahres ermittelt.

Tabelle 31: Sektorale Aufteilung des Immobilienportfolios offener Immobilienfonds der im Ausland belegenen Grundstücke von 1979 - 1994 (absolut) in Quadratmeter

	1979	1980	1981	1982	1983	1984	1985	1986	1987	1988	1989	1990	1991	1992	1993	1994
B												1.078	18.690	24.254	75.137	194.794
BG		24.794	24.794	24.794	24.794	24.794	24.794	24.794	24.794	36.431	36.431	36.431	36.431	54.246	54.246	74.298
BL															1.925	1.925
in qm	**0**	**24.794**	**24.794**	**24.794**	**24.794**	**24.794**	**24.794**	**24.794**	**24.794**	**36.431**	**36.431**	**37.509**	**55.121**	**78.500**	**131.308**	**271.017**

Die Werte wurden durch Summation der entsprechenden Angaben jeweils zum Ende des Geschäftsjahres innerhalb des jeweils angegebenen Kalenderjahres ermittelt.

Tabelle 32: Sektorale Aufteilung des Immobilienportfolios offener Immobilienfonds der im Ausland belegenen Grundstücke von 1979 - 1994 (relativ) in Quadratmeter

	1979	1980	1981	1982	1983	1984	1985	1986	1987	1988	1989	1990	1991	1992	1993	1994
B	0,00%	0,00%	0,00%	0,00%	0,00%	0,00%	0,00%	0,00%	0,00%	0,00%	0,00%	2,87%	33,91%	30,90%	57,22%	71,88%
BG	0,00%	100,00%	100,00%	100,00%	100,00%	100,00%	100,00%	100,00%	100,00%	100,00%	100,00%	97,13%	66,09%	69,10%	41,31%	27,41%
BL	0,00%	0,00%	0,00%	0,00%	0,00%	0,00%	0,00%	0,00%	0,00%	0,00%	0,00%	0,00%	0,00%	0,00%	1,47%	0,71%
	0,00%	**100,00%**	**100,00%**	**100,00%**	**100,00%**	**100,00%**	**100,00%**	**100,00%**	**100,00%**	**100,00%**	**100,00%**	**100,00%**	**100,00%**	**100,00%**	**100,00%**	**100,00%**

Die Werte wurden durch Summation der entsprechenden Angaben jeweils zum Ende des Geschäftsjahres innerhalb des jeweils angegebenen Kalenderjahres ermittelt.

Tabelle 33: *Sektorale Aufteilung des Immobilienportfolios offener Immobilienfonds der nicht einem Verdichtungsraum zuordnenbare Grundstücke („Andere") von 1979 - 1994 (absolut) in Quadratmeter*

	1979	1980	1981	1982	1983	1984	1985	1986	1987	1988	1989	1990	1991	1992	1993	1994
B	2.674	2.674	2.674	2.674	4.651	4.651	5.109	5.109	5.109	5.109	5.109	5.109	5.109	5.109	10.887	49.083
BG	43.109	44.437	44.341	44.365	44.365	44.422	44.422	42.862	42.623	44.570	53.152	52.224	55.774	62.277	59.034	76.090
BL	1.009	1.009	1.009	1.009	1.009	1.009	1.009	2.569	2.569			2.349	4.539	4.539	5.001	50.650
BS														7.036	7.048	20.174
BW	13.985	13.985	13.985	13.985	11.441	11.441	11.441	11.441	11.441	11.441	11.441	11.441	14.255	14.239	11.441	11.441
EKZ	52.771	53.990	50.929	50.929	60.847	60.847	60.847	64.438	65.724	102.693	103.955	92.774	85.893	85.893	85.893	180.940
G	48.336	48.336	55.803	54.388	78.175	83.732	94.341	120.931	121.716	119.573	117.274	113.383	97.046	90.410	78.056	69.081
GW	31.825	32.831	31.683	28.077	25.412	26.879	26.689	22.068	22.529	24.373	23.307	23.194	19.459	14.358	10.179	8.336
SB	31.452	31.452	31.452	31.452	34.855	38.842	38.842	38.842	56.253	56.236	56.236	56.236	54.940	62.703	62.703	62.703
SG			9.322	9.322	9.322											
W	80.599	96.798	93.147	93.147	94.672	92.981	92.981	92.981	92.981	92.981	94.017	81.069	67.454	65.995	51.582	46.907
WO	35.627	30.154	30.154	30.154	8.534	5.392	5.392	5.392	5.392	5.392	5.392	5.392	5.392	3.918		
in qm	**341.387**	**355.666**	**364.499**	**359.502**	**373.283**	**370.196**	**381.073**	**406.633**	**426.337**	**462.368**	**469.883**	**443.171**	**409.861**	**416.477**	**381.824**	**575.405**

Die Werte wurden durch Summation der entsprechenden Angaben jeweils zum Ende des Geschäftsjahres innerhalb des jeweils angegebenen Kalenderjahres ermittelt.

Tabelle 34: *Sektorale Aufteilung des Immobilienportfolios offener Immobilienfonds der nicht einem Verdichtungsraum zuordnenbare Grundstücke („Andere") von 1979 - 1994 (relativ) in Quadratmeter*

	1979	1980	1981	1982	1983	1984	1985	1986	1987	1988	1989	1990	1991	1992	1993	1994
B	0,78%	0,75%	0,73%	0,74%	1,25%	1,26%	1,34%	1,26%	1,20%	1,10%	1,09%	1,15%	1,25%	1,23%	2,85%	8,53%
BG	12,63%	12,49%	12,16%	12,34%	11,89%	12,00%	11,66%	10,54%	10,00%	9,64%	11,31%	11,78%	13,61%	14,95%	15,46%	13,22%
BL	0,30%	0,28%	0,28%	0,28%	0,27%	0,27%	0,26%	0,63%	0,60%	0,00%	0,00%	0,53%	1,11%	1,09%	1,31%	8,80%
BS	0,00%	0,00%	0,00%	0,00%	0,00%	0,00%	0,00%	0,00%	0,00%	0,00%	0,00%	0,00%	0,00%	1,69%	1,85%	3,51%
BW	4,10%	3,93%	3,84%	3,89%	3,06%	3,09%	3,00%	2,81%	2,68%	2,47%	2,43%	2,58%	3,48%	3,42%	3,00%	1,99%
EKZ	15,46%	15,18%	13,97%	14,17%	16,30%	16,44%	15,97%	15,85%	15,42%	22,21%	22,12%	20,93%	20,96%	20,62%	22,50%	31,45%
G	14,16%	13,59%	15,31%	15,13%	20,94%	22,62%	24,76%	29,74%	28,55%	25,86%	24,96%	25,58%	23,68%	21,71%	20,44%	12,01%
GW	9,32%	9,23%	8,69%	7,81%	6,81%	7,26%	7,00%	5,43%	5,28%	5,27%	4,96%	5,23%	4,75%	3,45%	2,67%	1,45%
SB	9,21%	8,84%	8,63%	8,75%	9,34%	10,49%	10,19%	9,55%	13,19%	12,16%	11,97%	12,69%	13,40%	15,06%	16,42%	10,90%
SG	0,00%	0,00%	2,56%	2,59%	2,50%	0,00%	0,00%	0,00%	0,00%	0,00%	0,00%	0,00%	0,00%	0,00%	0,00%	0,00%
W	23,61%	27,22%	25,55%	25,91%	25,36%	25,12%	24,40%	22,87%	21,81%	20,11%	20,01%	18,29%	16,46%	15,85%	13,51%	8,15%
WO	10,44%	8,48%	8,27%	8,39%	2,29%	1,46%	1,41%	1,33%	1,26%	1,17%	1,15%	1,22%	1,32%	0,94%	0,00%	0,00%
	100,00%	100,00%	100,00%	100,00%	100,00%	100,00%	100,00%	100,00%	100,00%	100,00%	100,00%	100,00%	100,00%	100,00%	100,00%	100,00%

Die Werte wurden durch Summation der entsprechenden Angaben jeweils zum Ende des Geschäftsjahres innerhalb des jeweils angegebenen Kalenderjahres ermittelt.

Literaturverzeichnis

Abromeit-Kremser, Bernd:
„Offene Immobilieninvestmentfonds“, Wien 1986

Adams, A.T.; Matysiak, George A.:
„Constructing UK Property Market Barometers“, Discussion Papers in Property Research No. 5, City University Business School, London 1991

Aengevelt Immobilien KG (Hrsg.):
„Marktbericht Gewerbeobjekte No. IX“, Düsseldorf 1993

Aengevelt Immobilien KG (Hrsg.):
„Investment No. X“, Düsseldorf 1995

Aengevelt Immobilien KG (Hrsg.):
„Private Immobilien No. X“, Düsseldorf 1995

Aengevelt, Lutz:
„Indizes für Büromieten und Marktbericht über die Situation gewerblicher Immobilien in Düsseldorf“, in: Grundstücksmarkt und Grundstückswert, 1. Jg., Nr. 1, 1990, S. 23 - 31

Altenseuer, Thomas:
„Die Preisentwicklung von Wohnimmobilien“, Münster 1995

Ambrose, Brent W.; Ancel, Esther; Griffiths, Mark D.:
„The Fractal Structure of Real Estate Investment Trust Returns: The Search for Evidence of Market Segmentation and Nonlinear Dependency“, in: Journal of the American Real Estate and Urban Economics Association, 20. Jg., Nr. 1, 1992, S. 25 - 54

Anderson, Oskar u.a.:
„Grundlagen der Statistik“, 2. Aufl., Berlin 1988

Assmann, Heinz-Dieter; Schütze, Rolf A.:
„Handbuch des Kapitalanlagerechts“, München 1990

Bailey, Martin J.; Muth, Richard F.; Nourse, Hugh O.:
„A Regression Method for Real Estate Price Index Construction“, in: American Statistical Association Journal, 58. Jg., Dezember 1963, S. 933 - 942

Bals, Werner:
„Die ökonomische Position von Anteilinhabern offener Immobilienfonds - eine Analyse“, Diss., Regensburg 1992

Bamberg, Günter; Baur, Franz:
„Statistik“, 6. Aufl., München 1989

Barber, Colin:
„Property index funds: pros and cons“, in: Property Week, 2.6.1994, S. 7

Barkham, Richard; Geltner, David:
„Unsmoothing British Valuation-Based Returns Without Assuming an Efficient Market“, in: Journal of Property Research, 11. Jg., 1994, Nr. 2, S. 81 - 95

Battis, Ulrich; Krautzberger, Michael; Löhr, Rolf-Peter:
„Kommentar zum Baugesetzbuch“, 4. Aufl., München 1994

Baum, Andrew:
„Property Futures“, in: Journal of Property Valuation & Investment, 9. Jg., Nr. 2, 1991, S. 235 - 240

Beckmann, Klaus; Scholtz, Rolf-Dieter:
„Investment - Ergänzbares Handbuch für das gesamte Investmentwesen“, Berlin 1970, Loseblattsammlung, Stand 34. Nachlieferung von Oktober 1995

Beckmann, Thomas:
„Die Erfassung von Tendenzen des Aktienmarktes - Eine methodisch-statistische Untersuchung“, Münster 1988

Bishop, Elizabeth (Hrsg.):
„Indexation“, London 1990

Bleymüller, Josef:
„Theorie und Technik der Aktienkursindizes“, Münster 1966

Bleymüller, Josef; Gehler, Günther; Gülicher, Herbert:
„Statistik für Wirtschaftswissenschaftler“, 9. Auflage, München 1994

Blumenauer Immobilien (Hrsg.):
„Frequenz-Bericht Deutschland ‘95“, o.O., o.J.

Blundell, G.F.; Ward, C.W.R.:
„Property Portfolio Allocation: a Multi-Factor Model“, in: Land Development Studies, 4. Jg., 1987, S. 145 - 156

Bomsdorf, Eckart:
„Deskriptive Statistik“, 8. Aufl., Bergisch Gladbach 1994

Bond, Sandy:
„Rental Valuations with Inducements - An Update“, in: Journal of Property Valuation & Investment, 12. Jg., Nr. 1, 1994, S. 7 - 18

Bone-Winkel, Stephan:
„Das strategische Management von offenen Immobilienfonds“, in: Schulte, Karl-Werner (Hrsg.): Schriften zur Immobilienökonomie, Band 1, Köln 1994

Bone-Winkel, Stephan; Sotelo, Ramon:
„Warum werden Büroflächen (nicht) vermietet? - Einige grundlegende Anmerkungen über den Immobilienmarkt am Beispiel der Stadt Berlin“, in: Grundstücksmarkt und Grundstückswert, 6. Jg., Nr. 4, 1995, S. 199 - 205

Brennan, Leonard:
„Techniques and Challenges in Developing Property Indices“, in: Journal of Property Valuation & Investment, 10. Jg., Nr. 1, 1991, S. 389 - 404

Brennan, Thomas, P.; Cannaday, Roger, E.; Colwell, Peter F.:
„Office Rent in the Chicago CBD“, in: Journal of the American Real Estate and Urban Economics Association, 12. Jg., Nr. 3, 1984, S. 243 - 260

Britton, William; Davies, Keith; Johnson, Tony:
„Modern Methods of Valuation“, 8. Aufl., London 1989

Bronner, Oscar (Hrsg.):
„Immobilien in Europa II“, Wien 1992

Brown, Gerald R.:
„Property Investment and the Capital Markets“, London 1991

Brown, Gerald R.:
„Property Investment and Performance Measurement: A Reply“, in: Journal of Valuation, 4. Jg., Nr. 1, 1985, S. 33 - 44

Brown, Gerald R.:
„Reducing the Dispersion of Returns in UK Real Estate Portfolios", in: Journal of Valuation, 6. Jg., Nr. 2, 1988, S. 127 - 147

Brown, Gerald R.:
„Valuation accuracy: developing the economic issues", in: Journal of Property Research, 9. Jg., 1992, S. 199 - 207

Brown, Gerald R.; Matysiak, George A.:
„Using commercial property indices for measuring portfolio performance", in: Journal of Property Finance, 6. Jg., Nr. 3, 1995, S. 27 - 38

Bruce, Brian R. (Hrsg.):
„Real Estate Portfolio Management", Chicago 1991

Brunner, Marlies (Hrsg.):
„Geldanlage mit Immobilien", Wiesbaden 1994

Bub, Wolf-Rüdiger; Treier, Gerhard (Hrsg.):
„Handbuch der Geschäfts- und Wohnraummiete", 2. Aufl., München 1993

Büchel, Sandra; Hoesli, Martin:
„A Hedonic Analysis of Rent and Rental Revenue in the Subsidized and Unsubsidized Housing Sectors in Geneva", Paper presented at the European Real Estate Society Conference, Amsterdam 9. - 11.11.1994

Bühler, Alfred; Hies, Michael:
„Ist ein deutscher Pfandbriefindex möglich?", in: Der Langfristige Kredit, 45. Jg., Nr. 23, 1994, S. 793 - 797

Bühler, Alfred; Hies, Michael; Zimmermann, Heinz:
„Liquidität für den deutschen Pfandbrief", Frankfurt 1996

Bulwien, Hartmut:
„Der Markt für Immobilienanlagen", Manuskript des Vortrages im Rahmen des ebs Immobilien Professional Collegs, Schlangenbad 6. - 10.2.1995.

Bundesministerium für Raumordnung, Bauwesen und Städtebau (Hrsg.):
„Raumordnungsbericht 1993", Bonn 1994

Bundesverband Deutscher Investment-Gesellschaften e.V. (Hrsg.):
„Erläuterungen zum Muster eines Rechenschaftsberichtes", Frankfurt 1992

Bundesverband Deutscher Investment-Gesellschaften e.V. (Hrsg.):
„Investment 92", Frankfurt 1992

Bundesverband Deutscher Investment-Gesellschaften e.V. (Hrsg.):
„Investment 95", Frankfurt 1995

Buttimer, Richard J.; Kau, James B.; Slawson, V. Carlos:
„A Model For Pricing Securities Dependent Upon a Real Estate Index"; Paper presented at the American Real Estate Society Conference, Hilton Head 29.3. - 1.4.1995

Byrne, Peter; Lee, Stephen:
„Is there a place for property in the multi-asset portfolio?", in: Journal of Property Finance, 6. Jg., Nr. 3, 1995, S. 60 - 83

Case, Bradford; Pollakowski, Henry O.; Wachter, Susan M.:
„On Choosing Among House Price Index Methodologies", in: Journal of the American Real Estate and Urban Economics Association, 19. Jg., Nr. 3, 1991, S. 286 - 307

Case, Karl E.; Shiller, Robert J.; Weiss, Allan N.:
„Index-Based Futures and Options Markets in Real Estate",in: The Journal of Portfolio Management, 19. Jg., Winter 1993, S. 83 - 92

Catalano, Alex:
„Property paper chase", in: Estates Gazette, 1.7.1995, S. 52

Chan, K.C.; Hendershott, Patrick H.; Sanders, Anthony B.:
„Risk and Return on Real Estate: Evidence from Equity REITs", in: Journal of the American Real Estate and Urban Economics Association, 18. Jg., Nr. 4, 1990 S. 431- 452

Clapp, John M.:
„A Methodology for Constructing Vacant Land Price Indices", in: American Real Estate and Urban Economics Association Journal, 18. Jg., Nr. 3, 1990, S. 274 - 293

Clapp, John. M; Giacotto Carmelo:
„Repeat Sales Methodology for Price Trend Estimation: An Evaluation of Sample Selectivity", in: Journal of Real Estate Finance and Economics, 5. Jg., 1992, S. 357 - 374

Cole, Rebel; Guilkey, David; Miles, Mike E.:
„Toward an Assessment of the Reliability of Commercial Appraisals“, in: The Appraisal Journal, 54. Jg., Nr. 3, 1986, S. 422 - 432

Colwell, Peter F.; Park, Hun Y.:
„Seasonality and Size Effects: The Case of Real-Estate-Related Investment“, in: Journal of Real Estate Finance and Economics, 3. Jg., Nr. 3, 1990, S. 251 - 259

DeLisle, James R.; Sa-Aadu, J. (Hrsg.):
„Appraisal, Market Analysis, and Public Policy in Real Estate“, Boston 1994

Deutsche Bundesbank (Hrsg.):
„Ertragslage und Finanzierungsverhältnisse der westdeutschen Unternehmen im Jahre 1991“, in: Monatsberichte der Deutschen Bundesbank, 44. Jg., Nr. 11, 1992, S. 15 - 31

Deutsche Bundesbank (Hrsg.):
„Ertragslage und Finanzierungsverhältnisse der westdeutschen Unternehmen im Jahre 1992“, in: Monatsberichte der Deutschen Bundesbank, 45. Jg., Nr. 11, 1993, S. 19 - 39

Deutsche Bundesbank (Hrsg.):
„Kapitalmarktstatistik August 1995“, Frankfurt 1995

DeVries, Ben D.; Miles, Mike E.; Wolgin, Stephen B.:
„Prices and Appraisals: Where is the Truth?“, in: Real Estate Issues, Herbst/Winter 1992, S. 7 - 11

Dieterich, Hartmut; Dransfeld, Egbert; Voß, Winrich:
„Urban land & property markets in Germany“, London 1993

Dietz, Peter:
„Pensions Funds - Measuring Investment Performance“, Toronto 1966

Dombrow, Jonathan; Knight, J.R.; Sirmans:
„Aggregation Bias in Repeat Sales Indexes“, Paper presented at the American Real Estate Society Conference, Hilton Head 29.3. - 1.4.1995

Dow Jones Educational Service (Hrsg.):
„The Dow Jones Averages“, Princeton 1986

Drukarczyk, Jochen:
„Theorie und Politik der Finanzierung", 2. Aufl., München 1993

Dubben, Nigel; Sayce, Sarah:
„Property Portfolio Management", London 1991

Eekhoff, Johann:
„Wohnungs- und Bodenmarkt", Tübingen 1987

Eichhorn, Wolfgang (Hrsg.):
„Measurement in Economics", Heidelberg 1987

Einem, Eberhard von:
„Auf dem Königsweg ohne abzustürzen - Immobilien Research in Deutschland", Manuskript anläßlich eines Vortrages an der ebs Immobilienakademie Berlin am 29.4.1995

Einem, Eberhard von:
„Entscheidungen aus dem Lehnstuhl", in: Immobilien Manager, Nr. 3, 1993, S. 20 - 25

Ellwanger & Geiger (Hrsg.)
„Immobilienaktien in Deutschland", Stuttgart 1994

Ellwanger & Geiger (Hrsg.):
„Immobilienaktien-Index E&G-DIMAX", o.O., 1995

Engel & Völkers (Hrsg.):
„Geschäftsbericht 1994", o.O., o.J.

Engels, Wolfram (Hrsg.):
„Immobilienanlage und Immobilienfinanzierung", Frankfurt 1993

Ernst, Werner; Zinkahn, Willy; Bielenberg, Walter (Hrsg):
„Kommentar zum Baugesetzbuch", München 1994, Loseblattsammlung, Stand 51. Nachl. Januar 1995

Espinet, Marc:
„Feine Unterschiede", in: Immobilien Manager, Nr. 4, 1992, S. 86 - 89

Falk, Bernd (Hrsg.):
„Gewerbe-Immobilien", 6. Aufl., Landsberg/Lech 1994

Falk, Bernd (Hrsg.):
„Immobilienhandbuch", 3. Aufl., Landsberg/Lech 1992, Loseblattsammlung, Stand 20. Nachlieferung November 1995

Ferguson, Jerry; Heizer, Jay:
„Real Estate Investment Analysis", Boston 1990

Ferschl, Franz:
„Deskriptive Statistik", 3. Aufl., Würzburg 1985

Firstenberg, Paul M.; Ross, Stephen A.; Zisler, Randall C.:
„Real Estate: The Whole Story", in: The Journal of Portfolio Management, 14. Jg., Nr. 3, 1988, S. 22 - 34

Fisher, Jeffrey D.; Geltner, David M.; Webb, Brian R.:
„Value Indices of Commercial Real Estate: a Comparison of Index Construction Methods", in: Journal of Real Estate Finance and Economics, 9. Jg., Nr. 2, 1994, S. 137 - 164

Fisher, Jeffrey, D.:
„Portfolio Construction: Real Estate", in: Maginn, John L.; Tuttle, Donald L. (Hrsg.): Managing Investment Portfolios, Boston 1982, S. 437 - 536

Frampton, Rachel:
„French institutions create first investment database", in: Estates Gazette, 1.7.1995, S. 47

French, Nick; Ward, Charles:
„Allowing for Rental Incentives: Capital Value Implications", Paper Presented at the International Real Estate Society Conference, Stockholm, 28.6 - 1.7.1995

Friedemann, Jens:
„Der Markt braucht einen Immobilien-Index", in: Frankfurter Allgemeine Zeitung, 24.11.1995, S. 41

Friedemann, Jens:
„Europäische Büromärkte erholen sich nur langsam", in: Frankfurter Allgemeine Zeitung, 26.8.1994, S. 39

Gatzlaff, Dean H.; Tirtiroglu, Dogan:
„Real Estate Market Efficiency: Issues and Evidence", in: Journal of Real Estate Literature, 3. Jg., Nr. 2, 1995, S. 157 - 189

Gau, George W.; Wang, Ko:
„A Further Examination of Appraisal Data and the Potential Bias in Real Estate Return Indexes", in: American Real Estate and Urban Economics Association Journal, 18. Jg., Nr. 1, 1990, S. 40 - 48

Gebauer, Wolfgang; Rudolph, Bernd (Hrsg.):
„Erfolgsmessung und Erfolgsanalyse im Portfolio-Management", Schriftenreihe des Instituts für Kapitalmarktforschung an der Johann Wolfgang Goethe-Universität Frankfurt am Main, Nr. 36, Frankfurt 1994

Geltner, David:
„A Further Examination of Appraisal Data and the Potential Bias in Real Estate Return Indexes: Comment and Clarification", in: American Real Estate and Urban Economics Association Journal, 18. Jg., Nr. 1, 1991, S. 102 - 112

Geltner, David:
„Bias in Appraisal-Based Returns", in: American Real Estate and Urban Economics Association Journal, 17. Jg., Nr. 3, 1989, S. 338 - 352

Geltner, David:
„Estimating Market Values from Appraised Values Without Assuming an Efficient Market", in: Journal of Real Estate Research, 8. Jg., Nr. 3, 1994, S. 325 - 345

Geltner, David:
„Estimating Real Estate's Systematic Risk from Aggregate Level Appraisal Based Returns", in: Journal of the American Real Estate and Urban Economics Association, 17. Jg., Nr. 4, 1989, S. 463 - 481

Geltner, David:
„Smoothing in Appraisal-Based Returns", in: Journal of Real Estate Finance and Economics, 4. Jg., 1991, S. 327 - 345

Geltner, David:
„Temporal Aggregation in Real Estate Return Indices", in: Journal of the American Real Estate and Urban Economics Association, 21. Jg., Nr. 2, 1993, S. 141 - 166

Geltner, David:
„The Repeated-Measures Regression-Based Index: A Better Way to Construct Appraisal-Based Indexes of Commercial Property Value", in: Real Estate Finance, 12. Jg., Nr. 4, 1996, S. 29 - 35

Gerardy, Theo; Möckel, Rainer (Hrsg.):
„Praxis der Grundstücksbewertung“, Landsberg/Lech, Loseblattsammlung, Stand 21. Nachlieferung von 12/1995

Gesellschaft für Immobilienwirtschaftliche Forschung e.V. (Hrsg.):
„Richtlinie zur Berechnung der Mietfläche für Büroraum (MF-B)“, Oestrich-Winkel September 1995

Gießelbach, Axel:
„Strategien mit Aktienkursindex-Instrumenten“, Berlin 1989

Giliberto, S. Michael:
„A Note on the Use of Appraisal Data in Indexes of Performance Measurement“, in: American Real Estate and Urban Economics Association Journal, 16. Jg., Nr. 1, 1988, S. 77 - 83

Giliberto, S. Michael:
„Equity Real Estate Investment Trusts and Real Estate Returns“, in: The Journal of Real Estate Research, 5. Jg., Nr. 2, 1990 S. 259 - 263

Giliberto, S. Michael:
„Measuring Real Estate Returns: The Hedged REIT Index“, in: Journal of Portfolio Management, 19. Jg., Nr. 3, Spring 1993, S. 94 - 99

Giliberto, S. Michael:
„The Inside Story on Rates of Return“, in: Real Estate Finance, 11. Jg., Nr. 1, 1994, S. 51 - 54

Giliberto, S. Michael; Sidoroff, Frederika N.:
„Real Estate Stock Indexes“, in: Real Estate Finance, 12. Jg., Nr. 1, 1995, S. 56 - 62

Glanegger, Peter:
„Anschaffungs- und Herstellungskosten bei Grundstücken und Gebäuden“, in: Der Betrieb, 40. Jg., Nr. 42, 16.10.1987, S. 2115 - 2120

Goodmann, Trevor:
„Property futures idea is still alive - just“, in: Chartered Surveyor Weekly, 10.10.1991, S. 11

Gop, Rebecca:
„Kritik an deutschen Bewertungsmethoden“, in: Frankfurter Allgemeine Zeitung, 14.10.1994, S. 49

Gop, Rebecca:
„Makler Rangliste ´93“, in: Immobilien Manager, Nr. 6, 1994, S. 8 - 27

Gop, Rebecca:
„Neue Spielregeln“, in: Immobilien Manager, Nr. 6, 1993, S. 9 - 18

Gordon, Jacques N.:
„Property Performance Indexes in the United Kingdom and the United States“, in: Real Estate Review, 21. Jg., Nr. 2., 1991, S. 33 - 40

Graaskamp, James A.:
„A Rational Approach to Feasibility Analysis“, in: The Appraisal Journal, 40. Jg., Nr. 4, 1972, S. 513 - 521

Graaskamp, James A.:
„The Role of Investment Real Estate in Portfolio Management“, in: Jarchow, Stephen P. (Hrsg.): „Graaskamp on Real Estate“, Washington D.C. 1991, S. 310 - 363

Guttmann, Edeltraut:
„Geldvermögen und Schulden privater Haushalte Ende 1993“, in: Wirtschaft und Statistik, Nr. 5, 1995, S. 391 - 399

Gyourko, Joseph; Keim, Donald:
„What Does the Stock Market Tell Us About Real Estate Returns?“, in: Journal of the American Real Estate and Urban Economics Association, 20. Jg., Nr. 3, 1992, S. 457 - 485

Halvorsen, Robert; Pollakowski, Henry O.:
„Choice of Functional Form for Hedonic Price Equations“, in: Journal of Urban Economics, 10. Jg., Juli 1981, S. 37 - 49

Hargitay, Stephen E.; Yu, Shi-Ming:
„Property Investment Decisions“, London 1993

Harris, Jack C.; Friedmann, Jack P.:
„Barron´s Real Estate Handbook“, New York 1988

Hartung, Joachim; Elpelt, Bärbel; Klösener, Karl-Heinz:
„Statistik“, 7. Aufl., München 1989

Haurin, Donald R.; Hendershott, Patric H.:
„House Price Indexes: Issues and Results", in: American Real Estate and Urban Economics Association Journal, 19. Jg., Nr. 3, 1991, S. 259 - 269

Heuer, Jürgen H.B.:
„Die Wohnungsmärkte im gesamtwirtschaftlichen Gefüge", in: Jenkis, Helmut W. (Hrsg.): Kompendium der Wohnungswirtschaft, München 1991, S. 22 - 40

Hoag, James W.:
„Towards Indices of Real Estate Value and Return", in: The Journal of Finance, 35. Jg., Nr. 2, 1980, S. 569 - 580

Hoesli, Martin:
„Investissement Immobilier et Diversification de Portefeuille", Paris 1993

Hoesli, Martin; Thion, Bernard:
„Immobilier et Gestion de Patrimoine", Paris 1994

Hohmann, Klaus:
„Offene Immobilienfonds in der Schere zwischen Mittelzufluß und Anlagemöglichkeiten", in: Der Langfristige Kredit, 47. Jg., Nr. 4, 1996, S. 102 - 104

Holland, Heinrich:
„Internationaler Vergleich von Mietkosten und Kosten pro Arbeitsplatz", in: Zadelmarkt, 7. Jg., Mai 1995, S. 11 - 13

Hoppenstedt (Hrsg.):
„Vademecum der Investmentfonds 1995", Darmstadt 1995

Hudson-Wilson, Susan; Wurtzebach, Charles H. (Hrsg.):
„Managing Real Estate Portfolios", Burr Ridge 1994

Jaffe, Austin, J.; Sirmans, C.F.:
„Fundamentals of Real Estate Investment", 3. Aufl., Englewood Cliffs 1995

Janßen, Birgit; Rudolph, Bernd:
„Der Deutsche Aktienindex DAX", Frankfurt 1992

Jarchov, Stephen P.:
„Real Estate Investment Trusts", New York 1985

Jefferies, Rodney L.:
„Lease Incentives and Effective Rents: A Decapitalization Model", in: Journal of Property Valuation & Investment, 12. Jg., Nr. 1, 1994, S. 21 - 42

Jenkis, Helmut W. (Hrsg.):
„Kompendium der Wohnungswirtschaft", München 1991

Jenyon, Bruce A. u.a.:
„Performance-Index: Wie geht es Ihrer Immobilie", in: Immobilien Zeitung, 2.11.1995, S. 5

Jenyon, Bruce A. u.a.:
„Performance-Index: Die Immobilie als Investment", in: Immobilien Zeitung, 16.11.1995, S. 4

Jones Lang Wootton GmbH (Hrsg.):
„City Report Wiesbaden/Mainz - Update Mai 1995", o.O., 1995

Jones Lang Wootton GmbH (Hrsg.):
„Der Immobilien-Anlagemarkt Deutschland 1995", Frankfurt 1995

Kandlbinder, Hans-Karl:
„Spezialfonds als Anlageinstrument", Frankfurt 1991

Kapplin, Steven D.; Schwartz, Arthur L. (Hrsg.):
„Alternative Ideas in Real Estate Investment", Boston 1995

Kapplin, Steven D.; Schwartz, Arthur L.:
„Recent Performance of U.S. Real Estate Securities", in: Kapplin, Steven D.; Schwartz, Arthur L. (Hrsg.): Alternative Ideas in Real Estate Investment, Boston 1995, S. 5 - 18

Kemper´s (Hrsg.):
„Kemper´s Index 93/94", Düsseldorf 1993

Keunecke, Klaus Peter:
„Immobilienbewertung", Berlin 1994

Kleeberg, Jochen M.:
„Die Eignung von Marktindizes für empirische Aktienmarktuntersuchungen", in: OIKOS, Studien zur Ökonomie, Band 26, Wiesbaden 1991

Kleeberg, Jochen:
„Der Anlageerfolg des Minimum-Varianz-Portfolios", 2. Aufl., Bad Soden 1995

Kleeberg, Jochen; Schlenger, Christian:
„Konzeption und Performance einer europäischen Indexanlage", in: Finanzmarkt und Portfolio Management, 8. Jg., Nr. 2, 1994, S. 229 - 241

Kleiber, Wolfgang; Simon, Jürgen; Weyers, Gustav:
„Verkehrswertermittlung von Grundstücken", 2. Aufl., Köln 1994

Kleiber, Wolfgang; Simon, Jürgen; Weyers, Gustav:
„WertV '88", 3. Aufl., Köln 1993

Klocke, Wilhelm:
„Wertermittlungsverordnung: Praxis", Wiesbaden 1990

Klumpe, Werner; Nastold, Ulrich A.:
„Immobilienfonds: offene und geschlossene Immobilienfonds, Grundlagen, Unterschiede, Besonderheiten", Bonn 1993

Knight, J.R.; Dombrow, Jonathan; Sirmans, C.F.:
„A Varying Parameters Approach to Constructing House Price Indexes", in: Real Estate Economics, 23. Jg., Nr. 2, 1995, S. 187 - 205

Krämer, Ulrich:
„Eine Darstellungsvariante des Ertragswertverfahrens", in: Grundstücksmarkt und Grundstückswert, 6. Jg., Nr. 5, 1995, S. 264 - 267

Kroll, Cynthia A.; Taff, Sam:
„The Measurement of Effective Rent", in: DeLisle, James R.; Sa-Aadu, J. (Hrsg.): Appraisal, Market Analysis, and Public Policy in Real Estate, Boston 1994, S. 463 - 481

Krtscha, Manfred:
„Axiomatic Characterization of Statistical Price Indices", in: Eichhorn, Wolfgang (Hrsg.): Measurement in Economics, Heidelberg 1987, S. 117 - 133

Kruijt, Bert:
„The Capitalisation Rate and Real Estate Performance", Paper presented at the American Real Estate Society Conference, Hilton Head 29.3. - 1.4.1995

Künnemann, Martin:
„Objektivierte Untenehmensbewertung", Frankfurt 1985

Kutscher, Reinhard:
„Der offene Immobilienfonds: Ein Wertpapier der Immobilie", in: Brunner, Marlies (Hrsg.): Geldanlage mit Immobilien, Wiesbaden 1994, S. 123 - 147

Laue, Evelyn:
„Grundvermögen privater Haushalte Ende 1993", in: Wirtschaft und Statistik, Nr. 6, 1995, S. 488 - 497

Laux, Manfred; Ohl, Karl:
„Grundstücks-Investment", 2. Aufl., Frankfurt 1988

Leopoldsberger, Gerrit:
„Pauschale Bewertungsverfahren für Immobilienmassenbestände", in: Grundstücksmarkt und Grundstückswert, 7. Jg., Nr. 2, 1996, S. 88 - 91

Lerbinger, Paul:
„Das große Buch der Aktie", Zürich 1987

Linke, Christian:
„Fehleranfälligkeit des Ertragswertverfahrens", in: Grundstücksmarkt und Grundstückswert, 6. Jg., Nr. 6, 1995, S. 338 - 345

Liu, Crocker H. u.a.:
„The Composition of the Market Portfolio and Real Estate Investment Performance", in: American Real Estate and Urban Economics Association Journal, 18. Jg., Nr. 1, 1990, S. 49 - 75

Liu, Crocker H. u.a.:
„The Integration of the Real Estate Market and the Stock Market: Some Preliminary Evidence", in: Journal of Real Estate Finance and Economics, 3. Jg. 1990, S. 261 - 282

Lizieri, Colin; Satchell, Stephen:
„The Variance of Property Returns: Some problems of Time-Weighted Measures", in: Journal of Property Valuation & Investment", 10. Jg., Nr. 2, 1991, S. 541 - 547

Lizieri, Colin; Venmore-Rowland, Piers:
„Valuation accuracy: a contribution to the debate", in: Journal of Property Research, 8. Jg., Nr. 2, 1991, S. 115 - 122

Lizieri, Colin; Venmore-Rowland, Piers:
„Valuations, prices and the market: a rejoinder", in: Journal of Property Research, 10. Jg., Nr. 1, 1993, S. 77 - 84

London, Simon:
„Investors plan UK property derivatives market", in: Financial Times, 5.2.1996, S. 14

Maginn, John L.; Tuttle, Donald L. (Hrsg.):
„Managing Investment Portfolios", Boston 1982

Mark, Jonathan; Goldberg, Michael A.:
„Alternative Housing Price Indices: An Evaluation", in: Journal of the American Real Estate and Urban Economics Association, 12. Jg., Nr. 1, 1984, S. 30 - 49

Maurer, Raimond; Stephan, Thomas G.:
„Immobilien Rendite-Benchmark für offene Fonds", in: Die Bank, Nr. 8, 1995, S. 491 - 495

Mella, Frank:
„Dem Trend auf der Spur", Frankfurt 1988

Miles, Mike u.a.:
„A transaction-based real estate index: is it possible?", in: Journal of Property Research, 8. Jg., Nr. 3, 1991, S. 203 - 217

Miles, Mike; Cole, Rebel; Guilkey, David:
„A Different Look at Commercial Real Estate Returns", in: American Real Estate and Urban Economics Association Journal, 18. Jg., Nr. 4, 1990, S. 403 - 430

Morgan, John F.W.; Harrop, Martyn J.:
„Neue Ansätze der Bewertung und Beurteilung von Anlageobjekten", in: Grundstücksmarkt und Grundstückswert, 2. Jg., Nr. 3, 1991, S. 128 - 132

Morgan, John F.W.; Harrop, Martyn; Brühl, Martin J.:
„Internationale Bewertungsmethoden", in: Falk, Bernd (Hrsg.): Gewerbe-Immobilien, 6. Aufl., Landsberg/Lech 1994, S. 497 - 512

Morrell, Guy D.:
„Property indices: a coming of age?", in: Journal of Property Valuation & Investment, 13. Jg., Nr. 3, 1995, S. 8 - 21

Morrell, Guy D.:
„Property performance analysis and performance indices: a review“, in: Journal of Property Research, 8. Jg., Nr. 1, 1991, S. 29 - 57

Morrell, Guy, D.:
„Value-weighting and the Variability of Real Estate Returns: Implications for Portfolio Construction and Performance Evaluation“, in: Journal of Property Research, 10. Jg., Nr. 3, 1993, S. 167 - 183

Müller International (Hrsg.):
„Büromarkt-Bericht 1995“, Düsseldorf 1995

Münch, Dieter:
„Anlagestrategien der offenen Immobilienfonds und ihre Erfolge“, in: Economia, Aachener Gesellschaft für angewandte Wirtschaftsforschung e.V., Aachen 1984, S. 27 - 60

Münchner Institut Bulwien und Partner GmbH (Hrsg.):
„Wertentwicklung von Wohn- und Gewerbeimmobilien“, Unterföhring 1995

Muncke, Günter:
„Standort- und Marktanalyse in der Immobilienwirtschaft - Ziele, Gegenstand, methodische Grundlagen, Datenbasis und Informationslücken“, in: Schulte, Karl-Werner (Hrsg.): Handbuch Immobilien-Projektentwicklung, Köln 1996, S. 101 - 164

Murfeld, Egon (Hrsg.):
„Spezielle Betriebswirtschaftslehre der Grundstücks- und Wohnungswirtschaft“, Hamburg 1995

Muster-Sachverständigenordnung (SVO) des Deutschen Industrie- und Handelstages vom 23.6.1986 für öffentlich bestellte und vereidigte Sachverständige i.V.m. Richtlinien zur Anwendung und Auslegung der Muster-Sachverständigenordnung des Deutschen Industrie- und Handelstages vom 5. Juni 1986. Abgedruckt in: Kleiber, Wolfgang; Simon, Jürgen; Weyers, Gustav: „Verkehrswertermittlung von Grundstücken“, 2. Aufl., Köln 1994

Näger, Lorenz:
„Ein Entscheidungsmodell zur Bilanzierung und Bewertung von Gebäuden unter bilanzpolitischer Zielsetzung“, Stuttgart 1991

Nanthakumaran, Nanda; Newell, Graeme:
„An Empirical Evaluation of UK property Performance Indices", Paper presented at the Cutting Edge Conference, Aberdeen, 1. - 2.9.1995

Naumann, H.E.:
„Entwicklungstendenzen am deutschen Immobilienmarkt im internationalen Vergleich", in: Engels, Wolfram (Hrsg.): Immobilienanlage und Immobilienfinanzierung, Frankfurt 1993, S. 11 - 38

Newell, Graeme; MacFarlane, John:
„Improved Risk Estimation Using Appraisal-Smoothed Real Estate Returns", in: The Journal of Real Estate Portfolio Management, 1. Jg., Nr. 1, 1995, S. 51 - 57

Newell, Graeme; Webb, James R.:
„Institutional Real Estate Performance Benchmarks: An International Perspective", in: Journal of Real Estate Literature, 2. Jg., Nr. 2, 1994, S. 215 - 223

Noll, Bernd:
„Investmentfonds", in: Oberender, Peter (Hrsg.): Marktökonomie, München 1989, S. 359 - 412

Oberender, Peter (Hrsg.):
„Marktökonomie", München 1989

Ohl, Karl:
„Die Rechtsbeziehungen innerhalb des Investment-Dreiecks", Berlin 1989

o.V.:
„A.G.I. setzt auf Immobilien-Spezialfonds", in: Der Langfristige Kredit, 44. Jg., Nr. 13, 1993, S. 412

o.V.:
„Anlage-Objekte weniger gefragt", in: Grundstücksmarkt und Grundstückswert, 6. Jg., Nr. 4, 1995, S. IV

o.V.:
„Benchmarking für Immobilienaktien: Ellwanger & Geiger stellt den E&G-DIMAX Immobilienaktienindex vor", in: Immobilien Zeitung, 16.11.1995, S. 12

o.V.:
„Gewos: Höhenflug auf dem Immobilienmarkt vorerst zu Ende", in: Der Langfristige Kredit, 46. Jg., Nr. 18, 1995, S. 5

o.V.:
„Immobilienmarkt", in: Grundstücksmarkt und Grundstückswert, 6. Jg., Nr. 3, 1995, S. III

o.V.:
„Immobilienmarktberichte: Ab Januar einheitlich?", in: Immobilien Zeitung, 24.8.1995, Seite 1 - 2

o.V.:
„Index für Immobilienaktien", in: Börsen Zeitung, 27.10.1995, S. 17

o.V.:
„Isenbeck stellt Vergleichsantrag", in: Immobilien Zeitung, 23.2.1995, S. 1 - 2

o.V.:
„Transparenz auf dem Immobilienmarkt", in: Handelsblatt, 25.10.1995, S. 48

Orr, Robert S.:
„Internationale Immobilienanlagen: Höheres Risiko - größere Chancen?", in: Brunner, Marlies (Hrsg.): Geldanlage mit Immobilien, Wiesbaden 1994, S. 109 - 120

Oxford Brookes University; University of Reading (Hrsg.):
„Property Management Performance Monitoring", Glasgow (Druckort) 1993

Palmquist, Raymond B.:
„Alternative Techniques for Developing Real Estate Price Indexes", in: Review of Economics and Statistics, 62. Jg., August 1980, S. 442 - 480

Palmquist, Raymond B.:
„Hedonic Price and Depreciation Indexes for Residential Housing: A Comment", in: Journal of Urban Economics, 6. Jg., Nr. 2, 1979, S. 267- 271

Park, Jeong Yun; Mullineaux, Donald J.; Chew, It-Keong:
„Are REITs Inflation Hedges?", in: Journal of Real Estate Finance and Economics, 3. Jg., 1990, S. 91 - 103

Päsler, Rüdiger:
„Die Integration Offener Immobilienfonds im KAGG", in: Der Langfristige Kredit, 47. Jg., Nr. 4, 1996, S. 113 - 114

Päsler; Rüdiger:
„Handbuch des Investmentsparens", Wiesbaden 1991

Pinnekamp, Heinz-Jürgen; Siegmann, Frank:
„Deskriptive Statistik", München 1988

Ploch, Hans-Uwe:
„Konstruktion und Anwendung von Aktienkursindizes", Wien 1971

Pyrrh, Stephen A. u.a.:
„Real Estate Investment", 2. Aufl., New York 1989

Quan, Daniel C.; Quigley, John M.:
„Inferring an Investment Return Series for Real Estate from Observations on Sales", in: American Real Estate and Urban Economics Association Journal, 17. Jg., Nr. 2, 1989, S. 218 - 229

Quan, Daniel C.; Quigley, John M.:
„Price Formation and the Appraisal Function in Real Estate", in: Journal of Real Estate Finance and Economics, 4. Jg., Nr. 2, 1991, S. 127 - 146

Rasch, Hans-Georg:
„Preisindex für die Lebenshaltung neu berechnet", in: Die Bank, Nr. 3, 1990, S. 138 - 141

Renner, Ulrich:
„Die Bedeutung des Sachverständigengutachtens beim Offenen Immobilienfonds", in: Grundstücksmarkt und Grundstückswert, 3. Jg., Nr. 3, 1993, S. 139 - 143

Richard, Hermann-Josef:
„Aktienindizes", Bergisch-Gladbach 1992

Roche, Julian:
„Property futures and securitisation - the way ahead", Cambridge 1995

Rölle, Harald:
„Börsennotierte Partnerships (MLP) und Immobilienfonds auf Aktien (REIT)", Stuttgart 1990

Ross, Franz Wilhelm; Brachmann, Rolf; Holzner, Peter:
„Ermittlung des Bauwertes von Gebäuden und des Verkehrswertes von Grundstücken“, 27. Aufl., Hannover 1993

Ross, Stephen A.; Zisler, Randall C.:
„Risk and Return in Real Estate“, in: Journal of Real Estate Finance and Economics, 4. Jg., 1991, S. 175 - 190

Roßbach, Peter:
„Methoden und Probleme der Performance-Messung von Aktienportefeuilles“, Frankfurt 1991

Rössler, Rudolf u.a.:
„Schätzung und Ermittlung von Grundstückswerten“, 6. Aufl., Neuwied 1990

Rudolph, Karl:
„Kleine Instandhaltungen und Schönheitsreparaturen im Mietrecht“, in: Zeitschrift für Mietrecht, Nr. 11, 1993, S. 492 - 496

Rudnitsky, Howard:
„Smoky Signals“, in: Forbes, 25.6.1990, S. 42 - 46

Rühle, Alf-Sibrand:
„Aktienindizes in Deutschland“, Wiesbaden 1991

Scarrett, Douglas:
„Property Valuation - The five Methods“, London 1991

Schlag, Alexander:
„Innovative Formen der Kapitalanlage in Immobilien: Möglichkeiten und Perspektiven der Beteiligung privater Anleger an Grundstücksvermögen“, Kiel 1993

Schlichter, Otto; Stich, Rudolf (Hrsg.):
„Berliner Kommentar zum Baugesetzbuch“, 2. Aufl., Köln 1995

Schmidt, Andreas:
„Immobilienaktien: Besonderheiten des Marktes, der Analyse, der Bewertung“, in: Brunner, Marlies (Hrsg.): Geldanlage mit Immobilien, Wiesbaden 1994, S. 185 - 197

Schmitz-Morkramer, Gerd:
„Die Immobilie als Bestandteil der Vermögensanlage“, in: Zeitschrift für das gesamte Kreditwesen, 45. Jg., Nr. 6, 1990, S. 268 - 272

Schmitz-Morkramer, Gerd:
„Beurteilung von Gewerbe-Immobilien und Bewertung an ausgewählten Beispielen aus Sicht eines Kreditinstituts“, in: Falk, Bernd (Hrsg.): Gewerbe-Immobilien, 6. Aufl., Landsberg/Lech 1994, S. 437 - 471

Schneider, Dieter:
„Investition, Finanzierung und Besteuerung“, 7. Aufl., Wiesbaden 1992

Schnurr, Wolfgang:
„Real Estate Investment Trusts“, in: Der Langfristige Kredit, 45. Jg., Nr. 20, 1994, S. 680 - 682

Schulte, Karl-Werner:
„Aus- und Weiterbildung für Immobilienberufe“, in: Grundstücksmarkt und Grundstückswert, 3. Jg., Nr. 3, 1992, S. 128 - 136

Schulte, Karl-Werner:
„Die Branche braucht Akademiker“, in: Frankfurter Allgemeine Zeitung, 3.3.1995, S. 31.

Schulte, Karl-Werner:
„Die richtige Rendite“, in: Frankfurter Allgemeine Zeitung, 22.9.1995, S. 49

Schulte, Karl-Werner:
„Flächen-Wirrwarr“, in: Frankfurter Allgemeine Zeitung, 4.8.1995, S. 37

Schulte, Karl-Werner (Hrsg.):
„Handbuch Immobilien-Projektentwicklung“, Köln 1996

Schulte, Karl-Werner:
„Immobilienökonomie als Wissenschaft“, in: Bronner, Oscar (Hrsg.): Immobilien in Europa II, Wien 1992, S. 231 - 235

Schulte, Karl-Werner:
„Stille Reserven“, in: Frankfurter Allgemeine Zeitung, 9.6.1995, S. 37

Schulte, Karl-Werner:
„Welche volkswirtschaftliche Bedeutung hat der Immobilienmarkt heute und morgen in Deutschland?", Redemanuskript zum 26. Management Congress für Führungskräfte der Bau-, Immobilien- und Finanzwirtschaft, Frankfurt 20. - 21.2.1992.

Schulte, Karl-Werner:
„Wirtschaftlichkeitsrechnung", 4. Aufl. Würzburg 1986

Schulte-Kemper, Hubert:
„Private und gewerbliche Bauinvestitionen bei Preis- und Zinsschwankungen", in: Der Langfristige Kredit, 40. Jg., Nr. 10, 1989, S. 322 - 326

Schulz-Kleeßen, Wolf-E.:
„Ertragswert/Liegenschaftszins", in: Der Sachverständige, Nr. 9, 1993, S. 12 - 16

Sharpe, William F.; Alexander, Gordon J.; Bailey, Jeffrey V.:
„Investments", 5. Aufl., Englewood Cliffs 1995

Sieracki, Karen:
„UK Institutional Requirements for European Property", in: Estates Gazette, 17.7.1993, S. 116 - 118

Simon, Jürgen; Cors, Klaus G.; Troll, Max:
„Handbuch der Grundstückswertermittlung", 3. Aufl. München 1993

Snyderman, Mark P.:
„Commercial and Multifamily Real Estate Investment Vehicles", in: Hudson-Wilson, Susan; Wurtzebach, Charles H. (Hrsg.): Managing Real Estate Portfolios, Burr Ridge 1994, S. 50 - 97

Society of Property Researchers (Hrsg):
„Property indices research project - Summary and options for action", Presented at the RICS, London 26.1.1993

Society of Property Researchers (Hrsg.):
„Property Indices Research Report", London 1994

Sögtrop, Friedrich-Wilhelm:
„Die Bewertung der Objekte bei offenen Immobilienfonds", in: Der Langfristige Kredit, 41. Jg., Nr. 13, 1990, S. 435 - 436

Sommer, Goetz; Piehler, Jürgen (Hrsg.):
„Grundstücks- und Gebäudewertermittlung für die Praxis", Freiburg 1995

Sörries, Bernd:
„Konzepte zur Performancemessung", in: Die Bank, Nr. 11, 1992, S. 652 - 655

Spremann, Klaus:
„Zur Abhängigkeit der Rendite von Entnahmen und Einlagen", in: Finanzmarkt und Portfolio Management, 6. Jg., Nr. 2, 1992, S. 179 - 192

Spremann, Klaus; Zur, Eberhard (Hrsg.):
„Controlling", Wiesbaden 1992

Sprengnetter, Hans Otto:
„Handbuch zur Ermittlung von Grundstückswerten", o.O., Loseblattsammlung, Stand 7. Ergänzungslieferung November 1995

Statistisches Bundesamt (Hrsg.):
„Preise - Informationen über die Preisstatistik der Bundesrepublik Deutschland", Wiesbaden 1994

Steiner, Manfred; Bruns, Christoph:
„Wertpapiermanagement", 4. Aufl., Stuttgart 1995

Stucki, Edouard:
„Beschreibende Methoden zur Messung der Performance von Aktienportfolios", Diss., St. Gallen 1988

Thomas, Matthias:
„Die Performance des deutschen Immobilienmarktes im Spiegel offener Immobilienfonds", in: Der Langfristige Kredit, 46. Jg., Nr. 13, 1995, S. 442 - 448

Thomas, Matthias:
„The performance of the German property market between 1989 and 1994", in: Journal of Property Valuation & Investment, 13. Jg., Nr. 5, 1995, S. 67 - 84

Tippett, Mark:
„Estimating Returns on Financial Instruments: Time versus Money-Weighted Returns", in: Journal of Business Finance & Accounting, 21. Jg., Nr. 5, 1994, S. 729 - 737

Tollmien, Ole:
„Bewertungsverfahren der Wertermittlungsverordnung“, in: Falk, Bernd (Hrsg.): Gewerbe-Immobilien, 6. Aufl., Landsberg/Lech 1994, S. 473 - 496

Tomlinson, Lindsay:
„Indices“, in: Bishop, Elizabeth (Hrsg.): Indexation, London 1990, S. 19 - 36

Uhlir, Helmut:
„Grundsätze ordnungsmäßiger Performancemessung“, in: Gebauer, Wolfgang; Rudolph, Bernd (Hrsg.): Erfolgsmessung und Erfolgsanalyse im Portfolio-Management, Schriftenreihe des Instituts für Kapitalmarktforschung an der Johann Wolfgang Goethe-Universität Frankfurt am Main, Nr. 36, Frankfurt 1994, S. 65 - 74

Vogels, Manfred:
„Grundstücks- und Gebäudebewertung - marktgerecht“, 4. Aufl. Wiesbaden 1991

Volger, Gernot:
„Vertrauen verspielt“, in: Immobilien Manager, Nr. 12, 1995, S. 20 - 22

Waldmann, Klaus:
„Offene Grundstücksfonds und das neue Kapitalanlagegesetz“, in: Der Langfristige Kredit, 40. Jg., Nr. 13, 1989, S. 412 - 415

Webb, Brian R.:
„An Analysis of Properties Sold from the Russel-NCREIF Index (1987 - 1992)“, in: Real Estate Finance, 11. Jg., Nr. 1, 1994, S. 62 - 65

Webb, Brian R.; Miles, Mike; Guilkey, David:
„Transactions-Driven Commercial Real Estate Returns: The Panacea to Asset Allocation Models?“, in: Journal of the American Real Estate and Urban Economics Association, 20. Jg., Nr. 1, 1992, S. 325 - 357

Webb, James R.; Rubens, Jack H.:
„The Effect of Alternative Return Measures on Restricted Mixed Asset Portfolios“, in: American Real Estate and Urban Economics Association Journal, 16. Jg., Nr. 2, 1988, S. 123 - 137

Weiner, Neil S.:
„Stock Index Futures“, New York 1984

Wheaton, William C.; Torto, Raymond G.:
„Income and Appraised Values: A Reexamination of the FRC Returns Data“, in: American Real Estate and Urban Economics Association Journal, 17. Jg., Nr. 4, 1989, S. 439 - 449

Winkler, Walter:
„Hochbaukosten, Flächen, Rauminhalte“, 8. Aufl. Braunschweig 1994

Wittrock, Carsten:
„Messung und Analyse der Performance von Wertpapierportfolios“, Bad Soden 1995

Wonhas, Paul:
„Management und Marketing bei Offenen Immobilienfonds“, in: Zeyer, Fred (Hrsg.): Investmentfonds-Management, Frankfurt 1993, S. 47 - 60

Wurtzebach, Charles H.:
„Assembling an Equity Real Estate Portfolio“, in: Bruce, Brian R. (Hrsg.): Real Estate Portfolio Management, Chicago 1991, S. 21 - 27

Wurtzebach, Charles H.; Miles, Mike E.; Cannon, Susanne Etheridge:
„Modern Real Estate“, 5. Aufl., New York 1994

Yobaccio, Elizabeth; Rubens, Jack H.; Ketcham, David C.:
„The Inflation-Hedging Properties of Risk Assets: The Case of REITs“, Journal of Real Estate Research, 10. Jg., Nr. 3, 1995, S. 297 - 317

Young, Michael S. u.a.:
„Defining Commercial Property Income and Appreciation Returns for Comparability to Stock Market-Based Measures“, in: Real Estate Finance, 12. Jg., Nr. 2, 1995, S. 19 - 30

Zeyer, Fred (Hrsg.):
„Investmentfonds-Management“, Frankfurt 1993

Zimmermann, Heinz:
„Performance Messung im Asset-Management“, in: Spremann, Klaus; Zur, Eberhard (Hrsg.): Controlling, Wiesbaden 1992, S. 49 - 109

Zimmermann, Peter:
„Glaubwürdigkeit oder Unglaubwürdigkeit des Sachwertverfahrens nach WertV“, in: Der Sachverständige, Nr. 12, 1992, S. 305 - 323

Zimmermann, Peter; Heller, Robert E.:
„Der Verkehrswert von Grundstücken“, München 1995

Zingg, Walter:
„Indizes, Kenn- und Messziffern für kotierte Schweizeraktien“, Bern 1976

Rechtsprechungsverzeichnis

BFH III 88/65, Urteil vom 14.2.1969, abgedruckt in Kleiber, Wolfgang (Hrsg.): „Entscheidungssammlung zum Grundstücksmarkt und zur Grundstückswertermittlung“, Neuwied 1994, Loseblattsammlung, Stand 14. Nachlieferung Dezember 1995

BGH III ZR 111/61, Urteil vom 25.6.1964, abgedruckt in Kleiber, Wolfgang (Hrsg.): „Entscheidungssammlung zum Grundstücksmarkt und zur Grundstückswertermittlung“, Neuwied 1994, Loseblattsammlung, Stand 14. Nachlieferung Dezember 1995

BGH V ZR 24/63 Urteil vom 15.6.1965, abgedruckt in Kleiber, Wolfgang (Hrsg.): „Entscheidungssammlung zum Grundstücksmarkt und zur Grundstückswertermittlung“, Neuwied 1994, Loseblattsammlung, Stand 14. Nachlieferung Dezember 1995

LG Hamburg, Urt. vom 31.10.1960 - 10 o 30/60 -, abgedruckt in Kleiber, Wolfgang (Hrsg.): „Entscheidungssammlung zum Grundstücksmarkt und zur Grundstückswertermittlung“, Neuwied 1994, Loseblattsammlung, Stand 14. Nachlieferung, Dezember 1995

Gesetzesverzeichnis

Bewertungsgesetz, BGBl. I S. 231.

Bürgerliches Gesetzbuch, RGBl. S. 195

Gesetz über das Kreditwesen vom 11.7.1985, BGBl. I S. 1472

Gesetz zur Verbesserung der Rahmenbedingungen der Finanzmärkte (Finanzmarktförderungsgesetz) vom 22.2.1990, BGBl. I S. 266

Handelsgesetzbuch, RGBl. S. 219

Verordnung über die bauliche Nutzung der Grundstücke (Baunutzungsverordnung - BauNVO), BGBl. I S. 132

Verordnung über die Rechnungslegung von Versicherungsunternehmen (RechVersV), BGBl. I, S. 3378 - 3395

Verordnung über wohnungswirtschaftliche Berechnungen (Zweite Berechnungsverordnung - II. BV), BGBl. I S. 2178

WertR 91, Beil. BAnz. 182a

WertV88, BGBl. I S. 2209

Parlamentaria

Artikel 28 der Richtlinie des Rates vom 20.12.1985 zur Koordination der Rechts- und Verwaltungsvorschriften betreffend bestimmter Organismen für gemeinsame Anlagen in Wertpapieren (OGAW), in: Amtsblatt der Europäischen Gemeinschaften, Nr. L375, 85/611 u. 85/612, Brüssel 1985

Bundestags-Drucksache X/6166

Bundestags-Drucksache V/4414